Naturressourcen, Umwelt und Investitionseffektivität

M. N. Lojter

Naturressourcen, Umwelt und Investitionseffektivität

AKADEMIE-VERLAG · BERLIN
1977

Titel der russischen Originalausgabe:

Природные ресурсы и эффективность каритальных вложений,
Москва 1974, изд. „Наука“

Übersetzt und herausgegeben
von Dr. Dieter Graf, Berlin

Durchgesehene und erweiterte deutsche Ausgabe

Erschienen im Akademie-Verlag, 108 Berlin, Leipziger Str. 3—4

Lizenznummer: 202 · 100/53/77
Umschlaggestaltung: Rolf Kunze
Gesamtherstellung: VEB Druckerei „Thomas Müntzer“, 582 Bad Langensalza
Bestellnummer: 753 047 1 (6350) · LSV 0325
Printed in GDR
DDR 21,— M

Inhaltsverzeichnis

Vorwort des Herausgebers

Mit der vorliegenden Monographie von Mosej Nuchimovič Lojter, Kandidat der technischen Wissenschaften, Mitarbeiter des Instituts für Ökonomie und Mitglied des Büros des Wissenschaftlichen Rates für den Nutzeffekt von Investitionen und neuer Technik bei der Akademie der Wissenschaften der UdSSR, liegt eine interessante konzeptionelle und methodische Arbeit zur Berücksichtigung von Naturressourcen und Naturbedingungen in ökonomischen Entscheidungen vor.

In der UdSSR wird diesen Problemen besonders seit der Wirtschaftsreform Mitte der 60er Jahre verstärkte Aufmerksamkeit geschenkt. Ausdruck dafür sind die breite Diskussion und auch die sehr unterschiedlichen Standpunkte im Herangehen, auf die auch der Autor in seiner Arbeit eingeht. Für den deutschen Leser empfiehlt es sich, einige der dazu publizierten Beiträge[1]) im vollen Wortlaut zu lesen, um die jeweils dahinter stehenden theoretischen Überlegungen und auch praktischen Anliegen besser zu verstehen.

In den letzten Jahren wurde zunehmend auch die natürliche Umwelt Gegenstand gleicher Erörterungen, das heißt, es wurde theoretisch und praktisch die Frage gestellt, in welcher Form und auf welcher theoretischen Grundlage Maßnahmen zum Schutze und zur Gestaltung der natürlichen Umwelt in ökonomische Entscheidungen einzubeziehen und unter bestimmten Voraussetzungen auch Nutzeffektsrechnungen durchzuführen sind.

Auf Empfehlung des Autors und mit Zustimmung des Verlages ist daher, abweichend von der russischsprachigen Ausgabe, das vorliegende sechste Kapitel (Die Effektivität von Investitionen zum Schutz der natürlichen Umwelt) zusätz-

[1]) Vgl. z. B.: S. G. Strumilin, Über den Preis „unentgeltlicher Güter" der Natur, in: Voprosy ėkonomiki, 8/1967, S. 66—72; V. Škatov, Preise für Naturreichtümer und die Vervollkommnung der planmäßigen Preisbildung, in: Voprosy ėkonomiki, 9/1968, S. 67—77; Ju. Suchotin, Über die Bewertung von Naturressourcen, in: Sowjetwissenschaft (Gesellschaftswissenschaftliche Beiträge), 6/1968, S. 630—641; N. P. Fedorenko, Zur ökonomischen Bewertung von natürlichen Ressourcen, in: Sowjetwissenschaft (Gesellschaftswissenschaftliche Beiträge), 8/1968, S. 790—798; T. S. Chačaturov, Natürliche Ressourcen und Volkswirtschaftsplanung, in: Sowjetwissenschaft (Gesellschaftswissenschaftliche Beiträge), 1/1974, S. 1—16; T. S. Chačaturov, M. N. Lojter, Die ökonomische Bewertung von Naturressourcen bei der Projektierung und im Bauwesen, in: Vestnik Akademii nauk SSSR, 3/1973, S. 97—108.

lich aufgenommen worden. Es ist identisch mit dem vom Autor in der Nummer 1/1976 der Zeitschrift Voprosy ėkonomiki (Moskau) publizierten Beitrag mit gleicher Überschrift. Ansonsten ist die deutsche Ausgabe identisch mit der russischsprachigen; einige Ergänzungen und Erläuterungen sind vom Bearbeiter als solche kenntlich gemacht.

Für den deutschen Leser ergeben sich aus der Arbeit von M. N. Lojter einige ergänzende Gesichtspunkte, die mit Einverständnis und in Abstimmung mit dem Autor in diesem Vorwort dargelegt werden.

In dem vom IX. Parteitag der Sozialistischen Einheitspartei Deutschlands beschlossenen neuen Programm heißt es unter anderem: „Die Natur als Quell des Lebens, des materiellen Reichtums, der Gesundheit und der Freude der Menschen zu erhalten, rationell auf wissenschaftlicher Grundlage zu nutzen ist notwendig, damit sie dem gesicherten und glücklichen Leben kommender Generationen in der kommunistischen Gesellschaft dienen kann."[2])

In der Direktive des IX. Parteitags zur Entwicklung der Volkswirtschaft für die Jahre 1976 bis 1980 sind weitere Maßnahmen festgelegt, die den Schutz und die rationelle Nutzung von Naturressourcen und natürlicher Umwelt sicherstellen sollen. Sie sehen insbesondere die Reinhaltung der Luft und der Gewässer, die verstärkte Nutzung von Abprodukten als Sekundärrohstoffe, den Schutz und die rationelle Nutzung des Bodenfonds, darunter die Rekultivierung von Halden und von mindestens 12500 ha Abbaufläche des Braunkohletagebaus vor.[3])

Damit wird eine bereits vom VII. Parteitag der SED (1967) initiierte Orientierung weitergeführt, die im Landeskulturgesetz der DDR ihren Niederschlag fand. Es heißt dort: „In der Deutschen Demokratischen Republik dienen die Natur und ihre Reichtümer dem Volk. Sie bilden eine wichtige Grundlage für die Entwicklung der Volkswirtschaft sowie die Befriedigung der materiellen und geistig-kulturellen Bedürfnisse der Werktätigen."[4])

Der Schutz und die planmäßige Steigerung der Leistungsfähigkeit von Naturressourcen und natürlicher Umwelt bilden damit einen untrennbaren Bestandteil der Hauptaufgabe des laufenden Fünfjahrplans (1976 bis 1980) und der weiteren Perspektive. Damit ist auch die Zielstellung für die Einbeziehung von Naturressourcen und natürlicher Umwelt in ökonomische Entscheidungen festgelegt. Es geht darum, langfristig ein stabiles Wirtschaftswachstum bei Steigerung der Effektivität der gesellschaftlichen Produktion und aller übrigen Bereiche der gesellschaftlichen Tätigkeit sicherzustellen, wodurch die Grundlage zur Ver-

2) Programm der Sozialistischen Einheitspartei Deutschlands, Berlin 1976, S. 26.

3) Direktive des IX. Parteitags der SED zum Fünfjahrplan für die Entwicklung der Volkswirtschaft der DDR 1976—1980, Berlin 1976, S. 80 bis 82.

4) Gesetz über die planmäßige Gestaltung der sozialistischen Landeskultur in der Deutschen Demokratischen Republik — Landeskulturgesetz — vom 14. Mai 1970, in: GBl. Teil I, Nr. 12, S. 67.

besserung des materiellen und geistig-kulturellen Lebensniveaus geschaffen wird. Naturressourcen und natürlicher Umwelt kommt dabei Bedeutung nicht nur im Hinblick auf die Erzeugung stofflicher Gebrauchswerte zu (als einer der beiden Quellen des sachlichen Reichtums der Gesellschaft), sondern sie spielen eine zumindest ebenso wichtige Rolle für die unmittelbare Befriedigung geistig-kultureller Bedürfnisse und dafür, daß Produktion und Gesellschaft eine ausreichende Naturbasis zu ihrer Entwicklung überhaupt vorfinden. Diesen Zusammenhang in entsprechenden Kriterien und Kennziffern zum Ausdruck zu bringen, ist eine vordringliche Aufgabe vor allem der ökonomischen Forschung. Davon wird letztlich auch die volkswirtschaftliche Effektivitätsrechnung nachhaltig beeinflußt, die den Intensivierungsprozeß in seiner neuen Qualität nur dann richtig widerspiegelt, wenn die genannten Elemente mit erfaßt werden.

In diesem Zusammenhang muß allerdings vor der Illusion gewarnt werden, daß man Naturressourcen und natürliche Umwelt bzw. einzelne ihrer Komponenten nur ökonomisch zu bewerten brauche, um sie wie andere Faktoren des Produktionsprozesses in Nutzeffektsrechnungen einbeziehen und beliebige Variantenentscheidungen damit begründen zu können. Beispielsweise ist die vorrangige Entwicklung einer bestimmten Art von Naturressourcennutzung (z. B. Entwicklung der Wasserwirtschaft) unter längerfristigem Aspekt nicht durch Nutzeffektsrechnungen (gleich welcher Art) zu begründen, sondern sie ergibt sich unmittelbar aus langfristigen Bedarfsprognosen auf der Basis naturaler Kennziffern. Nutzeffektsrechnungen können hier nur den Sinn haben, vom Prinzip der Aufwandsminimierung ausgehend die günstigsten Varianten für die Bereitstellung und Nutzung solcher Naturressourcen ausfindig zu machen.

Daraus ist der Schluß zu ziehen, daß die volkswirtschaftliche Planung und Leitung von Naturressourcen und natürlicher Umwelt gleichfalls von der Einheit naturaler und wertmäßiger Kennziffern ausgehen muß. Die Ordnung der Planung der Volkswirtschaft der DDR für die Jahre 1976 bis 1980 trägt dem Rechnung, indem zum Beispiel im Abschnitt 15 (Planung des Umweltschutzes) die meisten der für entsprechende Maßnahmen verwendeten Kennziffern naturalen Charakter tragen. Auch der Nachweis der eingesetzten Investitionen zum Umweltschutz erfolgt objektgebunden und geht von der Erreichung konkreter Ziele aus (Senkung der Abwasserlast, Einhaltung von Grenzwerten der Luftverschmutzung usw.).[5])

Die Sechste Durchführungsverordnung zum Landeskulturgesetz — Nutzbarmachung und schadlose Beseitigung von Abprodukten — folgt dem Prinzip der Planung nach naturalen Kennziffern. Möglichst alle anfallenden Abprodukte sollen, soweit dafür bereits entsprechende Aufbereitungsverfahren und Einsatzgebiete vorliegen, als Sekundärrohstoffe wiederverwendet werden; Erfassung

[5]) Anordnung über die Ordnung der Planung der Volkswirtschaft der DDR 1976 bis 1980 vom 20. 11. 1974, Abschnitt 15, Planung des Umweltschutzes, Gesetzblatt der DDR vom 15. 12. 1975, Sonderdruck Nr. 775 a, S. 275–287.

und Einsatz erfolgen nach Materialbilanzen auf der Grundlage naturaler Kennziffern. Für alle gegenwärtig nicht nutzbaren Abprodukte ist der Nachweis ihrer schadlosen Beseitigung gesetzlich festgelegt (einschließlich der toxischen Abprodukte). Verantwortlich ist der jeweilige Betrieb.[6])

Obgleich im vorliegenden Falle keine Nutzeffektsrechnung für die verstärkte Erfassung von Abprodukten zur Wiederverwendung vorgesehen ist, steht doch außer Frage, daß die volkswirtschaftliche Effektivität auf längere Sicht dadurch sichtbar erhöht wird. Sie ist jedoch nicht auf den „Produktions"-Effekt beschränkt, sondern führt gleichzeitig auch zur Erhaltung von Naturressourcen und zur Verbesserung der natürlichen Umwelt. Diese zuletzt genannten Effekte können in der gegenwärtigen betrieblichen und volkswirtschaftlichen Effektivitätsrechnung aber noch nicht zum Ausdruck gebracht werden.

Eine wichtige Voraussetzung hierfür ist die ökonomische Bewertung von Naturressourcen und Elementen der natürlichen Umwelt. In der vorliegenden Arbeit werden dazu verschiedene Aspekte deutlich gemacht. Ganz entscheidend ist hierbei die Frage nach der Bewertungsbasis für die Einbeziehung von natürlichen Ressourcen und natürlicher Umwelt in ökonomische Entscheidungen, die wiederum davon abhängt, mit welchem Ziel letztlich diese Einbeziehung erfolgt. Aus der Beantwortung dieser zuletzt genannten Frage ergeben sich recht unterschiedliche methodische und vor allem auch theoretische Konzeptionen.

Wird zum Beispiel der Stimulierungsaspekt in den Mittelpunkt gestellt oder überbetont, das heißt, soll in erster Linie ein sparsamer und rationeller Umgang mit natürlichen Ressourcen und natürlicher Umwelt erreicht werden, dann wird man eine Bemessungsgrundlage finden müssen, die gegenüber anderen Elementen des Produktionsprozesses die Naturelemente mit einem ausreichend hohen Preis ausstattet. Solche Möglichkeiten bestehen in der Regel in reinen Monopolpreisen für Naturressourcen und natürliche Umwelt bzw. deren Inanspruchnahme (die nicht oder kaum ökonomisch begründet sind). Die Grenzen eines solchen Verfahrens liegen auf der Hand.

Eine andere Bewertungsbasis, die sich im Zusammenhang mit dem rasch wachsenden gesellschaftlichen Bedarf an Naturressourcen und Naturpotentialen als unumgänglich erweist, ist der gesellschaftlich notwendige Reproduktionsaufwand. Dieser ist nicht identisch mit dem statistisch ausweisbaren Kostenaufwand zur Bereitstellung von Ressourcen und Potentialen, sondern ist als politökonomischer Begriff einerseits vom gesellschaftlich notwendigen Durchschnittsaufwand zur Reproduktion und andererseits durch den gesellschaftlichen Bedarf bestimmt. Mit einer solchen Bewertung, die den erforderlichen Fondsvorschuß (als einmaligen und laufenden Aufwand) zugrunde legt, wird der notwendige

[6]) Sechste Durchführungsverordnung zum Landeskulturgesetz -- Nutzbarmachung und schadlose Beseitigung von Abprodukten -- vom 11. September 1975, in: Gbl. Teil I, Nr. 39 (vom 14. Oktober 1975), S. 662/663.

natürliche Spielraum für das weitere ökonomische und gesellschaftliche Wachstum der entwickelten sozialistischen Gesellschaft im Perspektivzeitraum geschaffen.

Zu diesem Zweck muß diese Bewertung von einer langfristigen Bedarfsprognose ausgehen, wobei für den Bewertungszeitraum die jeweils vorherrschenden technologischen Verfahren zur Reproduktion und Bereitstellung der Naturressourcen und -potentiale zugrunde zu legen sind. Die Bewertung ist daher in bestimmten Zeitabständen zu korrigieren.

Inwieweit es möglich ist, mit der ökonomischen Bewertung nach dem Reproduktionsaufwand zugleich einen sorgsamen und sparsamen Umgang mit Naturressourcen und -potentialen bzw. deren effektiven volkswirtschaftlichen Einsatz zu regulieren und zu stimulieren, müssen die Ergebnisse solcher Bewertungen zeigen.

Von besonderer Bedeutung ist dabei auch der Hinweis des Autors, bei ökonomischen Entscheidungen unter Einbeziehung von Naturressourcen differenzierte, das heißt ergänzende Kriterien und Kennziffern zu verwenden. Er zeigt die Nützlichkeit eines solchen Vorgehens am Beispiel der unterschiedlichen Flächenintensität bestimmter Zweige und Produktionen. Für die Intensivierung des volkswirtschaftlichen Reproduktionsprozesses wäre es ohne Zweifel schon ein erheblicher Fortschritt, wenn auf der Basis der besten Erfahrungen Normative für den Verbrauch von Naturressourcen oder die Inanspruchnahme der natürlichen Umwelt (ähnlich den Materialverbrauchsnormen) eingeführt würden, die bei Überschreitung ökonomische Sanktionen und damit verschlechterte ökonomische Kennziffern der Betriebe zur Folge hätten.

Führt man diesen Gedanken weiter, so ergibt sich insgesamt die Frage, ob es zweckmäßig und ausreichend ist, die ökonomische Bewertung von Naturressourcen und Elementen der natürlichen Umwelt nur in einem einzigen Preisausdruck und im Zuge nur eines einzigen Bewertungsverfahrens vorzunehmen, oder ob nicht für einzelne Teilaufgaben und für verschiedene volkswirtschaftliche Ebenen (Bereiche) zumindest ergänzend weitere Teilbewertungsverfahren (auf der Grundlage von Teilbewertungskriterien) durchgeführt werden müßten.

Eine weitere wichtige Aufgabe ist die richtige kategoriale Bestimmung der einzelnen Naturelemente, die zum Gegenstand ökonomischer Bewertungen gemacht werden.

In der DDR besteht die Tendenz, nicht alle am Produktionsprozeß unmittelbar beteiligten bzw. durch die Gesellschaft mittelbar genutzten Stoffe (Körper) und Kräfte der Natur als Naturressourcen zu bezeichnen. Diese werden vielmehr unterteilt in Naturpotentiale und Naturressourcen. Diese Unterteilung geht nicht nur von naturwissenschaftlichen Überlegungen aus, sondern bringt zugleich auch einen realen ökonomischen Tatbestand zum Ausdruck: Unter dem Naturpotential wird die an einen bestimmten Naturraum gebundene Fähigkeit verstanden, bei Verausgabung zweckentsprechender gesellschaftlicher Arbeit Stoffe und Kräfte zur (produktiven und konsumtiven) Bedürfnisbefriedigung bereitzustellen. Unter einer Naturressource wird dagegen der konkrete Stoff oder die Kraft verstanden, die bereitgestellt werden.[7]) Beispiele hierfür wären das Wasserbildungspotential und die mit seiner Hilfe erzeugten verschiedenen natürlichen Gewässer.[8])

Der ökonomische Sinn einer solchen Abgrenzung besteht vor allem in der deutlichen Unterscheidung solcher Naturelemente, die (vorrangig) als Arbeitsmittel fungieren, und solcher, die (vorrangig) Arbeitsgegenstand (Rohstoff) darstellen. Methodisch und in der Bewertungshöhe ergeben sich hier ganz erhebliche Abweichungen, so daß zumindest eine solche Unterteilung als weiteres wichtiges Klassifikationsmerkmal einzuführen wäre. Auch für den Prozeß der Wertübertragung ergeben sich hieraus bestimmte Schlußfolgerungen.

Schließlich sei noch auf einige Ergebnisse hingewiesen, die sich aus der Einführung der Bodennutzungsgebühr (BNG) ergeben haben, auf die der Autor ebenfalls ausführlich eingeht. Ziel der BNG war bekanntlich, den landwirtschaftlich genutzten Boden vor einer „volkswirtschaftlich nicht vertretbaren artfremden Nutzung" zu schützen.

Vergleicht man zunächst die vergleichbaren Zeiträume vor (1960 bis 1967) und nach Einführung der BNG (1968 bis 1974)[9]), so zeigt sich für das Gebiet der DDR zahlenmäßig ein deutlicher Rückgang des Entzugs von landwirtschaftlicher Nutzfläche, und zwar von 1,44 Prozent im Zeitraum vor Einführung der BNG auf 0,36 Prozent danach (absolut entspricht dies einem jährlichen Entzug von 13210 bzw. 3225 ha). Bei Ackerland betragen die entsprechenden Zahlenwerte minus 3,51 und plus 0,06 Prozent (das heißt einem Abgang von durchschnittlich jährlich 24284 ha vor Einführung der BNG steht ein geringfügiger Zugang von 424 ha gegenüber, der nach Einführung der BNG zu verzeichnen ist).

Hinter diesen Zahlen verbergen sich jedoch Prozesse, die das tatsächliche Bild des Flächenentzugs modifizieren. Sicher entscheidend angeregt durch die Verordnung über die Bodennutzungsgebühr und die darin enthaltenen materiellen Anreize ist im Zeitraum nach ihrer Einführung die Umwandlung von Öd- und Unland in landwirtschaftliche Nutzfläche rasch in Gang gekommen (der Rückgang beträgt für die DDR im genannten Zeitraum 7337 ha). In mehreren Bezirken wurden durch zielgerichtete Maßnahmen zur Rekultivierung bergbaugeschädigter Flächen mehrere tausend Hektar Fläche für die Landwirtschaft rückgewonnen. Der tatsächliche Entzug von Nutzfläche liegt somit für die DDR nach Einführung

[7]) Vgl. hierzu: FE-Bericht Nr. B 1/1974, Erfassung und Kartierung von Naturraumtypen, Interpretation von Naturraumpotentialen und Ermittlung von Bewertungsmöglichkeiten für volkswirtschaftlich bedeutsame Formen der Flächennutzung (Geographisches Institut der AdW der DDR, Leipzig), Leipzig 1974, S. 80.

[8]) Vgl. hierzu: Gesetzmäßigkeiten der intensiv erweiterten Reproduktion bei der weiteren Gestaltung der entwickelten sozialistischen Gesellschaft, Teil II, Berlin 1976, S. 695.

[9]) Zahlenangaben nach: Statistisches Jahrbuch der DDR 1960/61, Berlin 1961, S. 419, 441; Statistisches Jahrbuch der DDR 1969, Berlin 1969, S. 180, 196, 197; Statistisches Jahrbuch der DDR 1975, Berlin 1975, S. 173, 175.

der BNG etwas höher als dem statistischen Ausweis entspricht. Gleiches gilt für den Entzug von Ackerland. Hier ist der Abgang vor allem durch die Umwandlung von Grünland in Ackerfläche überdeckt (rd. 50000 ha wurden nach Einführung der BNG in Ackerland umgewandelt).

Für den Zeitraum von 1976 bis 1980 ist entsprechend den Direktiven des IX. Parteitages der SED die Umwandlung von weiteren 153000 ha Grünland in Ackerland vorgesehen.

Während insgesamt für die DDR eine deutliche Wende zur Verlangsamung des Flächenentzugs eingetreten ist, ist das Bild in den einzelnen Bezirken sehr differenziert und zeigt vor allem in den Ballungszentren einen immer noch zu hohen Flächenabgang aus der Landwirtschaft für nichtlandwirtschaftliche Zwecke. So ist der Rückgang des Flächenentzugs in solch ausgesprochenen Agrarbezirken wie Neubrandenburg, Schwerin und zum Teil Frankfurt (Oder) relativ gering (unter 0,2 Prozent), während in Bezirken mit einem hohen Anteil industrieller Ballungszentren und dem bereits am stärksten angespannten Flächenhaushalt der Flächenentzug weit über dem Durchschnitt liegt (zum Beispiel Leipzig mit 1,6 Prozent). Ähnliches gilt für Ackerland. Hier lag der Entzug zum Teil noch über den Werten des Zeitraums vor Einführung der BNG (zum Beispiel Bezirk Dresden 0,63 und 1,20 Prozent).

Die Ursachen sind sicher vielfältiger Art. Neben den zahlreichen Ausnahmeregelungen, die die Wirksamkeit der BNG einschränkten, scheinen es vor allem zwei Ursachen zu sein, die Anlaß geben, ähnliche Maßnahmen noch umfassender, das heißt vor allem volkswirtschaftlich (nicht zweiglich) zu begründen. *Erstens.* Die Höhe der Gebühr ist innerhalb der Gesamtzahl von Faktoren, die auf die Gesamtsumme von Investitionen Einfluß nehmen, noch zu niedrig, so daß die Investitionsträger vor allem in den Ballungszentren noch ungenügend zur Flächeneinsparung angehalten werden. *Zweitens.* Viele Entscheidungen, die Flächenentzug zur Folge haben, lassen im Stadium der Projektierung die Höhe der BNG nicht mehr standortlenkend wirksam werden (Straßenbau, Wohnungsbau, Erweiterung von Großbetrieben, soweit in der Verordnung über die BNG nicht ohnehin Ausnahmen bestehen). Hier müßten bereits im Stadium der Vorplanung die volkswirtschaftlichen Gesichtspunkte einer rationellen Flächennutzung stärker Berücksichtigung finden

Eine Bemerkung sei noch zur Übersetzung angefügt. Die Termini охрана (Schutz) und охранение bzw. сохранение (Erhaltung) werden im Russischen ähnlich wie im Deutschen unterschiedlich verwendet, das heißt, daß mit dem ersten Begriff vorrangig Aktivitäten bezeichnet werden, die mit gesetzlichen und administrativen Maßnahmen verbunden sind (zum Beispiel Schutz bestimmter, vom Aussterben bedrohter Tier- und Pflanzenarten), während der Begriff Erhaltung sich praktisch auf alle einschlägigen Aktivitäten erstreckt. Eine genaue Abgrenzung ist jedoch noch weit weniger geläufig als im Deutschen, so daß die obigen Begriffe mit Schutz und Erhaltung dem jeweiligen Kontext entsprechend wiedergegeben wurden.

Der Begriff Gestaltung, der in dem Terminus Erhaltung implizit enthalten ist und bei der beispielsweise in der DDR und in der VR Polen zusammen mit dem Terminus Schutz als Begriffspaar (zum Beispiel Umweltschutz und Umweltgestaltung) geläufig ist, um der Zielsetzung nach unterschiedliche Aktivitäten zu charakterisieren, wurde in der Übersetzung durchweg vermieden, weil in der sowjetischen Literatur ein solches Herangehen bisher fehlt.

Berlin, im Mai 1976 DIETER GRAF

Vorwort zur russischsprachigen Ausgabe

Die Steigerung der Effektivität der gesellschaftlichen Produktion ist untrennbar mit der intensiveren Nutzung aller Arten von Naturressourcen verbunden. Mit der Entwicklung der Produktivkräfte wird diese Beziehung zunehmend komplizierter, da das Produktionswachstum als Prozeß der Wechselwirkung von Mensch und Natur, die Vergrößerung der Anzahl und der Migration der Bevölkerung, die Steigerung des materiellen Wohlstandes der Werktätigen eine immer größere und bessere Nutzung der Naturressourcen erfordern. Die UdSSR verfügt über gewaltige Vorräte an Naturressourcen: Bodenschätze, die Energie der Flüsse, reiche Wälder und fruchtbare Böden.

Der Naturreichtum ist groß, jedoch nicht unbegrenzt. Die Mehrzahl der natürlichen Ressourcen, vor allem die Vorkommen an Bodenschätzen, sind praktisch nicht, andere, wie beispielsweise die Wälder, sind nur in einem sehr langen Zeitraum erneuerbar. Der Bedarf an Naturressourcen vergrößert sich rasch und daher macht sich in dem Maße, wie sich die Produktion entwickelt, immer stärker die Begrenztheit an Naturressourcen bemerkbar, über die die Gesellschaft zur weiteren Entwicklung der Volkswirtschaft verfügt.

Die wohl wichtigste These, die auf dem XXIV. Parteitag der KPdSU entwickelt wurde, ist die Notwendigkeit, die Errungenschaften der wissenschaftlich-technischen Revolution organisch mit den Vorzügen des sozialistischen Wirtschaftssystems zu vereinen. Dies findet seinen konkreten Ausdruck insbesondere darin, daß die höchstmögliche Beschleunigung des wissenschaftlich-technischen Fortschritts auch ein rationelles Verhältnis zu den Naturressourcen einschließt. Die steigenden Anforderungen an die Planungs- und Wirtschaftsorgane sowie die Projektierungsorganisationen, beim Bau neuer sowie bei der Rekonstruktion der vorhandenen Betriebe gleichzeitig die notwendigen Maßnahmen zum Schutze der Natur zu gewährleisten, sind darauf gerichtet, nicht nur der gegenwärtigen, sondern auch den nachfolgenden Generationen die Möglichkeit zu geben, die natürlichen Ressourcen effektiv nutzen zu können und aller Güter der Natur teilhaftig zu werden.

Unter sozialistischen Bedingungen können bei der gegenwärtigen Entwicklung von Wissenschaft und Technik die Probleme der rationellen Nutzung von Naturressourcen sowie des Schutzes des natürlichen Milieus nahezu ausnahmslos mit Erfolg gelöst werden. Im Zusammenhang damit erlangt jedoch die ökonomische

Seite des Problems eine immer größere Bedeutung: Es ist notwendig, den Nutzeffekt zusätzlicher Aufwendungen der Gesellschaft insgesamt sowie jedes einzelnen Betriebes für die genannten Ziele genau zu bestimmen.

Der rationelle Nutzung von Naturreichtümern dient ein System gesetzgeberischer, administrativer und ökonomischer Maßnahmen. Von großer Bedeutung sind solche grundlegenden Gesetzgebungen der letzten Jahre, wie die „Grundlagen der Boden- und Wassergesetzgebung der UdSSR sowie der Unionsrepubliken", ferner Gesetze über den Naturschutz, die in den Unionsrepubliken angenommen wurden.

Die Praxis der letzten Jahre zeigte jedoch, daß eine grundlegende Verbesserung in der Nutzung von Naturressourcen allein durch gesetzgeberische und administrative Maßnahmen nicht erreicht werden kann. Die effektive Nutzung von Naturressourcen muß ökonomisch stimuliert werden. Es ist daher erforderlich, die ökonomische Bewertung von Naturressourcen gesetzlich festzulegen und in die Praxis einzuführen.

Es muß unterstrichen werden, daß die Anwendung einer ökonomischen Bewertung von Naturressourcen keineswegs ein Abgehen vom Prinzip staatlichen Eigentums an Naturressourcen, die Einführung der Verkäuflichkeit dieser Ressourcen oder etwas ähnliches bedeutet. Eine solche Bewertung stellt die Voraussetzung einer rationellen und sorgsamen Nutzung von Naturressourcen in jedem sozialistischen Betrieb entsprechend den volkswirtschaftlichen Interessen dar.

Die Anwendung einer ökonomischen Bewertung von Naturressourcen hat großen Einfluß auf die richtige Bestimmung des Nutzeffektes von Investitionen, auf eine rationelle Auswahl von Varianten bei Investitionsbauten sowie bei technischen Entscheidungen.

Hierzu muß sich die ökonomische Bewertung von Naturressourcen auf die vorhandenen Prinzipien der Preisbildung stützen, das heißt sie muß mit jenen Kennziffern vergleichbar sein, die bei der Bestimmung des Nutzeffektes von Investitionen angewandt werden.

Die verschiedenen Arten von Naturressourcen erfordern unterschiedliche Aufwendungen an gesellschaftlicher Arbeit, um sie für die Nutzung zugänglich zu machen, und diese aufgehäufte Arbeit wird auf die Erzeugnisse der Landwirtschaft bzw. der extraktiven Industrie übertragen.

Naturressourcen schaffen natürlich an und für sich keinen Wert, ihn schafft nur die Arbeit. Aber von der Qualität der Naturressourcen sowie von den objektiven Bedingungen ihrer Nutzung in den entsprechenden Zweigen hängt die Arbeitsproduktivität der Beschäftigten ab. Ein und dieselben Arbeitsaufwendungen von Beschäftigten gleicher Qualifikation, bei Einsatz gleicher Arbeitsmittel erbringen unterschiedliche Produktionsergebnisse in Abhängigkeit von der Qualität der hierbei genutzten Naturressourcen. Eine höhere Arbeitsproduktivität, die durch die unterschiedliche Qualität von Naturressourcen verursacht ist, bildet die Quelle von Differentialrenten. Gerade dieser Umstand erlaubt es, eine ökonomisch begründete Bewertung von Naturressourcen auszuarbeiten, die sich auf die Prinzipien der marxistisch-leninistischen politischen Ökonomie des Sozialismus, insbesondere auf die Arbeitswerttheorie stützt.

Der Autor des vorliegenden Buches, M. N. Lojter, geht von einer solchen Konzeption aus und vertritt die Ansicht, daß die ökonomische Bewertung von Naturressourcen für die Berechnungen des Nutzeffekts von Investitionen von außerordentlicher Bedeutung ist, da gerade im Stadium von Plan- und Projektentscheidungen die Grundlage zur rationellen Nutzung von Naturreichtümern gelegt wird. Der Autor untersucht ausführlich die Besonderheiten bei der Anwendung allgemeiner Prinzipien der Berechnung und des Einsatzes ökonomischer Bewertungen für die Bestimmung des Nutzeffekts von Investitionen am Beispiel von Naturressourcen „allgemeinster Verwendung", wie sie eben Boden und Wasser darstellen. Dies verleiht seinem Buch besondere Aktualität.

TIGRAN S. CHAČATUROV
Akademiemitglied

Einleitung

Das Problem, wie das natürliche Milieu die Entwicklung der verschiedenen Länder und Völker beeinflußt, interessierte bekanntlich die Gelehrten zu allen Zeiten und Epochen. Marx und Engels unterstrichen bereits in ihren Frühschriften, daß ein klares und präzises Verständnis der Wechselbeziehung zwischen dem historischen Prozeß und der Natur für die Herausbildung der materialistischen Weltanschauung unumgänglich ist. Dieses Problem ist auch für das moderne philosophische und ökonomische Denken von besonderer Aktualität. Die Menschheit wird immer weniger abhängig vom Wechsel der Naturbedingungen, gleichzeitig aber kompliziert sich diese Beziehung zur Natur, das Wechselverhältnis wird ständig enger.

Das natürliche Milieu und die Gesamtheit der hierin eingeschlossenen Naturbedingungen und Naturressourcen bilden die objektive Grundlage und die notwendige Voraussetzung des Reproduktionsprozesses. Die wechselseitige Einflußnahme von Natur und Gesellschaft basiert auf der materiellen Produktion. Arbeitsprodukte werden von jeder beliebigen menschlichen Gesellschaft benötigt. Sie sind das Ergebnis der Gewinnung und Verarbeitung von Arbeitsgegenständen, die allein die Natur zur Verfügung stellt. Die gesamte Produktionstätigkeit der Menschen vollzieht sich innerhalb bestimmter Naturbedingungen. Jeder Produktionsprozeß erfordert eine Übereinstimmung mit objektiven Naturgesetzen. Diese unbestreitbare Tatsache beeinträchtigt keineswegs die wachsenden Möglichkeiten des Menschen, aktiv auf die Entwicklung der Natur mittels Erkenntnis und Anwendung ihrer Gesetze Einfluß zu nehmen.

Marx unterstreicht die bestimmenden und allgemeinen Momente, die zu allen Zeiten und für alle Völker den Arbeitsprozeß charakterisieren und schreibt: „Der Arbeitsprozeß. . . ist zweckmäßige Tätigkeit zur Herstellung von Gebrauchswerten, Aneignung des Natürlichen für menschliche Bedürfnisse, allgemeine Bedingungen des Stoffwechsels zwischen Mensch und Natur, ewige Naturbedingung des menschlichen Lebens und daher unabhängig von jeder Form dieses Lebens, vielmehr allen seinen Gesellschaftsformen gleich gemeinsam."[1])

Einerseits hängt die Art und Weise des Zusammenwirkens von Elementen des Arbeitsprozesses von Naturbedingungen ab, andererseits beeinflußt aber der Ar-

1) Marx, K., Das Kapital, Erster Band, in: Marx/Engels, Werke (im folgenden MEW), Bd. 23, Berlin 1968, S. 198.

beitsprozeß selbst in der einen oder anderen Form das natürliche Milieu. Die Ausmaße dieser wachsenden Einflußnahme in den letzten Jahren machen es möglich, die Einwirkung des Menschen auf die Natur mit geologischen oder mit „. . . planetaren Prozessen, die sich im Rahmen der Bio-Geosphäre abspielen“[2]) zu vergleichen.

Man kann sich mit solchen oder ähnlichen Formulierungen einverstanden erklären oder nicht, unbestreitbar ist, daß das Problem der Einflußnahme des Menschen und der materiellen Produktion auf die Natur, das heißt auf das natürliche Milieu der Heimstatt des Menschen, eines der wichtigsten Probleme des wissenschaftlich-technischen Fortschritts darstellt.

Auf dem XXIV. Parteitag der KPdSU wurde betont: „Bei der Durchführung der Maßnahmen zur Beschleunigung des wissenschaftlich-technischen Fortschritts müssen wir alles tun, um ihn mit dem Schutz der Natur zu verbinden; der wissenschaftlich-technische Fortschritt darf nicht zum Ausgangspunkt einer gefährlichen Verschmutzung der Luft und des Wassers, der Bodenerschöpfung werden.“[3]) Und in den Direktiven des Fünfjahrplanes der UdSSR zur Entwicklung der Volkswirtschaft im Jahre 1971 bis 1975 ist vorgesehen: „Die Ministerien und Ämter, die Betriebe, Institutionen und Organisationen sind in höherem Maße für die rationelle Nutzung der natürlichen Ressourcen — der Boden und Gewässer, der Atmosphäre und der Bodenschätze — sowie für die Reproduktion der Pflanzen- und Tierwelt verantwortlich zu machen.“[4])

In seiner Rede auf dem Weltkongreß der Friedenskräfte im Oktober 1973 nannte L. I. Breshnew als wichtigste Probleme der modernen Zivilisation: die Lösung des Energieproblems, den Schutz der natürlichen Umwelt, die Überwindung des weltweiten Hungers sowie gefährlicher Krankheiten, die Erschließung der Reichtümer der Weltozeane, das heißt Probleme, die in der einen oder anderen Form mit der Nutzung von Naturressourcen verbunden sind.[5])

Einige Autoren betrachten die wechselseitige Einflußnahme von Gesellschaft und Natur unter historischem Aspekt als aufeinanderfolgenden Wechsel einiger sich ablösender Hauptetappen. Die erste, die vorzeitliche Etappe, ist nach Meinung der Autoren dieses Schemas durch die unmittelbare Aneignung und Konsumtion fertiger Naturprodukte mit Hilfe primitiver Arbeitswerkzeuge gekennzeichnet. Die zweite, die vorindustrielle Etappe, die das Altertum sowie das Mittelalter umfaßt, ist durch eine allmähliche Erschließung neuer Naturressourcen charakterisiert, deren Vorräte und natürliche Regeneration unermeßlich größer sind als die Bedürfnisse der Gesellschaft.

Die dritte, die industrielle Etappe, beginnt mit dem Jahrhundert des Dampfes,

2) Zabelin, J. M. Fizičeskaja geografija i nauka buduščego, Moskva 1970, S. 80.

3) Rechenschaftsbericht des ZK der KPdSU, Referat von L. I. Breshnew, Moskau—Berlin 1971, S. 79.

4) Direktiven des XXIV. Parteitags der KPdSU zum Fünfjahrplan 1971 bis 1975, in: XXIV. Parteitag der KPdSU, Dokumente, Moskau—Berlin 1971, S. 81.

5) Pravda, vom 27. 10. 1973.

leitet über in das Jahrhundert der Elektrizität und „. . . schließlich stehen wir gegenwärtig am Beginn des Jahrhunderts der Atomenergie. . .“, wobei die natürlichen Ressourcen „. . . im Vergleich zu den technisch-ökonomischen Bedürfnissen der Menschheit praktisch nicht mehr unbegrenzt sind.“[6]) Die Richtigkeit solcher oder ähnlicher Klassifikationen ist recht zweifelhaft, da in ihnen die Produktionsweise zu einer rein technischen Bestimmung wird, was keineswegs der marxistischen Theorie des Wechsels der gesellschaftlichen Formationen entspricht. Man kann sich auch nicht mit der hier vorgetragenen These einverstanden erklären, daß erst in unseren Tagen für die Gesellschaft günstige Naturbedingungen geschaffen werden. Die gesamte Geschichte des Bewässerungsfeldbaus stellt dem Wesen nach eben Produktion günstiger natürlicher Bedingungen dar.

Der wechselseitige Einfluß Mensch — Natur ist ein Problem, das ewig existiert. Seine Entstehung kann zurückverfolgt werden bis in die graue Vorzeit, obgleich damals dieses Problem weniger von theoretischer, als vielmehr zutiefst praktischer Bedeutung war und auf die Fähigkeit eines menschlichen Kollektivs hinauslief, sich bestimmten Naturbedingungen anzupassen, um zu überleben. Schon seit langem steht dieses Problem auch als theoretische Aufgabe vor der Menschheit. Die Bedeutung der Aufgabe wuchs von Jahrhundert zu Jahrhundert in dem Maße, wie sich das Entwicklungstempo der Gesellschaft beschleunigte. Viele Forscher unterstreichen, daß sich die Gesellschaft gegenwärtig an einem entscheidenden Wendepunkt in ihrem Wechselverhältnis zur Natur befindet, das durch die gesamten vorausgegangenen Prozesse der historischen Entwicklung, in erster Linie durch die Entwicklung der Produktion, vorbereitet wurde.

Bei aller Kompliziertheit und Vielgestaltigkeit der Beziehung Mensch — Natur muß als unbestreitbar anerkannt werden, daß dieses Verhältnis unmittelbar durch den Charakter der Arbeit bestimmt wird, durch ihr soziales Wesen und durch ihre technische Ausstattung. Diese beiden Momente des Arbeitsprozesses bestimmten das Wechselverhältnis Mensch — Natur und sind von übergeordneter Bedeutung.

Unter sozialistischen Bedingungen verändert der wissenschaftlich-technische Fortschritt in einem früher nicht gekannten Tempo die Vorstellung vom Umfang der Naturressourcen, die effektiv genutzt werden können. Es genügt, auf die Entwicklung der letzten Jahre bei der Erdöl- und Gasförderung im Rahmen der Küstenschelfe, auf die Vorbereitungen zur breiteren Nutzung mineralischer Reichtümer des Meeresgrundes, auf die Meerwasserentsalzung usw. hinzuweisen. Die Vervollkommnung der Förderung, Ausbringung sowie Nutzung einer Reihe von Bodenschätzen erlaubt es, Lagerstätten zu erschließen, die früher als ungeeignet zur Nutzung galten, entweder infolge ungeeigneter bergbaulich-geologischer Bedingungen (geringe Mächtigkeit der Flöze, rasch wechselnde Schichten) oder aber infolge des relativ geringen Inhalts von Hauptkomponenten in der Fördermasse. Die komplexe Nutzung der Mehrzahl der Bodenschätze vermittelt gegen-

[6]) Trusov, Ju. P., Ponjatie o noosfere, in: Priroda i obščestvo, Moskva 1968, S. 31–32 (Sammelband).

über früher eine andere Vorstellung von der Wertigkeit mineralischer Rohstoffe, da die Möglichkeit der Nutzung von Begleitelementen die Bewertung beliebiger Lagerstätten erheblich verbessert.

Der technische Fortschritt und die Verbesserung der materiellen Möglichkeiten der sozialistischen Gesellschaft verändern die Vorstellung von der Wertigkeit einer solchen Naturressource „allgemeiner Verwendung“, wie sie der Boden darstellt. Jene Bodenstücke, die früher als wenig oder überhaupt als ungeeignet für den Ackerbau galten, und zwar infolge ihrer geringen natürlichen Fruchtbarkeit, können heute kultiviert werden, wobei die Fruchtbarkeit künstlich gesteigert wird.

Dies alles bestätigt Lenins Voraussicht, daß die „. . . Bearbeitung dieser natürlichen Reichtümer mittels der neuesten Technik die Grundlage für einen ungeahnten Fortschritt der Produktivkräfte“[7]) bildet. Die Erzielung einer höchstmöglichen gesellschaftlichen Arbeitsproduktivität beruht auf der effektivsten Nutzung aller in die Produktion einbezogenen bzw. einzubeziehenden Naturressourcen. Besondere Bedeutung für die Entwicklung der Produktion haben deshalb günstige Naturbedingungen und -ressourcen.

Die im Arbeitsprozeß beabsichtigte Veränderung der materiellen Welt stellt ihrem Wesen nach die ständige Überwindung des Widerspruchs zwischen Natur und Gesellschaft dar. Die Geschichte des gesellschaftlichen Denkens kennt nicht wenige Versuche, diesen objektiven existierenden Widerspruch als hauptsächliche bewegende Kraft der gesellschaftlichen Entwicklung hinzustellen. Solche Bestrebungen sind immer von dem Versuch begleitet, von der Wechselwirkung zwischen Produktivkräften und den Produktionsverhältnissen und damit von jenen antagonistischen Widersprüchen abzusehen, die für die gesamte „Vorgeschichte der Menschheit“ (Friedrich Engels) charakteristisch sind. Von der Zählebigkeit dieses alten Irrtums zeugt auch das Beispiel des modernen Revisionismus. Der Theoretiker des berüchtigten „menschlichen Sozialismusmodells“, Ota Šik, begründete seine Konzeption zur Restaurierung der kapitalistischen Produktionsverhältnisse in der ČSSR mit dem Hinweis darauf, daß die Auslegung der bewegenden Kräfte der Gesellschaftsentwicklung durch den Marxismus gleichsam „vereinfacht“ erfolge. Diese Voraussetzung gab ihm die Möglichkeit, folgendes als Grundwiderspruch zu deklarieren, der angeblich die Entwicklung der menschlichen Gesellschaft bestimmt. „Der Widerspruch zwischen Natur und Gesellschaft, der Widerspruch, der sich im Prozeß ihrer Annäherung an die Bedürfnisse der Menschen entwickelt.“[8])

Man muß im direkten Zusammenhang mit ähnlichen Theorien auch die in den letzten Jahren in den entwickelten kapitalistischen Ländern breit entfaltete Kampagne sehen, die in mancher Hinsicht politischen, auf Sensationen berechneten

[7]) Lenin, W. I., Die nächsten Aufgaben der Sowjetmacht, in: Werke, Bd. 27, Berlin 1960, S. 248.

[8]) Mračkovskaja, I. M., Ot revizionizma k predatel'stvu. Kritika èkonomičeskich vzgljadov O. Šika. Moskva 1970, S. 25.

Charakter trägt und die unter das Damoklesschwert der globalen „ökologischen Katastrophe" gestellt wird. Die Behandlung der ökologischen Krise als unvermeidliche Folge des Bevölkerungswachstums, des technischen Fortschritts und der Entwicklung der Produktion, die allen industriell entwickelten Ländern ohne Unterschied des sozialen Systems eigen sei, wird nicht nur zur „Bestätigung" der Konvergenztheorie, sondern auch zur Wiederbelebung Malthusscher Theorien benutzt.

So geht beispielsweise eine Untersuchung amerikanischer Ökonomen „Grenzen des Wachstums"[9], in der gesamten Tendenz dahin, die ökologische Katastrophe (nach 50 bis 60 Jahren) als gesetzmäßig vorauszusagen. Als Allheilmittel schlagen die Autoren der Untersuchung eine Verminderung der Geburtenraten sowie die Begrenzung der Industrialisierung in den Entwicklungsländern vor.

In der Kommission Natürliche Umwelt auf dem Kongreß der Friedenskräfte in Moskau[10]) wurde zu diesen Fragen eine breite Diskussion durchgeführt. Wie die Teilnehmer des Kongresses hierzu bemerkten, wäre es, bevor an eine Verminderung des Produktionswachstums gedacht wird, erforderlich, der Entwertung der menschlichen Arbeit, der Vergeudung von Naturreichtümern für Zwecke der Militarisierung, einer allein den Monopolen dienenden Produktion langlebiger Konsumgüter, die aber zugleich auf einen raschen Verschleiß berechnet sind, sowie anderen Zielen entgegenzuwirken, die nichts mit einem wirklichen Wohlstand der Menscheit zu tun haben.

Die etwa zehnfache Zunahme der Verschmutzung der natürlichen Umwelt in den USA in den letzten 25 Jahren wurde z. B. keineswegs durch ein Wachstum der Bevölkerung und der Produktion hervorgerufen (die Steigerungsrate beider betrug etwa 40 Prozent), sondern allein durch Veränderung der industriellen und landwirtschaftlichen Produktion infolge des Ersatzes vieler Naturprodukte durch synthetische Erzeugnisse, durch eine erhöhte PS-Zahl der Kraftfahrzeuge, durch die Anwendung neuer technologischer Verfahren usw. Die Gefährdung der Natur wurde ignoriert, weil das Ziel der Produktion der Monopolprofit ist.[11])

Die bürgerlichen Forscher, die in dem Konflikt mit der Natur ein Ergebnis des Fortschritts der Zivilisation sehen, dehnen im Grunde genommen die Gesetze der kapitalistischen Gesellschaft auf die gesamte Menschheit aus, wobei die spontane Entwicklung dieser Gesellschaft tatsächlich zum Konflikt des Menschen mit der Natur führt.

Die Gefahr einer irreversiblen Zerstörung des Gleichgewichts in der Natur wird teilweise künstlich dramatisiert und objektiv dazu benutzt, das gesellschaftliche Denken nicht nur von den seit jeher in diesen Ländern vorhandenen antagonistischen Widersprüchen zwischen dem Charakter der Produktion und der Art und

9) Maedows, D. L., Maedows, D. H., Zahn, E., Milling, P., Die Grenzen des Wachstums. Bericht des Club of Rome zur Lage der Menschheit, Stuttgart 1972.

10) Pravda vom 1. 11. 1973.

11) Pravda vom 6. 2. 1974.

Weise der Aneignung ihrer Ergebnisse, zwischen Arbeit und Kapital abzulenken, sondern auch von den drohenden sozialen Problemen, die die gegenwärtige wissenschaftlich-technische Revolution zur Folge hat.[12]) Leider wird dies in einigen Arbeiten sowjetischer Forscher nicht immer genügend berücksichtigt, insbesondere in Untersuchungen, die aus der Sicht der geographischen Wissenschaft an das Problem herangehen. Der ideologische Kampf, der so alt ist wie die Menschheit selbst, macht auch um das Wechselverhältnis Mensch—Natur keinen Bogen. Für uns stellt die rationelle Nutzung von Naturressourcen, der Schutz und die zweckmäßige Umgestaltung des natürlichen Milieus zum Nutzen des Menschen einen organischen Bestandteil der gesamten Wirtschaftstätigkeit dar.

Die prinzipiell unterschiedlichen Bewertungskriterien für den Nutzeffekt der Produktion, den Nutzeffekt des wissenschaftlich-technischen Fortschritts und seine materielle Verkörperung — die neue Technik — im Kapitalismus und im Sozialismus bestimmen auch die Unterschiede in der Bewertung der Einwirkung auf die natürliche Umwelt. Gerade das Herangehen auf der Grundlage des Privateigentums an den Nutzeffekt neuer chemischer und anderer Produktionen, an die Entwicklung der Kraftfahrzeugindustrie führt nicht einfach nur zur Verschmutzung, sondern auch zur unmittelbaren Vergiftung der Luft, des Wassers und des Bodens in den kapitalistischen Ländern.

Die unveränderten Grundlagen des Privateigentums, insbesondere auch des Privateigentums an Boden, lassen keine durchgreifenden Maßnahmen zu, die eine Erhaltung der natürlichen Umwelt garantieren. Nur staatliche Unterstützungen verschiedener Art, die aus Mitteln der Steuerzahler und der Verbraucher bereitgestellt werden, können eine bestimmte Entspannung der entstandenen Situation herbeiführen. Wie die Erfahrungen der letzten Jahre zeigen, haben die rechtlichen bzw. administrativen Sanktionen, die gegen einzelne Monopole in besonders krassen Fällen erlassen wurden, zu keinen positiven Resultaten geführt; dies ist auch nicht verwunderlich, weil die vorgeschriebenen Maßnahmen als Abzug vom Monopolprofit betrachtet werden.

Die Möglichkeit einer vollständigen und effektiven Kontrolle, wie sie von der sozialistischen Gesellschaft in bezug auf den gesamten Prozeß der gesellschaftlichen Produktion ausgeübt wird, ermöglicht zugleich, die Naturressourcen zu kontrollieren und zu nutzen. Man darf hierbei jedoch nicht außer acht lassen, daß keinerlei Entwicklung der gesellschaftlichen Produktion möglich ist, ohne daß sich zugleich in dieser oder jener Form auch eine Veränderung der natürlichen Umwelt vollzieht; jedoch darf diese Veränderung nicht nur zu keinen katastrophalen, sondern auch zu keinen negativen Folgen führen, ganz im Gegenteil, sie muß die Möglichkeit eröffnen, die natürliche Umwelt zu verbessern, und sie muß für das Leben und die Produktionstätigkeit der Menschen günstigere Bedingungen schaffen.

[12]) Probleme des Friedens und des Sozialismus, 6/1972, S. 53.

Die Kriterien des gesellschaftlichen Nutzens in der sozialistischen Gesellschaft, die die Grundlage für jede Plan-, Projekt- oder auch einfach nur technische Entscheidung bilden, sind auch in einer Reihe weiterer Bedingungen zum Schutz der natürlichen Umwelt festgelegt. Es erfolgte dies z. B. in einer speziellen Gesetzgebung, die vom ZK der KPdSU und vom Ministerrat der UdSSR beschlossen worden ist.[13])

Die in dieser Gesetzgebung und in diesen Beschlüssen festgelegten ökonomischen Maßnahmen (Ausgleich für die Landwirtschaftsbetriebe bei zeitweiligem oder vollständigem Entzug von Flächen, Einführung einer Bezahlung für spezielle Wassernutzung usw.) können erst in die volkswirtschaftliche Praxis eingeführt werden, wenn die Bewertung der Naturressourcen ausreichend begründet ist. Darüber hinaus würde es das Vorhandensein einer solchen Bewertung bereits im Zuge von Plan- und Projektberechnungen erlauben, die der Natur zugefügten Verluste zu minimieren und gleichzeitig den Nutzeffekt sowohl der neu in die Produktion einbezogenen als auch der zwischen den einzelnen Zweigen umzuverteilenden Naturressourcen zu steigern.

Die Zielstellung, die ökonomischen Interessen der Beschäftigten, der Betriebe und der Gesellschaft bei der effektiven und rationellen Nutzung von Naturressourcen zu verbinden, ergibt sich unmittelbar aus den aktuellen Aufgaben, die vom Dezember-Plenum des ZK der KPdSU (1973) gestellt wurden, nämlich solche ökonomischen Bedingungen zu schaffen, die für jeden Werktätigen und für jedes Kollektiv dann nützlich sind, wenn sie dem Staat nutzen.[14])

Naturressourcen als Bestandteil der natürlichen Bedingungen des geographischen Milieus verfügen über keinen Wert, der auf die Erzeugnisse zu übertragen wäre, da zu ihrer Produktion keine Arbeitsaufwendungen erforderlich waren. Jedoch erlauben Naturressourcen, lebendige oder vergegenständlichte Arbeit einzusparen, das heißt, sie stellen selbst „unentgeltliche Produktivkraft" dar. Der Wert der produzierten Erzeugnisse vermindert sich in dem Maße, wie lebendige oder akkumulierte Arbeit durch Naturressourcen ersetzt wird. Naturressourcen werden nur dann zum Träger von Wert, wenn Arbeitsaufwendungen verbraucht werden, die mit der Reproduktion der Ressourcen verbunden sind (z. B. Regulierung von Flußläufen, Reinigung von Abwasser und von Luft in industriellen Ballungszentren, Wiederaufforstung von Wäldern, Fischaufzucht usw.).

Das Problem der ökonomischen Bewertung von Naturressourcen hat zumindest drei eng miteinander verbundene Aspekte. Nicht selten wird an erster Stelle ein

[13]) Grundlagen der Bodengesetzgebung der UdSSR und der Unionsrepubliken, in: Vedomosti Verchovnogo Sovieta SSSR, 51/1968, S. 846 f.; Grundlagen der Wassergesetzgebung der UdSSR und der Unionsrepubliken, in: Vedomosti Verchovnogo Sovieta SSSR, 50/1970, S. 706—723; Die Bodenordnung der RSFSR, in: Vedomosti Verchovnogo Sovieta RSFSR, 28/1970, S. 434—438; Über die Verstärkung des Naturschutzes und die verbesserte Nutzung der Naturressourcen, in: Pravda, vom 11. 1. 1973.

[14]) Pravda, vom 16. 12. 1973.

Aspekt genannt, den man als Schutzaspekt bezeichnen könnte. Argumentiert wird in diesem Falle hauptsächlich mit dem notwendigen Schutz der Natur vor Verlusten, die ihr durch die Produktionstätigkeit des Menschen zugefügt werden. Dieser weit verbreitete Aspekt ist Gegenstand internationaler Vereinbarungen, die in den letzten Jahren abgeschlossen wurden, und außerordentlich repräsentativer internationaler Konferenzen, z. B. der UNO.

Den zweiten Aspekt des Bewertungsproblems von Naturressourcen kann man mit der wirtschaftlichen Rechnungsführung in Verbindung bringen, wobei die Ausarbeitung solcher ökonomischer Maßnahmen vorgesehen ist, die den Einfluß unterschiedlicher Naturbedingungen auf die Tätigkeit einzelner Betriebe eliminieren. Hierbei wird von dem Axiom ausgegangen, daß alle gleichartigen, der wirtschaftlichen Rechnungsführung unterliegenden Betriebe unter gleichen Bedingungen arbeiten müssen.

Der dritte und nach unserer Meinung wichtigste Aspekt des Problems ist der Investitionsaspekt. Die Notwendigkeit einer ökonomischen Bewertung der in der Produktion genutzten Naturressourcen macht sich besonders dringend bemerkbar sowohl in bezug auf die Untersuchung des Nutzeffekts der Produktion, insbesondere der Berechnung des Nutzeffekts von Investitionen als auch in bezug auf die täglich im Massenumfang durchzuführenden Plan- und Projektberechnungen. Der Einsatz verschiedener Naturressourcen in der Produktion und die Einbeziehung neuer Quellen und Arten von Bodenschätzen in die Produktion, der Übergang von einem technologischen Verfahren der Gewinnung und der Nutzung von Naturressourcen zu einem anderen kann mitunter einen recht unterschiedlichen Bedarf an zusätzlichen Investitionen oder, umgekehrt, eine gewisse Freisetzung eines bestimmten Teils von Aufwendungen für die Gesellschaft zur Folge haben. Investitionen und Naturressourcen werden dem Wesen nach komplex genutzt, jedoch sind sie bei unterschiedlicher Kombination nach der einen oder anderen Variante wechselseitig austauschbar.

Das Postulat der Begrenztheit von Naturressourcen, das einen statischen Vorrat von Naturgütern bei ständig wachsendem Bedarf an solchen Ressourcen unterstellt, wird nicht selten zur Bestätigung einer ökonomischen Theorie genutzt, die der marxistischen Arbeitswerttheorie entgegensteht. Hier ist vor allem die Rede von der Theorie der drei Produktionsfaktoren, derzufolge der Wert nicht nur das Produkt der Arbeit, sondern auch von Kapital ist, das in Form von Produktionsmitteln und Naturressourcen einbezogen wird, wobei unter letzteren in erster Linie der Boden verstanden wird. Alle diese Elemente sind begrenzt und zur Produktion erforderlich.

Die marxistische politische Ökonomie geht bekanntlich davon aus, daß die im Produktionsprozeß benutzten Produktionsmittel keinen Wert schaffen können und auch nicht schaffen, sondern daß auf das neue Produkt allein der Wert übertragen wird, der durch die vergangene Arbeit geschaffen wurde und sich in diesen Produktionsmitteln niedergeschlagen hat. Produktionsmittel, ganz unabhängig davon, ob sie durch Arbeit geschaffen wurden oder von der Natur stammen, stellen lediglich Arbeitsmittel bzw. Arbeitsgegenstände dar und sind die Mittel, mit denen die Arbeit funktioniert. Arbeit, und zwar allein die Arbeit, die Produktionsmittel, Produkte der vergangenen Arbeit oder/und Naturressourcen anwendet, schafft neuen Wert.

Bei der ökonomischen Bewertung von Naturressourcen der Produktion kann man zwei Momente unterscheiden: Erstens, Ermittlung der relativen, vergleichbaren ökonomischen Wertigkeit gleichartiger natürlicher Produktionsfaktoren (unterschiedliche Bodenstücke; nach den geologischen Bedingungen unterschiedliche Lagerstätten gleichartiger Bodenschätze, hydroenergetische Ressourcen verschiedener Flußgebietssysteme usw.), wobei das Resultat einer solchen Bewertung beispielsweise die Bestimmung der ökonomischen Wertigkeit dieses oder jenes landwirtschaftlichen Bodenstückes in relativen Einheiten (in Punkten) ist. Zweitens, Anerkennung der Tatsache, daß eine absolute Bewertung im Wertausdruck dieser oder jener Naturressource erforderlich ist, die an der Produktion beteiligt ist. Diese Bewertung muß vor allem in bezug auf jene Naturressourcen erfolgen, die unmittelbar in der Produktion genutzt werden (Boden, Wald, erkundete Bodenschätze, hydroenergetische Ressourcen usw.). Eine solche Bewertung macht es möglich, die Begründung der Effektivität der Produktion und insbesondere des Nutzeffekts von Investitionen erheblich zu verbessern. Diese Bewertung ist von großer Bedeutung für die Verteilung der Produktivkräfte entsprechend der Forderung nach maximaler Effektivität sowohl der materiellen als auch der Arbeitsaufwendungen, nach höchstmöglichem Nutzen beim Einsatz natürlicher Bedingungen und Ressourcen.

In dieser Hinsicht entsteht eine Reihe von Fragen, die mit der Suche und Ausarbeitung der methodologischen Grundlage für die ökonomische Bewertung von Naturressourcen verbunden sind, gewissermaßen den Angelpunkt konkreter Methoden und Verfahren für die ökonomische Bewertung dieser Ressourcen bilden, die ihrerseits die Besonderheiten bei der Nutzung dieser oder jener Naturressourcen berücksichtigen. Methodologische Grundlage der Bewertung von Naturressourcen kann allein die Arbeitswerttheorie sein.

Einheitlich für alle Arten von Naturressourcen muß das Prinzip der Anfangsbewertung (Basisbewertung) der schlechtesten, aber für die Gesellschaft in der gegebenen Periode noch notwendigen Teilbereiche bzw. Teilmengen einer gleichartigen natürlichen Ressource bei den gegenwärtigen Aufwendungen zu ihrer Erschließung (oder für ihren Ersatz) sein. Jeder nachfolgende Teilbereich bzw. Teilmenge einer natürlichen Ressource wird auf der Grundlage der Differentialrente bewertet, deren Bildung im Zusammenhang mit ihrer Nutzung im Vergleich zum Basisbereich bzw. zur Basismenge der entsprechenden Naturressource steht.

Die zuletzt genannte Forderung (Bewertung auf der Grundlage der Differentialrente) ist durch die Notwendigkeit diktiert, die objektiven Unterschiede in der Qualität gleichartiger Ressourcen zu berücksichtigen, da die Nutzung qualitativ unterschiedlicher Ressourcen (z. B. unterschiedlich fruchtbarer Bodenstücke, nach Hauptkomponenten unterschiedliche Lagerstätten von Bodenschätzen usw.) die Erzielung eines gleichen ökonomischen Effektes bei außerordentlich differenzierten Aufwendungen ermöglicht (bzw. einen außerordentlich unterschiedlich ökonomischen Effekt bei gleichen Aufwendungen, d. Bearb.).

Als eine der grundlegenden Voraussetzungen für die ökonomische Bewertung von Naturressourcen muß die Begrenztheit dieser Ressourcen anerkannt werden, die bei einem gegebenen Entwicklungsniveau der Produktivkräfte von der Gesellschaft genutzt werden können. Hierbei muß man unbedingt den dynamischen Charakter des Begriffes Begrenztheit von Naturressourcen beachten, da mit der Erweiterung unseres Wissens über die Ressourcen und mit der Entwicklung der Technik jene Bodenstücke, jener Wald, jene Wasserressourcen, jene Teile des Erdinnern, die früher zur Erschließung ungeeignet waren, nunmehr erschlossen und in die wirtschaftliche Nutzung einbezogen werden können. Auf die ökonomische Bewertung von Naturressourcen wie Boden, Wasser, Wald und die Reichtümer des Erdinnern haben die territoriale Bindung sowie die Möglichkeit der territorialen Umverteilung von Ressourcen erheblichen Einfluß. Die qualitativen und territorialen Charakteristika, die die Unterschiede in den Aufwendungen zur Erzielung ein und desselben Volumens gleichartiger Erzeugnisproduktion innerhalb der konkreten, gegebenen Bodenflächen sowie der Grenzbodenflächen bestimmen, sind die Ursache für die Bildung von Differentialrente und stellen den Rententeil der Bewertung von Naturressourcen dar.

Die Möglichkeit einer Bewertung von Naturressourcen im Wertausdruck auf der Grundlage der marxistischen Arbeitswerttheorie ist von prinzipieller Bedeutung für die Berücksichtigung der Naturressourcen nicht nur innerhalb der Fonds der Betriebe und Zweige, sondern auch zur Lösung des Problems, auf dieser Grundlage die Naturressourcen in den Nationalreichtum des Landes einzubeziehen.

Die wichtigste methodologische Frage des Investitionsaspektes der ökonomischen Bewertung von Naturressourcen ist die Möglichkeit der Einbeziehung dieser Bewertung in Berechnungen des Nutzeffekts von Investitionen. Wenn man dabei auch im Prinzip die wechselseitige Ersetzbarkeit von Naturressourcen und Investitionen anerkennt, so muß doch betont werden, daß diese Austauschbarkeit in erheblichem Maße nicht nur in der Begrenztheit von Naturressourcen und Investitionen eine Schranke findet, sondern hauptsächlich durch das Niveau der wissenschaftlich-technischen Entwicklung. Hieraus folgt als eine außerordentlich wichtige Schlußfolgerung, daß die Möglichkeiten eines Vergleichs zwischen Investitionen, laufenden Aufwendungen und Naturressourcen bei ökonomischen Bewertungen begrenzt sind. Weil beispielsweise Trinkwasser als Naturressource nicht ersetzbar ist, können wir nur von einem relativen Nutzeffekt verschiedener Varianten der Trinkwasserversorgung sprechen und folglich nur die damit verbundenen unterschiedlichen Aufwendungen vergleichen. Gleiches ist auch von vielen anderen Fällen der Nutzung von Naturressourcen zu sagen.

Dieser Umstand muß bei der Ausarbeitung eines Systems der ökonomischen Bewertung von Naturressourcen berücksichtigt werden. Es ist klar, daß in eine beliebige Formel zur Bestimmung des Nutzeffekts von Investitionen, ob es sich nun um den absoluten oder den relativen handelt, nur Größen eingesetzt werden können, deren Bewertung auf den gleichen Prinzipien basiert, die auch für alle eingesetzten Investitionen und für die mit ihnen zu vergleichenden laufenden Aufwendungen bestimmend sind. Daher müssen z. B. der Bewertung verschiedener Naturressourcen auch dieselben Preisbildungsprinzipien zugrunde gelegt werden. Eine Besonderheit bei der ökonomischen Bewertung von Naturressourcen bilden die verwendeten Annahmen, die den Einfluß des Zeitfaktors auf den Nutzeffekt von Investitionen zu berücksichtigen gestatten.

Die in der vorliegenden Arbeit behandelten Probleme umfassen hauptsächlich Fragen, die mit Investitionen verbunden sind, die in den extraktiven Zweigen der Produktion auf der Grundlage der Nutzung von Naturressourcen vorgenommen werden. Investitionsprobleme in allen Zweigen der Volkswirtschaft, soweit sie mit dem Schutz der natürlichen Umwelt verbunden sind, werden in geringerem Maße berührt, obgleich sie in jüngster Zeit immer größere Bedeutung erlangen und eine unmittelbare Beziehung zur Bewertung der Naturressourcen haben, denn ihr Ziel ist das Vorbeugen oder der Ausgleich von Verlusten, die der natürlichen Umwelt zugefügt werden.

ERSTES KAPITEL

Naturbedingungen und Naturressourcen als ökonomische Kategorie

1. Fragen der ökonomischen Klassifikation

Die häufige Verwendung der Begriffe „Naturbedingungen“ und „Naturressourcen“ erfordert eine präzise Bestimmung dieser Begriffe. Man könnte meinen, daß diese schon lange und oft benutzten Termini keiner Auslegung oder gar Präzisierung mehr bedürfen. Obgleich die allgemeine Grundlage der beiden angeführten Begriffe das Wechselverhältnis zwischen der Natur und den Interessen und Bedürfnissen der Gesellschaft darstellt, ist nicht selten eine abstrakte Interpretation beider Termini zu beobachten (besonders in bezug auf die Naturbedingungen), die darauf hinausläuft, sie nicht unmittelbar mit dem Menschen und seiner Tätigkeit in Verbindung zu bringen. Naturressourcen stehen in einem erheblich stärkerem Maße als Naturbedingungen mit den Interessen der Gesellschaft und der materiellen Produktion in Verbindung.

Die Vertreter der geographischen Wissenschaft geben eine außerordentlich unterschiedliche inhaltliche Bestimmung dieser Termini und unterstreichen gleichzeitig, daß „. . . diese Kategorien keine natürlichen, sondern gesellschaftliche und hauptsächlich ökonomische“ sind[1]). Es besteht Einverständnis darin, daß Naturressourcen dem Wesen nach jene Stoffe und Energiearten darstellen, die in den Produktionsprozeß in jeder konkreten Etappe der wissenschaftlich-technischen Entwicklung einbezogen werden können.

Naturbedingungen drücken aus, daß diese oder jene Naturressourcen vorhanden sind oder fehlen, daß sie ausreichend vorhanden sind oder in ungenügendem Maße, so daß die Naturbedingungen als wesentlich breiterer Begriff charakterisiert werden müssen, nämlich als der gesamte Komplex von Elementen der Natur, der den Menschen umgibt. Allerdings veranlaßt die in der Literatur eingebürgerte Verwendung dieser Termini dazu, von dieser klaren Position abzuweichen und als Naturbedingungen Elemente der Natur zu bezeichnen, die für das Leben und die Tätigkeit des Menschen zwar wesentlich, aber nicht unmittelbar am Produktionsprozeß beteiligt sind. Hierbei erhält die Gesamtheit der Naturbedingungen und Naturressourcen in gewisser Weise eine von unserem Standpunkt aus gekünstelte Bezeichnung, nämlich „Naturfaktoren des Lebens der Gesellschaft“[2]).

[1]) Minc, A. A., Naturressourcen. Begriffsinhalt und einige Fragen der Klassifikation, in: Priroda i obščestvo (Sammelband). Moskva 1968, S. 167.

[2]) Ebenda.

Man kann sich daher schwerlich mit einer solchen Auslegung dieser Begriffe einverstanden erklären, wenn man bedenkt, wie relativ der Begriff „unmittelbare Teilnahme an der Produktion" ist.[3]) In der Epoche des Segelschiffes und der Windmühle ist die Energie des Windes unmittelbar an der Produktion beteiligt und stellt folglich eine Ressource dar; jetzt aber ist dies in der überwiegenden Mehrzahl der Fälle nur noch eine Bedingung, die man beispielsweise bei der ingenieurtechnischen Berechnung hoher Anlagen berücksichtigen muß usw. Solche Beispiele könnten bei der raschen zeitlichen und räumlichen Veränderung der Bewertung dieser oder jener Naturelemente in beliebiger Zahl angeführt werden, jedoch wäre es einfacher, das logische Verhältnis dieser beiden Begriffe wiederherzustellen, indem man die Ressource als Teil der Bedingung annimmt. Hiermit erklärt sich auch der Autor der angeführten Unterteilung, A. A. Minc, einverstanden, indem er völlig zu Recht weiter bemerkt, daß „,,. . . die ökonomischen Grenzen überhaupt außerordentlich fließend sind, weil die Merkmale, die die Ressourcen von den ungenutzten Naturelementen unterscheiden, bedingten Charakter tragen."[4])

Als Hauptkriterium zur Einordnung dieser oder jener Naturelemente in den Begriff Naturressource muß die technische Möglichkeit ihrer Nutzung mit dem Ziel der Bedürfnisbefriedigung der Gesellschaft zugrunde gelegt werden. Die in der Literatur entwickelte Notwendigkeit und ökonomische Zweckmäßigkeit einer solchen Nutzung kann nicht allein als begrenzendes Kennzeichen dienen, weil die Nutzung von Naturressourcen nicht immer nur durch die ökonomische Notwendigkeit und die ökonomische Zweckmäßigkeit bestimmt ist. In einer Reihe konkreter Fälle kann die Nutzung durch Überlegungen außerökonomischer Art (Verteidigung, Gesunderhaltung usw.) bedingt sein. Außerdem ist der Begriff der ökonomischen Zweckmäßigkeit außerordentlich dynamisch und hängt nicht nur und nicht einmal so sehr von der Vervollkommnung in der technologischen Nutzung irgendwelcher Naturressourcen ab, sondern ebensosehr vom Anteil der Akkumulation, den die Gesellschaft für diese Zwecke zur Verfügung stellt. In konkreten Berechnungen, die den zweckmäßigen Einsatz einer Ressource unter Bedingungen der sozialistischen Planwirtschaft bestimmen, spielen die Normative des vergleichbaren Nutzeffekts sowie die Normative zur Berücksichtigung des Zeitfaktors eine große Rolle. Beispielsweise werden die gesamten Wasserkraftreserven (hydroenergetische Ressourcen) der UdSSR auf 3300 Milliarden kW geschätzt, wovon technisch 2100 Milliarden kW genutzt werden können, in ökonomischer Hinsicht (das heißt, wenn Wasserkraftwerke mit Wärmekraftwerken verglichen werden) jedoch nur 1100 Milliarden kW.[5])

Die Anwendung unterschiedlicher Normative des vergleichbaren Nutzeffekts sowie zur Berücksichtigung des Zeitfaktors (Reduktionskoeffizienten von 1,10,

3) Ebenda, S. 170.
4) Ebenda.
5) Gidro-ėnergetičeskie resursy, in Energetičeskie resursy SSSR, Moskva 1967, S. 157.

0,12 oder 0,15) beim Vergleich von Wasserkraftwerken und Wärmekraftwerken führen zu außerordentlich unterschiedlichen Größen der sogenannten verfügbaren Reserven von Wasserkraft. Man kann darüber streiten, ob dieser zuletzt genannte Terminus glücklich gewählt ist, unbestreitbar ist jedoch die Notwendigkeit, das Volumen jeder Naturressource genau zu bestimmen, das unter den gegebenen ökonomischen Bedingungen effektiv genutzt werden kann und objektiv die Möglichkeiten der Gesellschaft widerspiegelt, den zur Erschließung und Nutzung der gegebenen Naturressource erforderlichen Aufwand bereitzustellen. Ohne diese Voraussetzung ist es nicht möglich, sich die hierarchische Struktur vorzustellen, die den ökonomischen Aspekt der Rangfolge bestimmt, in der entsprechende Teilbereiche bzw. Teilmengen einer bestimmten Art von Naturressourcen in den Wirtschaftskreislauf einbezogen werden.

Jene Naturressourcen, die in den Begriff der verfügbaren Ressourcen nicht einbezogen werden können, über die die Gesellschaft, ausgehend von der konkreten ökonomischen Situation ihrer Nutzung verfügt, müssen als potentielle Ressourcen bezeichnet werden. Man kann sich jedoch keinesfalls mit der Verwendung dieses Terminus im Hinblick auf jene Ressourcen einverstanden erklären, „... die entsprechend ihren technisch-ökonomischen Eigenschaften zwar genutzt werden könnten, jedoch bei dem gegebenen Stand der Erforschung des Territoriums noch nicht entdeckt worden sind".[6]) Eine solche Empfehlung kann nur auf einem Mißverständnis beruhen, denn wenn diese Ressourcen noch nicht entdeckt worden sind, so wissen wir entweder überhaupt nichts Genaues über sie, und sie können daher auch noch nicht irgendwie näher bezeichnet werden, zumindest sind aber ihre technisch-ökonomischen Eigenschaften nicht bekannt.

Die Kriterien der Erforschtheit von Naturressourcen sind keinesfalls mit dem Begriff der ökonomischen Möglichkeiten der Gesellschaft (zur Nutzung einer gegebenen Naturressource, d. Bearb.) identisch, obgleich eine gewisse Verbindung zwischen beiden besteht, da die Reihenfolge einer detaillierten geologischen Erkundung von Lagerstätten für die darauffolgende Übergabe zur Nutzung durch die mögliche technisch-ökonomische Bewertung dieser Lagerstätten bestimmt wird. Die einzelnen Kategorien von Bodenschätzen unterscheiden sich bekanntlich gerade nach dem Grad ihrer Erforschtheit sowie der hierauf gegründeten Glaubwürdigkeit der Abschlußberichte über die Vorräte an Bodenschätzen. Wenn es bisher für andere Arten von Naturressourcen (Wald-, Wasser- und Bodenressourcen) noch keine analoge genaue Abstufung nach dem Grad der Erforschtheit gibt, so erklärt sich das entweder aus der Spezifik der erneuerbaren Ressourcen (beispielsweise Wasser) oder aber damit, daß der Grad der Erforschtheit von Ressourcen indirekt durch andere Kennziffern widergespiegelt wird.

Bei der Bestimmung des Umfangs von Naturressourcen, die in die Kategorie der verfügbaren Ressourcen (das heißt der unter den konkreten ökonomischen

[6]) Minc, A. A., Naturressourcen. Begriffsinhalt und einige Fragen der Klassifikation, in: Priroda obščestvo, a. a. O., S. 167.

Bedingungen effektiven Ressourcen) einbezogen werden können, hat die gesellschaftliche bestimmte „ökonomische Grenze von Aufwendungen" eine große Bedeutung, die jeweils für die Einbeziehung und Nutzung dieser oder jener Mengen an Naturressourcen, Bodenstücken oder Lagerstätten in die Produktion zugrunde gelegt wird.

Die planmäßige Organisation der Produktion der UdSSR und nunmehr auch des gesamten sozialistischen Lagers stellt einen außerordentlich großen Vorzug bei der zentralisierten Umverteilung der Akkumulationsfonds dar, die für langfristige Aufgaben der Entwicklung der Produktion genutzt werden. Gerade dieser Umstand läßt unter den Bedingungen der sozialistischen Wirtschaft die Übertragung des Prinzips der Begrenztheit von Aufwendungen auf die Nutzung dieser oder jener Ressourcen in der Produktion (darunter auch der Naturressourcen) als zweifelhaft erscheinen, soweit es sich auf einen Vergleich von Aufwand und Ergebnis stützt. Das Kriterium der ökonomischen Grenze von Aufwendungen zur Erschließung und Nutzung von Naturressourcen in bezug auf einzelne Ressourcenarten darf nicht verabsolutiert werden. Das bedeutet, daß der sozialistische Staat, ausgehend von einem langfristigen Programm der Entwicklung der Gesellschaft, in einer Reihe von Fällen die Verminderung des Nutzeffekts bei der Nutzung der erforderlichen Naturressourcen in Kauf nehmen kann.

Durch die moderne Wissenschaft sind die ökonomischen Prinzipien der Klassifikation von Naturressourcen, die durch die Richtungen und Formen ihrer Nutzung bestimmt sind, an die erste Stelle gerückt worden. Naturressourcen können in zwei Hauptarten untergliedert werden: *erstens*, Naturressourcen, die als unmittelbare Existenzmittel des Menschen dienen; *zweitens*, in Naturressourcen, die als Quelle von Arbeitsmitteln in Erscheinung treten.

Einer detaillierten Klassifikation bei der Unterteilung von Naturressourcen in Hauptgruppen nach dem Kennzeichen der Nutzung (das heißt der unmittelbaren Nutzung, die nicht die Endresultate bei der Aneignung gegebener Arten von Naturressourcen berücksichtigt) werden die Hauptzweige der materiellen Produktion sowie die nichtproduzierende Sphäre zugrunde gelegt. Naturressourcen können nach diesem Prinzip in zwei Hauptklassen unterteilt werden:

I. Ressourcen der materiellen Produktion
  a) Ressourcen der Industrie
  b) Ressourcen der Landwirtschaft
II. Ressourcen der nichtproduzierenden Sphäre
  a) für den unmittelbaren Verbrauch
  b) für eine mittelbare Nutzung.

Das Kennzeichen „direkte Nutzung von Naturressourcen in der materiellen Produktion" erlaubt die Zuordnung der gesamten Gruppe von Zweigen der extraktiven Industrie sowie der Landwirtschaft zur Klasse I, die unter dem Begriff „primäre Produktionszweige" zusammengefaßt sind. Entsprechend der Zweigklassifikation, die in der Statistik (der UdSSR, d. Bearb.) verwendet wird, sind in die extraktive Industrie auch Betriebe zur Förderung von Eisenerz, Kohle,

Erdöl, Erdgas sowie anderer Arten von natürlichen Rohstoffen und natürlichen Brennstoffen einbezogen, ferner auch Wasserkraftwerke, Forstwirtschafts- und Fischfangbetriebe sowie Betriebe zur Förderung von Meeresprodukten und schließlich auch die Wasserleitungen.[7])

Ausgehend von der volkswirtschaftlichen Benennung der Erzeugnisse dieser Zweige sowie ihrer Stellung im System der gesellschaftlich-ökonomischen Reproduktion ist eine weitere Aufgliederung der genannten Gruppen möglich. Hierbei kann infolge des außerordentlich hohen Anteils der Industrie in der modernen Wirtschaft und ihrer noch komplizierteren technologischen Differenzierung, die auch eine Differenzierung nach dem Charakter der Nutzung von Naturressourcen einschließt, die Klassifikation von Naturressourcen der Industrie erheblich differenzierter ausfallen als die anderer ökonomischer Gruppen.

So kann man die Naturressourcen, die von der Industrie genutzt werden, in folgende Hauptgruppen unterteilen: a) energetische Ressourcen; b) Rohstoffressourcen zur Erzielung von Konstruktionswerkstoffen für Zwecke der Produktion; c) Rohstoffressourcen zur Erzielung anderer Erzeugnisse für Produktionszwecke; d) Rohstoffressourcen zur Produktion von Gegenständen direkt für die Konsumtion. Naturressourcen, die von der Landwirtschaft genutzt werden, kann man unterteilen in solche Ressourcen, die zum Anbau von Kulturpflanzen dienen und in solche, die zur unmittelbaren Nutzung von Pflanzen und Tieren bestimmt sind. Zu den Ressourcen des direkten Verbrauchs der nichtproduzierenden Sphäre sind jene Arten von Naturressourcen zu rechnen, die von der Bevölkerung unmittelbar als Lebensmittel genutzt werden, während zu den Ressourcen der indirekten Nutzung jene Elemente natürlicher Komplexe zu rechnen sind, die zur Befriedigung der verschiedenen Bedürfnisse des Menschen wichtig sind (wie Erholung und Sport), jedoch nicht unmittelbar verbraucht werden. Naturressourcen, die von der Industrie genutzt werden, kann man auch ausgehend von der Zweigstruktur der Produktion unterteilen, wie sie sich in der statistischen Zweigklassifikation der Industrie widerspiegelt. Hierbei sind zu unterteilen: Brennstoffressourcen, metallurgische und chemische Ressourcen, Ressourcen von Baumaterialien usw.

Versuche einer ökonomischen Klassifikation von Naturressourcen (besonders die außerordentlich gelungene von A. A. Minc[8])) zeigen eine wichtige Besonderheit, auf die bereits Minc hinwies: Ein erheblicher Teil von Ressourcenarten dieser oder jener Naturklasse kann gleichzeitig mehreren ökonomischen Klassen zugeordnet werden. Dieser Umstand, der die Möglichkeit einer Mehrfachnutzung gleichartiger Ressourcenarten widerspiegelt, könnte bei einer detaillierteren Klassifikation von Naturressourcen nach Nutzungsrichtungen noch ausführlicher dargestellt werden.

Tatsächlich finden wir gegenwärtig bei einigen Arten von Naturressourcen,

[7]) Narodnoje chozjajstvo SSSR v 1972 gody, Moskva 1973, S. 769.

[8]) Minc, A. A., Die ökonomische Bewertung der natürlichen Ressourcen, Gotha—Leipzig 1977, S. 27ff.

infolge technischer, aber in weitaus höherem Maße noch ökonomischer Gründe nur eine Einzwecknutzung. Die Mehrzahl der Naturressourcen erlaubt sowohl vom technischen als auch vom ökonomischen Standpunkt aus eine komplexe, eine Mehrzwecknutzung. Die Auswahl dieser oder jener möglichen Nutzungsrichtungen oder auch deren Kombination wird in der Regel nicht durch Naturfaktoren, sondern durch sozial-ökonomische Faktoren bestimmt. Veränderungen in den technischen Möglichkeiten und den konkreten Methoden der Nutzung von Naturressourcen sind im Zeitalter der wissenschaftlich-technischen Revolution durch die Veränderlichkeit der Kriterien, die diese Auswahl bestimmen, bedingt. Eine Ressource mit Mehrzwecknutzung von allgemeiner Bedeutung ist vor allem der Boden. Als Beispiel für die Mehrzwecknutzung und nicht selten auch für die komplexe Nutzung können auch die Wasserressourcen dienen (als Energiequelle, als Trink- oder Prozeßwasser, für Zwecke der Bewässerung, natürliches Milieu für die Fischwirtschaft usw.), ferner Waldressourcen (zur Lieferung von Industriehölzern, für Weide- und Erholungszwecke usw.).

Bei der Klassifikation von Naturressourcen nach Nutzungsarten kann man zwei Gruppen unterteilen: Ressourcen mit spezialisierter Nutzung (Einzwecknutzung)[9]), sowie Ressourcen mit Mehrzwecknutzung, darunter: a) miteinander verbundene (das heißt komplexe) Nutzung; b) wechselseitig sich ausschließende (konkurrierende) Nutzung. Zur ersten Gruppe müssen vor allem Bodenschätze gerechnet werden, die aus dem Erdinnern mit dem Ziel einer nachfolgenden Verarbeitung gefördert werden. Die Wechselwirkung mit anderen Gliedern der Nutzung von Naturressourcen vollzieht sich in diesem Falle nur unter territorialem Aspekt.

Die modernen Betriebe der extraktiven Industrie, die Bodenschätze fördern, besonders jene, die die Förderung im Tagebau betreiben, benötigen erhebliche Bodenflächen. Hierbei sind Verluste anderer Arten von Naturressourcen zu verzeichnen, besonders von landwirtschaftlicher Bodenfläche. In der Mehrheit der Fälle ist diese Art von Verlusten relativ unbedeutend, jedoch in einzelnen Rayons (bei hochintensiver landwirtschaftlicher Nutzung der durch den Bergbau entzogenen Böden und bei großer Flächeninanspruchnahme) können sie recht erheblich sein. Beispielsweise zeigt die Entwicklung der Eisenerzförderung in den Rayons der Kursker Magnetanomalie mittels Tagebau[10]) bei gleichzeitigen hohen Tempi des Wachstums der Arbeitsproduktivität in den Schächten (im Untertagebau), daß es sich hier keineswegs um eine endgültig gelöste Frage handelt, wenn man die Bodeneinsparung bei Untertagebau gegenüber dem Tagebau in Rechnung stellt. In jedem Falle konkurrieren diese beiden Verfahren miteinander.

Vom Standpunkt der primären Nutzung gehören alle Bodenschätze zur Gruppe der Ressourcen mit Einzwecknutzung, insoweit sie der Förderung unterliegen.

9) Wir haben hier die primäre Einzwecknutzung im Auge, d. h. eine unmittelbare Nutzung ohne die nachfolgenden Stadien der technologischen Weiterverarbeitung und des Endverbrauchs.

10) Bis 1972 waren durch Erschließungsarbeiten 15000 ha belegt, darunter 9000 ha Ackerland, wobei sich diese Fläche bis 1980 verdoppelt (Pravda, vom 22. 1. 1972).

Jedoch zeigt sich in den nachfolgenden Stadien des Verarbeitungsprozesses die Komplexheit eines Großteils dieser Ressourcengruppe (Erdöl, Erdgas, Buntmetalle usw.). Die Mehrzahl der Naturressourcen der Erdoberfläche, vor allem Boden, Wasser und die Pflanzenwelt, können für unterschiedliche Zwecke in Abhängigkeit von den Zielen und den technisch-ökonomischen Möglichkeiten der Gesellschaft genutzt werden. Die komplexe Nutzung setzt voraus, daß die entsprechenden Ressourcen im Prozeß ihrer Nutzung Anforderungen einiger Richtungen der menschlichen Tätigkeit entsprechen und diese befriedigen. Die Komplexnutzung wird hierbei nicht immer erzielt; es geschieht dies nur bei Beachtung bestimmter Proportionen zwischen den einzelnen Sektoren der Nutzung und folglich auch bei Vorhandensein bestimmter Begrenzungen der Ressourcennutzung.

Bei allen Vorzügen der Komplexnutzung von Naturressourcen, wie sie das sozialistische System gewährleistet, ist es erforderlich anzuerkennen, daß objektiv eine konkurrierende, sich gegenseitig ausschließende Nutzung verschiedener Arten von Naturressourcen existiert. Beispielsweise ist die Boden- oder Waldnutzung vollständig ausgeschlossen, wenn auf einem bestimmten Territorium Industrie- oder Wohngebäude, Straßen, Flughäfen oder andere Ingenieurbauten errichtet werden. Die Veränderung von Flußgebieten im Zuge der Erschließung von Wasserrecourcen, die durch die Anlage von Speicheranlagen unweigerlich zu Verlusten an Bodenflächen und Pflanzenressourcen (Wald, Futter usw.) infolge Überflutung weiter Gebiete führt, bestimmt die Möglichkeit und auch Notwendigkeit von Varianten zur Nutzung von Naturressourcen. Obgleich sich die Auswahl von Varianten auch auf die allseitige Berücksichtigung natürlicher Eigenschaften dieser Ressourcen stützt, ist sie jedoch nicht durch diese, sondern durch sozial-ökonomische und technische Faktoren — allgemeinen und lokalen Charakters — bestimmt. Eine bedeutende Rolle bei der Vervollkommnung methodischer Verfahren zur Variantenauswahl kann und muß die ökonomische Bewertung von Naturressourcen spielen, die eng mit Entscheidungen zur Nutzung dieser Ressourcen gekoppelt ist, die auf der Grundlage solcher Varianten getroffen werden.

Bekannt sind auch andere Verfahren zur ökonomischen Klassifikation von Naturressourcen. In Verbindung mit Problemen des Schutzes der Natur und der Naturressourcen fand eine Klassifikation von Ressourcen nach dem Kennzeichen ihrer Erschöpfbarkeit im Prozeß der Nutzung weite Verbreitung. Dieses Verfahren könnte als ökonomisch-ökologische Klassifikation bezeichnet werden. In diesem Falle werden alle Naturressourcen in zwei große Gruppen unterteilt: erschöpfbare und nichterschöpfbare, wobei die ersteren wiederum in erneuerbare und nichterneuerbare unterteilt werden.

Man muß den in gewissem Sinne relativen Charakter dieser Unterteilung betonen, besonders den Begriff der nichterneuerbaren Ressourcen. Gerade mit der letzten Gruppe sind nicht selten außerordentlich pessimistische Schlußfolgerungen im Hinblick auf die Versorgung der Menschheit mit den erforderlichen Energie-

und Materialressourcen für die Zukunft verbunden. In bezug auf die sogenannten nichterneuerbaren Ressourcen ist in vollem Maße der technische Fortschritt zu berücksichtigen, der den Charakter der Produktion und des Verbrauchs von Energie und Rohstoffen beeinflußt.

2. Naturfaktoren und ökonomisches Wachstum

Der wechselseitige Einfluß von Naturbedingungen und Produkten erweist sich als bemerkenswert für das Tempo des ökonomischen Wachstums. Günstige Naturbedingungen können eine Voraussetzung für die Beschleunigung der ökonomischen Wachstumstempi sein, und umgekehrt kann das Fehlen solcher günstigen Naturbedingungen, sofern sie nicht durch andere günstige Faktoren kompensiert werden, als Ursache für eine Verlangsamung der Wachstumstempi in einer gegebenen Etappe in Erscheinung treten. Beispielsweise bedingten die vergleichsweise ungünstigen Bedingungen bei der Erschließung der Brennstoff- und Rohstoffressourcen der östlichen Rayons der UdSSR in der ersten Periode der Erschließung, als die erforderliche Infrastruktur erst geschaffen werden mußte, eine erhöhte Investitionsintensität, was sich auf die allgemeinen Kennziffern des ökonomischen Wachstums auswirkte. Die nachfolgende Entwicklung dieser Rayons verspricht jedoch nicht nur, sondern gewährleistet in einzelnen Fällen auch bereits die Erzielung billiger Energie, billiger mineralischer Ressourcen, billigen Holzes usw., das heißt, sie wirkt sich positiv auf die Kennziffern des ökonomischen Wachstums aus.

Die Naturfaktoren üben ihren Einfluß auf das ökonomische Wachstum nicht unmittelbar, sondern über die Hauptfaktoren dieses Wachstums aus und können diese Faktoren verstärken oder abschwächen und sogar die Wirkung dieser Faktoren bremsen. Eine umgekehrte Einwirkung vollzieht sich wiederum über die Faktoren des ökonomischen Wachstums. Der Einfluß des ökonomischen Wachstumsprozesses auf Naturbedingungen kann nur indirekt sein. All dies erlaubt die Feststellung: „Natürliche Bedingungen und Wirtschaftswachstum stehen also in einem mittelbaren Wechselverhältnis von Voraussetzung und Folgeerscheinung".[11]) Der Einfluß der Naturbedingungen auf den Gang der ökonomischen Entwicklung ist von unterschiedlicher Bedeutung. Besonders groß ist der Einfluß natürlicher Bedingungen und in erster Linie des geographischen Milieus in der Land- und Forstwirtschaft, in der Wasser- und Fischwirtschaft, in den Zweigen der extraktiven Industrie sowie in angrenzenden Bereichen — im Bauwesen und im Transport, in jenen Zweigen, die in besonderem Maße dem Einfluß von

[11]) Mehnert, M., Die Rolle der natürlichen Bedingungen im ökonomischen Wachstumsprozeß (Vortrag zum Symposium der Institute für Ökonomie der AdW der UdSSR und der DDR 1969, Rotaprint), S. 3.

Naturbedingungen ausgesetzt sind, kann die ungünstige Einwirkung einen solchen Grad erreichen, daß dies zu Disproportionen in der Produktionsentwicklung anderer Zweige führt, wenn nicht in letzteren ein Ausgleich mittels wissenschaftlich-technischen Fortschritts erreicht wird.

In Verbindung damit beeinflussen günstige Naturbedingungen beispielsweise bei der Rohstoffförderung die Effektivität der Volkswirtschaft positiv, weil hierbei relativ geringere Aufwendungen an Produktionsfonds und Arbeit je Einheit erzielter Produktion notwendig sind. Im vorliegenden Falle gehen die das ökonomische Wachstum bestimmenden Effekte von den Zweigen der extraktiven Industrie aus.

Der Standpunkt einer Reihe von Ökonomen, daß sich unter den Bedingungen der sozialistischen Gesellschaft der Einfluß von Naturbedingungen auf das ökonomische Wachstum vermindert, kann nicht akzeptiert werden. Die Industrie ist beispielsweise vor zunehmende Probleme bei der Wasserversorgung gestellt. Mit der Entwicklung der internationalen Arbeitsteilung verringert sich die Notwendigkeit einer in manchen Fällen zwar notwendigen, aber unrationellen Nutzung inländischer Naturressourcen und -bedingungen. Diese These ist eine der Grundlagen des Komplexprogramms der sozialistischen ökonomischen Integration, das von den RGW-Mitgliedern verabschiedet wurde. Spricht man aber von den Zielen des Gesamtsystems des Sozialismus im großen und ganzen, so wächst erneut die Bedeutung der Naturbedingungen für den gesamten gesellschaftlichen Reproduktionsprozeß (Reinhaltung der Luft, des Wassers, Schutz der Naturreichtümer usw.).

Naturbedingungen haben auch eine große Bedeutung für das ökonomische Wachstum jedes einzelnen Betriebes. Relativ günstige Bedingungen sowie die Qualität von Naturressourcen sichern eine höhere natürliche Arbeitsproduktivität. Damit werden von vornherein bestimmte Voraussetzungen für das ökonomische Wachstum geschaffen. Inwieweit diese Voraussetzungen, die vom natürlichen Milieu geschaffen werden, produktiv genutzt werden, ist eine Frage der Intensität der Wirtschaftsführung.

Naturbedingungen, ihre Veränderung in Zeit und Raum, und zwar sowohl die reinen Naturbedingungen als auch die im Gefolge des Charakters der Produktionsverhältnisse und des Niveaus der Produktivkräfte geschaffenen, haben Bedeutung für die räumliche und zeitliche Veränderung der Wachstumsfaktoren und damit auch für das ökonomische Wachstum insgesamt. Die für die Existenz der menschlichen Gesellschaft erforderlichen Naturbedingungen bestehen aus eng miteinander verbundenen Elementen, von denen die wichtigsten sind: die Erde und das mit ihr verbundene Erdinnere, die mit ihr verbundenen Böden, das Wasser, das Klima und die hierdurch bedingte Flora und Fauna. Veränderungen, die sich in einzelnen dieser Elemente vollziehen, führen gesetzmäßig zu Veränderungen bei anderen. Die einzelnen Elemente des natürlichen Milieus können durch eine große Anzahl von Eigenschaften (Merkmalen) charakterisiert werden, die durch räumliche und zeitliche Besonderheiten bedingt sind. Diese Besonderheiten haben in erheblichem Maße Einfluß auf den Nutzeffekt der gesellschaftlichen Arbeit, auf die Möglichkeit des ökonomischen Wachstums in Abhängigkeit davon, mit welchem Erfolg es der Gesellschaft gelingt, die negativen Folgen solcher Veränderungen zu kompensieren und die den Naturprozessen zugrunde liegenden Gesetzmäßigkeiten aufzudecken und bewußt zu steuern.

Das ökonomische Wachstum setzt die Erschließung und vollständige Nutzung günstiger Naturbedingungen voraus, was gleichbedeutend ist mit einer Begrenzung ungünstiger Bedingungen, die sich aus der Abhängigkeit des Reproduktionsprozesses von Naturbedingungen ergeben. Die Erhaltung von Naturbedingungen muß vor allem im Sinne einer Erhaltung der „Produktivität" des natürlichen Milieus und der Möglichkeit seiner langdauernden Nutzung für das Leben der nachfolgenden Generationen verstanden werden.

Die Planmäßigkeit der Entwicklung der Produktivkräfte in der sozialistischen Gesellschaft schafft die Voraussetzungen für eine solche Nutzung von Naturressourcen und -bedingungen, die ihre Leistungsfähigkeit und die Reproduktion für die Zukunft gewährleisten und die gleichzeitig die Anforderungen des ökonomischen Wachstums befriedigen. Dabei werden keineswegs die Ziele der künftigen Gesellschaft der gegenwärtigen Produktion geopfert. Hieraus ergibt sich das Problem, das Verhältnis zu bestimmen, das zwischen dem natürlichen Milieu und dem ökonomischen Wachstumsprozeß festzulegen ist. Diese Aufgabe wird durch einen Vergleich der zur Erschließung und Nutzung der Naturressourcen sowie zur Erhaltung der natürlichen Umwelt erforderlichen Kosten einerseits sowie des auf dieser Grundlage erzielbaren allgemein ökonomischen Effektes andererseits gelöst.

Nicht selten wird die Ansicht vertreten, daß die volkswirtschaftlichen Kosten, die dank der Einbeziehung von Naturressourcen in die Produktion eingespart werden können, zumindest über den Kosten zur Erschließung und Nutzung dieser Ressourcen liegen müssen. Diese doch recht allgemeine Überlegung erfordert eine Präzisierung bei der Lösung konkreter Aufgaben, die mit der Einbeziehung neuer Teilbereiche und Teilmengen von Naturressourcen sowie Lagerstätten bzw. mit der Nutzung früher nicht genutzter Naturbedingungen in den Wirtschaftskreislauf verbunden sind. Sie muß von den Vorzügen der sozialistischen Planwirtschaft ausgehen, die eine Umverteilung des Akkumulationsfonds möglich macht (wovon bereits weiter oben gesprochen wurde), so daß nicht nur Aufgaben der Gegenwart, sondern auch der Zukunft gelöst werden können.

Die relative Begrenztheit von Naturressourcen, beispielsweise von Bodenschätzen, Wasser und Boden, Wäldern usw. verpflichtet uns, mit ihnen rationell und ökonomisch umzugehen. Mit Hilfe ökonomischer Hebel muß die Begrenztheit von Naturressourcen ökonomisch spürbar gemacht und ihre rationelle Nutzung im Interesse der Steigerung des ökonomischen Wachstumstempos stimuliert werden. Es erfordert dies eine ökonomische Bewertung der Naturressourcen, die auch deshalb notwendig ist, weil sich gegenwärtig der natürliche Reproduktionsprozeß der Ressourcen immer enger mit dem Prozeß ihrer ökonomischen Reproduktion verbindet. Über die Gesamtheit ökonomischer Ressourcen kann man nur urteilen, wenn man von einer einheitlichen ökonomischen Form und insbesondere ihrer Wertform ausgeht. Es ist M. Mehnert voll zuzustimmen, wenn sie schreibt: „Die Gesamtheit der wirtschaftlichen Ressourcen kann aber nur in einheitlicher ökonomischer Form, das heißt in Wertform beurteilt werden. Vorstellungen mancher Ökonomen, daß eine Bewertung der natürlichen Ressourcen eine zweitrangige Aufgabe sei, können unter dem Aspekt der künftigen Beeinflussung des Wirtschaftswachstums nicht beibehalten werden."[12])

Der Einfluß von Naturbedingungen als Faktor des ökonomischen Wachstums ist außerordentlich vielgestaltig und erfaßt praktisch alle Zweige der Volkswirtschaft. Wachsende Investitionen (für Gebäude und Einrichtungen) sowie laufende Aufwendungen (Brennstoffe) sind charakteristisch für die Betriebe aller Zweige in Rayons mit ungünstigen klimatischen Bedingungen. Beispielsweise liegt nach Berechnungen von Rozenfel'd die spezifische Investitionsintensität des Bauwesens in den nördlichen und östlichen Rayons der UdSSR um 20 Prozent höher als im Durchschnitt der Union, wobei der Nordkaukausus mit seinen günstigen natürlichen Bedingungen um 5 Prozent unter dem Unionsdurchschnitt liegt. In dieser Differenz widerspiegelt sich die Gesamtsumme von natürlichen und ökonomischen Faktoren, die die nach Rayons differenzierten Aufwendungen bestimmen. Man muß jedoch die Frage stellen, ob jene Faktoren, die wir ökonomische nennen (Vorhandensein oder Fehlen von Arbeitskräfteressourcen, die erforderliche Infrastruktur usw.), nicht etwa nur Ergebnis der historischen Entwicklung der Rayons sind, oder in erheblichem Maße nicht doch auch eine Folge von Naturbedingungen, die in vielem die Intensität des wirtschaftlichen Erschließungsprozesses jedes Rayons des Landes bestimmen.

Bei der Entwicklung der Zweige, die ihre Produktion im Norden des Landes entwickeln, muß man auch auf einen solchen Faktor wie den ewigen Frostboden hinweisen, der die Investitionstätigkeit beeinflußt. Loginov weist mit Recht darauf hin, daß unter den Bedingungen ewigen Frostbodens jede beliebige Baumaßnahme zusätzliche Arbeiten erfordert, die den Bau verlängern und verteuern. Beispielsweise benötigt jeder Kilometer Straße 2,5—3mal größere Aufwendungen als im Durchschnitt der UdSSR.[13])

Die primären Zweige der Produktion, die auf die unmittelbare Nutzung von Naturressourcen gegründet und deshalb territorial an das Vorkommen dieser Ressourcen gebunden sind, unterliegen in stärkerem Maße dem Einfluß von Naturbedingungen. Das bezieht sich nicht nur auf die extraktiven Zweige, deren Förderbetriebe unmittelbar an die Lagerstätten von Bodenschätzen gebunden sind, sondern auch auf die Wasserkraftwerke, da das hauptsächliche Kriterium für die räumliche Verteilung der Wasserkraftwerke günstige Wasserzuflüsse sind. Gleiches

[12]) Ebenda, S. 14.

[13]) Loginov, V. P., Ekonomičeskie problemy techničeskogo progressa v dobyče mineral'nogo syr'ja, Moskva 1971, S. 38.

gilt auch für die Fischwirtschaft. Den engsten Zusammenhang zwischen Naturbedingungen und Aufwand und Ergebnis der Produktion gibt es natürlich in der Landwirtschaft. Gegenwärtig kann der Mensch zwar in einem gewissen Grade den Wasser- und Nährstoffhaushalt der Böden in dem Zeitraum regulieren, der für die landwirtschaftliche Produktion am wichtigsten ist, basierend auf der wirtschaftlichen Verwertung der Sonnenenergie. Der klimatische Faktor bleibt jedoch nach wie vor außerhalb der Produktionssphäre, wenn man einmal den sogenannten abgeschlossenen Boden (das heißt Treibhäuser und Mistbeete) unberücksichtigt läßt. Gleiches ist auch von der Forstwirtschaft zu sagen, obgleich infolge der langen Dauer des Produktionszyklus (beispielsweise beträgt die Umtriebszeit durchschnittlich 40 bis 70 Jahre) sich dieser Einfluß in bedeutend geringerem Maße zeigt.

Die angeführten Beispiele zeigen, in welchem Verhältnis die einzelnen Naturelemente des ökonomischen Wachstums entsprechend dem Kriterium Nutzung in der Produktion sich auf natürliche Bedingungen und auf Naturressourcen verteilen. Es ist klar, daß z. B. das Klima, das durch eine ganze Reihe von Parametern (Temperatur, Niederschlag, Wind usw.) charakterisiert wird, für alle Zweige, die mit biologischen Prozessen zu tun haben, nur eine der Naturbedingungen darstellt. Für die Land-, Forst- sowie in geringerem Maße für die Fischwirtschaft stellt das Klima, und hierbei in erster Linie die das Klima bestimmende Sonnenenergie, die wichtigste Ressource dar. Nach Angaben der Hydrometeorologen kann beispielsweise das Verhältnis klimatischer Ressourcen in den Hauptanbaugebieten der USA und der UdSSR wie 2,5 : 1,0 dargestellt werden. Das ist gleichbedeutend damit, daß sich für die Industrie die klimatischen Unterschiede lediglich in unterschiedlichen einmaligen und laufenden Aufwendungen widerspiegelt, während sich in der Landwirtschaft diese oder jene Aufwendungen nicht in den gleichen Ernteerträgen niederschlagen können, da die Faktoren, die die biologischen Prozesse bestimmen, keineswegs wechselseitig austauschbar sind. Die Differenzen können natürlich abgeschwächt werden, und in der Praxis geschieht dies auch, jedoch existieren sie mehr oder weniger objektiv. Das unterstreicht auch Marx durch seine bekannten Worte: „Die Produktivkraft der Arbeit ist durch mannigfache Umstände bestimmt, unter anderem durch den Durchschnittsgrad des Geschickes der Arbeiter, die Entwicklungsstufe der Wissenschaft und ihrer technologischen Anwendbarkeit, die gesellschaftliche Kombination des Produktionsprozesses, den Umfang und die Wirkungsfähigkeit der Produktionsmittel und durch Naturverhältnisse."[14])

In der Landwirtschaft ist die Entwicklung der Arbeitsproduktivität sowie der Fondsintensität in vielem durch Naturbedingungen bestimmt, insbesondere durch die Bodenfruchtbarkeit sowie günstige klimatische Bedingungen in einem bestimmten Jahr. Während hierbei der Faktor Boden noch als relativ bekannt unterstellt werden kann, tragen die klimatischen Faktoren, obgleich sie durch Ver-

14) Marx, K., Das Kapital, Erster Band, in: MEW, Bd. 23, Berlin 1968, S. 54.

änderungen einzelner Parameter charakterisiert werden können (Temperatur, Niederschlag) stochastischen Charakter, wobei besonders die für den Ackerbau wichtigen Faktoren (Niederschlagszeiten, Temperaturablauf usw.) dem Wesen nach weitgehend unbekannt sind.

Die Steigerung der Arbeitsproduktivität kann in der Landwirtschaft durch die Mechanisierung arbeitsintensiver Arbeiten erreicht werden, woraus eine Verringerung der Beschäftigtenanzahl bei gleicher Produktivität der einzelnen Zweige folgt (Ackerbau oder Viehwirtschaft). Das führt wiederum zu einem Anwachsen der Fondsintensität. Notkin spricht in diesem Falle von der ersten Form der Intensivierung.[15] Die Befriedigung der wachsenden Nachfrage nach Erzeugnissen des Ackerbaues und der Viehwirtschaft muß sich hierbei durch Einbeziehung neuer Ländereien in die landwirtschaftliche Nutzung sowie durch wachsende Viehbestände vollziehen.

Der extensive Charakter des zuletzt genannten Prozesses, so offensichtlich er auch aus der Ansicht Notkins folgt, erweist sich jedoch nur scheinbar als extensiv, wenn man untersucht, auf welcher technischen Basis sich diese Erweiterung vollzieht. In Wirklichkeit liegt hier tatsächlich eine Intensivierung der landwirtschaftlichen Produktion vor, da sich anders keine Freisetzung von Arbeitskräften aus diesem Zweig der Volkswirtschaft ergeben könnte.

Der Begriff Erschöpfung von Bodenflächen, die unter gegebenen ökonomischen Möglichkeiten der Gesellschaft zur Einbeziehung in die Nutzung geeignet sind, ist höchst relativ. Tatsächlich wurden auch schon vor der massenweisen Neulanderschließung in der Steppenzone von Kasachstan und Westsibirien und danach bisher ungenutzte Ländereien mit Hilfe von Meliorationen, durch Beseitigung von Strauch- und Buschwerk usw. erschlossen, wobei sich dieser Prozeß fortsetzt. Mehr noch. Bekannt als klassisches Beispiel einer vollständigen Erschöpfung des Bodenfonds sind die Niederlande, wo aber mit Hilfe von Meliorationsmaßnahmen Land für landwirtschaftliche Zwecke aus dem Meer „rückgewonnen" wurde, indem die sogenannten Polder eingedeicht und trockengelegt wurden. Gerade auf Grund eines solchen Beispiels kann man sich mit den in der Literatur verbreiteten Behauptungen über die Rolle von Meliorationen nicht einverstanden erklären, die darauf hinauslaufen, Meliorationen analog der Chemisierung, der Pflanzenzüchtung, der Verbesserung der Agrotechnik usw. lediglich als ein Mittel zur Steigerung der Ernteerträge auf bereits in Nutzung befindlichen Böden zu betrachten.[16]

Eine solche These widerspricht nicht der Behauptung, daß bei intensiverer Nutzung bereits erschlossener Ländereien der Einfluß des Naturfaktors auf das ökonomische Wachstum sich hauptsächlich über die zweite Form der Intensi-

15) Notkin, A., Die Typen der erweiterten Reproduktion und die Wechselbeziehungen zwischen den Faktoren der ökonomischen Entwicklung, in: Faktoren und Kriterien der intensiv erweiterten Reproduktion im Sozialismus, Berlin 1972, S. 22.

16) Ebenda.

vierung vollzieht, die das Ergebnis von Maßnahmen ist, die vorrangig mit dem Ziel durchgeführt werden, die Erzeugnismenge durch Steigerung der Ernteerträge zu vergrößern. Solange, wie das Volumen der landwirtschaftlichen Grundfonds sowie die laufenden Aufwendungen, berechnet je Einheit des genutzten Bodens, das für die Intensivierung der Produktion erforderliche Niveau nicht erreichen, das heißt, solange der Prozeß der Sättigung mit Grundfonds und der Prozeß des Wachstums materieller Aufwendungen anhält, wächst in der Regel auch die Fondsintensität je Einheit Produktion. Die Wachstumstempi der Flächenerträge bleiben hierbei hinter denen der Fonds und der materiellen Aufwendungen zurück.

Im Verlauf der beiden letzten Fünfjahrpläne wuchs die Fondsintensität der landwirtschaftlichen Produktion um fast das Doppelte (von 1950 = 0,35 auf 0,93 im Jahre 1970), wobei die Produktion landwirtschaftlicher Erzeugnisse im Jahre 1970, berechnet je 100 ha landwirtschaftliche Nutzfläche, 193 Prozent im Vergleich zu 1950 betrug. Das eigentliche Problem besteht darin, daß sich die Produktionsgrundfonds, berechnet durchschnittlich pro Jahr, fast um das Sechsfache erhöhten (1950 = 13,9 Milliarden Rubel, 1970 = 81,5 Milliarden Rubel), wobei die Arbeitsproduktivität stieg, was zu einer ständigen Freisetzung von Arbeitskräften führte. Im Zeitraum von 1950 bis 1970 verringerte sich die Beschäftigtenzahl in der Landwirtschaft um 4,1 Milliarden Personen (von 30,9 auf 26,8 Mill.) bei Steigerung der Bruttoproduktion um das 2,2fache (1950 = 39,3 Milliarden Rubel und 1970 = 87 Milliarden Rubel in vergleichbaren Preisen).[17)]

In dem Maße, wie eine Sättigung der Produktion mit notwendigen Fonds eintritt, muß sich auch das Zuwachstempo an Fonds verringern, das jetzt bereits ausschließlich durch den Ersatz des physisch verschlissenen Teils bzw. durch den Ersatz moralisch veralteter Fonds bestimmt wird. Darüber hinaus tritt eine Periode intensiver Nutzung bereits vorhandener Fonds ein (beispielsweise Meliorationssysteme usw.), in deren Resultat die Wachstumstempi der Ernteerträge anfangs gleichbleiben, danach aber die der Fonds und der materiellen Aufwendungen überholen.

Gerade deshalb achtet der sozialistische Staat darauf, daß die Aufwendungen voll zur Schaffung solcher investitionsintensiven landwirtschaftlichen Objekte wie große Meliorationssysteme und -anlagen, Wege, Anlagen des Erfassungssystems usw. genutzt werden. Die Behauptung einiger Ökonomen, daß das erste Stadium dieses Prozesses entweder die Akkumulation in der Landwirtschaft begrenzt oder ständig eine Erhöhung der Aufkaufpreise erfordert, stützt sich auf die Vorstellung, daß die Eigenmittel der landwirtschaftlichen Betriebe die eigentliche Akkumulationsquelle darstellen. In Wirklichkeit aber übersteigen die Investitionen des Staates in der Landwirtschaft für Objekte mit Produktionscharakter von Anfang an ständig (mit Ausnahme der Kriegsjahre) die entsprechenden Aufwen-

17) Norodnoe chozjajstvo SSSR v 1970 godu, Moskva 1971, S. 287. Sel'skoe chozjajstvo v SSSR. Moskva 1971, S. 24 f., 446.

dungen der Kolchosen; sie betrugen in den letzten Jahren zwischen 51 und 57 Prozent der Gesamtinvestitionen zur Entwicklung der landwirtschaftlichen Produktion.

3. Zweige der primären Produktion und ihr Einfluß auf die ökonomische Entwicklung

Naturbedingungen, Naturressourcen und Prozesse des ökonomischen Wachstums sind eng miteinander verbunden.

Marx schrieb: „Der produktiv ausgebeutete Naturstoff — der kein Wertelement des Kapitals bildet —, Erde. Meer, Erze, Waldungen usw. wird mit größerer Spannung derselben Anzahl von Arbeitskräften intensiv oder extensiv stärker ausgebeutet, ohne vermehrten Vorschuß von Geldkapital. Die realen Elemente des produktiven Kapitals werden so vermehrt, ohne Notwendigkeit eines Zuschusses von Geldkapital.“[18)]

Zur Analyse und Prognostizierung der ökonomischen Wachstumstempi müssen nicht nur die Rolle der Landwirtschaft, sondern auch die allgemeine Rolle der primären Zweige der Volkswirtschaft bei der Entwicklung der Produktion sowie die Tendenzen ihrer Veränderung aufgedeckt werden. In der gegenwärtigen Entwicklungsetappe der Wirtschaft vermindert sich das spezifische Gewicht der primären Zweige an der Gesamtproduktion, was dadurch bedingt ist, daß die Verarbeitungsstadien der Naturmaterialien im Prozeß ihrer Verwandlung in Endprodukte zunehmen. Bekanntlich verminderte sich der Anteil der Landwirtschaft der UdSSR am gesellschaftlichen Gesamtprodukt im Zeitraum von 1913 bis 1970 ganz erheblich. In dieser Zeit stieg die Bruttoproduktion der Industrie um das 91fache, die Erzeugnismenge, die im Bauwesen, im Transport und in Verbindung damit auch in anderen volkswirtschaftlichen Zweigen geschaffen wurde, wuchs um ein Vielfaches, während sich die Erzeugnismenge in der Landwirtschaft insgesamt nur um das dreifache vergrößerte.[19)]

Wenn man berücksichtigt, daß in der Statistik bei der Berechnung der Bruttoproduktion die Kategorie extraktive Industrie unter Einschluß der eigentlichen extraktiven Zweige wie beispielsweise der Bergbauindustrie, aber auch der Hydroenergenetik, der Fisch- sowie der Forstwirtschaft ausgewiesen wird, so kann man sich nicht ganz mit den in der Literatur anzutreffenden Behauptungen einverstanden erklären, daß die Rolle der primären Produktionszweige in der Wirtschaft des Landes schwierig zu ermitteln sei. Das Problem liegt woanders, nämlich insbesondere in den methodischen Schwierigkeiten, die mit der ungenügenden Vergleichbarkeit von Kennziffern der Industrie und der Landwirtschaft verbunden

18) Marx, K., Das Kapital, Zweiter Band, in: MEW, Bd. 24, Berlin 1969, S. 355.
19) SSSR v cifrach v 1970 godu, Moskva 1971, S. 33.

sind (vor allem infolge der großen Unterschiede in der Arbeitsproduktivität dieser beiden Zweige). Dabei stellen der Ackerbau und die Viehwirtschaft besonders hinsichtlich der Konzentration ihrer Fonds und der Anzahl ihrer Beschäftigten erheblich ins Gewicht fallende Glieder der primären Gruppe von Zweigen dar. Dazu kommt, daß die regionalen Unterschiede im absoluten Entwicklungsniveau der Landwirtschaft und ihrem Anteil an der Struktur der Volkswirtschaft außerordentlich unterschiedlich sind: Der Anteil der extraktiven Industrie an der gesamten Industrieproduktion der UdSSR betrug im Jahre 1965 insgesamt (nach Angaben von Vilenskij[20]) nach dem Wert der Grundfonds 21,3, nach der Beschäftigtenanzahl 13,7 und nach dem Wert der Bruttoproduktion 8,3 Prozent.

Die Zweige der extraktiven Industrie sind die in investitions- und fondsintensivsten der Volkswirtschaft. Beispielsweise beträgt bei einer durchschnittlichen Fondsintensität der Bruttoproduktion der Industrie von 54 Kopeken (in 10 Zweigen) in den Zweigen der Nahrungsmittelindustrie die Fondsintensität meist weniger als 10 Kopeken. Gleichzeitig beträgt die Fondsintensität der Erdölförderindustrie 4 Rubel, das heißt nahezu das 40fache gegenüber der niedrigsten Fondsintensität anderer Zweige und fast das 8fache gegenüber der Durchschnittsfondsintensität obengenannter Zweige.[21] Die Fondsintensität der extraktiven Industrie und der Holzverarbeitung der UdSSR betrug im Jahre 1962 1,65 Rubel, während gleichzeitig die mittlere Fondsintensität in den Zweigen der verarbeitenden Industrie 0,47 Rubel erreichte, das heißt etwa nur ein Viertel.

Die hohe Fondsintensität von Zweigen der extraktiven Industrie ist eine allgemeine Erscheinung und keineswegs eine Besonderheit der sowjetischen Industrie oder der extraktiven Industrie der RGW-Mitgliedsländer. Beispielsweise betrug die Fondsintensität der USA, berechnet als Verhältnis des Grundkapitals zum Produktionsausstoß, im Jahre 1950 in der verarbeitenden Industrie 0,3, in der elektroenergetischen Industrie 2,0 und in der Landwirtschaft 1,63.[22]

Setzt man die von der Staatlichen Plankommission der Volksrepublik Polen berechneten Aufwendungen je Werteinheit der jährlichen Bruttoproduktion im Maschinenbau gleich eins, so betragen diese Aufwendungen in der Steinkohlenindustrie 3,3 und im Kupferbergbau 9,3. Mit anderen Worten, die spezifischen Investitionen im Kupferbergbau Polens sind fast um das 10fache höher als die spezifischen Investitionen im Maschinenbau.

Auf der Grundlage der von uns durchgeführten Berechnungen läßt sich als Schlußfolgerung eine stabile Tendenz zur Verminderung des Anteils der primären Zweige (der Landwirtschaft und der extraktiven Industrie) an der gesamten industriellen und landwirtschaftlichen Produktion der UdSSR ableiten. Betrugen im Jahre 1960 der Anteil der primären Zweige an den gesamten Produktions-

20) Problemy ékonomičeskoj éffektivnosti razmeščenija socialisticeskogo proizvodstva v SSSR, Moskva 1968, S. 181.

21) Proizvodstvo, nakoplenie, potreblenie, Moskau 1965, S. 157.

22) Ebenda, S. 141.

grundfonds der Industrie und der Landwirtschaft 51,4 und die Bruttoproduktion 34,7 Prozent, so war dieses Verhältnis im Jahre 1965 entsprechend 45,7 und 29,1 Prozent und im Jahre 1970 47,4 und 26,9 Prozent (vgl. Tabelle 1.). Ähnlich stabil ist auch in den primären Zweigen die Tendenz zur wachsenden Fondsintensität.

Tabelle 1

Anteil der primären Zweige an den Produktionsgrundfonds und an der industriellen und landwirtschaftlichen Bruttoproduktion (in Prozent)

	1960		1965		1970	
	Grundfonds	Bruttoproduktion	Grundfonds	Bruttoproduktion	Grundfonds	Bruttoproduktion
Landwirtschaft	34,9	28,6	30,6	23,6	28,8	18,7
extraktive Industrie	16,5	6,1	15,2	5,5	18,6	7,2
davon:						
Bergbauförderindustrie	10,5	3,5	10,5	3,4	13,9	5,0
Hydroenergetik	2,5	0,2	2,1	0,2	2,1	0,3
Holzgewinnung	1,9	1,4	1,4	1,0	1,2	1,0
Fischwirtschaft	1,6	0,8	1,2	0,9	1,4	0,9
Primäre Zweige insgesamt	51,4	34,7	45,7	29,1	47,4	25,9

Als eine grundlegende Besonderheit der Entwicklung der Zweige, die unmittelbar mit der Nutzung von Naturressourcen verbunden sind, muß für diese gesamte Gruppe primärer Zweige eine allgemeine Tendenz angesehen werden, die bei den wachsenden Maßstäben der Produktion die Erschließung und Nutzung von Lagerstätten, Teilbereichen bzw. Teilmengen von Naturressourcen immer schwieriger macht. Es trifft dies auch auf einzelne Produktionsarten und Unterzweige zu. Letztendlich hat diese Tendenz wie auch die Notwendigkeit, den Anteil und den Umfang von Investitionen für den Naturschutz zu vergrößern, erheblichen Einfluß auf die Fondsintensität des Nationaleinkommens sowie auf die Fondsintensität der verarbeitenden Zweige. Den stärksten Einfluß jedoch haben die Naturfaktoren unmittelbar auf die direkte Fondsintensität der extraktiven Zweige der Produktion.

Eine der wichtigsten Reserven zur Steigerung der Effektivität der gesellschaftlichen Produktion sind Maßnahmen zur intensiveren und rationelleren Nutzung von Naturressourcen. Auf dem Hintergrund einer Stabilisierung der Fondseffektivität in den letzten Jahren ist besonders bemerkenswert die sich fortsetzende Verminderung dieser Kennziffer in den Zweigen der Industrie, die unmittelbar Naturressourcen nutzen (Hydroenergetik, extraktive Industrie, waldnutzende Zweige, Fischwirtschaft). Gleiches trifft auch auf die Landwirtschaft zu. Allein in den Jahren 1966 bis 1968 verringerte sich die Fondseffektivität der primären Zweige der Industrie annähernd um 7,5 Prozent, darunter in der Industrie um 4,2, in der Landwirtschaft insgesamt um mehr als 8 und auf meliorierten Böden um 13,7 Prozent.

Die Entwicklung der Fondsintensität von Erzeugnissen einzelner Zweige der Produktion zeigt Tabelle 2.

Tabelle 2
Entwicklung der Fondsintensität von Erzeugnissen ausgewählter Produktionszweige (in Prozent)

Zweige	1960	1965	1970
Landwirtschaft und Industrie	100	111	103
Landwirtschaft	142	144	146
Industrie	86	100	92
darunter:			
extraktive Industrie	178	214	195
davon:			
Bergbauförderindustrie	163	216	200
Wasserenergiegewinnung	1238	1282	845
Holzgewinnung	115	140	95
Fischwirtschaft	161	118	129
Primäre Produktionszweige	151	160	163

Es ist nicht anzunehmen, daß die allgemeine Tendenz zur Verminderung der Fondseffektivität in den primären Zweigen voll durch eine einschneidende Steigerung der Arbeitsproduktivität im Ergebnis des wissenschaftlich-technischen Fortschritts kompensiert werden kann, obgleich hierbei unbedingt die stabilisierende Rolle des technischen Fortschritts nicht nur in der Förderung, sondern auch in der Verarbeitung der primären Rohstoffe und darüber hinaus für die Gewinnung von Endprodukten zu berücksichtigen ist.

Man kann daher feststellen, daß die für die unmittelbar die Naturressourcen nutzenden Zweige sich herausbildende endgültige Tendenz einer Veränderung der Fonds- und Investitionsintensität gleichsam das Ergebnis des Einflusses zweier Tendenzen ist: einer Tendenz zur Steigerung im Ergebnis des Übergangs zur Nutzung relativ schlechterer Teilbereiche bzw. Teilmengen von Ressourcen und eine Tendenz zur Verminderung als Ergebnis wissenschaftlich-technischen Fortschritts.

Der Grad der Wirksamkeit der ersten oder der zweiten Tendenz hängt von der Spezifik jedes Zweiges ab, von den möglichen Maßstäben der Einbeziehung neuer Teilbereiche bzw. Teilmengen von Naturressourcen in die Produktion, aber auch von der Intensität des wissenschaftlich-technischen Fortschritts in einem konkreten Zeitabschnitt. In den extraktiven Zweigen spielen bekanntlich die bergbautechnischen Bedingungen der Förderung die entscheidende Rolle für die

Veränderung der Fondsintensität, ferner die Qualität der Bodenschätze (der Metallgehalt der Erze usw.), deren Verminderung zusätzliche Aufwendungen zur Erzanreicherung usw. bedingen. Mit der Entwicklung riesiger Abraumbagger sowie von Kippern für den Tagebau und anderer spezialisierter Technik wurden viele Lagerstätten von Kohle, Eisenerz und anderen Bodenschätzen für den Tagebau erschlossen, was die Fonds- und Investitionsintensität in den entsprechenden Zweigen erheblich verminderte.

Man muß auch die Möglichkeit berücksichtigen, daß die extraktiven Zweige (besonders die Zweige der Brennstoffindustrie) in den östlichen Teil des Landes vordringen, für die günstigere bergbaugeologische Bedingungen und eine vergleichsweise höhere Qualität der Bodenschätze charakteristisch sind. Die Erschließung der Naturreichtümer ist in diesen Rayons in einer Reihe von Fällen dadurch kompliziert, daß an Ort und Stelle die erforderlichen Arbeitskräfteressourcen und teilweise auch die gesamte Infrastruktur fehlen. Sie zu schaffen, erfordert in den ersten Jahren erhebliche Aufwendungen.

Auf die Entwicklung der Investitionsintensität nehmen somit sowohl die Verteilung neuer Betriebe als auch das Entwicklungsniveau der bereits vorhandenen, der vorprojektierten, der bereits gebauten und der erschlossenen und genutzten Objekte Einfluß. Das Verhältnis dieser Gruppen von Betrieben hat erheblichen Einfluß auf die Entwicklung spezifischer Kennziffern jedes dieser Zweige. Infolge der erheblich schärferen Differenzierung der Fondsintensität der Produktion nach einzelnen Betrieben, die durch die unmittelbare Abhängigkeit dieser Kennziffer von den konkreten technisch-ökonomischen Eigenschaften der genutzten Teilbereiche bzw. Teilmengen von Naturressourcen gegenüber der verarbeitenden Industrie bedingt ist, äußert sich dieser Einfluß gerade in den Zweigen der extraktiven Industrie, aber auch in anderen primären Zweigen der Produktion besonders stark.

Für die Landwirtschaft sind die bestimmenden Naturfaktoren die Bodenfruchtbarkeit und die klimatischen Bedingungen. Jedoch ist bei der im Lande entstandenen Verteilung der landwirtschaftlichen Produktion, die praktisch durch die Einbeziehung neuer und gewaltiger Landmassive in die Nutzung verändert wird, das Wachstum der Arbeitsproduktivität in der nächsten Zukunft durch die Kombination zweier Entwicklungstendenzen bestimmt, was auch für die Entwicklung der Fondsintensität gilt. Die erste Entwicklungstendenz ist mit der Einführung der Komplexmechanisierung in der Landwirtschaft und mit der sich auf dieser Grundlage vollziehenden Verminderung der Beschäftigtenanzahl verbunden (erste Form der Intensivierung). Die zweite Form der Intensivierung ist durch eine aktive Einwirkung auf die Bodenfruchtbarkeit mittels Chemisierung, Verbesserung der Agrotechnik und breiter Anwendung von Ergebnissen der Pflanzenzüchtung sowie durch die Melioration von Bodenflächen gekennzeichnet. Alle diese Maßnahmen stehen in einem engen Zusammenhang mit dem Mechanisierungsprozeß der landwirtschaftlichen Produktion, der gleichzeitig nicht nur zur Einsparung von Arbeitsaufwendung auf der Grundlage wachsender Fondsausstattung führt, sondern hauptsächlich zu wachsender Effektivität der Nutzung des Hauptproduktionsmittels — des Bodens — und damit letztendlich zu wachsenden Flächenerträgen. Das Verhältnis zwischen der zuletzt genannten Kennziffer und einer wachsenden Fondsintensität und den erhöhten laufenden Aufwendungen, berechnet je Hektar genutzten Bodens, bestimmt auch den Nutzeffekt dieser (zweiten) Intensivierungsform.

Die Wechselwirkung beider Intensivierungsformen unter Bedingungen, wo die zur Erschließung geeigneten neuen Ländereien begrenzt sind, zeigt ebenfalls eine grundlegende Besonderheit, die durch eine Tendenz zum raschen Wachstum der Fondsintensität der landwirtschaftlichen Produktion gekennzeichnet ist. Während in der gesamten Volkswirtschaft die Verminderung der Fondsintensität der Produktion vom vorauseilenden Wachstum der Arbeitsproduktivität gegenüber dem Wachstum der Fondsausstattung der Arbeit abhängt, liegt in der Landwirtschaft der Verminderung der Fondsintensität vor allem das vorauseilende Wachstum der Flächenerträge zugrunde, das zur Verminderung des Aufwandes an Produktionsfonds je Einheit an Erzeugnissen führt.

Nicht weniger stabil ist die in den letzten Jahren zu beobachtende Tendenz einer wachsenden Fondsausstattung je Beschäftigten, die für alle Zweige der extraktiven Industrie und insbesondere auch für die Landwirtschaft charakteristisch ist. Während im Verlaufe des letzten Fünfjahrplans die Fondsausstattung im Durchschnitt je Beschäftigten in der Industrie um ungefähr 1,7mal wuchs, vergrößerte sie sich in der extraktiven Industrie um 2,5mal, darunter in der Bergbauindustrie um 2,7mal. Das ist die höchste Wachstumsrate der Fondsausstattung, die in unserer Wirtschaft je beobachtet wurde. Die Fondsausstattung der Beschäftigten in der Landwirtschaft wuchs in der gleichen Zeit um mehr als das Doppelte.

Beachtet man dabei die große Differenzen in der Fondsausstattung zwischen Industrie und Landwirtschaft, so kann eine Analyse der Entwicklung dieser Kennziffer, hier als Summe für die Landwirtschaft und die extraktive Industrie genommen, kaum die Rolle der primären Zweige im Wachstumsprozeß der Fondsausstattung für die gesamte Volkswirtschaft zum Ausdruck bringen (vgl. Tabelle 3).

Tabelle 3

Entwicklung der Fondsausstattung (in Prozent je Beschäftigten)

Zweige	1960	1965	1970
Industrie	100,0	138,8	167,2
darunter:			
extraktive Industrie	165,1	242,9	399,1
Bergbauförderindustrie	199,2	305,7	538,4
Wasserenergiegewinnung	317,9	417,4	485,2
Holzgewinnung	47,5	60,3	69,9
Fischwirtschaft	235,8	260,5	376,1
Landwirtschaft	38,3	59,0	77,9

Das Wachstum der Fondsausstattung und die Verminderung der Beschäftigtenanzahl in einer Reihe von Zweigen der primären Produktion war besonders bemerkenswert im letzten Fünfjahrplan in der Landwirtschaft, wo die Beschäftigtenanzahl sich um mehr als zwei Millionen verringerte (das heißt um annähernd 10 Prozent, bei besonders auffallender Verminderung — um 4,8 Millionen — in den Kolchosen und einem Wachstum der Beschäftigtenanzahl in den Sowchosen um 2,9 Millionen). Dies führte zu einer beträchtlichen Steigerung der Arbeitsproduktivität. Die rasche Zunahme dieser zuletzt genannten Kennziffer in allen primären Zweigen der Produktion zeigt Tabelle 4.

Tabelle 4
Bruttoproduktion je Beschäftigten (in Prozent)

Zweige	1960	1965	1970
Industrie	100,0	120,1	156,8
darunter:			
extraktive Industrie	80,8	98,5	177,7
davon:			
Bergbauförderindustrie	106,3	124,3	234,2
Wasserenergiegewinnung	223,3	283,2	500,1
Holzgewinnung	35,7	37,5	63,9
Fischwirtschaft	127,0	186,1	247,1
Landwirtschaft	23,6	35,9	48,2

Alle bisher angeführten Entwicklungstendenzen grundlegender ökonomischer Entwicklungskennziffern der extraktiven Industrie und der Landwirtschaft sind in vielem durch die außerordentlich eng mit diesen Zweigen verbundenen Naturbedingungen sowie durch die Besonderheiten der konkreten Arten von Naturressourcen bedingt, die im einzelnen oder in ihrer Gesamtheit durch jeden dieser Zweige genutzt werden.

Die Spezifik der Produktionsprozesse in den Bergbauzweigen der Industrie ist durch das vergleichsweise niedrige Niveau des aktiven Teils der Grundfonds bedingt (zwischen 23 und 45 Prozent), ferner durch das niedrige Niveau der Ausnutzung von Maschinen und Anlagen. In der Kohleindustrie beträgt beispielsweise die tatsächliche Einsatzzeit der Kohlekombines zwischen 35 und 40 Prozent.[23]) Dies kann natürlich nicht die Kennziffern der gesamten (extraktiven) Industrie berühren, da auf den Anteil der Kohleförderung nur 5,6 Prozent des Gesamtwertes der Produktionsgrundfonds der Industrie und etwas mehr als 5 Prozent der beschäftigten Arbeiter entfallen; ferner erbringt die Kohleförderung nur etwa 3 Prozent des Gesamtwertes der Bruttoproduktion der Industrie.

[23]) Ugol, 3/1970, S. 46.

Das Zuwachstempo der Kohleförderung durch Steigerung der Arbeitsproduktivität bleibt erheblich hinter den Wachstumstempi der Produktionsgrundfonds zurück. In den Jahren 1960 bis 1965 vergrößerte sich der Wert der Produktionsgrundfonds der Betriebe der Kohleindustrie im Durchschnitt pro Jahr um 24 Prozent, für die Jahre 1966 bis 1969 um mehr als 12 Prozent. Die Kohleförderung erhöhte sich jedoch in diesem Zeitraum nur um 13 bzw. 5,3 Prozent, die Arbeitsproduktivität um 20 bzw. 9,8 Prozent. Im Ergebnis dessen verringerte sich die Fondseffektivität in der Kohleindustrie, und zwar in den Jahren 1960 bis 1965 um 21,6 und in den vier Jahren des achten Fünfjahrplanes um 12,5 Prozent.[24)]

Eine erhebliche Verminderung der Fondseffektivität ist auch in der Landwirtschaft zu beobachten. Hier liegen diesen Erscheinungen jedoch nicht jene Ursachen zugrunde, die für die extraktive Industrie charakteristisch sind und die in der Hauptsache mit dem Übergang zur Nutzung der Qualität nach schlechteren Naturressourcen verbunden sind. Für die Landwirtschaft ist als komplexe Ursache für die Verringerung der Fondseffektivität allein das Wachstum der Fonds für für meliorative Zwecke zu nennen, was nicht immer von einem proportionalen Wachstum der Produktivität der meliorierten Flächen begleitet ist. In der Dynamik der Fondseffektivität der Landwirtschaft widerspiegelt sich eine Besonderheit der gegenwärtigen Entwicklungsetappe dieses Zweiges, nämlich die allseitige Intensivierung der Produktion, die von einer Sättigung der Produktion mit notwendigen Produktionsfonds begleitet wird. Das Wachstumstempo von Fonds wird dabei bisher noch nicht von den Wachstumstempi der Produktion übertroffen.

Welches auch immer die Gründe für die Verminderung der Fondseffektivität in den primären Zweigen der Produktion sein mögen, es ist offensichtlich, daß sie die Tempi der ökonomischen Entwicklung des Landes beeinflussen können. Und das darf eben nicht unberücksichtigt bleiben, weder bei der Analyse von Kennziffern dieser Entwicklung im vergangenen Zeitraum, noch bei der Planung, besonders der langfristigen Prognostizierung der Entwicklung der Wirtschaft.

Die Überwindung vorauszusehender ungünstiger Einflüsse, die in einer Reihe von Fällen mit dem Übergang zu „schlechten" Naturressourcen und Naturbedingungen verbunden sind, muß eines der wichtigsten Ziele des wissenschaftlich-technischen Fortschritts in den Zweigen der primären Produktion sowie bei der Verarbeitung und Nutzung ihrer Erzeugnisse sein.

24) Dobra, A., Dmitrieva, L., Verbesserte Nutzung der Technik — wichtigste Bedingung des beschleunigten Wachstums der Arbeitsproduktivität, in: Planovoe chozjajstvo, 6/1971, S. 23.

ZWEITES KAPITEL

Die ökonomische Bewertung von Naturressourcen

1. Die Rechtskonzeption

Die Aktualität des Problems einer effektiven Nutzung von Naturreichtümern eines Landes ist dadurch bedingt, daß einerseits die Einbeziehung der Naturreichtümer in die Produktion und andererseits der Einfluß der menschlichen Tätigkeit auf die Naturbedingungen in Verbindung mit der Beschleunigung der Tempi der ökonomischen Entwicklung entscheidende Bedeutung für den Nutzeffekt der gegenwärtigen und der künftigen Produktion erlangt. Letzteres ist besonders wichtig, da nicht nur der gegenwärtigen, sondern auch der künftigen Gesellschaft irreversible Schäden zugefügt werden können, wenn wir die Nutzung der Naturressourcen nicht effektiv kontrollieren, das heißt nicht bewußt bewerten, was uns die Natur gibt und geben kann.

Der gegenwärtige Mangel an einzelnen Arten von Naturressourcen in diesen oder jenen ökonomischen Rayons oder Zonen des Landes erklärt sich in erster Linie aus der ungleichmäßigen territorialen Verteilung der Naturressourcen der UdSSR, teilweise aber auch aus der unrationellen Nutzung durch industrielle und landwirtschaftliche Betriebe. So sind beispielsweise im europäischen Teil der UdSSR mehr als 80 Prozent der industriellen Produktion und 75 bis 78 Prozent der landwirtschaftlichen Produktion konzentriert (darunter 90 bis 95 Prozent der Erzeugnisse des Bewässerungsfeldbaus, außer Baumwolle). Ferner sind hier 76 Prozent der Bevölkerung, aber insgesamt nur 22 Prozent der Wasserressourcen, 25 Prozent der Vorräte an Kohle und 20 Prozent der Waldressourcen konzentriert. Dagegen befinden sich in den östlichen Rayons des Landes die reichsten Vorräte vieler Arten von Naturressourcen (Kohle, Erdöl, Erdgas, Wald- und Wasserressourcen und andere). Daraus ergibt sich, daß in den ökonomischen Rayons des asiatischen Teils der UdSSR die Intensität der Nutzung von Naturressourcen erheblich geringer ist als im europäischen Teil.

Die auffallende Nichtübereinstimmung zwischen den industriellen und dem landwirtschaftlichen Potential vieler ökonomischer Rayons und den innerhalb dieser Rayons vorhandenen Naturressourcen wird nicht selten durch eine unrationelle Nutzung der Naturressourcen noch verschärft. Beispielsweise werden für industrielle Zwecke (für den Bau von Maschinenbaubetrieben, Textil- und Chemiekombinaten, für Betriebe der Bunt- und Schwarzmetallurgie usw). nicht selten die besten landwirtschaftlichen Flächen entzogen (unter Bedingungen, wo sie bereits erheblich begrenzt sind). Bei gleicher Kapazität beanspruchen einige dieser Betriebe völlig unbegründet fünf- bis sechsmal mehr Fläche als die übrigen.

Die allgemeinen Verluste an Bodenschätzen erreichen bei der Förderung zwischen 20 bis 50 Prozent und mehr: bei der Kohleförderung 30 bis 50, bei Kalisalz und Erdöl 60, bei Erz von Buntmetallen 20, bei Glimmer sogar 90 Prozent.[1]) Mehr als 60 Prozent der bei der Erdölförderung anfallenden Begleitgase gehen verloren, obwohl sie einen außerordentlich wertvollen Rohstoff der petrolchemischen Industrie sowie einen hocheffektiven energetischen Brennstoff bzw. (im flüssigen Zustand) Kraftstoff abgeben. Gleiches ist auch bei der Nutzung der Wasserressourcen zu beobachten. Für die Industrie und auch für die Landwirtschaft ist gegenwärtig eine erhebliche Überschreitung der festgelegten Verbrauchsnormen bei Wasser festzustellen. Nach Angaben einer Reihe wissenschaftlicher Forschungsinstitute sowie Leitungsorgane von Bewässerungssystemen wird der tatsächliche Wasserverbrauch um das 1,5- bis 3fache und mehr gegenüber den festgelegten Normen überschritten. In der Industrie betragen beispielsweise die technologischen Normen im Landesdurchschnitt 100 bis 120 m^3 Wasser für eine Tonne Stahl[2]), während sich der faktische Verbrauch auf 200 bis 250 m^3 beläuft.

Die große Anzahl von Beispielen unrationeller Naturnutzung erklärt sich hauptsächlich aus dem Fehlen ökonomischer Stimuli zur sorgsamen Nutzung von Naturressourcen. In den ökonomischen Kennziffern der Betriebe wird beispielsweise nicht das zum Ausdruck gebracht, was der Betrieb über die festgelegten Normen hinaus an Fläche oder Wasser nutzt. Mehr noch, die Betriebe können sogar die Naturressourcen unrationell nutzen: Sie können beispielsweise die Lagerstätten von Bodenschätzen nicht vollständig ausbeuten, indem sie die tiefer gelegenen Schichten oder die an Komponenten weniger reichen Erze zurücklassen; sie konnten bis vor kurzem ungenügend oder überhaupt nicht gereinigtes Abwasser ablassen, da dessen erneute Nutzung (im Betrieb) oder Reinigung die Aufwendungen des Betriebes, berechnet je Einheit Produktion, vergrößerte usw.

Unter den Bedingungen der Ware–Geld-Beziehung, wo die Arbeit der Naturressourcen nutzenden Betriebe nach den Kennziffern Gewinn und Rentabilität bewertet wird, erzeugt die kostenlose Nutzung von Naturressourcen bei diesen Betrieben ein anderes Verhältnis zu diesen Ressourcen als zu Grundfonds, für die eine Zahlung zu leisten ist. Die ökonomischen Interessen der Betriebe sind bisher bei der Nutzung von Naturressourcen noch nicht voll mit den Interessen der Gesellschaft in Übereinklang gebracht worden. Dabei kann die Geringschätzung von Naturschutzmaßnahmen, kann die unrationelle Nutzung von Naturressourcen, die häufig auch mit falsch und eng aufgefaßten Interessen des Betriebes oder Zweiges im Rahmen der wirtschaftlichen Rechnungsführung bemäntelt

[1]) Fejtel'man, N., Über die ökonomische Bewertung mineralischer Ressourcen, in: Voprosy ėkonomiki, 11/1968, S. 110.

[2]) Lojter, M., Ökonomische Maßnahmen zur rationellen Nutzung von Wasserressourcen, in: Voprosy ėkonomiki, 12/1967, S. 79; Suchotin, Ju., Über die Bewertung von Naturressourcen, in: Voprosy ėkonomiki, 12/1967, S. 87.

werden, niemals mit irgendwelchen volkswirtschaftlichen Argumenten verteidigt werden.

Die Errungenschaften der wissenschaftlich-technischen Revolution und die in den zurückliegenden Jahren geschaffene mächtige industrielle Basis ermöglichen unter den Bedingungen der sozialistischen Wirtschaftsführung, alle Arten von Naturreichtümern des Landes sinnvoll zu nutzen. Die planmäßige Grundlage der Entwicklung der Produktivkräfte der sozialistischen Gesellschaft schafft Voraussetzungen für eine sorgsame und ökonomische Nutzung der Naturbedingungen und Naturressourcen, wobei nicht nur die Bedürfnisse der gegenwärtigen, sondern auch der künftigen Gesellschaft berücksichtigt werden und auch die Anforderungen des ökonomischen Wachstums befriedigt werden können. Jedoch werden die Vorzüge der sozialistischen Ordnung, die die bestmögliche Nutzung der Naturressourcen ermöglichen und den Naturschutz garantieren, noch ungenügend verwirklicht.

Auf der 4. Tagung des Obersten Sowjets der UdSSR (8. Sitzungsperiode) im September 1972 wurden die Fragen der weiteren Verbesserung des Naturschutzes und der rationellen Nutzung von Naturressourcen umfassend behandelt. In einem von der Tagung speziell angenommenen Beschluß wurde unterstrichen, daß die Entwicklung der Volkswirtschaft und die Einbeziehung von Naturressourcen in die Produktion in ständig größeren Dimensionen die Verstärkung von Naturschutzmaßnahmen erfordert, um die noch vorhandenen Unzulänglichkeiten auf diesem Gebiet zu beseitigen.

In den letzten Jahren wurde in der Presse und der ökonomischen Literatur eine breite Diskussion zu notwendigen Maßnahmen der rationellen Nutzung von Naturressourcen geführt. Viele Autoren, die die Notwendigkeit und Bedeutung von gesetzgebenden und administrativen Maßnahmen in der Praxis nicht bestreiten. lenken die besondere Aufmerksamkeit auf ökonomische Maßnahmen der Einwirkung, indem sie davon ausgehen, daß allein gesetzgebende und administrative Maßnahmen nicht ausreichend effektiv sein werden. Die Einführung ökonomischer Maßnahmen erlaubt es, Verlust und Gewinn dieses oder jenes Nutzungsverfahrens von Naturressourcen und den Preis der Nutzung unentgeltlicher Güter der Natur zu bestimmen und letztlich deren rationelle Nutzung in der Volkswirtschaft zu ermöglichen. Unter den vorgeschlagenen ökonomischen Maßnahmen hat besonders die Bewertung von Naturressourcen große Bedeutung. Der ökonomisch begründeten Bewertung von Naturressourcen wird eine wichtige Rolle bei der Lösung der Aufgaben auf dem Gebiet der Naturnutzung zuerkannt, wie sie vom XXIV. Parteitag der KPdSU beschlossen wurden.

In der UdSSR wurden bestimmte Erfahrungen bei der ökonomischen Bewertung von Naturressourcen gesammelt. So wurden beispielsweise im Jahre 1967 neue und erheblich differenzierte Tarife für die Bezahlung von Holz (Bezahlung je Stamm) eingeführt, die voll die Aufwendungen der Forstwirtschaft decken und als Grundlage zur Bewertung der Waldvorräte (nach Stämmen) im Wertausdruck dienen können. Die Rentenzahlungen, die an den Staatshaushalt für jede

Tonne gefördertes Erdöl oder je 1000 m^3 geförderten Erdgas abzuführen sind, differieren erheblich nach Rayons und Lagerstätten und können zur Bewertung im Wertausdruck der Vorräte dieser Bodenschätze genutzt werden. In einer Reihe von Unionsrepubliken müssen Industriebetriebe, die landwirtschaftliche Bodenflächen nutzen, für die den Kolchosen und Sowchosen entzogenen Bodenflächen außer dem Ausgleich für Investitionen auf diesen Bodenstücken auch die Erschließungsaufwendungen neuer Ländereien ersetzen. In den baltischen Republiken sind diese Ausgaben mit 300 bis 480 Rubel je Hektar Ackerland festgelegt, in Weißrußland auf 400 Rubel und in Aserbaidshan, der Kirgisischen und in der Tadshikischen SSR auf 2800 Rubel je Hektar Bewässerungsackerland.

Diese Erfahrung wird jedoch bisher noch ungenügend bei der Berechnung des Nutzeffekts von Investitionen genutzt, wobei die methodologischen und praktischen Probleme der ökonomischen Bewertung von Naturressourcen unter Bedingungen der sozialistischen Wirtschaft gegenwärtig Gegenstand einer breiten wissenschaftlichen Diskussion sind. Für das richtige Verständnis der Bewertung von Naturressourcen ist die Bewertung der Bodenflächen von außerordentlich großer Bedeutung. Sie stellt gleichsam die Schlüsselfrage für das gesamte Problem dar, mit dessen Rechtsgrundlagen wir nunmehr beginnen.

Die Nationalisierung des Bodens wird in der UdSSR nicht selten als eine Maßnahme betrachtet, die allein die Agrarbeziehungen berührt, obgleich sie in Wirklichkeit alle grundlegenden Elemente des natürlichen Milieus umfaßt, die bei dem erreichten Entwicklungsniveau der Produktivkräfte sowohl als Ressourcen der materiellen Produktion als auch als natürliche Bedingungen für die Existenz der Gesellschaft genutzt werden.

Die Rechtswissenschaftler gehen davon aus, daß es gerade deshalb ungenau wäre, die Nationalisierung des Bodens und im Zusammenhang damit auch das Dekret über den Boden nur als historischen Akt der Lösung der Bauernfrage zu betrachten. Die Nationalisierung des Bodens berührte alle Klassen und Schichten der Bevölkerung Rußlands, indem sie die soziale Basis aller Zweige der Wirtschaft und jeglicher menschlicher Tätigkeit grundlegend verändert, die mit der Nutzung von Boden und anderen Naturreichtümern verbunden ist.[3] Gerade dieser Umstand ist der Ausgangspunkt für das Problem der Bewertung von Naturressourcen.

Die historischen Dokumente weisen die Forderung nach Nationalisierung des Bodens als eine revolutionäre Forderung der Mehrheit der Bevölkerung Rußlands aus, die die Errichtung sozialistischen staatlichen Eigentums für alle Naturobjekte vorsah. In der Folgezeit erfuhr die Nationalisierung von Naturreichtümern eine sichere gesetzliche Verankerung in den Verfassungen der UdSSR und der Unionsrepubliken.

In letzter Zeit ist in der juristischen Literatur eine lebhafte Diskussion zu der Frage zu verzeichnen, ob das Bergbau-, Wald- und Wasserrecht in das Boden-

3) Leninskij dekret „O zemle" i sovremennost', Moskva 1970, S. 60f.

recht einzubeziehen sei oder ob diese Rechtsgebiete über diesen Rahmen hinaus zu selbständigen Gebieten des Rechts entwickelt werden sollen. Dem Wesen nach handelt es sich darum, ob die Begriffe Erdinneres, Wald, Wasser usw. in den juristischen Begriff Boden einzubeziehen sind. Grundlage für diese Diskussion ist die Tatsache, daß die tatsächlichen Beziehungen zu dem Erdinneren, zu Wald und Wasser in den letzten Jahren eine Reihe von Besonderheiten erlangten, die sich von den Beziehungen zum Boden unterscheiden. Wald und Wasser haben aufgehört, allein „Produkte" der Natur zu sein, die ohne Teilnahme des Menschen entstehen. Es sind eine Vielzahl von Waldgebieten und Waldstreifen entstanden, die durch staatliche Organe der Forstwirtschaft, durch Sowchosen, Kolchosen usw. angepflanzt und aufgezogen wurden; es wurden künstliche Staubecken errichtet, weit verzweigte Netze von Kanälen angelegt und gewaltige Arbeiten zur Veränderung von Flußläufen durchgeführt usw. Erhebliche Veränderungen vollzogen sich auch in den organisatorischen Fragen der Leitung und der Verfügung über das Erdinnere, über Wälder sowie über das Wasser, aber auch im System ihrer Nutzung. Hieraus ergibt sich zu Recht die Schlußfolgerung, daß der Prozeß der Herausbildung eines Bergbau-, Wald- und Wasserrechts als selbständige Gebiete unserer Gesetzgebung in erster Linie durch die Notwendigkeit ökonomischer Regelungen hervorgerufen wurde.[4])

Die Rechtswissenschaftler unterstreichen, daß man notwendigerweise auch einen solch wichtigen juristischen Aspekt des Dekrets über den Boden im Auge behalten muß, wie die Festlegung des nicht schlechthin staatlichen, sondern des ausschließlich staatlichen Eigentums an Boden und anderen Naturreichtümern. Das Recht ausschließlichen staatlichen Eigentums an Boden entsteht nur in jenen Fällen, wo die Nationalisierung des gesamten Bodens durchgeführt wird. Wenn die Nationalisierung nur einen beschränkten Kreis von Bodenflächen erfaßt, so entsteht das Recht ausschließlich staatlichen Eigentums an Boden nicht. Eine vollständige Nationalisierung des Bodens wurde bisher nur in der UdSSR und der Mongolischen Volksrepublik durchgeführt. Ein Teil des Bodens in den anderen sozialistischen Ländern bleibt bisher Eigentum der Bürger (Privatpersonen), genossenschaftlicher oder anderer gesellschaftlicher Organisationen. Das Recht staatlichen Eigentums an Boden erlangt in diesen Ländern keinen ausschließlichen Charakter. Das bezieht sich auch (mit bestimmten Modifikationen) auf andere Naturressourcen: auf das Erdinnere, Wasser, Wälder, Flora und Fauna.

Das ausschließliche Recht staatlichen Eigentums an Boden in der UdSSR erlangte den Charakter eines Grundprinzips der sowjetischen Gesetzgebung und hat eine Reihe juristischer Folgen, die von prinzipieller Bedeutung sind. So ist es in der UdSSR unmöglich, das Eigentum an Boden zu veräußern, das heißt, Boden ist aus dem Warenkreislauf, dem Wertumlauf oder dem sogenannten zivilen Kreislauf ausgeschlossen. Die Bodenrechtler gehen davon aus, daß, da der

[4]) Erofeev, B. V., Das Verhältnis von Boden-, Bergbau-, Wald- und Wasserrecht, in: Sovietskoe gosudarstvo i pravo, 1/1971, S. 56.

Boden keine Ware ist, er auch keinen Wert hat und auch kein naturales oder Warenäquivalent sowie kein Geldäquivalent haben kann. Diese prinzipielle These ändert sich ihrer Meinung auch nicht unter Bedingungen einer künstlichen Verbesserung des Bodens. Materielle Ressourcen, vergegenständlichte Arbeit sowie Aufwendungen an lebendiger Arbeit, die in dieses oder jenes Bodenstück investiert werden, verleihen diesem Bodenstück keinen Wert. Solche Aufwendungen verschwinden gewissermaßen, werden vom Boden „einverleibt" mit Ausnahme jener Fälle, wo sie in Form wirtschaftlicher Objekte materialisiert werden (Gebäude, Anlagen, Einrichtungen usw.).

Da der Staat über den ihm gehörenden Boden verfügt, erhalten die interessierten Organisationen und Personen Bodenstücke nur zur Nutzung. Die Bodennutzer sind mit einem Komplex von Rechten und Pflichten ausgestattet, die es ihnen gestatten, den Boden zur Befriedigung ihrer wirtschaftlichen Bedürfnisse zu nutzen.

Die Anhänger der Rechtskonzeption sind der Ansicht, daß das Fehlen von Wert bei Boden prinzipiell den Inhalt von Verlusten verändert, die in Fällen von Beschädigung oder rechtmäßigem Entzug landwirtschaftlicher Bodenstücke zu ersetzen sind. In den Verlust gehen in diesen Fällen gewöhnlich der Wert der ungenutzten Investitionen im Boden, aber auch in entsprechenden Fällen der Wert von Neuinvestitionen und der nicht erzielten Erzeugnisproduktion ein.

Der Sowjetstaat legt in der Planungsordnung die Nutzung von Boden zur Entwicklung der Volkswirtschaft und zur Befriedigung von Bedürfnissen der Bevölkerung fest, verteilt und umverteilt den Boden zwischen den einzelnen Zweigen der Volkswirtschaft, teilt einzelnen Subjekten Bodenstücke zur Nutzung zu und entzieht Bodenstücke der Nutzung. Er reglementiert streng die Bedingungen und Forderungen, die seine rationelle Nutzung und seinen Schutz garantieren, er führt Meliorationsarbeiten im großen Maßstab durch, organisiert den Kampf gegen die Bodenerosion usw. Hierin drückt sich das von Marx formulierte Prinzip aus, wonach die gegenwärtige Gesellschaft nicht Eigentümer des Bodens, sondern nur sein Sachwalter ist, wobei sie ihn unbeschädigt und verbessert den künftigen Generationen hinterlassen muß.[5])

Vom Standpunkt der Rechtswissenschaft sind all diese unbestreitbaren Thesen Beweis dafür, daß die Idee einer Bewertung des Bodens und anderer Naturressourcen im Wertausdruck überflüssig ist. Aber diese Thesen erklären eben nicht, warum solche nationalisierten Produktionsmittel wie Gebäude, Anlagen und andere doch ebenfalls Objekt von Kauf- und Tauschgeschäften des einzigen Eigentümers — des Staates — mit den Betrieben sind, denen sie zur Nutzung überlassen wurden, und die ungeachtet dessen eine Bewertung im Wertausdruck erfahren, ohne die eine sozialistische Planwirtschaft nicht denkbar ist.

Es ist klar, daß die Bewertung von Naturressourcen im Wertausdruck, darunter vor allem auch der Bodenflächen, unter unseren Bedingungen in keiner Weise

5) Marx, K., Das Kapital, Dritter Band, in: MEW, Bd. 25, Berlin 1969, S. 784.

irgendwie die entstandenen Produktionsverhältnisse verändern kann. Umgekehrt, mit Hilfe der ökonomischen Bewertung muß man in der Planungsordnung die Nutzung von Naturressourcen besser organisieren und durchführen und im Komplex mit gesetzgebenden und administrativen Maßnahmen ihre rationellere und effektivere Nutzung garantieren.

2. Ökonomische Konzeptionen zur Bewertung von Naturressourcen

Die von vielen Ökonomen geteilte Konzeption von „kostenlosen" Naturressourcen unter der Bedingung der sozialistischen Planwirtschaft gründet sich dem Wesen nach auf Vorstellungen von der Unbegrenztheit dieser Ressourcen, die von vergleichsweise niedrigen Tempi der Einbeziehung dieser Ressourcen in die Produktion sprechen, wie sie für die zurückliegenden Perioden der wirtschaftlichen Entwicklung der UdSSR charakteristisch waren. Wenn man auch gegenwärtig davon sprechen kann, daß die Theorie der „kostenlosen" Naturressourcen der Vergangenheit angehört, so ist eine solche Forderung in bezug auf die Mehrheit der Ressourcenarten bisher jedoch nur theoretischer Natur. In der Praxis wird bei der Lösung aller Aufgaben zur Planung der Entwicklung der Volkswirtschaft insgesamt, einzelner Zweige, bei der Verteilung der Produktion sowie auch bei der Projektierung konkreter Objekte die ökonomische Bewertung von Naturressourcen faktisch nicht genutzt.

Ein wesentliches Hindernis für die ökonomische Bewertung von Naturressourcen ist das Fehlen einer theoretischen Grundlage, die es gestatten würde, ein einheitliches methodologisches Herangehen an die Bestimmung der ökonomischen Bewertung verschiedener Naturressourcen zu sichern.

Die Einwände, die gegen die Bewertung von Naturressourcen im Wertausdruck (als Kategorie) gebracht werden, weil sie angeblich der sozialistischen Gesellschaft nicht adäquat seien, stützen sich gewöhnlich auf Äußerungen von Marx, wonach alle Produktionsmittel, die von Natur, ohne menschliches Zutun, vorhanden sind, als Bildner von Gebrauchswert dienen können, ohne selbst Bildner von Tauschwert zu sein. Es ist dies nach Marx bei der Erde, beim Wind, dem Wasser, dem Eisen in der Erzader, dem Holz des Urwaldes usw. der Fall.[6]) Dies bezieht sich aber offensichtlich nicht darauf, daß eine Bewertung von Naturressourcen im Wertausdruck schlechthin nicht möglich sei, sondern nur darauf, daß das mit dem Begriff des Wertes unter Bedingungen der kapitalistischen Warenproduktion nicht möglich ist, soweit diese Ressourcen von Menschenhand noch nicht berührt sind.

Bisher wird der Begriff ökonomische Bewertung von Naturressourcen und Naturbedingungen keineswegs einheitlich und eindeutig verwendet. Er wird in

[6]) Marx, K., Das Kapital, Erster Band, in: MEW, Bd. 23, Berlin 1968, S. 218.

einem sehr breiten Spektrum angewendet, beginnend mit allgemeinen Thesen über die mögliche Nutzung dieser oder jener Quellen von Naturreichtümern und endend mit der Festsetzung eines „Preises“ für Naturressourcen, ausgedrückt in Wertform. Die ökonomische Wissenschaft erarbeitete eine Konzeption der ökonomischen Bewertung von Naturressourcen, wobei der ökonomische Inhalt dieses Begriffes darin besteht, daß die territorialen Unterschiede in den natürlichen Eigenschaften von Ressourcen und deren Quellen im Hinblick auf die gesellschaftliche Arbeitsproduktivität berücksichtigt werden. Als Kriterium dieser Bewertung gilt der vergleichbare ökonomische Nutzeffekt der Nutzung einer gegebenen *Ressourcenquelle* oder territorialen Kombination von Ressourcen, ausgedrückt in ökonomischen Kennziffern, die die Summe der Differentialaufwendungen an lebendiger und vergegenständlichter Arbeit ausdrücken.

Von prinzipieller Bedeutung ist hierbei die Anerkennung der These von der potentiellen Vielfalt der Nutzungsmöglichkeiten natürlicher Ressourcen (besonders von Boden- und Wasserressourcen sowie biologischen Ressourcen), wobei dies durch die Vielfalt der Bedürfnisse der Gesellschaft an diesen Ressourcen bedingt ist. Die Vielzahl möglicher Einzweck- oder Mehrzwecknutzungen dient als Grundlage für eine Vielzahl von Varianten der Bewertung. Es wird anerkannt, daß ein Vergleich der letzteren im Zuge der Vorbereitung und Durchführung von Plan- bzw. Projektentscheidungen eine Optimierung gestattet, und zwar nach diesem oder jenem Kriterium der geplanten Nutzung von Naturressourcen, ihrer Verteilung zwischen den verschiedenen produzierenden und nichtproduzierenden Funktionen.

Der gegenwärtige Stand bei der Bewertung von Naturressourcen läßt in erster Linie die Erarbeitung eines breiten Kreises methodischer Fragen in den Vordergrund treten. Die Bewertung muß das Ergebnis eines Vergleichs von Eigenschaften eines Naturobjektes mit den Anforderungen der Gesellschaft an dieses Objekt zum Ausdruck bringen, verkörpert in den Anforderungen der technischen Systeme (Anlagen), der Betriebe, der Wirtschaftszweige und der Menschen (der Kollektive). Die Bewertungskriterien müssen die technische Brauchbarkeit (Gunst) eines Objektes für die angenommene Nutzungsart, den ökonomischen Nutzeffekt dieser Nutzung, ihre gesellschaftliche bzw. soziale Wertigkeit widerspiegeln. Bei der technologischen Bewertung sind die bereits entwickelten qualitativen bzw. relativen quantitativen Bewertungen möglich (beschreibende Bewertungen, die sich bedingt auf Klassen bzw. Punkte beziehen). Ökonomische Bewertungen müssen sich jedoch auf Wertkennziffern stützen, obgleich für die Auswahl konkreter Einheiten auch verschiedene andere Vorschläge möglich sind.

Erhebliche methodische Schwierigkeiten entstehen bei dem notwendigen Vergleich von Bewertungen ein und derselben Ressourcenart (beispielsweise bei Boden- oder Wasserressourcen), die für bestimmte unterschiedliche Nutzungsarten berechnet werden, und die sowohl ökonomische wie auch soziale Bewertungen zulassen. Empirisch entstand dabei das Prinzip der vergleichbaren Wertigkeit unterschiedlicher Nutzungsarten, das auf der Anerkennung der Priorität der führenden, grundlegenden bzw. wichtigsten Nutzungsart beruht. Eine solche Rolle spielt beispielsweise bei der Bewertung des Bodens die landwirtschaftliche Nutzung. Dieses Prinzip ist aber weder ausreichend noch universell.

Die ökonomische Bewertung von Naturressourcen und ihre Einführung in die volkswirtschaftliche Praxis erfordern die Ausarbeitung methodologischer und methodischer Grundlagen dieser Bewertung, ein Preissystem und Maßnahmen zur ökonomischen Einwirkung mit dem Ziel, die Nutzung von Ressourcen zu verbessern, ferner eine Reihe anderer Maßnahmen. Allgemein wird anerkannt, daß als methodologische Grundlage der ökonomischen Bewertung von Naturressourcen allein die Arbeitswerttheorie dienen kann. Jedoch zeigen sich bei der Diskussion von Grundprinzipien der Bewertung und bei ihrer Begründung erheblich voneinander abweichende Ansichten, die sich in der Hauptsache auf die Frage beziehen, ob Naturressourcen einen Wert und einen Preis haben oder ob sie eine andere ökonomische Bewertung erfahren müssen.

Eine Reihe von Autoren bemerkt, daß die objektive ökonomische Bewertung von Naturressourcen im Sozialismus nur auf der Grundlage ihres Wertes möglich ist, jedoch sei der Wert von Naturressourcen anders bestimmt als der Wert anderer Arten von Grundmitteln. Beispielsweise ging Strumilin davon aus, daß es möglich sei, den tatsächlichen Wert und Preis unseres Bodens zu bestimmen; bereits erschlossene und neu zu erschließende Güter der Natur dürfe man niemals als unentgeltliche Güter betrachten, da sie alle im Ergebnis der Erschließung einen Preis erhalten. Dieser Preis ist bestimmt durch den gesellschaftlichen Wert der Aufwendungen zur Erschließung dieser Güter.[7] Die Anhänger einer Bewertung von Naturressourcen im Wertausdruck legen ihren Berechnungen die direkten Aufwendungen der Gesellschaft zugrunde, die die Möglichkeit zur Nutzung dieser oder jener Naturressource bieten. Der Bodenpreis wird hierbei durch die Aufwandsgröße zur Erschließung des Bodens aus den nichtlandwirtschaftlichen Bodenfonds bestimmt; nach Angaben Strumilins beträgt dieser Preis 177 Rubel für einen Hektar. Andere Ökonomen, die ebenfalls von Arbeitsaufwendungen ausgehen, die zur Wiederherstellung jener Bodenflächen notwendig sind, die im Ergebnis industrieller Nutzung bzw. industrieller Baumaßnahmen geschädigt wurden, bewerten den Boden erheblich höher, da die Aufwendungen zur Rekultivierung (Wiederherstellung) des Bodens mitunter 20000 bis 25000 Rubel je Hektar erreichen.

Einige Ökonomen sind der Meinung, daß bei der Bodenbewertung notwendigerweise von den Aufwendungen auszugehen ist, die zum Ausgleich von Verlusten erforderlich sind, die mit dem Entzug von Boden aus der landwirtschaftlichen Nutzung entstehen. Das landwirtschaftliche Potential kann demzufolge wiederhergestellt werden: a) durch Erschließung neuer Böden im gegebenen oder einem anderen Rayon des Landes; b) durch zusätzliche Investitionen auf bereits erschlos-

[7]) Strumilin, S. G., Über den Preis „unentgeltlicher Güter" der Natur, in: Voprosy ėkonomiki, 8/1967, S. 60.

senen Bodenstücken. Es ist offensichtlich, daß in diesem Falle die Ausgleichsumme und folglich auch der Bodenpreis davon abhängen werden, welches die Variante zur Wiederherstellung des landwirtschaftlichen Bodenpotentials ist.

Die Bewertung der Waldressourcen stützt sich ebenfalls auf einmalige und laufende Aufwendungen. Die einmaligen Aufwendungen schließen die Ausgaben zur Anzucht der Setzlinge, zur Vorbereitung der Bodenstücke für die Anpflanzung und die Anpflanzung des Waldes selbst sowie einige andere Kosten ein. Die laufenden Aufwendungen umfassen Ausgaben zur Untersuchung und zum Schutz der Wälder (Kampf gegen Waldbrände, Schädlinge, Kahlschlag usw.), ferner die Gewährleistung verschiedener Inspektionen usw. Die Bewertung von Bodenschätzen geht vom Wert der geologischen Erkundungsarbeiten aus, die sich auf den Vorrat an Bodenschätzen in Lagerstätten beziehen, ferner auf Investitionen und laufende Aufwendungen je Einheit Produktion.

Bei der Bewertung von Wasser ergeben sich diese Aufwendungen aus einmaligen Investitionen und laufenden Aufwendungen zur Wasserbereitstellung und -reinigung. In den Ausarbeitungen des Rates zum Studium der Produktivkräfte bei der Staatlichen Plankommission der UdSSR[8]) wird vorgeschlagen, den Wert des Wassers bei seiner Nutzung in den verschiedenen Zweigen der Volkswirtschaft, ausgehend von folgenden Bestandteilen, zu berechnen:

— Anfangswert, der die staatlichen Aufwendungen für allgemeine wasserwirtschaftliche Maßnahmen einschließt, zum Beispiel Untersuchung, Bewertung und Schutz der Wasserressourcen, Unterhaltung des hydrometeorologischen Dienstes usw.;
— Wert von Aufwendungen zur Regulierung des Wasserabflusses mittels regulierbarer Wasserspeicher bzw. Wert von Aufwendungen für Maßnahmen zur Überleitung von Wasser aus anderen Flußgebieten;
— Wert der äußeren Wasserversorgung, die durch Aufwendungen zur Anlage, Unterhaltung und Nutzung von Produktionsfonds des Systems der äußeren Wasserversorgung bestimmt ist, z. B. Abgrenzen und Aufhöhen des Wassers, Wassertransport, -aufbereitung und -verteilung zwischen einzelnen Verbrauchern.

Neben den bereits genannten geht eine große Gruppe von Ökonomen davon aus, daß bei der erforderlichen Berechnung von Aufwendungen diese eine Aufwandsart zur Bestimmung der ökonomischen Bewertung einer Naturressource ungenügend ist. Nemčinov schrieb dazu, daß „. . . der Boden, das Erdinnere, Bodenstücke für Bauzwecke, Wald, Flächen für die Fischwirtschaft . . . als Naturgegenstände keinen gesellschaftlichen Wert haben, da sie mittels Arbeitsaufwendungen nicht reproduziert werden können. Sie bestimmen jedoch die Naturbedingungen der Arbeit und erfahren deshalb eine volkswirtschaftliche Bewertung".[9])

Man kann jedoch keineswegs mit der Schlußfolgerung Nemčinovs einver-

8) Metodika opredelenija platy za vodu pri ee ispol'zovanii otrasljami narodnogo chozjajstva, Moskva 1969 (Rotaprint).

9) Nemčinov, V. S., Izbrannye proizvedenija, Bd. 6, Moskva 1969, S. 162.

standen sein, daß „. . . bei der Begrenztheit effektiver Arten von Ressourcen die Differentialaufwendungen an Arbeit nicht allein mit den direkten Arbeitsaufwendungen identifiziert werden können. Zu den direkten Aufwendungen müssen auch jene wachsenden Arbeitsaufwendungen hinzugerechnet werden, die in anderen Bereichen der Volkswirtschaft entstehen, dort, wo die gegebenen und ungenügend vorhandenen effektiven Naturressourcenarten für den gleichen Zweck genutzt werden. Die differentialen Arbeitsaufwendungen bestehen folglich aus den direkten Arbeitsaufwendungen und den Aufwendungen entgegengesetzter Beziehungen."[10])

Es ist unbestreitbar, daß die Nutzung landwirtschaftlicher Bodenstücke für Zwecke des Industriebaus wachsende Aufwendungen auf anderen Bodenstücken zur Produktion landwirtschaftlicher Erzeugnisse hervorrufen, die früher auf den entzogenen Bodenstücken erzeugt wurden. Eine ähnliche Situation entsteht auch bei der Nutzung von Wald, Bodenschätzen, bei der Verteilung von Wasser in industriellen Ballungszentren, in landwirtschaftlichen Komplexen und wasserwirtschaftlichen Systemen. Daher muß man bei der Bewertung von Naturressourcen den Einfluß der Qualität einer Ressource auf das Niveau der gesamten gesellschaftlichen Arbeitsproduktivität berücksichtigen. Mit anderen Worten, die Begrenztheit einer Naturressource, die unterschiedlichen Richtungen ihrer Nutzung bei einem unterschiedlichen Niveau des Nutzeffekts machen es notwendig, die Bewertung einer Ressource nicht nach den direkten Aufwendungen, sondern unter Berücksichtigung der Differentialrente durchzuführen. In diesem Falle stellt die Differentialrente in ihrem quantitativen Ausdruck jenen Teil an eingesparter und vergegenständlichter Arbeit dar, der mit der Nutzung eines konkreten Teilbereichs bzw. einer Teilmenge von Naturressourcen zur Produktion der für die Gesellschaft erforderlichen Gebrauchswerte im Zusammenhang steht.

Von besonderem theoretischen Interesse sind die Ausarbeitungen zur ökonomischen Bewertung von Naturressourcen, die vom Zentralen Ökonomisch-Mathematischen Institut der Akademie der Wissenschaften der UdSSR vorgenommen wurden.[11]) Sie beruhen auf der methodologischen Voraussetzung, daß unter den Bedingungen der sozialistischen Wirtschaft für jeden Zeitabschnitt objektiv eine gesellschaftlich bestimmte Grenze von Aufwendungen zur Vergrößerung des Erzeugnisvolumens existiert, das bei Nutzung einer gegebenen Naturressource erzielt wird. Eine Vergrößerung, die bei diesem Preis von Aufwendungen erreicht wird bzw. die diese Grenze nicht überschreitet (durch Maßnahmen zur Verminderung der Ausgaben bei einer gegebenen Produktion in der Sphäre ihres Verbrauchs oder unmittelbar durch Vergrößerung des Ausstoßes) ist vom volkswirtschaftlichen Standpunkt aus zweckmäßig, während ein wachsendes

10) Ebenda, S. 141.

11) Vgl. u. a. Ekonomičeskie problemy optimizacii prirodopol'zovanija, Moskva 1973; Gofman, K. G., Die ökonomische Bewertung von Boden, der für Zwecke der Industrie und des Bauwesens genutzt wird, in: Ėkonomika i organizacija promyšlennogo proizvodstva, 5/1970.

Erzeugnisvolumen bei Preisen, die diese Grenzaufwendungen überschreiten, unzweckmäßig ist. In den Arbeiten des genannten Instituts wird anerkannt, daß die Bestimmung der gesellschaftlich anerkannten (zulässigen) Grenze von Aufwendungen eine außerordentlich komplizierte Aufgabe darstellt, wobei Fehler, die hierbei entstehen, zu großen volkswirtschaftlichen Fehlrechnungen bei der Begründung der technischen Politik in den entsprechenden volkswirtschaftlichen Zweigen führen können. Ungeachtet dessen wird behauptet, daß es mit der Entwicklung ökonomisch-mathematischer Methoden der Optimierung und unter Anwendung der EDVA möglich geworden sei, solche Kennziffern praktisch zu berechnen, wobei die Analyse von Eigenschaften und Gesetzmäßigkeiten ihrer Formierung einen der wichtigsten Abschnitte der ökonomisch-mathematischen Theorie der Optimierung der Volkswirtschaft darstellt.

In der ökonomischen Literatur werden die Grenzaufwendungen unterschiedlich benannt: als Dualbewertungen, als objektiv-bedingte Bewertungen, als Preise des optimalen Plans, als Grenzaufwendungen usw. Ungeachtet der unterschiedlichen Terminologie ist davon auszugehen, daß der ökonomische Sinn dieser Kennziffern darin besteht, das ökonomische Ergebnis (den volkswirtschaftlichen Effekt) auszudrücken, der bei Vergrößerung von Ressourcen einer gegebenen Erzeugnisart entsteht, und der gleich ist der gesellschaftlich anerkannten (zulässigen) Grenze von Aufwendungen zur Vergrößerung von Ressourcen dieser Erzeugnisart.

In den Arbeiten der letzten Jahre, die der Bewertung von Naturressourcen gewidmet sind, wird die gesellschaftlich anerkannte (zulässige) Grenze von Aufwendungen für Erzeugnisse, die bei Nutzung von Naturressourcen erzielt werden, mit dem Terminus Grenzaufwendungen bezeichnet. Die ökonomische Bewertung von Naturressourcen stellt eine Größe dar, die aus den Grenzaufwendungen für entsprechende Erzeugnisse folgt. Sie wird als Differenz zwischen den Grenzaufwendungen und den tatsächlichen Aufwendungen zur Produktion einer gegebenen Erzeugnisart berechnet und je Einheit der entsprechenden Naturressource bestimmt. Beispielsweise ist die Bewertung eines landwirtschaftlichen Bodenstückes (landwirtschaftliche Nutzfläche) gleich der Differenz zwischen dem Erlös aus der Realisierung erzielter landwirtschaftlicher Produktion, berechnet einmal nach den Grenzaufwendungen* und zum andern nach tatsächlichen Aufwendungen zu ihrer Erzeugung; die ökonomische Bewertung je Einheit Vorrat an Bodenschätzen im Erdinnern ist gleich der Differenz zwischen den Grenzaufwendungen für Erzeugnisse, die je Einheit Vorrat an Bodenschätzen (unter relativ schlechtesten Bedingungen) erzielt werden können und den tatsächlichen Aufwendungen zur Erzielung dieser Erzeugnisse einer gegebenen Lagerstätte usw. Es wird davon ausgegangen, daß die Differenz zwischen den Grenzaufwendungen und den tatsächlichen Aufwendungen, berechnet je Einheit Naturressource,

*) Diese Grenzaufwendungen entsprechen der Aufwandsmenge unter Bedingungen des jeweils schlechtesten (aber gesellschaftlich noch notwendigen) genutzten Bodenstückes (d. Bearb.).

unmittelbar die Differentialrente darstellt. Als Kriterium zur Bewertung jeder Art von Naturressource wird der volkswirtschaftliche Gesamteffekt angenommen, den der Einsatz dieser Ressource zur Folge hat, wobei als Kennziffer des Nutzeffekts der Gewinn in der Nutzungssphäre angenommen wird. Große Bedeutung für die Berechnung von Bewertungen haben die Grenzaufwendungen nach einzelnen Naturressourcenarten, worunter ein System spezifischer ökonomischer Kennziffern zu verstehen ist, das die reduzierten Aufwendungen zur Erzielung einer zusätzlichen Einheit von Erzeugnissen auf der Grundlage der Nutzung dieser oder jener Naturressource in Übereinstimmung mit dem Effekt bei dem Grenznutzer darstellt.

Forschungen, die von der Sibirischen Abteilung der Akademie der Wissenschaften der UdSSR, vom Institut „Energienetzprojekt"[12]) und anderen wissenschaftlichen Organisationen durchgeführt wurden, machen die erheblichen Besonderheiten der Grenzaufwendungen deutlich (vgl. hierzu Kapitel 6). Als Gebiete für die Anwendung von Grenzaufwendungen wird der Planungsbereich einzelner Industriezweige sowie der Bereich von Projektberechnungen in der Energetik bezeichnet. Grenzaufwendungen werden für Variantenrechnungen im Perspektivzeitraum genutzt; sie können nicht angewendet werden bei Berechnung der laufenden wirtschaftlichen Tätigkeit und bei der Bestimmung der Selbstkosten der Industrieerzeugnisse. Es wird prinzipiell die Ansicht vertreten, daß die selbständige Anwendung der Grenzaufwendungen als Leitungsinformation nur unter der Bedingung möglich ist, daß die auf ihrer Grundlage getroffenen Entscheidungen nicht jene Proportionen verändern (oder sie in nur ganz geringem Maße verändern), für die diese Grenzaufwendungen berechnet wurden.

Die Grenzaufwendungen sind nicht nur nach territorialen Teilabschnitten differenziert, sondern auch nach Arten von Naturressourcen, so daß die ökonomische Bewertung nicht nur heterogen zwischen den einzelnen Teilabschnitten (z. B. Boden) und gleichartigen Ressourcenmengen ist, sondern auch qualitativ unterschiedlich für wechselseitig austauschbare Ressourcen vom Standpunkt des einzelnen Nutzers. Die Besonderheiten bei der Herausbildung von Grenzaufwendungen nach einzelnen Brennstoffarten bestehen nach den Angaben der Sibirischen Abteilung der Akademie der Wissenschaften der UdSSR und dem Institut „Energienetzprojekt" in folgendem.

In der optimalen energetischen Bilanz gibt es für jede Brennstoffart objektiv Grenznutzer, bei denen dieser Brennstoff als letzter genutzt wird und damit den geringsten ökonomischen Effekt ergibt. Jeder Bedarfszuwachs an dieser Brennstoffart bedingt eine Lieferverminderung gerade bei dem Grenznutzer. Ein ähnliches Bild ergibt sich auch bei der komplexen Nutzung von Wasserressourcen, wenn der begrenzte Abfluß in einzelnen Jahren dazu führt, den Verbrauch gerade

[12]) Ėnergoėkonomičeskaja suščnost', metody opredelenija i ispol'zovania zamykajuščich zatrat na toplivo i ėlektroenergiju, Irkutsk—Moskva 1970 (Rotaprint), sowie Rukovodjaščie ukazanija k ispol'zovaniju zamykajuščich zatrat na toplivo i ėlektričeskuju ėnergiju, Moskva 1973.

bei jenen Betrieben streng zu begrenzen, wo vom volkswirtschaftlichen Standpunkt aus der geringste Verlust zu verzeichnen ist. Mit anderen Worten, es existiert immer eine bestimmte Hierarchie nicht nur von Naturressourcen, sondern auch von Nutzern. Entsprechend den Möglichkeiten einzelner Ressourcenarten vollzieht sich bei diesen Nutzern bei Mangel an einer bestimmten Ressource ein Ausgleich durch zusätzliche Aufwendungen, beispielsweise zur Förderung oder zum Transport einer äquivalenten Menge (unter Berücksichtigung des unterschiedlichen Heizwertes) von „Grenz"-brennstoff oder, wenn dies zu erreichen ist, eine zeitweilige Umverteilung von Wasser aus „teuren" Quellen usw. Darüber hinaus entstehen beim Nutzer, soweit die Grenzressource, beispielsweise Brennstoff, qualitativ schlechter ist im Vergleich zu der bisher genutzten, zusätzliche Aufwendungen zur Brennstoffversorgung. Im entgegengesetzten Falle kann eine Einsparung von Aufwendungen erreicht werden usw.

Somit können die Gesamtaufwendungen zur Befriedigung des zusätzlichen Bedarfs an einer gegebenen Naturressource (das heißt die Gesamtsumme der Grenzaufwendungen A^k_{gr}) im einfachsten Falle durch einen Ausdruck bestimmt werden, der für Brennstoff angewendet wird, der aber auch für alle anderen Arten Naturressourcen genutzt werden kann:

$$A^k_{gr} = \left(\frac{k^k}{k^{gr}} \cdot A^k_r - A^{gr}_r\right) + \frac{k^k}{k^{gr}}(A^{gr}_F + A^{gr}_T) = \Delta A_r + \frac{k^k}{k^{gr}} \cdot A_{ges} \quad \text{in Rubel/t)},$$

wobei

A^k_T, A^{gr} – die spezifischen reduzierten Aufwendungen bei Nutzung des betrachteten Umfangs (k) sowie des Grenzaufwandes (gr) einer Naturressource durch den Grenznutzer, berechnet in Rubel je Einheit Ressourcenmenge;

k^k, k^{gr} – die entsprechenden Koeffizienten für den Nutzungsgrad einer Ressource durch den Grenznutzer;

A^{gr}_F, A^{gr}_T – die Aufwendungen zur Förderung und zum Transport des Grenzumfangs einer Naturressource, in Rubel je Ressourceneinheit;

A_{ges} – ihre Gesamtsumme sind.

Die wichtigste Schlußfolgerung von methodischer Bedeutung, die im Ergebnis dieser Untersuchungen gewonnen wurde, besteht darin, daß die Grenzaufwendungen als ökonomische Kategorie, die die Summe der volkswirtschaftlichen Aufwendungen für den zusätzlichen Bedarf an Naturressourcen widerspiegeln, vollständig nur in dem Falle begründet bestimmt werden können, wenn eine allgemeine Optimierung der Volkswirtschaft durchgeführt wird. Gegenwärtig sind für die Berechnung der Grenzaufwendungen nur mathematische Teilmodelle entwickelt, wie beispielsweise Modelle zur Entwicklung der Energiewirtschaft der UdSSR, die nur angenäherte Werte der Grenzaufwendungen zu bestimmen gestatten.

Es ist auch nichts gegen die Schlußfolgerungen des Instituts „Energienetzprojekt" und der Sibirischen Abteilung der Akademie der Wissenschaften der UdSSR einzuwenden, daß die verwendeten Grenzaufwendungen in den projektierten Plan- und Prognoseberechnungen nicht bis zu Ende untersucht und gelöst sind, so daß nicht klar ist, ob ihre Verwendung in Berechnungen neben den gegenwärtigen Preissystemen für Erzeugnisse anderer Zweige zulässig ist und ob die gemeinsame Anwendung methodisch wesentlich abweichender Kennziffern (die einen von ihnen berücksichtigen die Rente nach den Naturbedingungen, Entwicklungsfaktoren usw., die anderen berücksichtigen sie nicht) zu Ergebnissen führt, die mehr an die optimalen als an die vorhandenen Berechnungsverfahren angenähert sind. Hiervon hängt die Alternative ab, ob die Grenzaufwendungen in die Praxis der technisch-ökonomischen Berechnungen oder in das Gesamtsystem der optimalen Planung, insbesondere in das System der Preise des Optimalplans allmählich eingeführt werden. All dies engt natürlich in erheblichem Maße die Anwendung der Grenzaufwendungen auch bei der Bewertung von Naturressourcen ein.

Nach Meinung der Anhänger der eben genannten Konzeption stellt die Differenz zwischen den Grenzaufwendungen und den tatsächlichen Aufwendungen für den Zuwachs von Produktion einer gegebenen Erzeugnisart, bezogen auf eine Einheit der entsprechenden Naturressource, die Kennziffer für den ökonomischen Gewinn dar, der durch die Nutzung der gegebenen Ressource verursacht ist; es ist dies zugleich die ökonomische Bewertung dieser Ressource, die selbst wiederum Differentialrente darstellt, herbeigeführt durch diese Ressource. Hierbei wird als ökonomische Bewertung einer Naturressource eine Größe angenommen, die aus den Grenzaufwendungen folgt und die als maximal möglicher ökonomischer Gewinn aus der Nutzung bei einem gegebenen Niveau von Grenzaufwendungen angenommen werden muß. In diesem Falle schließt die ökonomische Bewertung von Naturressourcen auch die Differentialrente ein.

Die ökonomische Bewertung von Naturressourcen (B_{NR}) kann ausgehend von dieser Konzeption wie folgt bestimmt werden:

$$B_{NR} = \max \left[k_z \cdot k_p (A_{gr} - A_k) \right],$$

wobei

- A_{gr} – die Grenzaufwendungen (die reduzierten Aufwendungen) für Erzeugnisse, die bei Nutzung einer gegebenen Naturressource (bei sonst gleichen Bedingungen) erforderlich werden;
- A_k – die direkten Aufwendungen (reduzierte Aufwendungen) für Erzeugnisse, die bei Nutzung einer gegebenen Naturressource erforderlich werden;
- k_p – Nutzkoeffizient einer Naturressource (bestimmt beispielsweise als Flächenertrag landwirtschaftlicher Kulturen bzw. Verteilung der Böden nach diesem Koeffizienten; Koeffizient der Ausbeute von Vorräten an Bodenschätzen usw.);
- k_z – Koeffizient zur Berücksichtigung des Zeitfaktors.

Die Anhänger dieser Theorie behaupten, daß bei der ökonomischen Bewertung von Naturressourcen auf der Grundlage der Differentialrente, die als Differenz zwischen den Grenzaufwendungen und den direkten Aufwendungen (einer konkreten Ressource) aufgefaßt ist, die Einbeziehung von Aufwendungen zur Erschließung von Naturressourcen, und zwar sowohl vergangener Aufwendungen als auch der gegenwärtigen, in die berechnete Größe der Bewertung unrichtig sei. Sie gehen auch davon aus, daß einer analogen ökonomischen Bewertung auch all jene Naturressourcen unterliegen, deren qualitative Veränderung (oder Veränderung natürlicher Eigenschaften) zu Verlusten für die sozialistische Gesellschaft sowohl in der Gegenwart als auch in der ferneren, aber überschaubaren Zukunft führt.

Wenn die Anhänger dieser Theorie von der Nutzung der angeführten Bewertungen von Naturressourcen in ökonomischen Berechnungen sprechen, so unterscheiden sie zwei Arten: Bewertungen im Plan- und Projektierungsstadium und solche im Stadium der praktischen Durchführung bereits projektierter Entscheidungen. Die ökonomische Bewertung von Ressourcen im Stadium der Planung und Projektierung erfordert keine Veränderung des vorhandenen Niveaus der Großhandelspreise und der Finanzbeziehungen in der Volkswirtschaft. Die ökonomische Bewertung von Ressourcen im nachfolgenden Stadium der Ausführung von Plan- und Projektentscheidungen, die die rationelle Nutzung von Naturressourcen mittels Anwendung des Prinzips ihrer Bezahlung stimulieren soll, erfordert dagegen eine Veränderung der entstandenen Finanzbeziehungen bis hin zur Erhöhung der gegenwärtigen Erzeuger- und Großhandelspreise für jene Arten von Erzeugnissen, für deren Herstellung diese Naturressourcen genutzt werden. Hierbei ist es erforderlich, bei der Einführung von Bezahlungen für die Naturnutzung in den gegenseitigen Beziehungen der sozialistischen Betriebe behutsam und allmählich vorzugehen und ständig die praktischen Möglichkeiten einer Veränderung des entstandenen Preissystems in der Volkswirtschaft zu berücksichtigen.

Die oben vorgetragene Konzeption der Bewertung von Naturressourcen stellt ihrem Wesen nach den Versuch dar, in das System von Projektberechnungen und folglich auch von ökonomischen Planentscheidungen, die auf den gegenwärtigen Preisen aufgebaut sind, die Bewertungen des Optimalplans einzuführen. Besonders strittig ist dieses Verfahren in bezug auf Naturressourcen, weil die vielfältigen Begrenzungen von Erzeugnissen der extraktiven Zweige und der Landwirtschaft es nicht erlauben, den Einfluß von Projektentscheidungen, die unter Berücksichtigung solcher Bewertungen (des Optimalplans) getroffen werden, auf alle Zweige der Volkswirtschaft zu übertragen. Das ist auch nicht schwer vorauszusehen, ungeachtet der Tatsache, daß in der Mehrzahl der Publikationen von Anhängern der Theorie der Optimalplanung von dem Versuch Abstand genommen wird, die gegenwärtigen Preise zu verwenden, obgleich dies jedoch nur auf die Bezahlung für Naturressourcen bezogen wird.

Den von diesen Autoren vorgeschlagenen Methoden zur Bewertung von Naturressourcen ist die Differenz zwischen den Grenzaufwendungen und den tatsächlichen Aufwendungen zur Produktion von Erzeugnissen bei Nutzung dieser oder jener Naturressource zugrunde gelegt. Diese Differenz nennen sie Differentialrente, obgleich unter den Grenzaufwendungen nicht Aufwendungen verstanden werden, die mit der Produktion von Erzeugnissen bei Nutzung des jeweils schlechtesten Bodenstückes bzw. der jeweiligen schlechtesten Menge von Naturressourcen verstanden wird, sondern die „gesellschaftlich zulässige (anerkannte) Grenze von Aufwendungen" zur Erhöhung dieser Produktion, deren absolute Größe an das ökonomische Ergebnis (volkswirtschaftlicher Effekt) angenähert ist, die bei der Vergrößerung von Ressourcen der gegebenen Erzeugnisart entsteht. Strittig ist hierbei unter Bedingungen der sozialistischen Planwirtschaft in erster Linie die Verwendung einer gesellschaftlich anerkannten (zulässigen) Grenze von Aufwendungen als Verhältnis nicht etwa einer Gesamtsumme von Aufwendungen, sondern von Aufwendungen für einzelne Maßnahmen. Eine solche Behandlung beraubt uns dem Wesen nach eines außerordentlich wichtigen Vorzugs der zentralen Planung, nämlich der Möglichkeit der Umverteilung von Effekten (Akkumulation) mit dem Ziel, diese Aufwendungen in Richtungen zu konzentrieren, die die Bedürfnisse der Gesellschaft unabhängig vom Teileffekt jeder dieser Richtungen befriedigen. Dies bezieht sich insbesondere auf die Sphäre der primären Produktion, das heißt auf jene Zweige, die unmittelbar Naturressourcen nutzen.

Die Differenz zwischen den Grenzaufwendungen und den tatsächlichen Aufwendungen konkreter Teilbereiche bzw. Teilmengen von Naturressourcen ist ganz offensichtlich eine Größe, die die Differentialrente übersteigt, da der Begriff der letzteren durch die Differenz in den Aufwendungen bei Nutzung des jeweils schlechtesten noch genutzten Teilbereichs bzw. Teilmenge von Naturressourcen und dem gegebenen konkreten Teilbereich bzw. Teilmenge einer Naturressource fixiert ist. Die Behandlung von Grenzaufwendungen als Aufwendungen für den Zuwachs von Erzeugnissen, das heißt von Erzeugnissen, die in unserem Falle mit der Einbeziehung neuer Teilbereiche bzw. Teilmengen von Naturressourcen in die Produktion verbunden sind, und zwar ungeachtet der Anzahl der in der gegebenen Periode genutzten Teilbereiche bzw. Teilmengen von Naturressourcen, ermöglicht es, auch den jeweils schlechtesten noch genutzten Teilbericht bzw. die Teilmenge von Naturressourcen noch zu bewerten. Es stellt dies eines der wichtigsten methodologischen Probleme der Bewertung unter Verwendung der Differentialrente dar; jedoch tritt hier dem Wesen nach an die Stelle der Rente ein anderer Begriff.

Die Berechnung der Größe der Grenzaufwendungen für jede Erzeugnisart, die sich bei Nutzung von Naturressourcen ergibt, wird von den Anhängern der hier angeführten Konzeption als eine der Funktionen der Optimalplanung bezeichnet, obgleich gegenwärtig auch Näherungsverfahren in Form einer Teiloptimierung zulässig sind. Die Möglichkeit einer ökonomischen Bewertung von Naturressourcen wird somit dem Wesen nach davon abhängig sein, ob die Prinzipien der optimalen Planung angenommen werden oder nicht. Hierbei stört es die Autoren nicht, daß sie die Größe der faktischen (reduzierten) Aufwendungen, die auf der Grundlage von Preisen berechnet werden, denen die gegenwärtigen Prinzipien der Preisbildung zugrunde liegen, oder sogar unmittelbar die Höhe der geplanten Baukosten dieses oder jenes Bauobjektes mit den Grenzaufwendungen vergleichen müssen, die von ihnen so behandelt werden, als würde es sich um Preise des optimalen Planes handeln. Hierbei wird auch die offensichtliche Tatsache einer zeitlichen Differenz zwischen den tatsächlichen Aufwendungen und den Grenzaufwendungen nicht berücksichtigt.

Es gelingt auch nicht, den regionalen Bereich, für den diese Grenzaufwendungen gelten sollen, ausreichend genau festzulegen. Es ist offensichtlich, daß in bezug auf streng lokalisierte Naturressourcen, deren Verwendung für die Produktion von örtlicher Bedeutung ist, die Anwendung irgendwelcher Grenzpreise von globalem oder gar nationalem Charakter nur heillose Verwirrung stiften kann. Hier kann es sich nur um die Anwendung regionaler Grenzpreise handeln. Von der Art der Naturressource, der Technologie ihrer Nutzung sowie von der Erzeugnisart hängt auch der Anwendungsbereich dieser oder jener Grenzpreise ab.

Ein deutliches Beispiel für die Richtigkeit dieser These ist die Verwendung von Grenzpreisen für Brennstoffe bei der Berechnung des Nutzeffekts von Investitionen mittels Vergleich von Wasserkraftwerken mit Wärmekraftwerken, und zwar sowohl nach den laufenden projektierten Berechnungen wie auch nach dem Perspektivplan, der auf der Grundlage der ökonomisch zulässigen Grenzen für die Nutzung der Wasserenergie des Landes aufgestellt wurde. Sogar für Perspektivberechnungen globalen Charakters wurde nicht ein einziger Grenzpreis für Brennstoff verwendet, jedoch eine Reihe solcher Preise, die lokal nach entsprechenden Zonen festgelegt wurden.[13])

Man muß auch bemerken, daß von den Anhängern der Theorie der Optimalplanung völlig ungenügend angegeben ist, an wen sich ihre Empfehlungen richten. Allein anzuführen, daß diese Empfehlungen bei Annahme dezentralisierter Entscheidungen oder auch „innerhalb der Grenzen wirtschaftlich selbständiger Betriebe“ anzuwenden sind, bringt keine Klarheit in dieser Frage, obgleich hiermit doch unmittelbar die Begrenzung verbunden ist, daß auf der Grundlage eines bestimmten Niveaus von Grenzaufwendungen die zusätzlich in den Wirtschaftskreislauf einbezogene Menge von Naturressourcen nur gering sein kann. Es gelingt hierbei nicht, den Maßstab für diese geringe zusätzliche Einbeziehung von Naturressourcen konkret zu bestimmen.

Die Bewertung von Naturressourcen ist in erster Linie bei langfristigen Prognoseentscheidungen sowie bei Investitionsentscheidungen auf der Grundlage des Plans sowie bei der Projektierung großer Objekte für Investitionsbauten erforderlich. Jedoch sind gerade für diese Fälle die empfohlenen Methoden wenig tauglich. Hier müssen viel eher Prinzipien zur Bewertung von Ressourcen nach den

13) Gidro-ėnergetičeskie resursy, in: Energetičeskie resursy SSSR, Moskva 1967, S. 137.

künftigen Aufwendungen für ihre Reproduktion oder ihren Ersatz Anwendung finden. In dieser Hinsicht sind die Vorschläge zur Anwendung von differentialen „Schatten"-Bewertungen für alle Arten von Naturressourcen von Interesse, die die Perspektive berücksichtigen, analog dem, was A. A. Besčinskij und A. A. Reznikovskij entwickelt und am Beispiel der Wasserressourcen konkret ausgearbeitet haben[14]) und was bei Berechnungen zur Entwicklung des Brennstoff-Energiekomplexes bereits angewandt wird.

Die Autoren gehen von folgendem aus: Wenn beispielsweise in einem bestimmten Flußgebiet in einem bestimmten überschaubaren Zeitraum entsprechend der prognostizierten Wasserbilanz ein Defizit an Wasserressourcen beseitigt werden muß, so geschieht dies — bei Ausschöpfung aller inneren Reserven des gegebenen Einzugsgebietes — durch eine solche investitionsintensive Grenzmaßnahme, wie die Überleitung von Wasser aus Fremdgebieten. Die Aufwendungen für diese Maßnahme unter unbedingter Berücksichtigung des Zeitfaktors müssen auch die Bewertung eines Kubikmeters Wasser für den Nutzer bestimmen.

Im Zusammenhang damit muß eine ökonomische Bewertung, die die Aufwendungen für Grenzmaßnahmen widerspiegelt, den Umfang des differentialen Effektes berücksichtigen. Das bedeutet, daß bei der Begrenztheit der Wasserressourcen im gegebenen Flußgebiet die Bewertung auf einem Niveau festgelegt werden muß, das dem Effekt von einem Kubikmeter Wasser bei dem Grenznutzer entspricht. Folglich müssen die Nutzer entsprechend den sich verringernden sozialen oder ökonomischen Effekten notwendigerweise aufgeführt werden. In dieser Rangfolge stehen im vorliegenden Falle an der ersten Stelle der Nutzung die Trinkwasserversorgung der Bevölkerung und die Gewährleistung von Wasser für sanitäre Zwecke. Wenn die übrigbleibenden Wasserressourcen den höchsten Effekt in der Bewässerung erbringen und wenn die Ressourcen nur hierfür ausreichend sind, muß die ökonomische Bewertung auf einem Niveau festgelegt werden, das dem Effekt bei diesem Nutzer entspricht, der in diesem Falle zum Grenznutzer wird.

Somit wird sich die Endbewertung der Wasserressourcen aus den reduzierten Aufwendungen zur Überleitung von Wasser aus Fremdgebieten und dem ökonomischen Gewinn bei der Wassernutzung durch den Grenznutzer im Vergleich zu dem Nutzer ergeben, bei dem die Wasserressource nur einen Effekt erbringt, der die Aufwendungen zur Überleitung des Wassers ausgleicht, und zwar in Höhe des Zuwachses an Reineinkommen bzw. an Aufwandsersparnis im Vergleich zu Alternativvarianten. Übersteigen die Wasserressourcen den Bedarf für Bewässerungszwecke, so verringert sich die Bewertung auf ein Niveau, das dem Effekt des folgenden Nutzers entspricht usw. Man kann zum Beispiel annehmen, daß bei einer bestimmten planmäßigen Auswahl von Wassernutzern, angenommen nach 20 Jahren, die Überleitung von Flüssen in das Gebiet des gegebenen Flusses

[14]) Besčinskij, A. A., Reznikovskij, A. Š., Ekonomičeskie aspekty sistemnogo pogchoda k vodnumu chozjajstvu, in: Vodnye resursy, 1/1973, S. 32 f.

notwendig wird. Jedoch kann die Planung eines neuen Hauptwassernutzers, beispielsweise irgendeine wasserintensive Produktion, bereits einige Jahre früher die Durchführung der Überleitung erforderlich machen. In diesem Falle muß das entsprechende Anwachsen der Grenzbewertungen in einem Komplex von Faktoren berücksichtigt werden, der durch die erforderliche Wasserbereitstellung für den neuen Hauptnutzer bestimmt wird.

Die Autoren, die diese Konzeption vorschlagen, bemerken, daß selbst bei einer begrenzten Behandlung („Schattenbehandlung") von ökonomischen Bewertungen von Naturressourcen deren Erschließung und Einführung eine außerordentlich komplizierte Aufgabe darstellt, die insbesondere mit der Notwendigkeit verknüpft ist, quantitative und technologische Anforderungen der Nutzer zu berücksichtigen und hierbei auch noch die Rangfolge der Nutzer nach der Größe des erzielbaren Effekts einzubeziehen.

Am konsequentesten im Hinblick auf die Arbeitswerttheorie ist die von T. S. Chačaturov[15]) vertretene Position, die davon ausgeht, daß Naturressourcen des Landes als Ganzes all die gesellschaftliche Arbeit in sich aufnehmen, die dafür aufgewandt wurde, um diese Ressourcen in ausreichender Menge für die Produktion bereitzustellen, und daß diese in ihnen akkumulierte Arbeit auf die Erzeugnisse der Landwirtschaft sowie der extraktiven Zweige übertragen wird. Bei der Bestimmung konkreter Bewertungen von Naturressourcen hat nicht nur ihr gesamtes qualitatives Niveau große Bedeutung, wie zum Beispiel die hohe Fruchtbarkeit von Böden in der UdSSR, der hohe Heizwert von Kohle usw., sondern auch die Verschiedenartigkeit dieses qualitativen Niveaus, die territoriale Differenziertheit der Qualität von Ressourcen, die auf die Bewertung großen Einfluß ausübt.

Chačaturov unterstreicht, daß Naturressourcen an und für sich natürlich keinen Wert schaffen können, ihn schafft allein die Arbeit. Von den Naturressourcen, die im Arbeitsprozeß genutzt werden, und von ihrer Qualität hängt jedoch die Arbeitsproduktivität der Beschäftigten ab. Arbeit von gleicher Qualifikation und gleicher Richtung der Verausgabung gibt bei ein und denselben Arbeitsmitteln völlig unterschiedliche Produktionsergebnisse, wenn qualitativ unterschiedliche Naturressourcen genutzt werden. Diese höhere Arbeitsproduktivität, die durch die relativ höhere Qualität von Naturressourcen bestimmt ist, ist die Quelle für die Bildung von Differentialrente, die in der einen oder anderen Form für die gesamte Gesellschaft nutzbar gemacht werden muß, und zwar über ein System von Aufkaufpreisen, Abführungen vom Gewinn oder über Steuern.

Ausgehend von der Differentialrente kann man die Bewertung von Lagerstätten von Bodenschätzen oder von Bodenstücken bestimmen. Eine Ermittlung der Differentialrente, die bei Nutzung mittlerer oder besserer Bodenstücke beziehungsweise Volumina von Naturressourcen im Vergleich zu den relativ schlech-

[15]) Chačaturov, T. S., Über die ökonomische Bewertung von Naturressourcen, in: Voprosy ėkonomiki, 1/1969, S. 66—74.

teren erzielt wird, läßt sich in Analogie zu den Arbeitsmitteln anführen, da der Effekt, der bei Anwendung vervollkommneter (das heißt besserer) Arbeitsmittel erzielt wird, sich ebenfalls in steigender Arbeitsproduktivität ausdrückt. Hiermit wird bekanntlich ihre Anwendung gerechtfertigt, die Investitionen erforderlich macht. Um zu bewerten, welche Investitionssumme die Erzielung eines gegebenen Effektes kostet, wird der normative Nutzeffektskoeffizient verwendet. Beträgt er beispielsweise 0,12 und ist der Effekt gleich 1000 Rubel, so darf die Investitionssumme $1000:0{,}12 = 8300$ Rubel nicht übersteigen. Bei der Bestimmung der Bewertung von Lagerstätten für Bodenschätze oder von Bodenstücken kommt eine analoge Berechnung zur Anwendung. Teilt man die erzielbare Differentialrente durch das Nutzeffektsnormativ, so kann man die Bewertung einer Ressource dadurch bestimmen, daß man als Bewertung jene Investitionssumme gleichsetzt, mit deren Hilfe in einem anderen volkswirtschaftlichen Objekt ein gleicher Effekt erzielt werden könnte. Die Bewertung einer Ressource folgt damit aus dem Ausdruck $S = R:E_n$, wobei R die Differentialrente ist, die bei Nutzung eines gegebenen Bodenstückes oder eines gegebenen Volumens von Naturressourcen erzielt wird und E_n der normative Koeffizient für den vergleichbaren Nutzeffekt.

Chačaturov unterstreicht auch, daß die Bestimmung der Größe R mit einer Reihe von Schwierigkeiten verbunden ist. Beispielsweise wäre es unrichtig, Differentialrente mit zusätzlichem Reineinkommen zu vermengen, das durch bessere Produktionsorganisation, durch Beseitigung von Verlusten, Stillstandszeiten, durch die Anwendung fortgeschrittener Arbeitsmethoden, durch bessere oder günstigere Realisierung von Erzeugnissen usw. erzielt werden kann. Es ist also offensichtlich, daß bestimmte Bodenstücke oder Lagerstätten nach den verschiedenen natürlichen Bedingungen verglichen werden müssen, wobei für alle die gleichen gesellschaftlich durchschnittlichen Produktionsbedingungen eines bestimmten Zeitabschnittes zugrunde gelegt werden müssen. Die Größe R muß also eine ständig erzielbare Differentialrente darstellen, die über eine Reihe von Jahren durchschnittlich zu erreichen ist.

Bei der Bestimmung der Differentialrente und der Bewertung von Naturressourcen haben nicht nur deren allgemeine qualitative Charakteristika Bedeutung, sondern vor allem auch die unterschiedliche Qualität der Ressourcen, die von großem Einfluß auf die Bewertungsgröße ist: Gerade von der Qualität der Naturressourcen hängt die Produktivität der Arbeit ab, die den Wert schafft. Diese höhere Arbeitsproduktivität, die durch die Qualität konkreter Teilbereiche bzw. Teilmengen von Naturressourcen bestimmt wird, ist die Quelle für die Bildung von Differentialrente.

Bei der Bewertung eines Bodenstückes ist notwendigerweise von seiner Qualität in Übereinstimmung mit dem Bodenkataster auszugehen, dem jene Menge an landwirtschaftlichen Erzeugnissen zugrunde liegt, die mit dem gegebenen Bodenstück unter durchschnittlichen gesellschaftlichen Produktionsbedingungen, wie sie für den gegebenen Rayon typisch sind, erzeugt werden können. Danach wird die Investitionssumme bestimmt, die zur Erzielung dieser Erzeugnismenge nach anderen, besseren (möglichen) Verfahren erforderlich ist (das heißt nach Ersatzvarianten). Dies ist im Prinzip möglich durch Erschließung neuer Ländereien oder aber durch gesteigerte Intensität der Nutzung aller Bodenstücke. Bleiben die laufenden Aufwendungen hierbei unverändert, so wird die Bewertung des zu bewertenden Bodenstückes gleich der sich hierbei ergebenden Investitionssumme angenommen. Vergrößern sich die laufenden Aufwendungen oder vermindern sie sich, so wird die Differenz der laufenden Aufwendungen zuvor „kapitalisiert" (auf der Grundlage des angewandten normativen Effektivitätskoeffizienten) und der Bewertungsgröße zugeschlagen bzw. von ihr abgezogen.

Bei der Untersuchung der ökonomischen Bewertung anderer Ressourcen schlägt Chačaturov vor, deren spezifische Besonderheiten zu berücksichtigen. So lehnt sich die Bewertung der Bodenschätze methodologisch außerordentlich eng an die Bewertung von Bodenstücken an. Es gibt jedoch einen Unterschied: Die Nichterneuerbarkeit dieser Ressourcen und die Aufwendungen zu deren Erkundung. In diesem Falle muß die Größe der Rente auf der Grundlage von Angaben über Umfang und Zeitraum der Förderung der Bodenschätze nach Jahren notwendigerweise berücksichtigt werden, das heißt, es muß unbedingt der Zeitfaktor einbezogen bleiben. Chačaturov schreibt, daß der Zugang künftiger Jahre auf das Anfangsmoment der Zeit reduziert werden muß, multipliziert mit dem Koeffizienten der (zeitlichen) Entfernung;

$$k = \frac{1}{(1 + k_z)^t},$$

wobei

k_z — Normativ der Berücksichtigung des Zeitfaktors, angewendet auf die Berechnung des vergleichbaren Nutzeffekts;

t — Anzahl der Jahre, die das Anfangsmoment und das entsprechende Jahr abgrenzen, auf die sich die Rentenberechnung bezieht.

Hier wie auch im Ackerbau werden den Berechnungen im gegebenen Fall Faktoren zugrunde liegen, die das Niveau der Arbeitsproduktivität beeinflussen, nämlich Unterschiede im Reineinkommen, die von den geologischen Bedingungen sowie von der Lage der Bodenschätze bzw. der Lagerstätte abhängen, vom unterschiedlichen Inhalt an bestimmten Komponenten der Bodenschätze usw. Somit kann man zunächst die Gesamtgröße der Rente bestimmen, die aus einer gegebenen Lagerstätte unter Berücksichtigung des Zeitfaktors (Koeffizient der zeitlichen Entfernung) erzielt wird, sodann wird zur Bestimmung der Bewertung dieser Lagerstätte die jährliche Durchschnittsgröße der Rente bestimmt und ausgehend vom normativen Effektivitätskoeffizienten kapitalisiert.

In bezug auf die ökonomische Bewertung reproduzierbarer Ressourcen ist zu bemerken, daß deren Begründung und Berechnung sich erheblich einfacher vollziehen läßt als die der nichtreproduzierbaren Ressourcen wie beispielsweise Boden oder Ressourcen des Erdinneren. Die Bewertung von Waldressourcen kann auf der Grundlage der gesellschaftlich notwendigen Aufwendungen zur

Reproduktion des Waldes durchgeführt werden. Hierbei ist zweckmäßigerweise auch der Zeitfaktor zu berücksichtigen, das heißt der Zeitraum des Einfrierens von Investitionen sowie von laufenden Aufwendungen bis zu dem Moment, wo der Aufwuchs (der Wald) genutzt werden kann. Bei diesen Berechnungen ist es richtig, die Zinseszinsrechnung anzuwenden, und zwar ausgehend von dem Normativ, das für ähnliche Berechnungen empfohlen wird. Mit anderen Worten, für Investitionen, die heute zur Reproduktion des Waldes aufgewendet werden, sowie für die laufenden Aufwendungen muß ein Zinssatz für die Gesamtperiode des Aufwuchses des Waldes berechnet werden, das heißt also für einen ausreichend langen Zeitraum.

Die Bewertung von Wasserressourcen muß ebenfalls, ausgehend von den realen Investitionen und laufenden Aufwendungen zur Wasserbereitstellung sowie für die Reinigung der Abwässer bei industrieller Verschmutzung und anderes, durchgeführt werden. Auf der Grundlage dieser Bewertung muß auch ein Wasserpreis festgelegt werden, der ausreichend hoch ist, um Industriebetriebe sowie andere Unternehmungen an der Einsparung von Wasser zu interessieren. Hierbei kann man auch vorsehen, daß die Industriebetriebe für die Rückleitung gereinigten Wassers in die Flüsse, in andere Wasserreservoirs vom Staat einen Teil der Summen zurückerstattet erhalten, die sie für bezogenes Wasser bezahlen mußten. Für die Abgabe ungereinigten Wassers sind zweckmäßigerweise Sanktionen festzulegen, beispielsweise vom Gewinn nicht nur zum Ausgleich für Verluste, die der Fischwirtschaft, dem Tourismus usw. zugefügt werden, sondern auch entsprechende Abzüge vom Gehalt der Betriebsleiter.

In Rayons mit einem ausgeprägten Wasserdefizit oder mit Dürregebieten, die eine künstliche Bewässerung erfordern, muß die Bezahlung für Wasser unter Berücksichtigung der Wasserversorgung sowie unter Berücksichtigung der Rente festgelegt werden, deren Berechnungsgrundlage analog den bei der Bodenrentenberechnung angewandten Methoden sein kann. Die Bezahlung für Wasser muß hier insoweit recht hoch sein, als die Einsparung von Wasser und seine Nutzung in erster Linie zugunsten der effektivsten Produktion stimuliert werden, beispielsweise in der Landwirtschaft für solche Kulturen, wie Baumwolle und Reis, die hauptsächlich in Rayons mit künstlicher Bewässerung angebaut werden.

Somit sind die Autoren, die die eine oder andere Methode zur ökonomischen Bewertung von Naturressourcen vorlegen, bestrebt, in irgendeiner Form die spezifischen Besonderheiten von Naturressourcen zu berücksichtigen (Reproduzierbarkeit, Nutzungszeit usw.). Jedoch muß es für die Bewertung verschiedener Arten von Naturressourcen eine einheitliche methodologische Grundlage geben, die den Kernpunkt konkreter Methoden und Verfahren zur Berechnung dieser Bewertungen darstellt. Wie wir bereits bemerkten, kann als Grundlage für eine ökonomische Bewertung von Naturressourcen unter unseren Bedingungen nur die Arbeitswerttheorie dienen. Einheitlich für alle Arten von Naturressourcen muß das Prinzip der Anfangsbewertung des schlechtesten, aber für die Gesellschaft im gegebenen Zeitabschnitt noch notwendigen Teilbereichs bzw. Teilmenge einer gleichartigen Ressource entsprechend den (gegenwärtigen) Aufwendungen zu ihrer Erschließung (bzw. ihres Ersatzes) sein. Jeder nachfolgende (mittlere oder bessere) Teilbereich bzw. Teilmenge von Naturressourcen wird unter Berücksichtigung jener Differentialrente bewertet, deren Bildung mit ihrer Nutzung verbunden ist im Vergleich zu dem Grenzbereich (Basisbereich) bzw. der Grenzmengen (als Bewertungsbasis) entsprechender natürlicher Ressourcen.

Die ökonomische Bewertung von Naturressourcen muß die objektiven Unterschiede in der Qualität gleichartiger Ressourcen berücksichtigen, da die Nutzung von der Qualität nach unterschiedlichen gleichartigen Ressourcen (beispielsweise nach der Bodenfruchtbarkeit unterschiedliche Bodenstücke, Lagerstätten nach unterschiedlichem Gehalt an Hauptkomponenten, Qualitätsunterschiede im Holz usw.) die Erzielung eines gleichen ökonomischen Effektes nur bei außerordentlich unterschiedlich differenzierten Aufwendungen gewährleistet.

Als eine Grundvoraussetzung für die ökonomische Bewertung von Naturressourcen muß man auch die Begrenztheit dieser Ressourcen anerkennen, die bei gegebenem Entwicklungsniveau der Produktivkräfte durch die Gesellschaft genutzt werden können. Hierbei ist der dynamische Charakter des Begriffes Begrenztheit von Ressourcen zu berücksichtigen, da mit der Entwicklung unseres Wissens über die Ressourcen und mit der Entwicklung der Technik jener Teil des Bodens, des Waldes, von Wasservorkommen, des Erdinnern usw., der sich früher für die Erschließung und Nutzung als ungeeignet erwies, nunmehr erschlossen und in die wirtschaftliche Nutzung einbezogen werden kann.

Auf die ökonomische Bewertung von Naturressourcen hat die territoriale „Einbindung“ solcher Naturressourcen wie Boden, Wasser, Wald, Bodenschätze unter Berücksichtigung des unterschiedlichen Grades dieser „Einbindung“ für die verschiedenen Ressourcen sowie Möglichkeiten ihrer territorialen Umverteilung erheblichen Einfluß. Die qualitativen und territorialen Besonderheiten, die die unterschiedlichen Aufwendungen zur Erzielung ein und desselben Volumens gleichartiger Erzeugnisse bestimmen, und zwar die Unterschiede zwischen einem konkreten Bodenstück und jenem Bodenstück, das die gesellschaftliche Bewertung dieser Erzeugnisse reguliert — Grenzaufwendungen (beziehungsweise Grenzressourcen), die zur Befriedigung des Bedarfs der Gesellschaft an einer bestimmten Menge von Erzeugnissen notwendigerweise noch erforderlich sind — diese Besonderheiten also bedingen die Existenz der Differentialrente und bestimmen den Renteil der Bewertung von Naturressourcen.

Bisher haben aber die Besonderheiten einzelner Arten von Naturressourcen in den empfohlenen allgemeinen Bewertungsmethoden noch keine ausreichende Berücksichtigung gefunden, so daß sich die Notwendigkeit ergibt, die Methoden und praktischen Bewertungen nach einzelnen Naturressourcenarten weiter zu untersuchen.

3. Differentialrente und Bewertung von Naturressourcen

Das Problem der Differentialrente, das eine Schlüsselstellung für Methoden zur Bewertung aller Arten von Naturressourcen einnimmt, wurde lange Zeit ausschließlich als ein Problem der Agrarökonomik betrachtet. Gegenwärtig gibt es nur noch wenige Ökonomen, die die Differentialrente unter den Bedingungen des Sozialismus nicht anerkennen und die die Möglichkeit und Notwendigkeit bestreiten, die Theorie der Differentialrente weiter auszuarbeiten. Mit der Einführung sozialistischer Produktionsverhältnisse blieben viele ökonomische Kategorien, die sich auf die Warenproduktion und das damit verbundene Wirken des Wertgesetzes beziehen, erhalten, obgleich sich der Inhalt dieser ökonomischen Kategorien beim Übergang zum Sozialismus grundlegend veränderte. Zu diesen Kategorien gehört auch die Differentialrente.

Die extraktive Industrie, aber auch die Landwirtschaft, weisen im Vergleich zu den verarbeitenden Zweigen eine wesentlich engere und ständige Abhängigkeit zu Naturbedingungen, eines objektiven, nicht reproduzierbaren Faktors des Produktionsprozesses auf. Der Einfluß der Naturbedingungen in der Landwirtschaft unterscheidet sich etwas von dem Einfluß beispielsweise im Bergbau. Im ersten Falle haben das Klima, die Bodenfruchtbarkeit usw. mit entsprechenden Unterschieden nach Zonen, in gewissem Umfange auch innerhalb dieser Zonen einen großen Einfluß. Im zweiten Falle spielen die bergbau-geologischen Besonderheiten der Erschließung von Bodenschätzen eine große Rolle, die sich nicht nach Zonen unterscheiden, sondern in erheblich größerem Maße nach den einzelnen Förderbetrieben entsprechend dem Grad der Erschließung von Lagerstätten.

Die marxistisch-leninistische ökonomische Wissenschaft erkennt natürliche Bedingungen nicht als die entscheidenden Entwicklungsfaktoren der gesellschaftlichen Produktion an. Unter den Bedingungen des wissenschaftlich-technischen Fortschritts gestattet die Entwicklung der Produktivkräfte der Gesellschaft und besonders die rasche Entwicklung von Arbeitsmitteln, den Nutzeffekt bei der Nutzung von Naturressourcen zu erhöhen und in erheblichem Maße den Einfluß ungünstiger natürlicher Bedingungen auf die Ökonomie einzelner Betriebe der Landwirtschaft und der extraktiven Industrie auszugleichen. Die Unterschiede in den Naturbedingungen haben ein ungleiches Niveau der Arbeitsproduktivität in den Betrieben der Landwirtschaft und der extraktiven Industrie zur Folge und stellen eine natürliche Basis für die Erzielung von Differentialeinkommen dar. Das Mehrprodukt, das in einem konkreten Betrieb erarbeitet wird, ist um so höher, je niedriger der individuelle Wert im Vergleich zum gesellschaftlichen Wert ist. Diesem differentialen Mehrprodukt liegt die Begrenztheit der mittleren und besten Naturbedingungen und Naturressourcen zugrunde, die dazu zwingen, die schlechtesten Naturbedingungen und Naturressourcen zu nutzen.

Marx untersuchte die Bildung von Surplusprofit des Fabrikanten, der die Energie des Wasserfalles nutzt und schrieb: „Sie (die gesteigerte Produktivkraft,

d. Bearb.) entspringt aus der größeren naturwüchsigen Naturkraft der Arbeit, gebunden an die Benutzung einer Naturkraft ... die wie der Wasserfall nur denen zur Verfügung steht, die über besondere Stücke des Erdbodens und seiner Apartenentien zu verfügen haben ... sie (die größere Produktivkraft, d. Bearb.) findet sich nur lokal in der Natur vor und ist da, wo sie sich nicht vorfindet, nicht herstellbar durch bestimmte Auslage von Kapital ... Der Surplus-Profit, der aus dieser Benutzung des Wasserfalls entspringt, entspringt daher nicht aus dem Kapital, sondern aus der Anwendung einer monopolisierbaren und monopolisierten Naturkraft durch das Kapital. Unter diesen Umständen verwandelt sich der Surplus-Profit in Grundrente ..."[16])

Unter sozialistischen Bedingungen gibt es in der Landwirtschaft und in der extraktiven Industrie ebenfalls objektive Unterschiede in der Produktivkraft der Arbeit, die die Bildung eines differentialen Mehrproduktes hervorrufen, das einen Teil der Gesamtmasse des Mehrproduktes darstellt, der auf einzelne Betriebe eines Zweiges entfällt.

Bekanntlich folgt aus der Marxschen Rententheorie die Produktion eines differentialen Mehrproduktes in zweierlei Form. Das differentiale Mehrprodukt in der ersten Form (Differentialrente I) ist allein durch Unterschiede in den Naturbedingungen der Produktion verursacht: durch die Qualität des bearbeiteten Bodens, das heißt durch seine Fruchtbarkeit, durch die bergbau-geologischen Bedingungen der Ausbeute von Bodenschätzen; durch die Qualität der Bodenschätze, aber auch durch die Lage des einzelnen Betriebes (territoriale Verteilung der Betriebe). Das differentiale Mehrprodukt in der zweiten Form (Differentialrente II) entsteht durch unterschiedliche zusätzliche Aufwendungen, aber auch durch Konzentration und Intensivierung, die sich auf dem Hintergrund unterschiedlicher Naturbedingungen der Produktion vollziehen.

Die Differenzierung des Mehrproduktes der ersten und der zweiten Form (Differentialrenten I und II) nach einzelnen Betrieben der Landwirtschaft und der extraktiven Industrie drückt sich in materiell-stofflicher Form in einer unterschiedlichen Menge sowie Qualität der erzielten Gebrauchswerte aus. Je größer die Menge der erzeugten landwirtschaftlichen Produkte bzw. der geförderten Bodenschätze, je höher deren Gebrauchseigenschaften sind (bei sonst gleichen Bedingungen), um so größer ist im gegebenen Betrieb das produzierte Mehrprodukt, um so höher ist die Produktivkraft der angewandten Arbeit. Das unterschiedliche Niveau der Arbeitsproduktivität in der Landwirtschaft sowie in der extraktiven Industrie, das objektiv durch den Einfluß (unterschiedlicher) natürlicher Produktionsbedingungen verursacht ist, unterscheidet in spezifischer Weise die primären Zweige von den übrigen Zweigen der materiellen Produktion. Die besten und sogar nur die Durchschnittsbedingungen können nicht allen Betrieben zur Verfügung stehen und können auch weder in der Landwirtschaft noch in der

16) Marx, K., Das Kapital, Dritter Band, in: MEW, Bd. 25, Berlin 1969, S. 658.

extraktiven Industrie ausgeglichen werden. Von hier aus folgt unweigerlich eine Differenzierung des geschaffenen Mehrproduktes.

Die Mehrheit der Ökonomen erkennt an, daß der gesellschaftliche Preis für die Produktion von Erzeugnissen bei Nutzung von Naturressourcen im Sozialismus nicht durch die durchschnittlichen gesellschaftlichen Arbeitsaufwendungen bei Nutzung aller Teilbereiche bzw. Teilmengen von Naturressourcen bestimmt wird, sondern durch die Durchschnittsaufwendungen an gesellschaftlich notwendiger Arbeit bei Nutzung der nach Lage und Qualität schlechtesten Teilbereiche bzw. Teilmengen gleichartiger Naturressourcen. Der gesellschaftliche Preis der Produktion je Einheit einzelner Erzeugnisarten des Ackerbaus und der extraktiven Industrie kann sich in den einzelnen Zeitabschnitten vermindern oder erhöhen, wobei sich im Zusammenhang damit auch die differentiale Bodenrente verändert.

Die grundlegende Entwicklungstendenz des Wertes von Erzeugnissen des Ackerbaus und der extraktiven Industrie ist unter sozialistischen Bedingungen die Tendenz zu ihrer Verminderung. Jedoch beseitigt diese Tendenz nicht die Differenz in den individuellen Werten der Erzeugnisse, die auf den verschiedenen Bodenstücken erzeugt werden, so daß deshalb auch nicht die differentiale Bodenrente beseitigt werden kann.[17])

Diejenigen Ökonomen, die die Existenz der Differentialrente anerkennen, sind auch damit einverstanden, daß der Wert der landwirtschaftlichen Erzeugnisse sowie der Erzeugnisse der extraktiven Industrie durch die Aufwendungen unter den (relativ) schlechtesten Produktionsbedingungen bestimmt wird; dagegen bestreiten die Ökonomen, die davon ausgehen, daß der Wert der landwirtschaftlichen Produkte durch die Aufwendungen unter mittleren (durchschnittlichen) Produktionsbedingungen bestimmt wird, in der einen oder anderen Form die Existenz einer solchen Rente im Sozialismus.

Einen besonderen Standpunkt zum ökonomischen Wesen der Differentialrente vertreten die Anhänger der Theorie der Optimalplanung. Sie sind der Meinung, daß die Differentialrente unter sozialistischen Bedingungen die Größe des ökonomischen Gewinns zum Ausdruck bringt, den eine gegebene Naturressource dank ihrer natürlichen Eigenschaften (günstige Nutzungsmöglichkeit, spezifischer Inhalt nutzbarer Komponenten, möglicher Einsatz und Anwendung effektiver Technik usw). der Volkswirtschaft erbringt, wobei sich infolge dieser Tatsache die tatsächlichen Aufwendungen zur Erzielung von Erzeugnissen mit Hilfe der gegebenen Naturressource als niedriger erweisen als die Grenze der zulässigen Aufwendungen (Grenzaufwendungen).

Die Differentialrente ist gleichzeitig auch das Maß für die ökonomischen Nachteile aus dem Verlust einer gegebenen Naturressource. Wird beispielsweise ein Bodenstück der landwirtschaftlichen Nutzung entzogen, so verliert die Gesellschaft (nach der Theorie der Optimalplanung) keineswegs die Erzeugnisse von

[17]) Beljaev, I. T., Differencial'naja renta v SSSR, Moskva 1967, S. 67--120.

diesem Bodenstück und auch nicht das hier erzielbare Reineinkommen (gerade eine solche Bewertung der Nachteile aus dem Entzug landwirtschaftlicher Nutzfläche wird in den Plan- und Projektberechnungen benutzt), sondern sie büßt die zusätzlichen Aufwendungen ein, die letzten Endes zur Wiederherstellung des verlustig gegangenen Volumens an landwirtschaftlicher Produktion erforderlich sind. Diese zusätzlichen Aufwendungen sind gleich der Differenz zwischen den Grenzaufwendungen und den tatsächlichen Aufwendungen (reduzierte Aufwendungen) auf dem gegebenen Bodenstück, das heißt der Differentialrente.

Als ökonomische Bewertung (Preis) von Naturressourcen muß in ähnlicher Weise eine bestimmte Differentialrente das Kriterium für die Zweckmäßigkeit von Aufwendungen zur Vergrößerung einer in der Produktion genutzten Naturressource sein.

Die ökonomische Bewertung von Naturressourcen, insbesondere von Boden, und die Berechnung des Volumens der Differentialrente sind zwei eng zusammenhängende Probleme. Dieser Zusammenhang wird von der Mehrzahl der Ökonomen anerkannt, jedoch unterschiedlich behandelt. Es gibt zum Beispiel die Meinung, derzufolge die Bestimmung des Volumens der Differentialrente nur dann möglich ist, wenn zuvor die Differenzierung der Qualität und Eigenschaften einer Naturressource, beispielsweise der Bodenfruchtbarkeit, eine ökonomische Bewertung erfahren hat. Dabei sind eine Reihe von Autoren der Meinung, daß als einziges sinnvolles Kriterium für die ökonomische Bodenbewertung die Bodenrente gelten muß und, da bisher eine solche Größe nicht bestimmt wurde, folglich auch keine ökonomische Bewertung des Bodens gegeben werden kann.

Solche Differenzen erklären sich vor allem aus unterschiedlichen Ansichten über die Gründe von differenziertem Einkommen der Betriebe in der Landwirtschaft und der extraktiven Industrie. Am häufigsten werden drei Gruppen von Gründen genannt, die die Schwankungen in der Einkommenshöhe verursachen: 1. Naturbedingungen, 2. technischer Fortschritt und Vorhandensein materialler Ressourcen, das heißt Sättigungsniveau der Produktion, 3. Nutzungsniveau der vorhandenen natürlichen und ökonomischen Ressourcen.

Die Summe der Einkommen jedes einzelnen Betriebes der Landwirtschaft bzw. der extraktiven Industrie ist das Ergebnis des Gesamteinflusses objektiver (Renten-) Faktoren sowie subjektiver Faktoren, so daß folglich der Ausweis der Rente für jeden einzeln genommenen Betrieb aus der Gesamtsumme seines Einkommens nur auf der Grundlage einer vorausgehenden Bewertung der Naturressourcen möglich ist.

Romančenko behauptet, daß „die Differentialrente im Ergebnis einer Erhöhung der Arbeitsproduktivität entsteht und daß es praktisch nicht möglich ist, jenen Teil auszuweisen, der durch höhere Bodenfruchtbarkeit, durch Steigerung der Effektivität anderer Arbeitsmittel sowie Produktionsmittel entsteht".[18]) In der

[18]) Romančenko, G., Bodenbewertung und Differentialrente, in: Ėkonomika sel'skogo chozjajstva, 9/1969, S. 16.

Tat schrieb auch Marx über die Schwierigkeiten einer genauen quantitativen Bestimmung und Berechnung der Differentialrente. Dies hebt aber keineswegs die Notwendigkeit und Möglichkeit auf, die einzelnen Faktoren der Arbeitsproduktivität voneinander abzugrenzen. Nach der marxistischen Rententheorie ist das Entstehen der Rente mit dem Wachstum der Arbeitsproduktivität verbunden, jedoch nicht mit jeglichem Wachstum. Es beruht in diesem Falle auf der Nutzung von Böden mit höherer Fruchtbarkeit bzw. günstigerer Lage.

Die Differentialrente in der Landwirtschaft entsteht als Differenz zwischen den gesellschaftlich normalen Aufwendungen auf den jeweils relativ schlechten und besten Böden (nach Fruchtbarkeit und Lage dieser Böden). Diese Rente kann aber von Kolchosen und Sowchosen, die relativ bessere Böden (Differentialrente I) oder bereits meliorierte Böden (Differentialrente II) nutzen, nicht realisiert werden, wenn das Niveau ihrer Arbeitsproduktivität niedriger ist als das gesellschaftlich notwendige.

Bei allen widersprüchlichen Urteilen über die mögliche Anwendung der Differentialrente zur Bewertung von Naturressourcen sind in der Literatur unterschiedliche Behandlungsweisen dieser Kategorie von Unterschieden zwischen tatsächlichen Aufwendungen und Grenzaufwendungen (reduzierte Aufwendungen) bis hin zu einfachen Unterschieden in den Selbstkosten der Produktion von Erzeugnissen bei Nutzung qualitativ unterschiedlicher Teilbereiche bzw. Teilmengen gleichartiger Naturressourcen zu beobachten.

Es gibt auch den extremen Standpunkt, daß sich die in der Differentialrente niederschlagende Differenz in den reduzierten Aufwendungen je Einheit Produktion bei Nutzung von Naturressourcen auch ohne eine solche Nutzung äußert. Es wird vorgeschlagen, gerade diese Differenz der Bewertung von Naturressourcen, insbesondere von Wasser, zugrunde zu legen. Hierbei wird als bestimmendes Moment die Fähigkeit des Wassers anerkannt, bei seiner Nutzung in den einzelnen volkswirtschaftlichen Zweigen einen zusätzlichen ökonomischen Nutzen zu schaffen im Vergleich zu den durchschnittlichen gesellschaftlich notwendigen Bedingungen, wobei dieser Nutzen gewissermaßen auch die ökonomische Bewertung des Wasserdargebots als direkte Funktion der Differentialrente bestimmt. Hier wird jedoch offensichtlich die Tatsache ignoriert, daß eine Bedingung für die Entstehung von Differentialrente die monopolisierte Nutzung der besten und mittleren (nach der Qualität) Objekte und Teilbereiche von Naturressourcen ist. Von einem Monopolrecht für die Nutzung von Wasserressourcen, das uns dazu zwingt, „Ersatzvarianten" zu finden, das heißt ohne Wasser auszukommen, ist natürlich nicht die Rede. Es kann sich nur um die Differenz in den Aufwendungen handeln, die sich aus dem Wasserdargebot im Hinblick auf die besten, mittleren und schlechtesten Quellen ergeben, das heißt aus den qualitativen Unterschieden innerhalb der Anwendungssphäre einer gleichartigen Naturressource.

Der Hinweis auf die Marxsche Theorie der Differentialrente und konkret auf den von Marx angeführten klassischen Fall des Wasserfalls vermag diese Schlußfolgerung nicht zu erschüttern, da ganz klar ist, daß Marx in dem angeführten Falle die Monopolnutzung eines besonders günstigen Bodenstückes und einer natürlichen Energiequelle im Auge hatte, keineswegs jedoch das Monopolrecht zur Wassernutzung. Daher kann man sich keineswegs mit Behauptungen einverstanden erklären, daß als Grundlage für die ökonomische Bewertung des Wassers als Naturressource die Differentialrente dient, die durch die Nutzung von Wasserressourcen in jenen volkswirtschaftlichen Zweigen geschaffen wird, wo eben die Wassernutzer zu finden sind.

Unter den sowjetischen Ökonomen, insbesondere den Fachleuten für die extraktive Industrie, gibt es ebenfalls keine einheitliche Meinung zum Problem der Differentialrente. Ein Teil von ihnen ist der Ansicht, daß die Existenz dieser Rente durch das Ware—Geld-System, durch das Monopol der staatlichen Betriebe am Erdinnern als Objekt der Bewirtschaftung, durch die Notwendigkeit bedingt ist, Bodenstücke und Lagerstätten nicht nur unter den besten, sondern auch unter relativ schlechten natürlichen Bedingungen zu nutzen bzw. auszubeuten. Sie unterstreichen, daß sich in der Rente bestimmte Produktionsverhältnisse zwischen dem Staat einerseits und den Betrieben andererseits widerspiegeln. Dies bezieht sich sowohl auf die Produktion selbst als auch auf die Verteilung des zusätzlichen überschüssigen Einkommens. Die Mehrheit der Befürworter der Rente schlagen vor, die Preise für Bodenschätze ausgehend von den schlechten Produktionsbedingungen festzulegen und in die Selbstkosten auch die Preise für Bezahlungen für das Erdinnere einzubeziehen.[19])

Mel'nikov schlägt beispielsweise vor, die Bezahlung für Bodenschätze als Stimulus für eine vollständigere Extraktion dieser Bodenschätze, insbesondere für Kohle zu nutzen. Volodomonov schränkt die Rente durch die Festlegung sogenannter „Bord-Selbstkosten" als Basis für ihre Berechnung ein, indem er empfiehlt, Naturfaktoren in der extraktiven Industrie nicht in Preisen, sondern in den individuellen Planselbstkosten zu berücksichtigen, die die Funktion von Verrechnungspreisen innerhalb dieses Zweiges spielen.[20]) Er ist der Ansicht, daß das Problem der Bewertung von Lagerstätten durch die Suche und Bestimmung einer einheitlichen synthetischen Wertkennziffer gelöst werden kann, die alle Besonderheiten von Lagerstätten berücksichtigt, die von ökonomischer Bedeutung sind. Hierbei wäre von drei Kennziffern auszugehen, die in der Projektierungspraxis genutzt werden: die Vorräte von Lagerstätten, die Selbstkosten des Produktes der Ausbeute sowie der Nutzeffekt von Investitionen. Die Verwendung des Begriffes Bergbaurente gab die Möglichkeit, eine dritte Kennziffer, nämlich die Rücklauffrist von Investitionen in die Bergbaurente einzubeziehen, die Volodomonov als Effektivitätskennziffer von Investitionen in der Bergbauindustrie empfiehlt.

Die Bergbaurente stellt Mehrprodukt (Einkommen) dar, das durch steigende Arbeitsproduktivität bei der Ausbeute reicherer Lagerstätten beziehungsweise

[19]) Kontor, L. M. Cenoobrazovanie v SSSR, Moskva 1964.
[20]) Volodomonov, N. V., Gornaja renta, Moskva 1967.

reicher einzelner Nutzungsabschnitte entsteht. Unter den Bedingungen der sozialistischen Planwirtschaft wird empfohlen, die Bergbaurente auf der Basis von Betriebsselbstkosten des Produktes zu berechnen, worunter die begrenzt zulässigen Selbstkosten des Produktes aus der (relativ) schlechtesten Ausbeute von Nutzungsabschnitten bzw. Teilen von Lagerstätten eines gegebenen Bodenschatzes zu verstehen sind. Die Betriebsselbstkosten müssen für jedes Produkt, das bei der Ausbeute von Bodenschätzen gewonnen wird, prinzipiell einheitlich sein. Dem Wesen nach handelt es sich um Aufwendungen, und obgleich es sich nicht um die reduzierten Aufwendungen handelt, sind sie doch methodisch eng mit dem Begriff der Grenzaufwendungen verbunden. Volodomonov geht davon aus, daß die Bergbaurente, die auf der Grundlage ausgeglichener und ökonomisch überprüfter Betriebsselbstkosten berechnet wird, den allgemeinen Interessen der Volkswirtschaft entsprechen wird.

Zum Problem der Differentialrente in der Bergbauindustrie ist die Position von Jakovez hervorzuheben, der davon ausgeht, daß die Rente die Realisierung des Eigentums darstellt, wobei das Eigentumsmonopol an Boden, Schätzen des Erdinnern, Quellen von Wasserenergie vom Monopol an den genannten Nutzungsmöglichkeiten als Objekte der Bewirtschaftung zu unterscheiden ist. Im Sozialismus sind die Schätze des Erdinneren und die Bergbaubetriebe gesamtgesellschaftliches Eigentum, und es besteht daher keine Notwendigkeit, einen Teil des Reineinkommens in einer besonderen Form zu realisieren. Jakovec ist zusammen mit einer Reihe von Agrarökonomen der Ansicht, daß Rentenbeziehungen in der sozialistischen Gesellschaft nur zwischen dem Staat und den Kolchosen (genossenschaftlichen Betrieben) existieren und daß sie spezifischen Charakter tragen. Jedoch bleibt es eine Tatsache, daß infolge unterschiedlicher Naturbedingungen bei ihnen auch erhebliche Unterschiede im Einkommensniveau zu beobachten sind, da für die Landwirtschaft wie auch für die extraktive Industrie eine außerordentliche Differenzierung der Produktionskosten in den einzelnen Betrieben charakteristisch ist.

Die Anerkennung der These vom Differentialeinkommen oder sogar von Differentialrente, oder noch mehr, der Möglichkeit der Berechnung einer solchen Differentialrente, löst jedoch noch nicht das Problem der Bewertung von Naturressourcen.

Wenn wir einen bestimmten Teilbereich bzw. eine Teilmenge von Naturressourcen ausgehend von der Differentialrente bewerten, so werfen die schlechtesten von ihnen keine Differentialrente ab und sie erfahren somit eine Nullbewertung. Jedoch wird bei der Erschließung des schlechtesten Teilbereichs bzw. der Teilmenge von Naturressourcen Arbeit investiert, und zwar nicht wenig, in jedem Falle jedoch unvergleichlich mehr als bei dem besten Bodenstück. Diese schlechtesten Teilbereiche bzw. Teilmengen sind notwendig, ohne sie kann der gesellschaftliche Bedarf nicht befriedigt werden. Das bedeutet, daß bei Entzug dieser Teilbereiche bzw. Teilmengen die Gesellschaft einmalige Aufwendungen vornehmen muß, um ihren Bedarf zu befriedigen, beispielsweise, indem sie zusätzliche Investitionen auf neuen Teilbereichen bzw. Teilmengen vornimmt. Folglich ist die Differentialrente zur vollen Bewertung dieses oder jenes Teilbereichs bzw. Teilmengen von Naturressourcen offensichtlich unzureichend.

4. Naturressourcen und Nationalreichtum

Bei der Bestimmung des Nutzeffekts von Investitionen hat die Fondsform der ökonomischen Bewertung von Naturressourcen außerordentlich große Bedeutung. In dieser Hinsicht ist die Berücksichtigung der Naturressourcen als Bestandteil des Nationalreichtums unstreitig von Interesse.

Die Mehrheit der Teilnehmer einer mehrjährigen Diskussion zu Fragen des Inhalts des Nationalreichtums unterstreicht, daß in diese Kategorie keine Elemente einbezogen werden können, die keine Bewertung in Wertform erfahren haben, beispielsweise Naturressourcen. Zur Bestätigung dessen, daß Naturressourcen bei der Formierung des Wertes des Produktes und folglich auch des Nationalreichtums in keiner Weise beteiligt sind, wird folgendes Zitat von Marx angeführt: „Es zeigt sich so schlagend, daß ein Produktionsmittel nie mehr Wert an das Produkt abgibt, als es im Arbeitsprozeß durch Vernichtung seines eigenen Gebrauchswerts verliert. Hätte es keinen Wert zu verlieren, das heißt wäre es nicht selbst Produkt menschlicher Arbeit, so würde es keinen Wert an das Produkt abgeben. Es diente als Bildner von Gebrauchswert, ohne als Bildner von Tauschwert zu dienen. Dies ist daher der Fall mit allen Produktionsmitteln, die von Natur, ohne menschliches Zutun vorhanden sind, mit Erde, Wind, Wasser, dem Eisen in der Erzader, dem Holze des Urwaldes usw."[21] Hierbei ist die Aufmerksamkeit darauf zu richten, daß Naturressourcen und Naturbedingungen als Naturelemente an und für sich außerhalb der Produktion stehen. Um sie in den Produktionsprozeß einzubeziehen, ist es erforderlich, für sie Arbeit auszulegen. „Die Arbeit ist die Quelle alles Reichtums, sagen die politischen Ökonomen. Sie ist dies — neben der Natur, die ihr den Stoff liefert, den sie in Reichtum verwandelt".[22]

All das zeigt, daß Arbeit unumgänglich ist, daß sie das konstituierende Kennzeichen jeglichen Reichtums darstellt. Ein Gegenstand, in den keine menschliche Arbeit investiert wurde, kann auch nicht zum Element gesellschaftlichen Reichtums (Nationalreichtums) werden. Von unserem Standpunkt aus besteht das Problem darin, die Frage zu klären, wann die Verausgabung (Anlage) menschlicher Arbeit beginnt, das heißt wo im Prozeß der Erschließung von Naturressourcen, im Prozeß der Einbeziehung dieser Ressourcen in die Produktion die Grenze der Arbeit liegt, die zur Umwandlung eines Elementes der ursprünglichen

[21]) Marx, K., Das Kapital, Erster Band, in: MEW, Bd. 23, Berlin 1968, S. 218.

[22]) Engels, F., Anteil der Arbeit an der Menschwerdung des Affen, in: MEW, Bd. 20, Berlin 1962, S. 444.

Natur in eine verfügbare Naturressource erforderlich ist. Ist nicht bereits der Erkenntnisprozeß der Natur, zielgerichtet auf die Nutzung konkreter Elemente der Natur in der Produktion, nicht nur eine notwendige Voraussetzung, sondern auch bereits die Anfangsetappe einer solchen Arbeit? Folglich hatte Marx, als er über Boden, Wind und Wasser, über Eisen in der Erzader und Holz im Urwald sprach, nicht nur einfach die unerschlossenen, sondern die schlechthin auch noch nicht untersuchten Böden, Wind und Wasser im Auge, nicht nur einfach die bisher ungenützten Kräfte der Natur, sondern auch das bisher noch nicht erkundete Holz im Urwald, das heißt nicht nur Holz in einem noch nicht einschlagfähigen Wald, sondern Holz in einem schlechthin noch nicht erforschten und erkannten Wald.

Das Problem besteht hier nicht in semantischen Spitzfindigkeiten, sondern in einer Abgrenzung des Erkenntnisprozesses über Naturressourcen vom Prozeß ihrer unmittelbaren Nutzung, der sich früher gemeinsam vollzog, da sich die Erkenntnis auch rein empirisch durch Anhäufung von Erfahrung ergab, die unmittelbar im Produktionsprozeß gewonnen wurde. Die vielschichtige Spezifik einzelner Arten von Naturressourcen, die in dieser oder jener Form das Problem der Einbeziehung von Naturressourcen in die Kategorie Nationalreichtum berühren und der verschiedene wissenschaftliche Arbeiten gewidmet sind, konzentriert sich gewöhnlich auf die Besonderheiten der Einbeziehung mineralischer Rohstoffe in die Produktion. Gerade in Verbindung mit den Besonderheiten der Nutzung von Bodenschätzen entstand die Konzeption, die geologischen Erkundungsarbeiten als besonderen Zweig der materiellen Produktion zu betrachten. Am ausführlichsten ist diese Konzeption in der Arbeit von Fejtel'man dargelegt.[23])

Die konsequente Anwendung dieser Konzeption führt unweigerlich zu der Notwendigkeit, alle Arbeitsarten zur Erkundung von Naturressourcen und ihrer Eigenschaften in die Sphäre der materiellen Produktion einzubeziehen, beginnend mit Bodenbauarbeiten, bodenkundlichen Untersuchungen, hydrologischen Arbeiten und sogar der Tätigkeit des hydrometeorologischen Dienstes. Die traditionelle Zurechnung all dieser Tätigkeitsarten zur Wissenschaft ist von unserem Standpunkt aus nur aus ihrer Genesis zu erklären, mit dem Prozeß ihrer Entwicklung aus rein wissenschaftlichen Untersuchungen in eine praktische zielgerichtete Tätigkeit zur Erkenntnis von Naturressourcen, die deren Nutzung in der produzierenden und in der nichtproduzierenden Sphäre zum Ziel hat. Hiervon ausgehend kann man beispielsweise durchaus Vorschläge anerkennen, die Aufwendungen für hydrologische Arbeiten in den Wasser-„preis" einzubeziehen, ferner die Aufwendungen zur Schätzung des Waldes bei der Bezahlung für Holz (Stockabgabe*) zu berücksichtigen usw. Geht man von einer solchen Auffassung

23) Fejtel'man, N. G., Ėkonomičeskaja ėffektivnost' zatrat na podgotovku mineral'no-syr'evoj bazy SSSR, Moskva 1969.

*) Vgl. S. 260 (d. Bearb.).

der Abgrenzung zwischen wissenschaftlicher Arbeit und Arbeit in der Sphäre der materiellen Produktion aus, so kann man sich keinesfalls mit der Behauptung einverstanden erklären, daß „. . . in der materiellen Produktion genutzte natürliche Vorräte an Bodenschätzen, Holz, Fisch usw. nur potentiellen Reichtum der Gesellschaft darstellen, und nur die produzierende Tätigkeit der Menschen verwandelt diesen in tatsächlichen, realen gesellschaftlichen Reichtum".[24])

Das Problem besteht eben darin, daß diese Vorräte bereits Gegenstand der Verausgabung von Arbeit waren, wenn sie entdeckt wurden, und mehr noch, wenn sie in der materiellen Produktion genutzt werden. Kiričenko behauptet, daß Wasser und Luft wie andere Naturressourcen dem Menschen ohne Arbeit zufallen. Das war so, solange der „abstrakte" Mensch an den Ufern wasserreicher Flüsse lebte, inmitten paradiesischer Zustände. Jedoch bereits in der Vorzeit wußten die Menschen, daß ihnen das Wasser ohne Arbeit nicht zur Verfügung steht. Das wußten sie nicht nur an den Ufern der großen Flüsse, wo sich die Zivilisation auf die künstliche Bewässerung gründete, sondern auch in den Städten des Altertums, wovon die Wasserleitungen zeugen, die von den Sklaven Roms errichtet wurden. Der Bau eines einfachen Brunnens und das tägliche Heraufholen von Wasser mit Hilfe eines Kübels oder eines Eimers erforderte bereits für persönliche Zwecke Arbeit, die nicht leicht war und wenn sie auch nicht bezahlt wurde, so war sie doch außerordentlich wertvoll. Was die Verwendung von Wasser für Produktionszwecke betrifft, so belastet dort, wo es auf Viehfarmen oder auf dem Feld keine Wasserleitungen gibt, der Antransport von Wasser mittels Tankwagen die Wirtschaft mit außerordentlich hohen Summen. Nicht ein abstrakter, sondern ein völlig konkreter Mensch lebt unter kapitalistischen Bedingungen in den Städten, wo ihm reine Luft keinesfalls unentgeltlich zur Verfügung steht. In Tokio und Los Angeles wird mit Sauerstoff gehandelt, die Luft wird von den Abgasen der Kraftfahrzeuge mit Hilfe spezieller Filter gereinigt, die auf den Straßen aufgestellt werden; in Paris ist die Verwendung der billigsten Kohle untersagt, weil sie Schwefel enthält. Durch Verwendung teuerer Kohle erhöhen sich die Heizkosten erheblich. In London müssen die billigen Bleizusätze ausgetauscht werden, wodurch sich der Wert der Kraftstoffe erhöht; in den USA sowie in den westeuropäischen Ländern werden kostspielige Arbeiten zur Entwicklung eines Elektromobils durchgeführt, wie übrigens in allen entwickelten Industrieländern der Erde. In der UdSSR, wo die Fürsorge für den Menschen, für seine Gesundheit eine erstrangige Aufgabe des Staates darstellt, sind gewaltige vorbeugende Aufwendungen für den Einbau von Gas- und Staubabscheidern vorgesehen, ferner Maßnahmen für die Organisation des gesellschaftlichen Transports usw. Anders gesagt, reine Luft kostet die heutige Gesellschaft große Mühe und nicht wenig Aufwendungen.

Man kann sich auch keineswegs mit Behauptungen einverstanden erklären, wonach Naturressourcen, darunter Wald und Wasser, keinerlei Bedürfnisse

[24]) Kiričenko, V. N., Nacional'noe bogatstvo SSSR, Moskau 1964, S. 16.

befriedigen, solange sie der Mensch „nicht aus dem Schoß der Natur herausgelöst hat". Wald und Wasser befriedigen Bedürfnisse, sogenannte Rekreationsbedürfnisse, das Bedürfnis nach Erholung und Gesunderhaltung oder noch genauer, das Bedürfnis zur Wiederherstellung der Fähigkeit des Menschen zur produktiven Arbeit, wobei es hierfür überhaupt nicht erforderlich ist, Naturressourcen „aus dem Schoß der Natur herauszulösen", es genügt, sie zu untersuchen.

Vajnstejn unterstrich seinerzeit in seiner Definition des Volksreichtums[25]) das Wort „materiell", wobei er davon ausging, daß menschliche Arbeit, die sich nicht in stofflicher Form verkörpert, kein Element des gesellschaftlichen Reichtums bilden kann. Wenn man die Berechtigung dieser These anerkennt, dann darf man sich nicht gleichzeitig damit einverstanden erklären, daß hierbei der materielle Charakter der Arbeit direkt bestritten wird, der sich in Wissen und Erfindungen, in Erkenntnissen über das Erdinnere, in Forschungs-, Schürf- und Projektierungsarbeiten usw. verkörpert, solange sich eben diese genannten Tätigkeiten nicht in materieller Form niederschlagen, nicht in bestimmte materielle Objekte einfließen, so daß sich als Schlußfolgerung hieraus ergibt, daß diese Tätigkeiten nicht zu Elementen des gesellschaftlichen Reichtums oder des Nationalreichtums werden können.

Natürlich wird anerkannt, daß die praktische Anwendung dieses Prinzips manchmal auf Erschwernisse stößt, die in Übereinstimmung mit der volkswirtschaftlichen Bilanz gelöst werden müssen. Diese Erschwernisse sind tatsächlich anzutreffen und sie sind überhaupt nicht einfach zu lösen. Wenn man von dem Prinzip der materiellen Verkörperung ausgeht, nehmen wir an, von den Ergebnissen der Schürfarbeiten, so muß man anerkennen, daß die geodätischen Arbeiten (zum Beispiel Triangulierung) zur materiellen Sphäre zu rechnen sind, da ihre Ergebnisse in Form relativ auffälliger Einrichtungen im Gelände festgehalten werden, nämlich als geodätische Zeichen. Werden die gleichen Arbeiten zur Verdichtung der Stützpunkte des geodätischen Netzes — die Grundlage für jede Form der Kartierung — mit Hilfe der Luftaufklärung durchgeführt, so müssen sie zur Wissenschaft gerechnet werden. Mehr noch, wenn eine zielgerichtete Erkundung bestimmter Bodenschätze mittels geophysischer Methoden durchgeführt wird und ihre Ergebnisse sich nicht in Form von Schürfungen, Bohrlöchern usw. niederschlagen, so muß sie wiederum zur wissenschaftlichen Tätigkeit gerechnet werden. Und wie ist es schließlich mit dem materialisierten Wissen, der Produktion der Informationsindustrie — den Büchern, Karten, Zeichnungen, Mikrofilmen usw. —, wie sind sie zwischen Wissenschaft und Produktion aufzuteilen? Wie ist es im Falle von Projektierungsbüros der Werke und Fabriken? Strumilin bezog die in der Produktion genutzten Naturressourcen in den Begriff des Nationalreichtums ein und unterstrich, daß die übrigen, nicht durch Arbeit

[25]) Vajnštejn, A. L., Narodnoe bogatstvo i narodnochozjajstvennoe nakoplenie v predrevoljucionnoj Rossii, Moskva 1960, S. 56.

erschlossenen Naturressourcen lediglich potentiellen Volksreichtum darstellen. Die letzteren stellen in der UdSSR Eigentum des gesamten Volkes dar und unterliegen der Erfassung, da sie jedoch nicht Produkt der Arbeit sind, erfahren sie keine Bewertung in Wertform und werden nicht als Bestandteil in den Nationalreichtum der UdSSR einbezogen. Praktisch ist die Erfassung von Naturressourcen als Bestandteil des Nationalreichtums in dieser Form auf die landwirtschaftlichen Nutzflächen, auf Waldflächen, das Erdinnere usw. beschränkt, jedoch nur in dem Maße, wie diese Ressourcen Produkt von Arbeit darstellen. Es entspricht dies dem in den letzten Jahren von Strumilin vertretenen Standpunkt zum Problem der Bewertung von Naturressourcen.[26])

Von mehr als 30 Jahren wurde in unserer Statistik der Versuch unternommen, einen Teil der Naturressourcen zu bewerten. In statistischen Sammelbänden wurden in den Jahren 1938 und 1939 von der Statistischen Zentralverwaltung der UdSSR (damals Volkswirtschaftliche Zentralverwaltung) die landwirtschaftliche Nutzfläche, die genutzten Wälder und die damit in Zusammenhang stehenden Bauten, Anlagen und sonstigen materiellen Sachwerte bewertet, summiert und in die Produktionsfonds einbezogen. In den nachfolgenden statistischen Sammelbänden wurden Wald und Boden von der Statistischen Zentralverwaltung nicht mehr in die Produktionsfonds einbezogen.

All das bildet für die Anhänger eines von Naturressourcen „bereinigten" Nationalreichtums die Grundlage für ihr Hauptargument, daß die Bewertung aller Elemente von Naturressourcen in Wertform unmöglich ist. Als Beweis wird die Empfehlung angeführt, zu dem Kreis von Naturressourcen nicht nur Boden, sondern auch die obere Bodenschicht, das Erdinnere, Wälder, Wasser, Vorräte an Fischen, aber auch das Klima zu rechnen.[27]) Weiter werden Erörterungen darüber angestellt, daß die Gesellschaft in Abhängigkeit von Faktoren, die das Klima bestimmen, weder reicher noch ärmer werden kann, weil man als Bestandteile des Reichtums nicht die Temperatur und die Feuchtigkeit der Luft, die Windrichtung, den Anstieg der Berghänge beziehungsweise das Relief einbeziehen kann, obgleich auch anerkannt wird, daß in Abhängigkeit hiervon der Transport schwieriger oder leichter, teurer oder billiger zu organisieren ist. Gleiches gilt für das Nachrichten- und Bauwesen, der Charakter des Küstenverlaufs gestattet die Anlage von Häfen mit größeren oder geringeren Aufwendungen usw.

In dieser Anerkennung liegt unserer Meinung nach auch die Lösung der Frage, daß zusätzliche Aufwendungen, die durch die Notwendigkeit hervorgerufen sind, alle oben aufgeführten günstigen Naturbedingungen zu ersetzen, das heißt, daß Aufwendungen zum Ersatz dieser Güter zugleich auch deren Bewertung darstellen. Die Frage, was das für Aufwendungen sind — vergangene oder gegenwärtige, tatsächliche, real existierende oder nur angenommene —, stellt dem

[26]) Strumilin, S. G., Über den Preis „unentgeltlicher Güter" der Natur, in: Voprosy ėkonomiki, 8/1967, S. 60—72.

[27]) Frejmund, E. N., Očerki po statistike nacional'nogo bogatstva, Moskva 1955.

Wesen nach bereits ein anderes Problem dar, eine Teilfrage, die die prinzipielle Ausgangsposition nicht zu beeinflussen vermag.

Es ist doch völlig klar, daß wir zusätzliche Aufwendungen haben, die mit dem rauhen Klima verbunden sind, nicht nur in unseren nördlichen Rayons im Vergleich zum Zentralrayon, sondern auch in der UdSSR insgesamt im Vergleich zum Beispiel zu den USA oder irgend einem Land Westeuropas. Es handelt sich hierbei nicht nur um Aufwendungen für zusätzlichen Brennstoff zur Beheizung und Energiegewinnung, es geht hier vor allem um wachsende Investitionen in Verbindung mit der Wärmeisolierung der Gebäude. Die geringe Luftfeuchtigkeit, der kontinentale Charakter des Klimas in der UdSSR erfordern gewaltige Aufwendungen — bis zu 5 Milliarden Rubel im Jahr allein für den Bau von Bewässerungssystemen. Wie wir bereits oben bemerkten, ist nach Berechnungen unserer Klimatologen die landwirtschaftliche „Produktivität" unseres Klimas um die Hälfte bzw. 40 Prozent niedriger als das Klima der USA und dies erfordert eben gewaltige zusätzliche Investitionen für die Entwicklung der Landwirtschaft sowohl in Richtung einer Erweiterung der genutzten Flächen wie auch hauptsächlich in Richtung der Intensivierung der Produktion. Wenn bei Transaktionen auf den Auslandsmärkten in bezug auf Erzeugnisse der extraktiven Industrie eine sogenannte Weltbergbaurente[28]) berechnet wird, so kann man mit gleichem Recht auch von einer klimatischen Rente sprechen, obgleich beide, wie auch andere Rentenformen (Waldrente, Wasserrente und andere), nur auf die Kategorie differentiale Bodenrente aufgepfropft sind.

Man beschuldigt die Anhänger der Einbeziehung von Naturressourcen in den Nationalreichtum, daß sie befürchten, der Einfluß unterschiedlicher Naturbedingungen auf die Reproduktion, auf die Nutzung der vom Menschen geschaffenen Produktionsmittel werde nicht berücksichtigt und sie seien bestrebt, diese Gesamtheit von Bedingungen durch nur eine einzige quantitative Kennziffer, nämlich das Volumen des Nationalreichtums zum Ausdruck zu bringen. Hierbei wird unterstrichen, daß die Bestimmung der Bestandteile und des Volumens des Nationalreichtums sowie die Ermittlung des Einflusses mehr oder weniger günstiger Bedingungen auf seine Vergrößerung und Nutzung keineswegs identische Aufgaben sind. Daher wird im ersten Falle empfohlen, von der Kennziffer Volumen des Nationalreichtums zu sprechen, und im zweiten Falle von der Kennziffer Nutzeffekt der Nutzung des Nationalreichtums, und zwar jenes Teils, der für Produktionszwecke genutzt wird.

Der Meinung, daß es nicht möglich ist, in Abhängigkeit von natürlichen Ressourcen den Einfluß des Nutzeffekts der Arbeit auf das Volumen des Reichtums auszuweisen, wenn Naturressourcen nicht in den Nationalreichtum einbezogen sind, wird meist entschieden widersprochen. Jedoch klingt dieser Einspruch nicht sehr überzeugend. Je produktiver die Arbeit ist, um so größer ist die Möglichkeit sowohl zur Erweiterung der laufenden Bedürfnisse wie auch zur Vergrößerung

28) Resursy i meždunarodnoe sotrudničestvo (Sammelband), Moskau 1968, S. 125—136.

der Vorräte (Akkumulation) an Produktions- und Konsumtionsmitteln, was einen höheren Nutzeffekt bei den Arbeitskräften zur Folge hat, weil günstigere Bedingungen für ihren Einsatz gegeben sind. Bei gleichen natürlichen Voraussetzungen ergeben sich hieraus höhere Tempi. Folglich kann es auch die umgekehrte Überlegung geben, daß nämlich bei gleicher Produktivkraft der Arbeit jener Teil, der durch die Qualifikation der Beschäftigten und deren technische Ausstattung, durch günstigere Naturbedingungen, durch das Vorhandensein der erforderlichen Naturressourcen bedingt ist, in höheren Zuwachstempi des Nationalreichtums zum Ausdruck kommen kann.

In den Arbeiten Vajnstejns, die dem Problem der Berechnung des Nationalreichtums gewidmet sind, ist eine ausführliche Übersicht und Analyse der Ansichten bedeutender in- und ausländischer Ökonomen zur Frage der Einbeziehung von Naturressourcen in den Nationalreichtum gegeben.[29]) Vajnstejn deckt die Quellen der Ansichten von King und anderer ausländischer Statistiker zum Problem des Nationalreichtums auf und bemerkt, daß Reichtum von ihnen als eine Menge von Nützlichkeiten aufgefaßt wird, die menschliche Bedürfnisse befriedigen können. Einige sowjetische Ökonomen sind gleichfalls der Ansicht, daß der Nationalreichtum die Gesamtmenge von Gebrauchswerten zum Ausdruck bringen muß, über die die Gesellschaft in einem gegebenen Moment verfügt. Weil Naturressourcen ebenfalls Gebrauchswerte sind, müssen sie in den Nationalreichtum einbezogen werden.

Unserer Ansicht nach erschwert ein solches Argument eher das Verständnis des Problems als daß es zur Klärung beiträgt. Die Gegner einer Aufnahme von Naturressourcen in den Nationalreichtum sind im Recht, wenn sie darauf hinweisen, daß es keine Verfahren zur Messung und zum Vergleich freier Güter untereinander sowie mit „ökonomischen Gütern" gibt, weil noch die Einheit für die Messung der Nützlichkeit fehlt.

Der Ausschluß von Boden, Wald und anderen Naturressourcen aus dem Nationalreichtum führt dem Wesen nach zum Verlust solcher Elemente, die in diese Kennziffer einbezogen werden müßten, beispielsweise Aufwendungen zur Erschließung von Neuland, zur Melioration, Ausgaben für die Durchforstung des Waldes, für die Wiederaufforstung usw. Diese Elemente stellen Investitionen von Arbeit in Naturressourcen dar, und unter kapitalistischen Bedingungen werden sie in steigenden Preisen für entsprechende Bodenstücke als solche wie auch für die natürlichen Unterschiede in der Qualität dieser Bodenstücke widergespiegelt, die den „Boden" im breitesten Sinne (das heißt Wasser, das Erdinnere, Klima usw.) berücksichtigen. Eines der jüngsten Beispiele hierfür ist der phantastische Preisanstieg für Ödland im Norden Alaskas im Zusammenhang mit der Entdeckung von Erdöllagerstätten (noch vor Beginn der Energiekrise 1973). Mehr als 450000 acres ölfundiges Land wurden zum Preis von 900 Millionen

[29]) Vajnštejn, A. L., Die Berücksichtigung von Naturressourcen im Nationalreichtum und in der volkswirtschaftlichen Bilanz, in: Voprosy ėkonomiki, 7/1965, S. 67—73.

Dollar bei einem Durchschnittspreis von 2000 Dollar je acre zum Verkauf angeboten (mit Schwankungen von einem Dollar bis 28200 Dollar je acre). Praktisch wurden damit auch die Erdölvorräte im Innern des Landes bewertet, da der landwirtschaftliche Wert bzw. der Bauwert ausgehend von den Naturbedingungen dieses Kreises gleich Null ist. Diese Vorräte, die einmal mit 1,5 Milliarden Tonnen geschätzt wurden, sind jetzt auf 700 Millionen Tonnen präzisiert worden, das heißt, wenn zum Zeitpunkt des Verkaufs für eine Tonne Vorrat 0,6 Dollar bezahlt wurden, so entfallen auf eine Tonne jetzt annähernd 1,3 Dollar.[30])

Der Ausschluß von Naturressourcen aus dem Nationalreichtum führt außer allem übrigen dazu, daß Naturressourcen in ökonomischen Berechnungen nicht berücksichtigt werden können. Hieraus folgt unweigerlich auch die Schlußfolgerung, daß man auch alle jene Verluste nicht berücksichtigen darf, die der Volkswirtschaft aus dem manchmal zu beobachtenden unökonomischen Verhalten zu Naturressourcen, aus der unzulässigen Zerstörung der natürlichen Umwelt zugefügt werden.

Dieses Argument wird von den Anhängern eines „reinen" Nationalreichtums mit der Behauptung zurückgewiesen, daß die theoretische Frage nach der Struktur und der Bewertung des Volksreichtums nicht mit der Frage nach der Erfassung von Naturressourcen und mit der Berücksichtigung volkswirtschaftlicher Verluste infolge ihrer unökonomischen Nutzung verbunden ist. Die hierbei empfohlene Berechnung von Naturressourcen in Naturaleinheiten kann kaum als geeignet für ökonomische Berechnungen angesehen werden. Deshalb wird hier empfohlen, solche volkswirtschaftlichen Verluste nicht nur im Naturalausdruck, sondern auch im Wertausdruck zu bestimmen. Mehr noch, es wird dies als unbedingt erforderlich bezeichnet, um einerseits die Kataster der Naturressourcen in Ordnung zu bringen und andererseits alle Projektierungsorganisation dazu zu veranlassen, in allen Bauentwürfen auch den möglichen Verlust an Naturressourcen im Ergebnis des Baus eines Objektes zu bewerten.[31])

Vom Standpunkt der Bestimmung des Nutzeffekts von Investitionen gibt es keinerlei Unterschiede zwischen den Fällen, wo im Projekt industrieller Baumaßnahmen Investitionen vorgesehen sind, die zum Ausgleich dieser Verluste erforderlich sind (Wert von Staub- bzw. Gasabscheidern oder Wert von Wasserreinigungsanlagen), und solchen Fällen, wo diese Verluste durch die Projektierungsorganisationen auf der Grundlage von Aufwendungen zur Wiederherstellung eines Naturpotentials bis zum Ausgangsniveau bewertet werden müssen. Beispiele sind der Ausgleich von Verlusten, die der Landwirtschaft bei der Überflutung von Boden im Ergebnis von Wasserspeichern oder von Bauten entstehen, die landwirtschaftliche Nutzfläche aus der Benutzung ausschließen, oder schließlich von Boden, der mit Wald bepflanzt wird. Im letzten Falle muß in den Baukosten der Wert für die Anpflanzung und die Pflege der abgeholzten

[30]) Oil and Gas, 37/1969, S. 23—26.
[31]) Vajnštejn, A. L., Die Berücksichtigung von Naturressourcen . . ., a. a. O., S. 71.

Wälder widergespiegelt werden. Bei solchen riesigen Baumaßnahmen wie der Anlage von Wasserkraftwerken, wo Naturbedingungen in großen Dimensionen zerstört werden, müssen diese Berechnungen speziell durchgeführt werden und einen bestimmten Teil der Baukosten ausmachen (im Falle der Wasserkraftwerke durch die bauvorbereitende Abteilung).

Indem die Anhänger eines „reinen" Nationalreichtums sich mit einer wertmäßigen Bewertung der Verluste einverstanden erklären, die Naturressourcen im Ergebnis der Produktionstätigkeit zugefügt werden, geben sie damit zugleich die Inkonsequenz ihrer Position zu. Sie bestreiten einerseits die Möglichkeit, alle entdeckten und genutzten Naturressourcen zu bewerten, das heißt die prinzipielle Möglichkeit ihrer ökonomischen Bewertung, und auf dieser Basis bestreiten sie auch die Notwendigkeit, Naturressourcen in den Nationalreichtum einzubeziehen; andererseits erklären sie sich aber gezwungenermaßen mit der Erfassung und Bewertung der Verluste dieser gleichen Naturressourcen einverstanden. Eine Rechtfertigung dieser Inkonsequenz wird darin gesehen, daß die Berechnung und Bewertung dieser Verluste einiger Arten von Naturressourcen in einzelnen konkreten Fällen methodologisch gesehen erheblich einfacher ist, als die gesamte Vielzahl von Naturressourcen zu bewerten, über die das Land verfügt.

Außerdem führt die Nichtberücksichtigung dieser Verluste zu einer Verzerrung des Berechnungsergebnisses des Nationalreichtums, wie es nach der Methode von Goldsmith in Form einer kontinuierlichen Inventarisierung des Nationalreichtums erzielt wird, das heißt indem die Summe der Investitionen für jedes aufeinanderfolgende Jahr dem realen Wert des Nationalreichtums in einem gegebenen Ausgangsjahr (unter Abzug des Verschleißes) zugefügt wird. Wenn, wie das jetzt geschieht, ein erheblicher Teil dieser Investitionen auf den Ausgleich oder die Verhütung von Verlusten gerichtet wird, die durch die Nutzung von Naturressourcen verursacht sind, das heißt auf den Bau von Reinigungsanlagen, auf die Wiederaufforstung von Wäldern bei Kahlschlag, auf kostspielige Anlagen für Gas- bzw. Staubabscheider, so wird der tatsächliche Zuwachs an Nationalreichtum um die Gesamtsumme der einmaligen Aufwendungen niedriger sein, die für solche Objekte verausgabt wird. Indem die Anhänger eines „reinen" Nationalreichtums anerkennen, daß die Berechnung von Verlusten, verursacht an Naturressourcen, praktisch durchführbar ist[32]), erkennen sie faktisch auch die Bewertung aller Naturressourcen an, das heißt Aufwendungen für ihren Ersatz.

Investitionen in den Boden und Aufwendungen zur Verbesserung von Naturbedingungen — beispielsweise alle Arten von Meliorationen, eine ordnungsgemäße Waldbewirtschaftung einschließlich Waldanpflanzung, die künstliche Schaffung fruchtbarer Bodenschichten, die Begradigung von Küstenstreifen, die Vertiefung des Fahrwassers sowie andere Regulierungsmaßnahmen der Flüsse usw. — sind notwendigerweise zu berücksichtigen und zu bewerten, sogar in

32) Ebenda, S. 72.

Übereinstimmung mit dem „reinen" Begriff der Kategorie Nationalreichtum. Die Summierung dieser Arbeitsaufwendungen im Wertausdruck stellt den aktiven Teil der Bilanz von Naturressourcen dar, während die Berechnung der Verluste aus der Verschlechterung von Naturressourcen deren passiven Teil bildet. Das Verhältnis beider Endgrößen bestimmt das Ergebnis der Einwirkung des Menschen auf Naturbedingungen in einem zu betrachtenden Zeitabschnitt, der im Nationalreichtum widergespiegelt wird.

Kvaša vertrat die Ansicht, der man sich keineswegs anschließen kann, daß die Bewertung von Naturressourcen, die nach der Methode der Kapitalisierung der Differentialrente erzielt wird, mit der Bewertung der reproduzierbaren Grund- und Umlauffonds summiert werden kann, um dadurch eine neue Vorstellung vom Volumen und der Struktur des Nationalreichtums des Landes zu erhalten. Gleichzeitig behauptet Kvaša jedoch, daß die Bewertung von Naturressourcen zur Messung des Nutzeffekts der gesellschaftlichen Produktion ungeeignet ist. In der Berechnung des Nutzeffekts der gesellschaftlichen Produktion kann die Bewertung nur durch die akkumulierten Aufwendungen für Arbeiten zur Erkundung sowie zur primären Erschließung aller in die Produktion einbezogenen und einzubeziehenden Naturressourcen dargestellt werden.[33])

DRITTES KAPITEL

Die Bewertung von Naturressourcen und Methoden zur Bestimmung des Nutzeffekts von Investitionen

1. Grundprinzipien

Die Steigerung des Nutzeffekts der gesellschaftlichen Produktion auf der Grundlage ihrer Intensivierung ist in der gegenwärtigen Etappe der Entwicklung der Volkswirtschaft nicht nur die wichtigste ökonomische, sondern auch eine bedeutsame politische Aufgabe. Ihre Lösung im Zuge der wissenschaftlich-technischen Revolution erfordert eine Verstärkung der Investitionstätigkeit, von deren Volumen und Organisation in erheblichem Maße das Tempo der Reproduktion und des Wachstums des Nationalreichtums abhängt. Das Wachstum der gesell-

[33]) Kvaša, Ja. B., Die Messung der Effektivität der gesellschaftlichen Produktion, in: Voprosy ėkonomiki, 5/1974, S. 128.

schaftlichen Produktion erlaubt neben der Vergrößerung des Konsumtionsfonds für die Bevölkerung, eine ständig wachsende Menge von Mitteln dem Akkumulationsfonds zuzuführen, der als Hauptquelle für weitere Investitionen dient.

Eine verbesserte Qualität der Projektierung, die begründete Festlegung der Baukosten für die auszurüstenden Objekte bildet eine unerläßliche Voraussetzung für den steigenden Nutzeffekt der Investitionen. Das technische Niveau und der Nutzeffekt der Produktion in der Zukunft hängen davon ab, in welchem Maße die heute getroffenen Projektentscheidungen den Bedürfnissen der Zukunft entsprechen und ökonomisch begründet sind. Diese allgemeine These muß unserer Meinung nach wesentlich präzisiert werden. In dem Begriff Progressivität (von Projektentscheidungen) muß als eines der wichtigsten konstituierenden Elemente die Beachtung aller Forderungen enthalten sein, die sich auf die Erhaltung der natürlichen Umwelt und die rationelle Nutzung von Naturressourcen beziehen.

Die relativ lange Dauer des Investitionszyklus von der Projektierung der Objekte bis zur Erreichung der vorgesehenen Leistungskennziffern erfordert unbedingt Berechnungen des ökonomischen Nutzeffekts in allen Stadien dieses Zyklus. Marx bemerkte hierzu, „. . . daß die Gesellschaft im voraus berechnen muß, wieviel Arbeit, Produktionsmittel und Lebensmittel sie ohne irgendwelchen Abbruch auf Geschäftszweige verwenden kann, die, wie Bau von Eisenbahnen z. B., für längre Zeit, ein Jahr oder mehr, weder Produktionsmittel noch Lebensmittel, noch irgendeinen Nutzeffekt liefern, aber wohl Arbeit, Produktionsmittel und Lebensmittel der jährlichen Gesamtproduktion entziehn."[1])

Die Zweige, die unmittelbar Naturressourcen nutzen, hauptsächlich aber die Zweige der extraktiven Industrie, sind nicht nur durch eine höhere Investitionsintensität im Vergleich zu den verarbeitenden Zweigen gekennzeichnet, sondern auch dadurch, daß sich hier das Investitionsgeschehen und die Inbetriebnahme neuer Objekte über einen relativ langen Zeitraum erstreckt. Gerade deshalb stellt eine verbesserte ökonomische Begründung der zu treffenden Investitionsentscheidungen in diesen Zweigen eine der wichtigsten Bedingungen für die Vervollkommnung der Investitionsplanung, für die Verbesserung der Projektierung sowie die Durchführung neuer Bauten und für Rekonstruktionen dar.

Von besonderer Bedeutung ist dies unter Bedingungen, wo das Tempo des wissenschaftlich-technischen Fortschritts sich ständig erhöht und das ökonomische Leitungssytem vervollkommnet wird. Die Verbindung der zentralen Planung der Hauptaufgaben, besonders auf dem Gebiet der Investitionsbauten, mit der Initiative der nach der wirtschaftlichen Rechnungsführung arbeitenden Vereinigungen (Kombinate) und Betriebe erfordert genau festgelegte und wissenschaftlich begründete Berechnungsmethoden, mit deren Hilfe die auf den verschiedenen Ebenen erforderlichen Investitionsentscheidungen getroffen werden. Die Anwendung dieser Methoden zur Begründung von Investitionsbauten, die

[1]) Marx, K., Das Kapital, Zweiter Band, in: MEW, Bd. 24, Berlin 1969, S. 317.

in der Hauptsache über den Staatshaushalt, über Mittel der Betriebe sowie über Bankkredite durchgeführt werden, wird einen steigenden Nutzeffekt aller Arten von Investitionen zur Folge haben.

Die Theorie der Bestimmung des ökonomischen Nutzeffekts von Investitionen, Grundfonds und neuer Technik bildet einen Grundbestandteil der ökonomischen Wissenschaft. Sie entwickelte und vervollkommnete sich auf der Grundlage der Erkenntnis grundlegender Gesetzmäßigkeiten der sozialistischen Produktionsweise und wurde durch die Erfahrungen bei der ökonomischen Begründung von Investitionsbauten, bei der Rekonstruktion von Betrieben und der Einführung neuer und fortschrittlicher Technik bereichert.

Die gegenwärtigen Methoden bei der Bestimmung des ökonomischen Nutzeffekts wurden im Zuge einer langjährigen schöpferischen Diskussion, des Vergleichs der unterschiedlichen Standpunkte sowie bei der Einführung von Vorschlägen in die Praxis erarbeitet. Obgleich die Diskussion und der Streit um einzelne Fragen fortgeführt wird, was im allgemeinen für rasch sich entwickelnde Wissenszweige charakteristisch ist, gelang es in den letzten Jahren, Grundprinzipien zur ökonomischen Bewertung sowie eine Reihe wichtiger methodischer Unterlagen zu erarbeiten, in denen die Ergebnisse der wissenschaftlichen Untersuchungen zu diesem Problem niedergelegt sind. Hierzu gehört als wichtigstes die „Rahmenmethodik zur Bestimmung des ökonomischen Nutzeffekts von Investitionen", die im Jahre 1969 von der Staatlichen Plankommission der UdSSR, der staatlichen Baubehörde sowie vom Präsidium der Akademie der Wissenschaften der UdSSR bestätigt wurde. Auf der Grundlage dieser Rahmenmethodik wurden zwei Instruktionen erarbeitet, in denen sich die Besonderheiten für die Bestimmung des Nutzeffekts von Investitionen widerspiegeln, die durch die Spezifik der Investitionsbauten und der Produktion in jedem Zweig der Volkswirtschaft bedingt sind. In den Instruktionen, die für die Landwirtschaft und die einzelnen Zweige der extraktiven Industrie erarbeitet wurden, sind in der einen oder anderen Form Fragen der ökonomischen Bewertung von Naturressourcen und ihrer Verwendung bei Berechnungen des Nutzeffekts von Investitionen berührt. Es ist jedoch klar, daß die ungenügende theoretische und methodologische Ausarbeitung dieser Fragen es bisher nicht erlaubte, irgendwelche Entscheidungen in den normativen Planungsdokumenten herbeizuführen.

Die sich in den letzten Jahren entwickelnde Diskussion zu theoretischen und methodologischen Problemen des Nutzeffekts der gesellschaftlichen Produktion konnte auch nicht an den Fragen zur Bestimmung des ökonomischen Nutzeffekts der Reproduktion von Grundfonds vorbeigehen. Diese wissenschaftlichen Erörterungen berühren einen Kreis eng miteinander verbundener Fragen nach dem Kriterium für den Nutzeffekt von Investitionen, nach einer einheitlichen „durchgehenden" Kennziffer für den Nutzeffekt auf der Ebene der Volkswirtschaft sowie der Ebene der wirtschaftlichen Rechnungsführung, der Anwendungssphäre für Berechnungen der allgemeinen und des relativen Nutzeffekts, von Normativen des Nutzeffekts, von Methoden zur Berücksichtigung des Zeitfaktors, zur Berücksichtigung von Aufwendungen in der nichtproduzierenden Sphäre usw.

Als ein Grundprinzip für die Bestimmung des ökonomischen Nutzeffekts, das sowohl die Rahmenmethodik als auch das Gesamtsystem der Zweiginstruktionen miteinander verbindet, muß vor allem der Nutzeffekt von Investitionen als Bestandteil des Problems des Nutzeffekts der gesamten gesellschaftlichen Produktion betrachtet werden. Ausgangspunkt hierfür ist die These, daß die Berechnung des ökonomischen Nutzeffekts von Investitionen in allen Stadien — von der Planung der Investitionsbauten, der Projektierung einzelner Objekte, der Einführung neuer Technik bis hin zur Analyse der Nutzung der vorhandenen produzierenden Fonds — mit dem Ziel durchgeführt werden muß, Reserven für die Steigerung des Nutzeffekts der gesellschaftlichen Produktion aufzudecken.

Diese Art der Behandlung des ökonomischen Nutzeffekts von Investitionen als wichtigstes Teilproblem der Effektivität der gesellschaftlichen Produktion bestimmt auch das in der Rahmenmethodik angewandte Kriterium — nämlich das Verhältnis Zuwachs des Nationaleinkommens in vergleichbaren Preisen zum Zuwachs an Investitionen, die diesen Nationaleinkommenszuwachs verursachen. Diesem Kriterium wurde das Prinzip der Einsparung von gesellschaftlicher Arbeit in Wertform zugrunde gelegt. Bereits Engels unterstrich die Bedeutung der Wertkategorien und schrieb: „Daß obige Abwägung von Nutzeffekt und Arbeitsaufwand bei der Entscheidung über die Produktion alles ist, was in einer kommunistischen Gesellschaft vom Wertbegriff der politischen Ökonomie übrigbleibt, habe ich schon 1844 ausgesprochen. Die wissenschaftliche Begründung dieses Satzes ist aber, wie man sieht, erst durch Marx' Kapital möglich geworden".[2])

In den Diskussionen der letzten Jahre wurden einige Standpunkte zum Kriterium des ökonomischen Nutzeffekts von Investitionen dargelegt, die mehr oder weniger das globale Kriterium der Rahmenmethodik — den Zuwachs an Nationaleinkommen (in vergleichbaren Preisen) — in Zweifel ziehen.

Einer der extremen Standpunkte in dieser Hinsicht ist der Vorschlag, als Kriterium für den Nutzeffekt von Investitionen die Inbetriebnahme von produzierenden Fonds, von Produktionskapazitäten sowie von nichtproduzierenden Objekten anzunehmen.[3]) Als quantitativer Ausdruck dieses Kriteriums wird die Investitionseffektivität vorgeschlagen, die als Verhältnis der Inbetriebnahme von produzierenden Fonds, Produktionskapazitäten und nichtproduzierenden Objekten je Einheit Investitionen berechnet wird. Dem Wesen nach läuft das auf den Versuch hinaus, ausgehend von der Spezifik des Investitionsprozesses, dessen Ergebnisse gewissermaßen unabhängig von der weiteren Verwendung der geschaffenen Grundfonds darzustellen. Hierbei erhebt sich die Frage nach der Form, in der die Ergebnisse des Investitionsprozesses berechnet werden sollen — ob in

2) Engels, F., Herrn Eugen Dührings Umwälzung der Wissenschaft (Anti-Dühring), in: MEW, Bd. 20, Berlin 1962, S. 288, 289 (Fußnote .

3) Malyšev, P. A., Šilin, J. G., Kriterij éffektivnosti socialističeskogo vosproizvodstva, Moskva 1973, S. 206--233.

Wertform oder Naturalform. Dabei ist klar, daß die Naturalform nur die entgegengesetzte Größe der spezifischen Investitionen sein kann. Was die Wertform betrifft, so bleibt unklar, auf welchem Wege diese Kennziffer auf konkrete Bauten und Objekte aufgeschlüsselt werden soll. Jedoch kann unabhängig von verschiedenen Formen der Kennziffer Investitionseffektivität kein anderes Kriterium für den Nutzeffekt von Investitionen an seine Stelle treten, da diese Kennziffer im besten Falle als Nutzeffektskennziffer für den Prozeß von Investitionsbauten dienen, niemals jedoch bei der Auswahl von Zielen für Investitionen verwendet werden kann.

Eine analoge Position zu Fragen von Nutzeffektskriterien für Investitionen stellt der Standpunkt dar, als Kriterium hierfür die Gewinnmaximierung zu verwenden. Letztere wird in einer Reihe von Fällen nicht in Form einer Kennziffer der wirtschaftlichen Rechnungsführung vorgeschlagen, sondern in Form einer „volkswirtschaftlichen Modifikation" — nämlich als bedingter Nettogewinn, der als Differenz zwischen der Bruttoproduktion und den reduzierten Aufwendungen berechnet wird. Motiviert wird dies damit, daß bei der Reform der Preisbildung im Jahre 1965 an Stelle einer vollen Berechnung von Aufwendungen die sogenannten reduzierten Aufwendungen getreten sind. In diesem Falle gehen die reduzierten Aufwendungen weit über den Rahmen ihrer gewöhnlichen Anwendungssphäre als Kennziffer einer relativen Effektivität von Investitionen hinaus und haben nunmehr den Charakter von Produktionspreisen erlangt.

Die Maximierung sowohl der Investitionseffektivität als auch der Fondseffektivität oder des Gewinns charakterisieren unter Bedingungen des entwickelten Sozialismus bei weitem nicht erschöpfend die Ziele von Investitionen als der mächtigsten Hebel der Reproduktion. Daher bleibt unserer Ansicht nach als Kriterium für den ökonomischen Nutzeffekt von Investitionen im Rahmen der gesamten Volkswirtschaft der in der Rahmenmethodik empfohlene Zuwachs an Nationaleinkommen (in vergleichbaren Preisen) im Verhältnis zu den Investitionen, die diesen Zuwachs bedingen, erhalten.

Das Problem, ein entsprechendes Kriterium zu finden, ist auf das engste mit der Frage nach einer „durchgehenden" Kennziffer verbunden, die auf allen Ebenen die volkswirtschaftliche Effektivität von Investitionen sowie deren Effektivität im Rahmen der wirtschaftlichen Rechnungsführung zu ermitteln gestatten würde. Jedoch ist das Bestreben, eine einheitliche Kennziffer zu finden, keineswegs und in jedem Falle damit verbunden, von einem Kennziffernsystem abzusehen, das auf einem Vergleich des Zuwachses an Nationaleinkommen und Investitionen beruht. Die Rahmenmethodik beispielsweise empfiehlt für Zweige der Volkswirtschaft einen Vergleich der Investitionen mit dem Zuwachs von Nettoproduktion. Die Vervollkommnung der Leitung der Wirtschaft, der Preisbildung, aber auch des Systems ökonomischer Berechnungen in den Zweigen, Vereinigungen und Betrieben erfordert nicht nur gebieterisch, sondern ermöglicht auch zugleich die Berechnung der Nettoproduktion als Anteil des gegebenen Zweiges, der gegebenen Vereinigung oder des gegebenen Betriebes an der Schaffung von Nationaleinkommen.

Die Bildung einer „durchgehenden" Kennziffer, die zur Bestimmung des Nutzeffekts von Investitionen auf allen Ebenen zur Lösung von Investitionsentscheidungen geeignet ist, kann ohne reale Berücksichtigung der abweichenden ökonomischen Interessen auf den unterschiedlichen Ebenen nicht erfolgreich gelöst werden. Ein volkwirtschaftliches Herangehen an Investitionsentscheidungen darf nicht einfach nur deklariert werden, sondern muß mit Hilfe eines Kennziffernsystems sichergestellt werden, wobei die Kennziffern organisch miteinander verbunden sind. Jede dieser Kennziffern muß die Spezifik der sich äußernden ökonomischen Interessen im Hinblick auf die Investitionen dieser gegebenen Ebene berücksichtigen (Betrieb, Vereinigung, Zweig, Volkswirtschaft insgesamt), wobei diese Kennziffer auf die Bestimmung des Nutzeffekts von Investitionen dieser gegebenen Ebene berechnet sind.

Eine erhebliche Zunahme des Investitionsanteils zur Reproduktion von Grundfonds in der nichtproduzierenden Sphäre, insbesondere im Perspektivplanzeitraum, ließ in den letzten Jahren das Problem entstehen, den Begriff Nutzeffekt der Investitionen zu erweitern. Jedoch bleibt diese Frage weiterhin strittig und es ist anzunehmen, daß der Nutzeffekt von Investitionen in der nichtproduzierenden Sphäre sich durch ein Wachstum der Arbeitsproduktivität in der materiellen Produktion äußert. Zur gleichen Zeit ist jedoch offensichtlich, daß die sozialen Effekte nur ungenügend in den Kategorien des ökonomischen Nutzeffekts widergespiegelt werden können. Im Zusammenhang damit wird vorgeschlagen, die sozialen Effekte von Investitionen nicht in Wertform auszudrücken. In diesem Falle sind diese Effekte sowohl untereinander als auch mit den Produktionseffekten nicht vergleichbar.

Das Kennziffernsystem der ökonomischen Entwicklung, darunter auch die Kennziffern des Nutzeffekts von Investitionen, die sich auf die gegenwärtige Vorstellung der Kategorie Nationaleinkommen stützen, gerät in einen gewissen Gegensatz zu den Aufgaben, die mit dem Schutz der natürlichen Umwelt und der rationelleren Nutzung von Naturressourcen verbunden sind. Die dringende Erarbeitung einer solchen Konzeption des Nationaleinkommens, die sowohl die der Natur zugefügten Verluste als auch die Aufwendungen zu deren Verhütung bzw. Ausgleich berücksichtigt, wird besonders dringlich von Ökonomen industriell entwickelter kapitalistischer Länder hervorgehoben, wo der Raubbau an der Natur bereits zu einer Reihe irreversibler Erscheinungen geführt hat und die erforderlichen Aufwendungen für ihre Behebung bzw. Verhütung gewaltige Ausmaße erreicht haben.[4]) Ähnliche Ideen, wie sie von amerikanischen (J. Fisher)

[4]) So betrugen z. B. in den Jahren 1970 und 1971 die Gesamtausgaben der Bundesregierung, der Regionalverwaltungen sowie der Monopole zur Reproduktion natürlicher Ressourcen 8,1 bzw. 9,5 Milliarden US-Dollar, nachdem sie sich in den vier vorangegangenen Jahren um 80 Prozent erhöht hatten. Vgl. hierzu Makljarskij, B., USA: Staat und Umwelt, in: Mirovaja ėkonomika i meždunarodnye otnošenia, 2/1972, S. 126—129.

und japanischen Ökonomen (Zuru) geäußert wurden, können ungeachtet aller Unterschiede bezüglich des sozialen Inhalts der Kategorie Nationaleinkommen von Seiten der Ökonomen der sozialistischen Länder nicht unbeachtet bleiben.

Ungeachtet der Tatsache, daß die ökologische Situation in der UdSSR im Vergleich zur Mehrheit der industriell entwickelten kapitalistischen Länder erheblich günstiger ist und die Störung des natürlichen Gleichgewichts zwischen Natur und Gesellschaft insgesamt weit von einer katastrophalen Lage entfernt ist, wurden aus der Sorge für den Menschen, wie sie unserer Gesellschaft eigen ist, die Aufwendungen für ökologische Zwecke im Vergleich zu den Wachstumstempi allgemeiner Investitionen erheblich schneller gesteigert. Im Zeitraum von 1971 bis 1973 betrugen sie etwa zwei Milliarden Rubel. Im Vergleich zum entsprechenden Zeitraum des 8. Fünfjahrplanes entspricht das einer Erhöhung um 65 Prozent. Noch mehr — etwa 11 Milliarden Rubel jährlich — wurden für den Naturschutz, und zwar für Projekte und Voranschläge von Neubauten und Rekonstruktionen in produzierenden Objekten aller Zweige der Volkswirtschaft, verausgabt.[5]) Die methodischen Fragen zur Bestimmung des Nutzeffekts dieser Aufwendungen erfordern besondere Überlegungen unter Berücksichtigung der Spezifik ihrer sozialen Effekte und Produktionseffekte.

Man kann sich schwerlich mit der Behauptung einzelner Ökonomen einverstanden erklären, daß eine intensivere und rationellere Nutzung von Naturressourcen für sich genommen Quelle des ökonomischen Wachstums sein kann. Bei einem solchen Herangehen werden offensichtlich die Aufwendungen ignoriert, die für solche Maßnahmen erforderlich sind sowie folglich auch deren Nutzeffekt. Quelle des ökonomischen Wachstums können, und das versteht sich von selbst, nur effektive Maßnahmen sein, die je Einheit Aufwendungen einen ausreichenden Nutzeffekt gewährleisten. Umgekehrt können Maßnahmen, die nur Aufwendungen erfordern, ohne ausreichenden Nutzeffekt zu ergeben, zur Quelle eines verminderten ökonomischen Wachstums werden. Letzteres ist besonders wichtig im Hinblick auf Aufwendungen für ökologische Zwecke, deren Nutzeffekt in der Mehrheit der Fälle eher in sozialen Effekten, weniger in Produktionseffekten zu sehen ist. Letztere sind zwar auch zu verzeichnen, jedoch äußern sie sich nur mittelbar — über eine Steigerung der Arbeitsproduktivität im Ergebnis verbesserter Lebensbedingungen usw.

Die sozialen Effekte bei der Vervollkommnung der Naturnutzung und des Schutzes der natürlichen Umwelt sind nicht weniger wichtig als die Produktionseffekte, jedoch muß die Festlegung der Ziele immer die realen Möglichkeiten der Gesellschaft berücksichtigen, um den hierzu erforderlichen Anteil von Investitionen zur Verfügung zu stellen. Dies gilt auch für die langfristige Planung.

Zu der Schlußfolgerung, die Wertbeziehungen der Produktion unter Einschluß von Veränderungen in den Naturressourcen widerzuspiegeln, gelangte bereits

[5]) Vgl. Pravda, vom 7. 11. 1973 und Izvestija vom 4. 6. 1973.

1965 ein solcher Anhänger des „reinen“ Nationalreichtums wie A. L. Vajnstejn[6]), der davon ausging (wie wir bereits oben bemerkten), daß alle Investitionsarten für die Verbesserung (Melioration) aller Arten von Naturressourcen notwendigerweise jährlich zu berücksichtigen sind. Die Summe dieser Aufwendungen im Geldausdruck stellen den aktiven Teil der Naturressourcenbilanz dar, wobei die Berechnung der Verluste (d. h. die Aufwendungen zu ihrer Verhütung bzw. ihres Ausgleichs) aus der Verschlechterung natürlicher Bedingungen den passiven Teil dieser Bilanz darstellt. Der Saldo beider Endgrößen bestimmt das Ergebnis der Einwirkung der Menschen auf Naturbedingungen im Verlauf eines Jahres. Dieses Ergebnis muß nach der Vorstellung des Autors die Aufwendungen an gesellschaftlicher Arbeit widerspiegeln, die mit der Natur in Wertform verbunden sind.

2. Allgemeine (absolute) und relative Effektivität (Nutzeffekt)

In den Diskussionen der letzten Jahre wurde besonders intensiv die Anwendungssphäre von Methoden der allgemeinen und relativen Effektivität erörtert. Wichtigste These für die Bestimmung des ökonomischen Nutzeffekts ist das Prinzip, demzufolge die Anwendung dieser oder jener Berechnungsmethode (absolut oder relativ) vom Charakter der zu lösenden Aufgabe abhängt.

Bekanntlich entsteht der Effekt von Investitionen sowohl durch die Vervollkommnung von Produktionsmitteln als auch im Ergebnis einer Ausstattung der Beschäftigten mit diesen Mitteln, die in der Sphäre der materiellen Produktion tätig werden. Dieser Prozeß vollzieht sich in der Volkswirtschaft in untrennbarer Einheit. Dessen ungeachtet werden die Investitionen bedingt in intensive und extensive Investitionen unterteilt. Zu den ersteren werden gewöhnlich Investitionen gerechnet, die auf einen Ersatz der vorhandenen Arbeitsmittel durch vervollkommnetere, auf die Gewährleistung wachsender Arbeitsproduktivität sowie in einer Reihe von Fällen auf die Freisetzung von Arbeitskräften berechnet sind, die dann in anderen Produktionen eingesetzt werden können. Dies ist bekanntlich typisch für die Landwirtschaft. Zu den extensiven Investitionen werden solche Mittel gerechnet, mit deren Hilfe die Produktion erweitert wird, und zwar durch Schaffung neuer Arbeitsplätze auf der Grundlage eines bereits erreichten technischen Niveaus.

Ungeachtet des relativen Charakters erlaubt eine solche Unterteilung den Charakter der Effekte zu unterscheiden, die von jeder der beiden genannten Investitionsarten hervorgerufen werden. Der Effekt der intensiven Investitionen wird vor allem in der Verringerung der Selbstkosten und folglich in einer steigenden

[6]) Vajnštein, A. L., Die Berücksichtigung von Naturressourcen im Nationalreichtum und in der volkswirtschaftlichen Bilanz, in: Voprosy ėkonomiki, Nr. 7/1965, S. 72 f.

Rentabilität der Produktion gesehen, während der Effekt der extensiven Investitionen im Wachstum des Produktionsvolumens und entsprechend dem Nationaleinkommen, der Nettoproduktion bzw. dem Gewinn ausgewiesen wird.

Beiden Arten von Effekten entsprechen jeweils zwei Berechnungsmethoden und zwei Arten von Begründungen des ökonomischen Nutzeffekts von Investitionen, die in der Planungs- und Projektierungspraxis Verbreitung gefunden haben. Die Notwendigkeit, beide Berechnungsarten anzuwenden, ergibt sich auch aus den zwei Typen ökonomischer Aufgaben, die in der Wirtschaftspraxis entstehen. Es handelt sich hier um die Ziele und Verfahren der Produktion, um die Unterschiede zweier miteinander verbundener Gruppen von Aufgaben, die mit dem Ziel durchgeführt werden, festzustellen, was und wie zu produzieren ist. Im Hinblick auf die Investitionen muß vor allem die Aufgabe gelöst werden, welcher Betrieb, welche Produktion bzw. welche Kapazität zu schaffen ist.

Unter Bedingungen der sozialistischen Wirtschaft wird bekanntlich der Bedarf an dieser oder jener Erzeugnisart auf der Grundlage von Bilanzberechnungen ermittelt. Erst nach Bilanzierung dieses Bedarfs mit den vorhandenen Kapazitäten unter Berücksichtigung der möglichen Intensivierung ihrer Nutzung, wobei hierbei das Defizit von Erzeugnissen ermittelt wird, kann die Frage entschieden werden, welche neuen Kapazitäten mittels Neubau bzw. Rekonstruktion oder Modernisierung der vorhandenen Betriebe und Produktionen geschaffen werden müssen. Der Bedarf an diesen oder jenen Erzeugnisarten bzw. andere Bedürfnisse können nur im Verlauf eines konkreten Planzeitraumes befriedigt werden, und zwar in unterschiedlichem Maße und in Abhängigkeit von den Mitteln, über die die Gesellschaft verfügt und die sie zur Verfügung stellen kann. Die Reihenfolge und der Grad der Befriedigung konkreter Bedürfnisse wird nicht nur unter Berücksichtigung der bereits früher festgelegten Richtungen der ökonomischen Entwicklung festgelegt, sondern auch in Übereinstimmung mit jenem ökonomischen Nutzen, der im Ergebnis dessen erzielt und danach auf eine raschere und vollständigere Befriedigung anderer Bedürfnisse gerichtet werden kann. Außerdem gibt es unter Bedingungen moderner Technik gewöhnlich mehrere Wege zur Befriedigung der Bedürfnisse. Gerade unter diesen Bedingungen erlaubt die Berechnung des ökonomischen Nutzeffekts die Frage zu entscheiden, was zu produzieren ist.

Nicht weniger bedeutsam ist die Frage, wie zu produzieren ist, d. h. ob relativ komplizierte, hoch automatisierte, aber teure Grundfonds zu schaffen sind, darauf berechnet, in der künftigen Produktion ein Minimum an lebendiger Arbeit einzusetzen, oder aber, ob der Weg billigerer Investbauten beschritten werden soll, die im voraus relativ hohe Selbstkosten für die künftige Produktion zur Folge haben. Von der Beantwortung dieser Frage hängt nicht nur das technische Niveau der errichteten und zu projektierenden Betriebe ab, insbesondere in den Naturressourcen nutzenden Zweigen, sondern auch die Lösung einer Reihe sozialer Probleme (beispielsweise Arbeitsbedingungen, Umweltschutz usw.), sowie schließlich die Hauptsache, das Niveau der Arbeitsproduktivität in der nächsten Zunkunft. Würde man allein von diesen Aufgaben ausgehen, so müßte man die Frage immer zugunsten der modernsten Technik und Technologie, zugunsten hoch mechanisierter und automatisierter Produktion entscheiden. Man darf jedoch nicht vergessen, daß die Möglichkeiten des Staates, des Zweiges, der Vereinigung oder des einzelnen Betriebes in bezug auf Investitionen in jedem gegebenen Zeitabschnitt mehr oder weniger begrenzt sind, daß außerordentlich hohe Investitionen bestimmte Schwierigkeiten in der gesamten Volkswirtschaft zur Folge haben. Im Zusammenhang damit kann man sich nicht mit dem Wiederaufleben einer Konzeption einverstanden erklären, deren Sinn faktisch darin besteht, in jedem Falle auf die kapitalintensivste Variante zu orientieren, da diese dem höchsten technischen Niveau und demzufolge der Gewährleistung der höchsten Arbeitsproduktivität entspricht. Der Effekt einer solchen Investitionsvariante muß sich in der Zukunft zeigen, und daher wird nach den Vorstellungen der Autoren dieser Konzeption der Sinn eines Vergleichs einmaliger Aufwendungen (Investitionen) und laufender Aufwendungen mit den Ergebnissen praktisch in Frage gestellt.[7]) Ein analoger Standpunkt, der besonders den sozialen Charakter der Effekte unterstreicht, ergibt sich nicht selten in Verbindung mit Maßnahmen im ökologischen Bereich. Jedoch kann auch in diesem Falle ein Verzicht auf die Berechnung des Nutzeffekts von Investitionen nur zur Verschwendung gesellschaftlicher Mittel führen, die bei der Wahl einer beliebigen anderen Investitionsentscheidung nicht eintreten würde.

Der Unterschied zwischen der allgemeinen und der relativen Effektivität wird nicht selten aus der Vorstellung abgeleitet, daß die Kennziffer allgemeine Effektivität jedes einzelne Investitionsobjekt charakterisieren kann, während die Kennziffer des relativen Nutzeffekts den Sinn hat, zwei oder mehrere Variantenentscheidungen irgendwelcher ökonomischer Aufgaben miteinander zu vergleichen. Eine solche Vorstellung ist höchst unrichtig. Das Problem besteht darin, daß die Bewertung eines beliebigen Objektes ausschließlich auf der Grundlage der Kennziffer allgemeine Effektivität, d. h. auf der Grundlage eines Vergleichs des Gewinns mit den hierzu erforderlichen Investitionen, höchst unvollkommen ist. Eine Schlußfolgerung für die Zweckmäßigkeit dieser oder jener Investitionsentscheidung kann erst dann gezogen werden, wenn die erzielte Effektivitätskennziffer mit den entsprechenden Normativen verglichen worden ist, beispielsweise für eine gegebene mit der vergangenen Periode, mit Kennziffern anderer analoger Objekte usw. Das heißt, daß das Vergleichselement in den Berechnungsmethoden des allgemeinen Nutzeffekts unbedingt erhalten bleibt.

Der Unterschied zwischen der Berechnung der allgemeinen und der relativen Effektivität besteht in Wirklichkeit darin, daß sich die erste auf einen Vergleich

[7]) Kac, A., Dynamičeskij narodnochozjajstvennyj optimum, Moskva 1970; ders., Verspätete Anerkennung und erfolglose Anleihe, in: Planovoe chozjajstvo, 7/1972, S. 91—108; ders., Verspätete Anerkennung und erfolglose Anleihe, in: Planovoe chozjajstvo, 9/1972, S. 107—127; Paško, Materialintensität und Steigerung des Nutzeffekts der gesellschaftlichen Produktion, in: Planovoe chozjajstvo, 11/1972, S. 13—21.

der Investitionen mit ihrem Effekt gründet (Zuwachs an Nationaleinkommen, Nettoproduktion, Gewinn), und zwar für eine beliebige Art und ein beliebiges Volumen von Erzeugnissen, während der relative Nutzeffekt in einer Minimierung der reduzierten Aufwendungen für die Produktion gleichartiger bzw. substituierbarer Erzeugnisse besteht, die in ihrem Volumen vergleichbar gemacht werden (es erfolgt dies unabhängig von Preisveränderungen für diese Erzeugnisse).

Die angewandten Berechnungsmethoden für den relativen Nutzeffekt elimiminieren bei der gegenwärtigen Preisbildung nicht den Einfluß der Preise, da die Höhe der Selbstkosten und des Volumens der Investitionen auf der Grundlage dieser Preisbildung zustande kommt. Eine gewisse Abschwächung des Preiseinflusses vollzieht sich im Vergleich zu den Berechnungsmethoden des allgemeinen Nutzeffekts lediglich dadurch, daß die Realisierungspreise für die Erzeugnisse ausgeschlossen sind. Dieser letztere Umstand ist natürlich von außerordentlicher Bedeutung für die Berechnung des Nutzeffekts von Investitionen in der Landwirtschaft sowie in der extraktiven Industrie, d. h. in Zweigen, die unmittelbar Naturressourcen nutzen, da bekanntlich die Preise für die Haupterzeugnisse dieser Zweige wesentlich stärker vom Wert abweichen als die Preise für die Erzeugnisse der verarbeitenden Industrie.

Mit der Entwicklung von Methoden der wirtschaftlichen Rechnungsführung bei der Leitung der Wirtschaft neigen einige Ökonomen dazu, der allgemeinen Effektivität Priorität einzuräumen, wobei sie davon ausgehen, daß die Messung des allgemeinen bzw. absoluten Effektes als Hauptmethode für die Analyse von Investitionsprojekten betrachtet werden muß. Der vergleichbare Nutzeffekt wird dabei in die Rolle einer Hilfskennziffer gedrängt, die beispielsweise dazu verwendet wird, technische Varianten einzelner Elemente technologischer Ausrüstungen zu bestimmen, wobei mit dieser Kennziffer aber keineswegs bestimmte Arten und Volumina von Erzeugnissen verglichen werden können.

Einem anderen Standpunkt zufolge ist der relative Nutzeffekt engstens mit praktischen Berechnungsmethoden verbunden, die sowohl im Prozeß der Projektierung als auch im Stadium der unmittelbaren Investitionsentscheidungen auf volkswirtschaftlicher Ebene durchgeführt werden. Insgesamt muß die Frage, welche Berechnungsmethode in dem einen oder anderen Falle die Priorität hat, in Abhängigkeit von dem Niveau und den Aufgaben entschieden werden, die mittels dieser Berechnungsmethoden gelöst werden sollen.

Dem Wesen nach steht hinter dem Streit über eine Priorität dieser oder jener Berechnungsmethode des Nutzeffekts von Investitionen ein wesentlich umfassenderes Problem, nämlich die Frage, wie die zentrale Planung und die Einführung der wirtschaftlichen Rechnungsführung in die Investitionssphäre richtig miteinander kombiniert werden. Die erfolgreiche Lösung dieses Problems im Lichte der Beschlüsse des Dezember-Plenums des ZK der KPdSU (1973) stellt die Voraussetzung für die Vervollkommnung des Investitionsgeschehens, für eine Verkürzung der Bautempi und eine Beseitigung der Zersplitterung der Mittel dar.

Wenn es um die ökonomische Begründung von Investitionsobjekten großen Ausmaßes auf der Ebene von Zweigen oder der ganzen Volkswirtschaft geht, so ist es offensichtlich zweckmäßig, sowohl die Methoden des relativen als auch des allgemeinen Nutzeffekts anzuwenden. Handelt es sich jedoch um Investitionen, die aus den Fonds zur Entwicklung der Produktion der Betriebe oder Vereinigung bzw. durch Inanspruchnahme von Bankkrediten durchgeführt werden, so muß offensichtlich als Hauptmethode für eine ökonomische Begründung der allgemeine Nutzeffekt der Investitionen zugrunde gelegt werden. Für die Begründung von Investitionsentscheidungen in der nichtproduzierenden Sphäre ist es offenbar logisch, daß hierfür Berechnungen des relativen Nutzeffekts verwendet werden. Vermutlich muß man die Frage nach der Rolle von Kennziffern für den Nutzeffekt von Investitionen eher dahingehend beantworten, welche Entscheidung in den verschiedenen Stadien der Planung und Projektierung in Abhängigkeit von der Bedeutung und der Maßstäbe der Aufgaben zu treffen sind, für die die jeweiligen konkreten Investitionen die Grundlage bilden.

Zwischen den Berechnungsmethoden des allgemeinen und des relativen Nutzeffekts gibt es eine bestimmte innere Abhängigkeit, die man manchmal aus dem Auge verliert. Beide Kennziffern widersprechen sich nicht, sondern ergänzen einander und können in bestimmten Fällen (beispielsweise bei der Bewertung des Nutzeffekts von Maßnahmen zur Erschließung von Naturressourcen, für die Einführung neuer Technik in den Betrieben usw.) auch gemeinsam angewendet werden. Ein solcher Standpunkt gründet sich darauf, daß diese Thesen nicht nur den allgemeinen Anforderungen an den steigenden Nutzeffekt der gesellschaftlichen Produktion entsprechen, sondern daß sie auch die Schaffung rentabler neuer Betriebe bzw. eine wachsende Rentabilität in den vorhandenen Betrieben gewährleisten müssen. Investitionsvarianten, die bei der Berechnung eine hohe relative Effektivität ausweisen, müssen objektiv in der Regel auch einen wachsenden allgemeinen Nutzeffekt der Investitionen ermöglichen.

Die Methoden zur Bestimmung des relativen ökonomischen Nutzeffekts von Investitionen wurden in breitem Umfang in die Projektierungspraxis und zur Auswahl von Varianten neuer Technik in allen volkswirtschaftlichen Zweigen eingeführt. Einige Ökonomen sind jedoch bestrebt, den reduzierten Aufwendungen einen universellen Charakter zu verleihen und auf ihrer Grundlage jede beliebige ökonomische Aufgabe zu lösen. Sie meinen, daß die reduzierten Aufwendungen, denen man die Bedeutung von „Produktionspreisen" verleiht, die Höhe der vollen Aufwendungen an gesellschaftlicher Arbeit für die Produktion von Waren widerspiegeln können. Solche Ansichten stellen den Versuch dar, ein außerordentlich vereinfachtes Modell für ökonomische Bewertungen vorzuschlagen.

Die außerordentliche Vielfalt ökonomischer Aufgaben, bei deren Lösung notwendigerweise der Nutzeffekt von Investitionen zu bestimmen ist, erfordert die Verwendung eines ausreichend differenzierten Berechnungsapparates, in dessen Rahmen auch die Kennziffer reduzierte Aufwendungen ihren Platz hat. Beispielsweise muß bei der Begründung von großen Projekten zur Erschließung von Naturressourcen die Methode des relativen Nutzeffekts die beste Variante einer solchen Erschließung aufdecken, während der Sinn des allgemeinen Nutzeffekts hier darin besteht, allgemeine und spezifische Effektgrößen aufzudecken, die Frage nach der Rentabilität der zu projektierenden Betriebe zu beantworten. So kann es beispielsweise bei der Begründung von Projekten mit Einzwecknutzung (beispielsweise Bewässerung) oder bei Komplexnutzung von Wasserressourcen zweckmäßig sein, die Variantenauswahl nach dem Minimum der reduzierten Aufwendungen vorzunehmen, man kann aber auch die Errichtung lebensfähiger rentabler Betriebe durch die Berechnung eines allgemeinen Nutzeffekts nachweisen. Die Kombination beider Methoden erlaubt es besser, die ökonomischen Interessen der einzelnen Betriebe neben den allgemeinen volkswirtschaftlichen Anforderungen zu berücksichtigen.

Man muß in diesem Zusammenhang bemerken, daß hinsichtlich der Aufwendungen zum Schutz der natürlichen Umwelt, aber auch für die Nutzung von Naturressourcen zur Befriedigung der lebensnotwendigen Bedürfnisse des Menschen das Prinzip der Minimierung von Aufwendungen zur Erzielung der notwendigen Ergebnisse vorherrschend sein muß. Die Aufgabe, rentable Betriebe zu errichten, tritt hier offensichtlich an die zweite Stelle.

Für die gegenwärtige Etappe der Entwicklung der Wirtschaft in der UdSSR ist nicht nur die Notwendigkeit, sondern auch die kontinuierlich wachsende Möglichkeit charakteristisch, einen erheblichen Teil von Akkumulationsmitteln für den Schutz der natürlichen Umwelt und die rationelle Nutzung von Naturressourcen zu verausgaben. Die untrennbare Einheit dieser beiden Richtungen ist von besonderer Bedeutung, da die Gesellschaft weder an einer Verursachung von Schäden in der Natur noch an einer Verteuerung der Produktion in den extraktiven Zweigen bzw. an einer Verteuerung des gesamten Investitionsgeschehens interessiert ist, soweit bei letzterem Mittel im Namen der Erhaltung und des Schutzes der Natur völlig unnütz*) verausgabt werden. Der ökonomische Aspekt dieses ganzen Problems besteht in der Aufrechterhaltung eines vernünftigen Gleichgewichts zwischen Produktion und Natur. In Verbindung damit sind die Fragen einer richtigen Bewertung des Nutzeffekts von Maßnahmen zum Schutz des natürlichen Milieus und der hiermit verbundenen Durchführung von Investitionen von außerordentlich aktueller Bedeutung.

Der soziale Charakter dieser Aufgaben und der Charakter der hierzu erforderlichen Aufwendungen ist offensichtlich. Hieraus ist die Schlußfolgerung zu ziehen, daß der Nutzeffekt dieser Investitionen für die genannten Ziele schwerlich allein auf der Grundlage eines Vergleichs dieser Aufwendungen mit Produktions-

*) Unnütz bedeutet in diesem Falle nicht, daß solche Aufwendungen überhaupt überflüssig wären, sondern daß bei ungenügender Beachtung von Naturgesetzlichkeiten Schäden hervorgerufen werden, die man hätte vermeiden können. Gerade um die zur Behebung dieser Schäden erforderlichen Aufwendungen handelt es sich hier (d. Bearb.).

effekten bestimmt werden kann, genauso wie wir niemals bestrebt sein können, in diesem Nutzeffekt die Verbesserung der natürlichen Umwelt im Wertausdruck exakt widerzuspiegeln. In einer Reihe von Fällen, die zahlenmäßig künftig noch anwachsen werden, ist ein ökonomisches Herangehen an die Bewertung dieser Art von Maßnahmen praktisch noch nicht gesichert. Dies enthebt uns jedoch keinesfalls der Notwendigkeit, eine solche Bewertung des Nutzeffekts vorzunehmen. Die Unmöglichkeit, einen sozialen Effekt in Wertform widerzuspiegeln, bedeutet jedoch nicht, daß es unmöglich wäre, zumindest den relativen Nutzeffekt gleichartiger Maßnahmen auf der Grundlage einer Minimierung der Aufwendungen zu bestimmen. Wenn man die Möglichkeit einer ökonomischen Bewertung des Nutzeffekts von Investitionen für ökologische Zwecke anerkennt, so muß man gleichzeitig auch die grundlegende Bedeutung sozialer Kriterien zur Bewertung von Maßnahmen zum Schutze der Umwelt unterstreichen.

Die Spezifik einer Bewertung des Nutzeffekts einmaliger Aufwendungen mit ökologischer Bestimmung (auf der Ebene der Volkswirtschaft, der Zweige oder Betriebe) ist in erster Linie gerade durch die vorherrschende Bedeutung sozialer Faktoren bedingt. Ungeachtet desssen können außer der Verwendung von Methoden des relativen Nutzeffekts, die auf die Minimierung von Aufwendungen gerichtet sind, Methoden angewendet werden, die sich auf einen unmittelbaren Vergleich der Aufwendungen mit den mit ihrer Hilfe beseitigten Verlustes (ganz oder teilweise) stützen, Verluste, die der Volkswirtschaft beispielsweise durch eine Verschmutzung der natürlichen Umwelt zugefügt werden.

Bei gegebenen sozialen Normativen für die Qualität der Umwelt wird die Minimierung der zur Einhaltung dieser Normative notwendigen volkswirtschaftlichen Aufwendungen zum Kriterium für die Auswahl von Varianten zur Erreichung dieser Ziele. Ein Vergleich der Verluste in Wertform (Bewertung in Wertform) mit den Aufwendungen zu ihrer Beseitigung ist nur in den Fällen zulässig, wo die Auswahl der technischen Entscheidungen nicht mit einer Bedrohung für die Gesundheit der Bevölkerung und mit der Gefahr von Kettenreaktionen irreversibler Veränderungen in der Natur verbunden ist. Hierbei ist unbedingt zu berücksichtigen, daß die Ergebnisse unvollständig und die vorhandenen Methoden zur Bewertung der Verluste aus der Verschmutzung der natürlichen Umwelt (in Wertform) nur bedingten Charakter tragen können. Gleichzeitig ist aber auch offensichtlich, daß die sozialen Normative für die Qualität der Umwelt weder außerhalb der technischen noch der ökonomischen Möglichkeiten in jedem gegebenen Zeitabschnitt gesehen werden können. Eine gewisse Vernachlässigung des Naturschutzes im vorangegangenen Zeitabschnitt darf nicht mit einem extrem entgegengesetzten Verhalten beantwortet werden, das sofort staatliche Standards auf dem Niveau „absoluter Reinheit“ festsetzt. Obgleich die sozialen Ziele des Naturschutzes Priorität genießen, darf dies nicht zu einer Verlangsamung der ökonomischen Wachstumstempi führen und damit die außerordentlich wichtigen Ziele zur Steigerung des Volkswohlstandes in weitere Ferne rücken. Gerade dies macht es unmöglich, alle Anforderungen ökologischen Charakters sofort zu befriedigen, da dies zu einer einschneidenden Veränderung der Investitionsstruktur sowie der laufenden Aufwendungen sowohl nach einzelnen Zweigen wie auch für die Volkswirtschaft insgesamt führen würde. Gleichzeitig ist die Erarbeitung solcher sozialer Normative von lebenswichtiger Bedeutung, die bereits jetzt die Möglichkeit geben würden, einer irreversiblen Zerstörung der natürlichen Umwelt vorzubeugen und fortan ihre Verbesserungen zu ermöglichen. Ein solches Herangehen entspricht den in der Perspektive wachsenden Möglichkeiten der Gesellschaft, einen Teil ihrer Akkumulation für Maßnahmen im ökologischen Bereich bereitzustellen.

Man muß unbedingt berücksichtigen, daß einer der bedeutsamsten Wege zur Steigerung des Nutzeffekts von Investitionen im Bereich ökologischer Maßnahmen die Vervollkommnung von Methoden der ökonomischen Bewertung dieser Maßnahmen ist, und zwar unter Berücksichtigung der gesellschaftlichen Entwicklung in der Perspektive sowie der sozialen Folgen einer Verschmutzung der natürlichen Umwelt. Solche Maßnahmen sind in allen Stadien der Projektierung und Planung dieser Investitionen anwendbar. Eine derartige Vervollkommnung muß in erster Linie die allgemeine Begrenzung sowohl der Maßnahmen zur Erhaltung der Natur als auch der entsprechenden Aufwendungen innerhalb der produzierenden und der nichtproduzierenden Sphäre der Volkswirtschaft berücksichtigen.

Die vorherrschende Bedeutung der sozialen Effekte bedeutet keineswegs, daß die außerordentlich bedeutsamen Produktionseffekte wie beispielsweise die weithin bekannte Rückgewinnung wertvoller Komponenten bei der Reinigung von Abgasen, der Abwässer sowie bei der Verwertung fester Abprodukte der Produktion in den Hintergrund treten. Häufig übersteigt die jährliche Bewertung der wiederverwendeten wertvollen Stoffe die einmaligen Aufwendungen zu ihrer Extraktion. Nichtsdestoweniger erschöpft sich sogar in diesen Fällen einer hohen ökonomischen Effektivität der tatsächliche Effekt keineswegs hierin, da auch der Schutzeffekt zugunsten der Natur erhalten bleibt, der seinem Wesen nach ein nichtproduktiver, sozialer Effekt ist. In entgegengesetzten Fällen, wenn es beispielsweise um die Gesundheit der Bevölkerung geht, kann dennoch, wenn auch bedingt, ein ökonomischer Effekt in Form verminderter Krankheitshäufigkeit und steigender Arbeitsproduktivität ermittelt werden. Das einzige, was man dagegen einwenden muß, ist, daß man weder einseitig die Produktionseffekte noch die sozialen Effekte sehen darf. Alles spricht dafür, daß beide Arten von Effekten, so unbedeutend der eine im Vergleich zum anderen auch immer sein mag, bei Investitionen für Maßnahmen zur Nutzung oder Erhaltung von Naturressourcen berücksichtigt werden müssen.

3. Über Effektivitätsnormative

Eine der zentralen Fragen des Effektivitätsproblems von Investitionen ist die Erarbeitung und Anwendung von Effektivitätsnormativen.

In wissenschaftlichen Veröffentlichungen sowie in Zweiginstruktionen zur Bestimmung des Nutzeffekts von Investitionen trifft man auf Versuche, den Begriff und die konkreten Werte solcher Normative für die absolute und relative Effektivität gleichzusetzen. Gerade ein solcher Weg führt dazu, Methoden des relativen Nutzeffekts praktisch in Frage zu stellen.

Es ist bekannt, daß bei der Berechnung der allgemeinen (absoluten) Effektivität von Investitionen die sich ergebenden Kennziffern mit den Plannormativen verglichen werden müssen, die als fortschrittliche Durchschnittsgrößen vorgegeben sind und die erheblich voneinander abweichen können. Es ist klar, daß in den Zweigen mit einer relativ niedrigen Fondsintensität in der Regel höhere Plannormative zur Anwendung kommen als in Zweigen mit relativ hoher Fondsintensität, wo diese Normative niedriger sind. Dies ist von außerordentlicher Bedeutung für die Entwicklung der Zweige der extraktiven Industrie, da ihre erhöhte Fondsintensität es ihnen nicht erlaubt, sich mit den verarbeitenden Zweigen im Sinne einer hohen Rentabilität der Investitionen „zu messen".

Die Plannormative des allgemeinen Nutzeffekts (Rentabilität) können nicht nur zwischen den Zweigen außerordentlich differenziert sein, sondern auch zwischen einzelnen Unterzweigen sowie Produktionsarten in Abhängigkeit von der perspektivischen Entwicklung und der tatsächlichen Rentabilität. So schwankt beispielsweise das Normativ für die Rentabilität nach einzelnen Produktionsarten der Buntmetallurgie von 0,1—0,7. Im Bewässerungsfeldbau schwankt die Kennziffer Rentabilität in Abhängigkeit von der Richtung und Spezialisierung der Wirtschaften ebenfalls von 0,1—0,12 (Getreide) bis hin zu 0,30—0,35 (Weinbau) usw. Es ist offensichtlich, daß sogar die vorhandenen Unterschiede in den Kennziffern des tatsächlichen Nutzeffekts bei der Festlegung von Plannormativen der Rentabilität berücksichtigt werden müssen. Bei der Festsetzung dieser Normative orientiert man sich gewöhnlich auf Tendenzen, die im Plan, aber auch in der Dynamik tatsächlicher Rentabilitätskennziffern, im Niveau der geplanten Baukosten, der Großhandelspreise, des Produktionssortiments von Erzeugnissen usw. ihren Niederschlag finden.

Bei der Festlegung von Plannormativen des allgemeinen Nutzeffekts auf der Ebene von Vereinigungen und Betrieben wird als untere Grenze des Nutzeffekts der Gewinn in einem Umfang verwendet, der für die entsprechende Bezahlung der Grund- und Umlauffonds, für die festgelegte Tilgung sowie die Zinssätze für Bankkredite und andere Zahlungsverpflichtungen, aber auch für die Bildung der Fonds zur ökonomischen Stimulierung in den Betrieben und die entsprechenden zentralisierten Fonds in den übergeordneten Leitungsgliedern ausreicht. Für eine Reihe extraktiver Zweige ist die wichtigste dieser Bedingungen die Notwendigkeit, bei der Nutzeffektsrechnung die festgelegten Rentenzahlungen zu berücksichtigen.

Dem Wesen nach müssen diese als eine Form der ökonomischen Bewertung von Naturressourcen betrachtet werden, jedoch infolge des unvollständigen Mechanismus ihrer Berechnung und Erhebung täuschen sie eher eine Bewertung von Naturressourcen vor, als daß sie tatsächlich eine solche darstellen.

Der Normativkoeffizient des Nutzeffekts von Investitionen dient als Instrument zur Berechnung der relativen Effektivität. Er wird zur Auswahl der effektivsten aus einer Reihe vergleichbarer Varianten ökonomischer und technischer Entscheidungen verwendet. Der Normativkoeffizient des Nutzeffekts stellt dabei nicht die mittlere, sondern die unterste Grenze der Effektivität dar. Er fixiert ein solches Verhältnis zwischen der anwachsenden Investitionsintensität und der Einsparung an laufenden Aufwendungen, das es ermöglicht, die zulässigen Investitionsvarianten auszuwählen.

Das Niveau des normativen Effektivitätskoeffizienten für die Volkswirtschaft insgesamt wird einerseits durch die vorhandenen Ressourcen bestimmt, d. h. durch die Größe des Akkumulationsfonds bei gegebener Anzahl der Beschäftigten der materiellen Produktion, und andererseits durch die Möglichkeiten an Investitionen, die ihrerseits abhängen vom Fortschritt der Technik, von den Unterschieden im Niveau der angewandten bzw. der neuen Technik, die der Einführung unterliegt. Ist der Akkumulationsfonds relativ hoch, so können auch die Investitionsmittel relativ groß sein und das Effektivitätsnormativ ist unter diesen Bedingungen niedrig. Wächst jedoch der Bedarf an Investitionen in Verbindung mit Unterschieden in der vorhandenen und der neuen Technik, so kann das Effektivitätsnormativ hoch sein. Im letzteren Falle werden Voraussetzungen zur Erhöhung des Rückflusses von Investitionen geschaffen, wodurch sich in der Folgezeit der Akkumulationsfonds erhöht und in der darauffolgenden Planperiode sich das Effektivitätsnormativ wiederum vermindern kann. Auf diese Weise kann mit Hilfe des Effektivitätsnormativs innerhalb bestimmter, natürlich durch die Hauptaufgaben des Plans begrenzter Grenzen das Verhältnis zwischen dem Akkumulationsfonds und dem Volumen der möglichen Investitionen reguliert werden. Es können damit die erforderlichen Proportionen hergestellt werden.

In der Rahmenmethodik ist bekanntlich das für die gesamte Volkswirtschaft gültige Effektivitätsnormativ mit nicht weniger als 0,12 festgelegt. Das bedeutet, daß die unterste Grenze für einen erzielbaren Effekt aus der Verminderung von Selbstkosten 12 Kopeken je Rubel zusätzlicher Aufwendungen beträgt. Mit anderen Worten, zur Einsparung von Selbstkosten in Höhe von 12 Kopeken dürfen nicht mehr als ein Rubel zusätzlicher Investitionen verausgabt werden (danach wird die Differenz zwischen den Investitionen nach einzelnen Varianten berechnet).

Für einen allgemeinen normativen Effektivitätskoeffizienten im Rahmen der gesamten Volkswirtschaft gibt es ein genügend breites Anwendungsgebiet. Er kann zur Lösung unterschiedlicher volkswirtschaftlicher Aufgaben verwendet werden, beispielsweise zur Bewertung der Produktion substituierbarer Erzeugnisse in den Zweigen, zur Schaffung komplexer Objekte und Produktionen einzelner Arten von Technik, die in einigen Zweigen angewandt wird, zur Lösung von Effektivitätsproblemen bei der Bereitstellung von Exporten bzw. bei der Importsubstitution von Erzeugnissen usw. In der Mehrheit der Zweige ist die Anwendung eines Normativs der vergleichbaren Effektivität von Investitionen und für Berechnungen innerhalb der Zweige gerechtfertigt.

Für die von uns betrachtete Gruppe von Zweigen der primären Produktion ist es außerordentlich wichtig, daß in den einzelnen Zweigen und Rayons ein relativer Nutzeffekt erzielt wird, wobei die Notwendigkeit besteht, von dem allgemeinen Effektivitätsnormativ abzuweichen. Zu den Hauptfaktoren, die eine mögliche Abweichung verursachen, sind zu rechnen: die Stimulierung des technischen Fortschritts, ein ungleiches Niveau der Arbeitslöhne, ein unterschiedliches Preisniveau, langfristige Bauprogramme sowie sonstige Unterschiede der Rayons. In einer Reihe von Fällen müssen Faktoren berücksichtigt werden, die mit der Lösung sozialer Aufgaben verbunden sind: Verbesserung der Arbeitsbedingungen, Erhaltung der Gesundheit der Bevölkerung und Erhaltung der Natur.

Wesentliche Faktoren zur Veränderung des Normativs sind ferner Aufgaben der perspektivischen Entwicklung der Volkswirtschaft, die Zweckmäßigkeit der Einführung grundlegender wissenschaftlicher Entdeckungen und Erfindungen, neuer Arten moderner Technik und, was uns besonders interessiert, die Einbeziehung neuer und bedeutsamer Naturressourcen, die Erschließung und Entwicklung neuer Rayons usw.

Stimulierung des technischen Fortschritts bedeutet die Möglichkeit, im breiten Umfange technische Lösungen einzuführen, die sich auf die Nutzung modernster wissenschaftlicher Ergebnisse stützen und die ihrerseits eine raschere Entwicklung einzelner Arten der Produktion und der Technik, aber auch eine vorrangige Entwicklung von Zweigen bzw. ökonomischer Rayons bedingen. Gibt es beispielsweise in einem Zweig bereits einen erheblichen Vorlauf auf dem Gebiet von Wissenschaft und Projektierung, so werden bei Begrenztheit von Investitionen für die Entwicklung im gegebenen Zeitabschnitt damit Bedingungen zur Auswahl der effektivsten Varianten geschaffen. Im Zusammenhang damit kann das Effektivitätsnormativ im Vergleich zu dem für die Volkswirtschaft insgesamt geltenden Normativ erhöht sein, jedoch nur bis zu einer bestimmten Grenze, da ein außerordentlich hohes Effektivitätsnormativ in einem bestimmten Umfang die Tempi des technischen Fortschritts im Zweig bremst.

Die Notwendigkeit einer außerordentlich raschen Entwicklung einzelner Arten von Produkten und Technik, die ohne eine solche Beschleunigung in einem gegebenen Zeitabschnitt die Entwicklung eines Zweiges oder eines ökonomischen Rayons behindert, erfordert gewöhnlich zusätzliche Mittel, die jedoch in einer gegebenen Etappe nicht in Form verminderter Selbstkosten der Erzeugnisse aufgebracht werden können. Eine ganz ähnliche Situation ergibt sich bei einer beschleunigten Entwicklung von Zweigen oder ökonomischen Rayons mit dem Ziel, den technischen Fortschritt in anderen Zweigen oder in der Volkswirtschaft insgesamt sicherzustellen.

Das unterschiedliche Niveau der Arbeitslöhne bedingt in vieler Hinsicht die

Auswahl der zweckmäßigsten Richtungen des technischen Fortschritts, da dieser mit der Arbeitskräftebilanz verbunden ist. Der Mangel an Arbeitskräften verursacht notwendigerweise eine Steigerung der Arbeitslöhne und dies wiederum stimuliert die Anwendung investitionsintensiverer Varianten der Technik. Unter solchen Bedingungen kann das Effektivitätsnormativ abweichend angewandt werden. Ein charakteristisches Beispiel hierfür ist die Erschließung von Naturressourcen in den nördlichen und östlichen Rayons, aber auch in den unbewohnten Rayons der UdSSR, wo sich der Mangel an Arbeitskräften außerordentlich empfindlich bemerkbar macht. Das relativ hohe Niveau der Arbeitslöhne in diesen Rayons sowie die Notwendigkeit, gewaltige Aufwendungen zur Lösung sozialer und sozialpolitischer Aufgaben (Entwicklung der nationalen Republiken) vornehmen zu müssen, bestimmt die Zweckmäßigkeit, für diese Rayons veränderte Normative festzusetzen. Wohingegen in einzelnen Rayons ein Überschuß an Arbeitskräften bei gleichzeitiger Notwendigkeit einer weitgehenden Vollbeschäftigung der Bevölkerung möglich ist, stimuliert dies eine weniger investitionsintensive Variante der Technik, was eine Erhöhung des Effektivitätsnormativs ermöglicht.

Ein unterschiedliches Preisniveau, das auf die Selbstkosten und die Investitionen einwirkt, bedingt notwendigerweise eine entsprechende Abweichung des Effektivitätskoeffizienten, um damit den Einfluß dieses Unterschiedes beim Variantenvergleich zu vermindern. Ist das Preisniveau, das die Selbstkosten beeinflußt, höher als das Preisniveau, auf dessen Grundlage die Investitionen berechnet werden, so kann das Effektivitätsnormativ entsprechend hoch sein. Und umgekehrt, liegt das Preisniveau, das die Investitionen beeinflußt, höher, so kann das Normativ vermindert sein.

Der für die primären Zweige wichtigste Faktor, die Langfristigkeit von Baumaßnahmen, ist mit der unterschiedlichen Dauer des Investitionszyklus verbunden. Langfristige Bauprogramme, die über den Planzeitraum eines Fünfjahrplans hinausreichen, sind zur Lösung perspektivischer Aufgaben zur Entwicklung der Volkswirtschaft, der Einbeziehung neuer und umfangreicher Naturressourcen in die Nutzung usw. erforderlich. Die volkswirtschaftliche Zweckmäßigkeit langfristiger Bauprogramme kann in bestimmten Fällen über ein niedrigeres Effektivitätsnormativ ausgewiesen werden. Ein charakteristisches Beispiel hierfür, das die Richtigkeit dieser These illustriert, ist die Durchführung gewaltiger Programme zur komplexen wasserwirtschaftlichen Erschließung mit dem Ziel der Bewässerung, der Gewinnung von Hydroenergie usw. Ein voller Investitionseffekt wird in diesen Bereichen fast immer im Verlauf von 10 Jahren und mehr erreicht.

Eines der wichtigsten Momente, das eine mögliche Abweichung des Effektivitätsnormativs zur Folge hat, sind die durch die natürliche Umwelt bedingten Faktoren bei der zu planenden und zu projektierenden Entwicklung der Produktion. Diese Faktoren widerspiegeln sich praktisch in allen territorial bedingten Unterschieden von spezifischen Investitionen, Transportkosten, laufenden Aufwendungen für Brennstoffe, Energie, im Niveau der Arbeitslöhne usw. Gerade das schafft die Möglichkeit, von der Einwirkung von Rentenfaktoren auf den Nutzeffekt von Investitionen nicht nur in der Landwirtschaft und der extraktiven Industrie, sondern praktisch auch in allen übrigen Zweigen der Volkswirtschaft zu sprechen.[8])

Das Ausmaß dieser Einwirkung auf die verarbeitenden Zweige der Industrie, das Transport- und Nachrichtenwesen, die nichtproduzierende Sphäre usw. ist keinesfalls von gleicher Bedeutung wie vergleichsweise der gewaltige Einfluß von Naturfaktoren auf den Nutzeffekt von Investitionen in der Gruppe der primären Zweige der Produktion, wo die eine oder andere Art von Naturressourcen bzw. deren Kombination unmittelbar den Arbeitsgegenstand darstellt.

Die Forderung nach Erhaltung oder sogar Verbesserung der natürlichen Umwelt bildet in den letzten Jahren eine der dynamischsten Richtungen bei der Zunahme von Investitionsaufwendungen innerhalb aller Zweige der Volkswirtschaft. Besonders fühlbar ist dies bei jenen Produktionsarten, die zu den größten Wasserverschmutzern gehören und die in den Rayons verteilt sind, die im besonderen Maße unter Wassermangel zu leiden haben oder die eines besonderen Schutzes bedürfen. So beträgt der Wert von Wasserreinigungsanlagen der großen Erdölkombinate zwischen 30 und 50 Prozent des Wertes des gesamten Objektes. Bekannt ist das Beispiel des Zellulosekombinates am Baikal, dessen Reinigungsabteilung sich aus ursprünglichen Hilfsabteilungen nunmehr zum wichtigsten Teil des Kombinates verwandelt hat usw.

Die wachsenden Aufwendungen in der Gegenwart sind durch die Notwendigkeit bedingt, der Natur eine „alte Schuld" abzutragen für jenen Zeitraum, in dem die Gesellschaft nicht über die erforderlichen Mittel verfügte und wo alles der raschestmöglichen Schaffung der erforderlichen Produktionsbasis geopfert wurde. Aber ebenso, wie seinerzeit ein breites Programm des Wohnungsbaus auf der Grundlage eines allseitig steigenden Komforts als eine der wichtigsten sozialen Aufgaben angesehen wurde, wird man gegenwärtig eine andere Gruppe von Aufgaben lösen müssen, die mit der rationelleren Naturnutzung verbunden sind.

Hierbei muß man die ganze Begrenztheit einer Bewertung der Maßnahmen zur Erhaltung des natürlichen Milieus in Wertausdruck vor Augen haben, wobei dies selbst für sorgfältige Berechnungen zutrifft, die auf der Grundlage des „Ersatz-Prinzips" vorgenommen werden. Ein großer Teil dieser Effekte (der Effekte aus diesen Berechnungen, d. Bearb.) bezieht sich auf die sogenannten nicht greifbaren Effekte, d. h. auf Effekte, die nicht in Wertform zum Ausdruck gebracht werden können. Unter kapitalistischen Bedingungen kann eine ähnliche Art von Effekten teilweise berücksichtigt werden. Uns scheint, daß wir diese Effekte ebenfalls berücksichtigen müssen, indem wir sie auf den Effekt der Aufwendungen beziehen, die als Maßnahmen zur Erhaltung der natürlichen Umwelt durchgeführt werden. Die Notwendigkeit ähnlicher Investitionsarten ist durch nichtökono-

[8]) Rozenfel'd, Š. L., Territorial'naja differenciacija edinovremennych zatrat i ėffektivnost' razmeščenija proizvodstva, Moskau 1972.

mische Faktoren bedingt, jedoch unterliegt jegliche zu planende bzw. zu projektierende Variante von Maßnahmen, die auf die Erhaltung der natürlichen Umwelt gerichtet ist, einer ökonomischen Begründung auf der Grundlage des Prinzips der Minimierung von Aufwendungen, und zwar auch dann, wenn diese Investitionen innerhalb einer rein produktiven Investition vorgenommen werden (beispielsweise Einführung von „wasserloser" Technologie oder Mehrfachnutzung von Wasser innerhalb desselben Betriebes usw.). Der Anteil an Investitionen einzelner Zweige hinsichtlich nichtteilbarer bzw. nur schwer teilbarer Aufwendungen (Aufwendungen für produzierende Zwecke einerseits und Aufwendungen für den Umweltschutz andererseits, d. Bearb.) muß nichtsdestoweniger bei der Begründung einer möglichen Abweichung des Normativs des relativen Nutzeffekts berücksichtigt werden.

Insgesamt sind im Hinblick auf die Größe des Effektivitätsnormativs, auf die Faktoren, die seine Differenzierung bedingen sowie auf die zulässigen Abweichungen in der Literatur zwei hauptsächliche Standpunkte formuliert worden. Dem ersten Standpunkt zufolge unterscheiden sich die konkreten ökonomischen und sozialen Bedingungen, aber auch die natürlichen Faktoren in den einzelnen Zweigen der Volkswirtschaft und den Rayons so sehr, daß ein für alle einheitliches Normativ des relativen Nutzeffekts unzweckmäßig erscheint und es bei Vorliegen eines allgemeinen volkswirtschaftlichen Koeffizienten möglich ist, von dieser Größe abzuweichen. Eines der Hauptargumente zugunsten einer Differenzierung des Effektivitätsnormativs ergibt sich aus der Notwendigkeit, nicht nur die ökonomischen und natürlichen, sondern auch die sozialen Faktoren zu berücksichtigen. Je höher der Anteil der sozialen Effekte am Gesamtergebnis von Investitionen ist, um so niedriger kann das Effektivitätsnormativ festgesetzt werden.

Nach Meinung einer Reihe von Ökonomen darf der normative Effektivitätskoeffizient wie auch die normative Rentabilität von Fonds zeitlich nicht verändert und einheitlich für alle Betriebe festgelegt werden, sondern muß eine variable und differenzierte Größe für Zweige und Betriebe sein. Der normative Effektivitätskoeffizient muß nach Überlegung dieser Ökonomen die Funktion eines optimalen Niveaus der ökonomischen Effektivität erfüllen und darf nicht deren untere Grenze darstellen.

Andere Autoren gehen wie früher von der Konzeption eines einheitlichen und harten volkswirtschaftlichen Normativs des relativen Nutzeffekts aus, das die Funktion eines Regulators nicht nur innerhalb der Zweige, sondern auch zwischen den Zweigen bei der Verteilung der Investitionen darstellt. Unserer Ansicht nach darf das Normativ des relativen Nutzeffekts nicht nur als objektiv sich ergebendes Verhältnis zwischen den Investitionsanforderungen und den Möglichkeiten an Investitionen betrachtet werden, da es dem Wesen nach eines der schlagkräftigsten Instrumente zur Steuerung der Investitionssphäre darstellt. Dies erfordert seine Festsetzung für jeden Planungszeitraum auf der Grundlage einer Analyse der Situation der Investitionstätigkeit und der Aufgaben des konkreten Fünfjahrplans. Es ist natürlich möglich, sich bestimmte Abweichungen hinsichtlich der

Zweige und der Rayons von der Gesamtgröße dieses Normativs vorzustellen, diese dürfen jedoch nicht zu groß sein, da sie sonst den Forderungen nach einer einheittechnischen Politik innerhalb der Volkswirtschaft widersprechen können. Für die Gruppe der relativ weniger investitionsintensiven Zweige (Leichtindustrie, Lebensmittelindustrie u. a.) kann dieses Normativ ohne Schaden für den technischen Fortschritt bis auf 25 bis 50 Prozent erhöht werden. Für die Zweige jedoch, deren technischer Fortschritt auf die Einführung investitionsintensiver Varianten neuer Technik und Technologie gegründet ist (Energetik, Metallurgie, Schwermaschinenbau u. a.), ferner für Zweige, wo ein überdurchschnittliches Wachstum vom Standpunkt der Entwicklung der Gesamtvolkswirtschaft erforderlich ist (Chemie, Funkelektronik, Landmaschinenbau usw.), sowie schließlich für Zweige der Landesverteidigung kann das Normativ um 15 bis 30 Prozent vermindert werden.

4. Die Berücksichtigung des Zeitfaktors

Wichtigste Bedingung für eine richtige Bestimmung des Nutzeffekts von Investitionen ist die vollständige Vergleichbarkeit von Aufwendungen und Ergebnis nach der Zeit. Die Berücksichtigung des Zeitfaktors wird im Hinblick auf die Beschleunigung der Tempi des wissenschaftlich-technischen Fortschritts immer aktueller, und die Berücksichtigung des zeitlichen Unterschieds zwischen der Durchführung von Investitionen und der Erzielung von deren Effekten (Phasenverschiebung) bildet eine unerläßliche Bedingung bei der Berechnung des allgemeinen Nutzeffekts. Das Problem der zeitlichen Verzögerung ist erheblich umfassender als die formalen Methoden seiner Berechnung, es durchdringt dem Wesen nach die gesamte Ökonomik. Daher ist es erforderlich, diese zeitliche Verzögerung (als wichtigsten Parameter) bei der Planung von Investitionen zu berücksichtigen, wobei letztere nach der Zeit in Gruppen hinsichtlich der Erzielung ökonomischer Ergebnisse unterteilt werden kann.

Die Investitionsverzögerung kann in zwei Bereiche untergliedert werden — in die Verzögerung im Rahmen des Investitionsbaus sowie in die Verzögerung im Verlaufe der Inbetriebnahme. Erstere stellt die Zeit dar, die erforderlich ist, um die vorgeschossenen Investitionen in Grundfonds sowie in Produktionskapazitäten umzuwandeln. Die Verzögerung im Verlaufe der Inbetriebnahme stellt die Zeit dar, die benötigt wird, um bei einem gegebenen Objekt das vorgegebene Niveau des Investitionsrückflusses durch die in Betrieb genommenen Grundfonds und Produktionskapazitäten zu erreichen.

In Abhängigkeit von den Zielen sowie den Ausgangsdaten, die bei den Berechnungen zugrunde gelegt werden, kann die Größe der zeitlichen Verzögerung unterteilt werden in

— eine normative Größe, d. h. eine auf der Grundlage bestimmter Normen festgelegte Zeit für den Investitionsbau sowie der Inbetriebnahme;

— eine planmäßig festgelegte Größe, die auf der Grundlage der im Plan festgelegten Zeiten des Investitionsbaus sowie der Inbetriebnahme errechnet wird;

— schließlich in eine tatsächliche Größe, die auf der Grundlage der tatsächlichen Zeitdauer des Investitionsbaus sowie der Inbetriebnahme von Grundfonds und Produktionskapazitäten errechnet wird.

All diese Möglichkeiten zur Berücksichtigung der zeitlichen Verzögerung haben ihre besondere Bedeutung im Hinblick auf die Bestimmung des Nutzeffekts solcher langfristigen Investitionen, die auf die Nutzung sowie Erhaltung von Naturressourcen berechnet sind.

Bei der Bestimmung des relativen Nutzeffekts von Investitionen muß die Aufmerksamkeit auf eine andere Seite des Problems gerichtet werden, nämlich der Einfluß zeitlich unterschiedlicher Investitionen auf den Nutzeffekt zu vergleichender Varianten. Der Einfluß des zeitlichen Unterschieds von Investitionen nach Varianten, und zwar in allen ihren Erscheinungen, wird in der Weise berücksichtigt, daß die Aufwendungen späterer Jahre auf den gegenwärtigen Zeitpunkt reduziert (diskontiert, d. Bearb.) werden. Als Berechnungsinstrument wird hierfür die Methode der Diskontierung unter Verwendung eines speziellen Reduktionskoeffizienten angewendet (in der deutschsprachigen Literatur ist dieser Koeffizient unter dem Namen Abzinsungsfaktor bekannt, d. Bearb.)

Gegenwärtig kann man den langjährigen Streit darüber, ob die Verwendung der einfachen Zinsrechnung oder aber die Zinseszinsrechnung zur Diskontierung in den Berechnungen des relativen Nutzeffekts anzuwenden ist, als entschieden betrachten. Von allen Autoren wird empfohlen, die Reduzierung zeitlich unterschiedlicher Aufwendungen nach der Zinseszinsrechnung vorzunehmen, mit Ausnahme einzelner Empfehlungen für eine Anwendung kombinierter Zinsrechnungen bei der Berechnung der Verteilung des ökonomischen Nutzeffekts für Zwecke von Konsumtion und Akkumulation. Die kombinierte Zinsrechnung kann bei mikroökonomischen Begründungen angewendet werden.

Die Methode der Diskontierung wird sowohl zur Reduzierung zeitlich unterschiedlicher Investitionen auf einen bestimmten Zeitpunkt wie auch zur Reduktion zeitlich veränderter laufender Aufwendungen empfohlen. Hieraus folgt jedoch nicht, daß diese Reduktionsmethode verabsolutiert und daß sie auf die Kennziffern des Produktionsvolumens ausgedehnt werden kann. Die Methode der Diskontierung von Aufwendungen kann auch nicht zur Begründung für die Veränderung von geplanten Baukosten dienen, da sie dem Wesen nach lediglich ein Berechnungsverfahren zur Bestimmung des ökonomischen Nutzeffekts zu vergleichender Investitionsvarianten darstellt.

Bekanntlich werden in der Rahmenmethodik unterschiedliche Größen für den Normativkoeffizienten des vergleichbaren Nutzeffekts von Investitionen sowie für das Reduktionsnormativ zeitlich unterschiedlicher Aufwendungen angewendet. Letzteres (das Reduktionsnormativ E_{nr} zeitlich unterschiedlicher Aufwendungen) ist, ausgehend von der gegenwärtigen Ordnung zur Berechnung der Amortisation von Grundfonds (oder deren Diskontierung) niedriger festgelegt als der Normativkoeffizient des relativen Nutzeffekts E_n, der 0,08 beträgt. Es muß unterstrichen werden, daß die Differenz in den festgelegten Größen der Normative von einigen Ökonomen auch aus deren unterschiedlichen ökonomischen Natur hergeleitet wird. Vom theoretischen Standpunkt aus kann zur Erzielung eines realen Effekts aus den aufgesparten Investitionen nur jener Teil genutzt werden, der dem Anteil der Akkumulation am Nationaleinkommen entspricht.[9]) Jedoch ist die Frage nach dem Verhältnis der Normative des relativen Nutzeffekts und der Reduktion zeitlich unterschiedlicher Aufwendungen weiterhin in der Diskussion.[10])

Es wird der Standpunkt vertreten, daß, wenn E_n die untere Grenze des normativen Nutzeffekts darstellt, es als Diskontierungsfaktor verwendet werden kann. Es wurden eine Reihe von Begründungen für die Identität von E_n und E_{nr} publiziert, ausgehend davon, daß bei einem Vergleich für unendlich lange Zeiträume, bei unveränderlichen Größen der laufenden Aufwendungen und bei ihrem Ausschluß aus den laufenden Amortisationsabführungen das Normativ des relativen Nutzeffekts eine Größe darstellt, die in vereinfachter Form die Diskontrate widerspiegelt. Die Forscher, die davon ausgehen, daß sich die ökonomische Natur des Diskontierungsfaktors E_{nr} von E_n unterscheidet, verweisen darauf, daß die mathematische Begründung nicht völlig korrekt ist, sowie darauf, daß das Normativ des relativen Nutzeffekts nur für begrenzte Vergleichszeiträume sowie bei Einbeziehung der Amortisationen in die laufenden Kosten gilt. Es wird auch der Versuch unternommen, die Größen E_n und E_{nr} unter Berücksichtigung des Zeitpunktes des moralischen Verschleißes zu vergleichen.

Bei den Berechnungen sowohl des allgemeinen wie auch des relativen Nutzeffekts ist es außerordentlich wichtig, eine dritte Besonderheit der Wirkung des Zeitfaktors zu beachten, nämlich die Bewertung des Nutzeffekts infolge Verminderung der Investitionsbauzeit, der Verringerung des Zeitraums bis zur Inbetriebnahme von Kapazitäten bzw. bis zur Erreichung der vollen projektierten technisch-ökonomischen Kennziffern. Die Möglichkeit, Investitionen für spätere Zeiträume aufzusparen, soweit die Bilanz von Produktionskapazitäten im Perspektivzeitraum davon nicht beeinträchtigt wird, erlaubt es praktisch, den Akkumulationsfonds zu erweitern und ihn insbesondere zur beschleunigten Entwicklung der progressivsten Zweige der Produktion einzusetzen. Betrachten wir als Beispiel zwei Varianten von Bauten mit geplanten Baukosten im Wert von 20 Millionen Rubel. Eine wurde 1972 begonnen, die andere 1975. Wir unterstellen, daß der Bau im Verlauf eines Jahres abgeschlossen ist und daß alle übrigen Faktoren (Produktionsbilanz und Bilanz des Verbrauchs von Erzeugnissen, die erforderliche Finanzierung sowie die Arbeitskräfte usw.) unberücksichtigt bleiben können. Dann betragen die Investitionsaufwendungen der zweiten Variante, reduziert auf das Jahr 1972,

9) Šuster, A. J., Faktor vremeni v ocenke ėkonomičeskoj ėffektivnosti kapital'nych vloženij, Moskva 1969.

10) Chačaturov, T., Die Vervollkommnung von Methoden zur Nutzeffektivitätsbestimmung von Investitionen, in: Voprosy ėkonomiki, 3/1973, S. 33.

$\left(\frac{20}{1 + 0{,}08^3}\right)$ = 16 Millionen Rubel. Auf diese Weise beeinflußt die Möglichkeit, den Bau des Projektes um drei Jahre hinauszuschieben (bei sonst gleichen Bedingungen) den relativen Nutzeffekt von Investitionen ganz erheblich.

Die vorfristige Inbetriebnahme eines Investitionsobjektes, d. h. die vorfristige Erreichung der projektierten Kapazität durch eine Verkürzung der Bauzeiten und der Zeitdauer der Inbetriebnahme, führt zur Erzielung eines zusätzlichen Effektes im Vergleich zur ursprünglich vorgesehenen Variante, die auf der Grundlage eines längeren Zeitraumes des Investitionsbaues und der Inbetriebnahme berechnet ist. Dieser Effekt kann nach der Summe des zusätzlichen Gewinns für den Zeitraum der Verkürzung der Inbetriebnahme (gegenüber der geplanten) bestimmt werden. Beträgt beispielsweise die Bauzeit eines Produktionsobjektes im Wert von 15 Millionen Rubel nach der Norm 2,5 Jahre, und wird dieses Objekt tatsächlich bereits nach zwei Jahren in Betrieb genommen, so beträgt der ökonomische Effekt aus der vorfristigen Inbetriebnahme, wenn das Rentabilitätsniveau des Betriebes mit 12 Prozent (zum Wert der Produktionsgrundfonds) festgelegt ist: $15 \times 0{,}12\ (2{,}5 - 2) = 0{,}9$ Millionen Rubel.

Die Verkürzung der Bauzeit garantiert nicht nur einen ökonomischen Effekt im Produktionsbereich der Erzeugnisse, sondern auch bei den Bauorganisationen in Form einer Verminderung ständiger Ausgaben. Da dieser Effekt einmalig ist, muß er mit dem jährlichen Effekt entsprechend den gegenwärtigen Produktionsbedingungen summiert und mit diesem auf eine jährliche Größe reduziert (diskontiert) werden.

Im Hinblick auf eine notwendige Verkürzung der Bauzeiten entsteht in methodologischer Hinsicht eine wichtige Frage. Muß man nicht die Verluste aus dem Einfrieren von Investitionen bestimmen, indem man hierfür das Reduktionsnormativ (Normativ der Diskontierung) der zeitlich unterschiedlichen Aufwendungen E_{nr} verwendet? Deren Größe muß man unbedingt kennen und bei der Bewertung der Tätigkeit von Projektierungs- und Bauorganisationen sowie der Betriebe selbst in den ersten Jahren ihrer Nutzung zugrunde legen. Wenn es gelingt, die Bauzeit zu verkürzen oder auf die Auswahl effektiverer Varianten Einfluß zu nehmen, so ist eine Bestimmung der Verluste aus dem Einfrieren von Mitteln durchaus gerechtfertigt. Eine Berechnung kann nach folgender Formel vorgenommen werden:

$$I_e = I_t E_{nr} t + I_{(t-1)} E_{nr}(t - 1) + I_{(t-2)} E_{nr}(t - 2) \cdots I E_{nr})$$

wobei

I_e — die Summe von Verlusten aus dem Einfrieren von Investitionen;

I_t, $I_{(t-1)}$, $I_{(t-2)}$ — die Investitionen jedes Jahres nach Beginn des Baues;

t — der Zeitraum von Beginn des Baues des Objektes bis zur Übergabe in die Nutzung;

I — die Investitionen des letzten Jahres;

E_{nr} — das Reduktionsnormativ zeitlich unterschiedlicher Aufwendungen.

Erheblich schwieriger gestaltet sich die Berechnung von Verlusten beim Einfrieren von Mitteln im Zeitraum der Inbetriebnahme, d. h. in einem Zeitraum, wo die projektierten ökonomischen Kennziffern für die Nutzung von Kapazitäten entweder noch nicht voll erreicht sind oder, wie sich dies insbesondere sehr oft bei Objekten in Zweigen der extraktiven Industrie ergibt, wo sich die Inbetriebnahme nicht mittels Baumaßnahmen vollzieht, sondern allmählich und in Form einer Teilinbetriebnahme von Kapazitäten. Die Schwierigkeit besteht hier vor allem in der Bestimmung der Vergleichsbasis. Die Logik diktiert hier vor allem die Verwendung von Projektkennziffern. Jedoch macht deren ungenügende Begründung, verursacht durch eine allgemeine Tendenz zum erhöhten Ausweis des Nutzeffekts (besonders leicht geschieht dies dort, wo das Ergebnis in erheblichem Maße von Naturfaktoren abhängt) in vielen Fällen eine Anwendung unmöglich.

Die Erschließung neuer Teilbereiche bzw. Teilmengen von Naturressourcen im großen Ausmaß ist gewöhnlich mit der Durchführung langfristiger Investitionsprogramme verbunden, deren Erarbeitung und Durchführung den Rahmen der mittelfristigen Planung übersteigt. Solche Programme (näheres hierzu vgl. Kapitel 7) erfordern sowohl zu Beginn als auch im Zuge der Durchführung von Investitionsbauten detaillierte ökonomische Berechnungen, die häufig einen optimierenden Charakter tragen, wobei als Optimierungskriterien die Minimierung nicht nur der Gesamtaufwendungen, sondern auch die Zeitdauer ihrer Durchführung verwendet werden. Die Erarbeitung solcher Berechnungsmethoden bildet einen Gegenstand wissenschaftlicher Programme von Ökonomen und Mathematikern.

5. Formen der Bewertung von Naturressourcen

Alle bisher dargestellten Methoden zur Bestimmung des Nutzeffekts von Investitionen sind auf einem Vergleich einmaliger Aufwendungen mit den daraus folgenden Effekten aufgebaut, die entweder in Form einer wachsenden Menge von Erzeugnissen (extensive Investitionen), in Form verminderter laufender Produktionskosten eines bestimmten Volumens notwendiger Erzeugnisse (intensive Investitionen) oder durch eine Kombination dieser beiden genannten Richtungen erzielt werden. Diesem Vergleich liegt das Prinzip wechselseitiger Substituierbarkeit von Investitionen und laufenden Aufwendungen zugrunde. Dieses Prinzip stützt sich auf die dem realen Reproduktionsprozeß voll entsprechende Vorstellung, daß Produktionsgrundfonds, die im Ergebnis von Investitionsbauten geschaffen wurden, einen Teil der lebendigen Arbeit durch eine bedeutende Steigerung der Produktivkraft ihrer übrigen Teile ersetzen können. Im Hinblick auf unsere Fragestellung ergibt sich das Problem, ob Naturressourcen, die unzweifelhaft zu einer Steigerung der Arbeitsproduktivität führen, in dieser Hinsicht mit Produktionsfonds voll vergleichbar sind. Diese Frage ist nicht neu.

In der USA-Statistik unterscheidet man sehr genau zwischen reproduzierbaren und nichtreproduzierbaren Grundfonds, wobei man unter letzteren Boden und andere Naturressourcen versteht. In einzelnen Fällen ist ihre Summierung zulässig, jedoch wird die Fondsintensität des Bruttonationalproduktes sowie des Nationaleinkommens immer nur in bezug auf die reproduzierbaren Ressourcen berechnet. Trotzdem kann in allen ökonomischen Berechnungen, beispielsweise bei der Ermittlung der Investitionssumme, der Preis für Bodenflächen, die zur Errichtung eines gegebenen Objektes erforderlich sind, mit berechnet werden. Vom Standpunkt der Investitionsaufwendungen unterscheidet sich der Kaufpreis des Bodens in nichts von den Aufwendungen zum Kauf von Maschinen. Mehr noch, die Ausrüstungen amortisieren sich, veralten, d. h. sie werden entwertet und erfordern Ersatz, während der Boden dagegen in seinem Wert steigt.

Vorschläge zur unmittelbaren Einbeziehung des Bodenpreises in die Berechnungen des ökonomischen Nutzeffekts werden auch von den Ökonomen anderer sozialistischer Länder gemacht.[11]) In einigen dieser Vorschläge stellt der Bodenpreis nicht einfach einen Verrechnungspreis dar, sondern eine reale ökonomische Kategorie (näheres hierzu siehe Kapitel 8).

Die unterschiedlichen Renten bei den in die Produktion einbezogenen Naturressourcen werden in erheblichem Maße bereits in den wichtigsten Berechnungsgrößen aufgefangen, die bei der Bestimmung des Nutzeffekts von Investitionen verwendet werden. Es handelt sich hier in erster Linie um die Investitionssummen, die in solche Berechnungen eingehen. Die Normative für spezifische Investitionen, die bei Projektberechnungen angewendet werden, aber auch der konkrete Umfang der auszuführenden Arbeiten müssen erstens die Spezifik des Gebietes und zweitens die Lage einer konkreten Bebauungsfläche, die Bedingungen für die Wasserversorgung und anderes mehr berücksichtigen. Dieses Berechnungsverfahren, das den Einfluß von Naturfaktoren auf die geplanten Baukosten und folglich auch auf den Nutzeffekt des Objektes bestimmt, „arbeitet" nach einem Schema, das ganz im Gegensatz steht zur gewöhnlichen Bestimmung des relativen Nutzeffektes.

Eine geringere Aufwandssumme innerhalb der Investitionen zur Erschließung besserer Teilbereiche (die beispielsweise geeignet sind für Bauzwecke, für Wasserversorgung usw.) im Vergleich zu schlechteren Teilbereichen bzw. Teilmengen führt keineswegs zu einer Vergrößerung der laufenden Aufwendungen, die mit der Nutzung dieser Ressourcen verbunden sind, d. h. es bedeutet kein Wachstum der Selbstkosten der Produktion gegenüber einer weniger kapitalintensiven Variante. Umgekehrt, in der Mehrheit der Fälle führen relativ geringere Anfangsaufwendungen zur Erschließung auch zu einer relativen Verminderung der laufenden Aufwendungen nicht nur infolge der Einsparung

11) Rźiga, Ekonomičeskaja effektivnost' naučno-techničeskogo progressa, Moskau 1969.

von Amortisationen, sondern auch infolge einer erheblich höheren Arbeitsproduktivität bei Nutzung der besten Teilbereiche bzw. Teilmengen von Naturressourcen im Vergleich zu den schlechteren.

Die Tendenzen bei der Erschließung von Naturressourcen zeigen, daß die leicht erschließbaren Ressourcen gleichzeitig auch die der Qualität nach besten, d. h. die bei der Nutzung ökonomischeren Ressourcen sind. Es gibt natürlich auch Ausnahmen, wenn schwerer erschließbare Naturressourcen dank ihrer qualitativen Kennziffern es erlauben, die steigenden Erschließungsaufwendungen durch eine Einsparung an laufenden Aufwendungen in den primären Produktionszweigen und bei ihrer Nutzung und Verarbeitung auszugleichen. Dies ist beispielsweise der Fall bei den Erdgaslagerstätten Westsibiriens, bei den Zuflüssen einiger Wasserkraftwerke usw. In der Regel jedoch gibt es folgende Tendenz: Je geringer die Erschließungsaufwendungen, d. h. die Investitionen, um so geringer sind auch die laufenden Aufwendungen je Erzeugniseinheit.

Es zeigt sich somit, daß wir bei der Fondsbewertung die Einbeziehung von Aufwendungen auf den Erschließungsaufwand von Naturressourcen begrenzen können, während ein solches Vorgehen bei Investitionsberechnungen offensichtlich ungenügend ist. Wir müssen uns in diesem Falle, wie wir bereits in Kapitel 2 zeigten, der Differentialrente bedienen, die unter sozialistischen Bedingungen im Hinblick auf Nutzeffektsberechnungen nicht einfach als zusätzliches Einkommen zu behandeln ist, sondern viel eher als Einsparung laufender Kosten bei der Produktion gleichartiger Erzeugnisse, und zwar unter Einsatz bester (Differentialrente I) oder künstlich verbesserter natürlicher Ressourcen mittels zusätzlicher Aufwendungen (Differentialrente II). Die Kapitalisierung dieser eingesparten Summe und die von unserem Standpunkt aus erforderliche Summierung der erzielten Größe mit den Erschließungsaufwendungen der schlechtesten Teilbereiche bzw. Teilmengen entsprechender Naturressourcen ergibt eine Bewertung, die man bei Investitionsberechnungen verwenden kann. Die Einbeziehung der Erschließungsaufwendungen in diese Bewertung, d. h. der Wiederherstellungswert der entsprechenden Arbeiten, ist dadurch bedingt, daß das volkswirtschaftliche Herangehen, das der Theorie und Praxis der Nutzeffektbestimmung von Investitionen eigen ist, uns zwingt, Naturressourcen nicht einfach nur vom Standpunkt der Produktionsentwicklung des heutigen Tages, sondern auch vom Standpunkt der Interessen der künftigen Generationen zu betrachten. Folglich müssen die potentiellen Verluste, die diesen (künftigen) Interessen durch den Entzug dieses oder jenes Teilbereichs bzw. Teilmenge bereits erschlossener Naturressourcen aus der Nutzung zugefügt werden, durch erneute Einbeziehung, d. h. Erschließung zumindest gleichwertiger Teilbereiche bzw. Teilmengen an Naturressourcen kompensiert werden. Die Hierarchie der Erschließung spricht dafür, daß dies nur die schlechtesten Teilbereiche bzw. Teilmengen von Naturressourcen sein können (d. h., daß die Erschließung von den besseren zu den schlechteren natürlichen Ressourcen hin fortschreitet, d. Bearb.).

Man kann natürlich auch das „Ersatzprinzip“ in Berechnungen anwenden, die auf der Verwendung anderer Ressourcen oder Produktionen für die zu ersetzenden Erzeugnisse beruhen, wobei von einer gegebenen Naturressource überhaupt abgesehen wird wie beispielsweise bei der Verwendung von Synthesefasern anstelle von Baumwolle usw. Unserer Ansicht nach ist dieses Prinzip für lokale Berechnungen geeignet, kann jedoch nicht zur Bewertung solcher Ressourcen allgemeinster Verwendung wie Boden und Wasser schlechthin angewendet werden.

Einige Ökonomen machen den Vorschlag, zwei Abarten von Bewertungen für Naturressourcen vorzunehmen, und zwar eine Investionsbewertung und eine laufende Bewertung („Dualbewertung").[12] Faktisch verstehen sie hierunter jedoch die kapitalisierte bzw. nichtkapitalisierte Differentialrente in einer Auffassung, wie diese Kategorie in der Theorie der Optimalplanung verstanden wird.

Welche Bewertung im Einzelfalle angewendet wird, ob die Investitionsbewertung oder die laufende Bewertung, hängt von der Spezifik der Berechnungen für jede Art von Naturressourcen ab (wobei man sich eine Investitionsbewertung für Wasserressourcen schwer vorstellen kann), und es muß zuvor die Frage gelöst sein, daß für diese Berechnungen auch geeignete Preise vorliegen, auf deren Grundlage die entsprechenden Investitionen und laufenden Kosten berechnet werden. Es müssen schließlich auch entsprechende Preise für die Plan- und Projektberechnungen für den Tagesgebrauch vorliegen. Gerade bei einem solchen Herangehen an die Frage zeigt sich, daß Bewertung von Naturressourcen, die in der einen oder anderen Form auf allgemeinen oder lokalen Optimierungsrechnungen beruhen, mit realen Preisen der wirtschaftlichen Rechnungsführung für Zement, Metall, Ausrüstungen usw. sowie für Arbeitslöhne, Rohstoffe und Werkstoffe, die die Summe der Investitionen und der laufenden Aufwendungen widerspiegeln, unvereinbar sind.

Daher ist es möglich, in Nutzeffektsrechnungen von Investitionen im Prinzip eine Bewertung von Naturressourcen einzuführen, die nicht schlechthin Aufwandkategorien widerspiegelt, sondern als Kategorien Bestandteile realer Aufwendungen. Dies bedeutet insbesondere, daß die Berechnung der Differentialrente sich auf jenen Zeitraum erstrecken muß, für den — in tatsächlichen Preisen — die Investitionen und laufenden Kosten berechnet werden. Nur eine solche Art der Bewertung von Naturressourcen kann in Nutzeffektsrechnungen von Investitionen einbezogen werden.

Welchen Einfluß hat die Berechnung von Naturressourcen auf die Ergebnisse von Nutzeffektsberechnungen bei Investitionen? Er hängt von der Art und vom Umfang der Ressourcen ab, deren Bewertung in die Berechnung einbezogen ist bzw. von den spezifischen Kosten und der Ressourcenbewertung, berechnet je Einheit Investitionen. Betrachten wir diesen Einfluß etwas genauer am Beispiel von Bodenflächen.

12) Suchotin, Ju. V., Metodologičeskie ocnovy ocenki prirodnych resursov, in: Ekonomičeskaja effektivnost' kapitalnych vloženij c učetem geneźnoj ocenki zemli, Kišinev (Rotaprint).

Nach Angaben von V. Vašanov[13]) wurden im Zeitraum von 1958 bis 1967 in der RSFSR je eine Million Rubel Investitionen annähernd sieben ha Fläche der landwirtschaftlichen Nutzung für Bauzwecke entzogen (bei Abweichungen von sechs bis zehn ha). Die Abweichungen sind in der Hauptsache durch die Veränderungen des jährlich begonnenen Baus von Betrieben in besonders flächenintensiven Zweigen verursacht. In diesen Berechnungen wurden nicht die Flächen berücksichtigt, die für große wassertechnische Bauten verwendet werden, da diese besonders flächenintensiv sind. Bei Berücksichtigung der großen Wasserkraftwerke und Speicheranlagen beträgt nach Vašanov die spezifische Flächenintensität je eine Million Rubel Investitionen bis zu 1000 ha.

Bei der Herausbildung von Industriezonen, Gruppen von Betrieben, industriellen Ballungszentren bzw. Rayons ist die Gesamtfläche (Industriefläche) des entzogenen Bodens ganz erheblich höher als der Bodenfonds, der unmittelbar als industrielle Bebauungsfläche genutzt wird. Es hängt dies mit dem Bedarf an zusätzlichen allgemeinen Betriebsflächen zusammen — Schutzzonen, Reserveflächen, Flächen für Zufahrtsstraßen und Haltestellen usw. Das Verhältnis der direkten industriellen Bebauungsfläche zur Gesamtfläche an entzogenen Boden wird durch einen Koeffizienten ausgedrückt, der die territoriale Erschließung widerspiegelt. Für einen einzelnen Betrieb liegt dieser Koeffizient nach Berechnungen von A. Chorchot bei ungefähr 1, für eine Gruppe von Betrieben oder für einen Industriekomplex dagegen bei etwa 0,4 bis 0,5.

Die spezifische Flächenintensität von Investitionen für Betriebe innerhalb eines Zweiges differiert gewöhnlich nur unbedeutend, beispielsweise im Verarbeitungszweig landwirtschaftlicher Rohstoffe von 3,2 bis 5 ha (unter Berücksichtigung des Erschließungskoeffizienten für den gegebenen Zweig beträgt die Bodenintensität zwischen 0,6 bis 6 ha), in der holzverarbeitenden Industrie beträgt die Flächenintensität zwischen 6 bis 9 ha (unter Berücksichtigung des Erschließungskoeffizienten 0,6 bis 13 ha) und im Maschinenbau sowie in der Metallverarbeitung entsprechend 2,5 bis 3,5 und 5 ha.

Nach Angaben von Rozenfel'd[14]) übersteigt die industrielle Bebauungsfläche, berechnet je eine Million Rubel Investitionen, in der Mehrheit der Industriezweige zwei Hektar nicht, wobei insbesondere in den Kohlenschächten, in einer Reihe von Gruben, der chemischen Industrie, in vielen Betrieben der metallurgischen Industrie, der chemischen sowie der Leichtindustrie nicht mehr als ein Hektar industrielle Grundfläche je eine Million Rubel erreicht wird. Lediglich in den Betrieben einiger Zweige liegt sie wesentlich darüber (bei der Erdölförderung sieben, bei der Holzverarbeitung von sechs bis elf ha usw.). Hiervon ausgehend zieht Rosenfel'd folgende Schlußfolgerungen.

13) Vašanov, V., Zur Frage der Planung von Bodenentnahmen, in: Planovoe chozjajstvo, 4/1969, S. 60.

14) Rozenfel'd, Š., Die Bewertung von Naturressourcen und der Nutzeffekt der Verteilung der Produktivkräfte, in: Planovoe chozjajstvo, 9/1968, S. 76—84.

Die absoluten Größen einer relativen Bodenbewertung, berechnet je Betrieb, und die Abweichungen dieser Größen für die verschiedenen Bodenflächen können ganz erheblich sein, besonders bei einer erheblich unterschiedlichen Bodenqualität und bei einem großen Flächenbedarf der Betriebe. Wird ein Bodenstück beispielsweise mit Null und ein anderes mit 10000 Rubel bewertet, so differieren die Bauaufwendungen wie folgt: für Erzaufbereitungskombinate bis zu 10—15, für metallurgische Kombinate bis zu 8—10, für Zellulose-Papierkombinate bis zu 3 und für erdölverarbeitende Betriebe bis zu 6 Millionen Rubel usw.

In den Zweigen, wo die Betriebe nur geringe Flächen beanspruchen (Maschinenbau, Leicht- und Lebensmittelindustrie usw.), beträgt die Differenz im Investitionsvolumen bei ungleicher Bodenbewertung nicht mehr als eine Million Rubel. Die Differenz in den relativen Größen von Bodenbewertungen (berechnet je eine Mill. Investitionen) ist dagegen in jenen Zweigen größer, wo der Bedarf an allgemeiner industrieller Gesamtfläche (Industriefläche) größer ist. Die Differenz ist besonders groß beim Bau von Betrieben der Holzverarbeitung (Sägewerke), bei Fleischkombinaten, Zuckerfabriken, Erdölkombinaten usw.

Zur Bestimmung des Einflusses von Bodenbewertungen auf den Nutzeffekt von Investitionen ist es erforderlich, das Anfangsvolumen dieser Bewertung, berechnet je Einheit spezifische Investitionen, zu bestimmen. Rosenfel'd beispielsweise ist der Ansicht, daß sich die Differenz in der Bodenbewertung im Einfluß auf die Größe der spezifischen Investitionen einiger Zweige erst dann zu zeigen beginnt, wenn ein erheblicher Unterschied in der Bodenqualität festzustellen ist und die Differenz je Bodenstück mehr als 1000 Rubel je Hektar beträgt. In der Mehrheit der Zweige zeigt sich dieser Einfluß aus der unterschiedlichen Bodenqualität und der entsprechenden Bewertung jedes Bodenstückes erst bei mehr als 3000 bis 5000 Rubel. Sogar in den Zweigen, wo die in Anspruch genommene Bodenfläche relativ groß ist, verteuert ihre Bewertung mit 1000 Rubel je Hektar die Baukosten nur um etwa ein Prozent. Eine erhebliche Differenz in der Qualität und der Bewertung von Boden nach Varianten stellt keine typische Erscheinung dar. Sie ist in der Hauptsache charakteristisch für den Bau von Industrieobjekten bzw. Wohngebieten auf geeigneten Flächen innerhalb der Städte oder in ihrer unmittelbaren Nähe und beim Variantenvergleich für die Errichtung von Wasserkraftwerken auf mehr oder weniger fruchtbaren Böden sowie für den Bau von Kraftwerken auf der Grundlage verschiedener Brennstoffarten.

Der Einfluß der Bodenbewertung auf die Gesamtsumme der reduzierten Aufwendungen ist in der Mehrheit der Zweige gering. Sogar bei erheblichen Unterschieden in den Bodenbewertungen (beispielsweise von 0 bis 10000 Rubel je Hektar) vergrößert die Bodenbewertung die reduzierten Aufwendungen um nicht mehr als 1 Prozent. Im angenommenen Beispiel sind die spezifischen Investitionen, berechnet je eine Tonne Stahl, bei sonst gleichen Bedingungen auf dem zweiten Bodenstück um 1,2 Rubel höher. Folglich würde es bei einem Nutzeffektskoeffizienten der Investitionen von 0,12 genügen, wenn die Selbstkosten von Stahl hier um 0,14 bis 0,15 Rubel niedriger wären. Einflüsse auf diese Kennziffern, die aus verschiedenen Produktionsbedingungen herrühren, sind hier in vielem höher als infolge der unterschiedlichen Bodenbewertungen.

Rosenfel'd führt eine Reihe von Daten darüber an, daß die Bodenbewertung auf die Rentabilität Einfluß nimmt in Abhängigkeit von deren Höhe im gegebenen Betrieb und vor allem im Hinblick auf die Fondsausstattung sowie das Volumen der Umlauffonds. So vermindert beispielsweise in der holzverarbeitenden Industrie bei einer angenommenen Rentabilität von zehn Prozent die Einbeziehung der Bodenbewertung in einer Größe von 10000 Rubel je Hektar in die Gesamtsumme der Grundfonds die betriebliche Rentabilität um sechs Prozent, bei einer Rentabilität von 20 um 12 Prozent usw. In den Betrieben für metallurgische Ausrüstungen vermindert sich die Rentabilität entsprechend um 1,3 und 2,6 Prozent, in der Kohleindustrie um ein bzw. zwei Prozent. Nimmt z. B. ein Betrieb eine Fläche ein, die je Hektar mit 1000 Rubel und weniger bewertet ist, so vermindert sich die Rentabilität gewöhnlich nur um wenige Zehntel Prozent. Nach Angaben des gleichen Autors betragen die Aufwendungen für die Bebauung von einem Hektar in den Städten durchschnittlich etwa 300000 Rubel, wobei die Differenzen in den Betriebskosten auf Grund unterschiedlicher Bodenflächen relativ gering sind. Daher kann sich der Wert von Bauten auf unterschiedlichen Bodenflächen um zwei bis fünf Prozent und mehr erhöhen.

Rosenfel'd gelangt zu der Schlußfolgerung, daß die Nutzeffektsbestimmung der Verteilung einzelner Betriebe auf unterschiedlichen Flächen, die isoliert, ohne Berücksichtigung des Anspruchs anderer Betriebe auf diese Flächen vorgenommen wird, die Berechnungsergebnisse infolge der unterschiedlichen Qualität der Bodenstücke beeinflußt. Dieser Umstand verleitet manchmal zu dem Irrtum, als ob aus der Bewertung unterschiedlicher Bodenstücke ein Effekt zustande käme. Wenn man jedoch den ökonomischen Nutzeffekt der Nutzung ein und desselben Gebietes für unterschiedliche Zwecke bzw. die Nutzung des Gesamtterritoriums eines Landes bestimmt, so hat die Bodenbewertung keinerlei Einfluß auf den volkswirtschaftlichen Nutzeffekt von Investitionen. Das, was dem einen Betrieb aus der geringeren Bewertung an Gewinn zufällt, verliert ein anderer; die Summe der genannten Aufwendungen bleibt für alle bebauten Bodenstücke die gleiche, unabhängig von der Verteilung auf die unterschiedlichen Betriebe.

Ein klares, wenn auch nicht ganz einfaches Beispiel für die Verwendung der ökonomischen Bewertung nicht nur von Boden, sondern auch von Wasser bei der Bestimmung des relativen Nutzeffekts von Investitionen sind Bewässerungsbauten. Die grundlegende Zielsetzung besteht hier in einem höheren Nutzungsniveau solcher Naturgüter wie Boden und Wasser durch den Menschen.[15)]

15) Polonskij, M. L., Mėtody ėkonomičeskoj ocenki techničeskich rešenij pri vybore stroitel'nych materialov i konstrukcij (na primere vodochozjajstvennogo stroitel'stva), Diss. kand. ėk. nauk, Moskva 1971.

Gegenwärtig wird das Wasser mit Hilfe verschiedener Arten künstlicher Wasserverteilung auf die Felder gebracht: durch Kanäle, Wassergräben, Rohrleitungen. Hierbei ergeben sich unterschiedlich günstige Nutzungsvarianten von Wasser und Boden. Die unterschiedliche Bodennutzung ist dabei durch die Art des Bewässerungssystems bedingt, das beispielsweise bei Kanalbewässerung etwa zehn Prozent der Fläche der Bestellung entzieht, während bei der Bewässerung mittels Rohrleitungen nur 1,0 bis 1,5 Prozent der Fläche nicht bestellt werden können. Das unterschiedliche Niveau der Wassernutzung ist dadurch bedingt, daß die Materialien und Werkstoffe, die bei der künstlichen Wasserverteilung angewendet werden, sich hinsichtlich ihrer Durchlaßfähigkeit erheblich unterscheiden. Während bei einfachen Erdgräben 30 bis 50 Prozent der Gesamtwassermenge durch Versickern verlorengehen, betragen die Verluste in betonierten Kanälen nur 10 bis 15, in Wassergräben 15 bis 20 und in Rohrleitungen nur 1 bis 5 Prozent. Die Eigenschaften der bei Bewässerungsbauten verwendeten Materialien und Konstruktionen haben auch Einfluß auf die Durchlaßfähigkeit der zu errichtenden Verteilungsanlagen. Bei verkleideten Kanälen und Flußbetten ist die Unebenheit erheblich geringer als bei gewöhnlichen Erdkanälen, und daher kann bei Verwendung von Verkleidungen die Wasserführung gesteigert werden, indem durch Schaffung eines zusätzlichen Gefälles entweder die Fließgeschwindigkeit erhöht, oder aber bei gleicher Wassermenge der Querschnitt des Kanals verringert und folglich die für die Anlage des Kanals benötigte Bodenfläche vermindert werden kann. All dies widerspiegelt sich recht deutlich in den spezifischen Investitionsaufwendungen, berechnet je Hektar Bewässerungsfläche.

Außerdem beschränken sich die volkswirtschaftlichen Verluste durch versickerndes Wasser nicht auf die Kosten des in Verlust geratenen wertvollen Bewässerungswassers. Nicht selten führen hohe Versickerungsverluste zu einem Ansteigen des Grundwassers, in dessen Ergebnis sich die Flächen in ihrer Qualität verschlechtern und mitunter sogar eine Versalzung bzw. Versumpfung wertvoller Bewässerungsflächen oder eine Überschwemmung von Siedlungsgebieten eintritt, wodurch sich insgesamt zusätzliche Aufwendungen zum Ausgleich der Verluste ergeben, die nicht selten die ursprünglichen geplanten Kosten der Bewässerungsobjekte übersteigen.

Um die Wasserverluste zu senken und die Bodenfläche für die hydrotechnischen Anlagen zu verringern, sind zusätzliche Investitionsaufwendungen erforderlich. Für den Vergleich alternativer technischer Entscheidungen müssen neben diesen Investitionsaufwendungen noch ein weiterer Wertausdruck sowie unterschiedliche Varianten von Boden- und Wassernutzung gefunden werden. Der Wertausdruck wird bei Bewässerungsprojekten gewöhnlich durch die beiden folgenden wichtigsten Kennziffern angegeben:

ϑ ist der Koeffizient der Bodennutzung, der das Verhältnis Bewässerungsfläche F_{netto} (bestellt mit landwirtschaftlichen Kulturen) zur Gesamtfläche eines bewässerten Gebietes oder System F_{brutto} (einschließlich Kanäle, Wasseranlagen,

Wege und Waldstreifen) darstellt:

$$\vartheta = \frac{F_{\text{netto}}}{F_{\text{brutto}}}.$$

η ist der Nutzungskoeffizient, der als Verhältnis der Wassermenge Q_{netto}, abgegeben in die Bewässerungskanäle, zur Wassermenge Q_{brutto}, entnommen der Bewässerungsquelle, bestimmt wird:

$$\eta = \frac{Q_{\text{netto}}}{Q_{\text{brutto}}}.$$

Beide Kennziffern werden zur Bewertung alternativer Varianten technischer und organisatorisch-ökonomischer Entscheidungen verwendet.

Zur Berücksichtigung der Unterschiede bei der Verwendung des Bodenfonds wird empfohlen, die vollen Investitionen (I) für jede der zu vergleichenden Variationen durch die Größe ϑ jeder dieser Varianten zu dividieren. Es bietet sich an, $\frac{I}{\vartheta}$ dann als Reduktion der Investitionen auf ein Niveau zu betrachten, das nach ϑ vergleichbar ist. Praktisch bedeutet dies folgendes: Ist beispielsweise ein Hektar Fläche zur Nutzung, d. h. zur Bewässerung geeignet, und erfordert diese Fläche Investitionsaufwendungen von sagen wir 2000 Rubel, so wird mit der gleichen Summe auch jeder Hektar Boden bewertet, der für (industrielle) Bebauungszwecke entzogen wird. Ein ähnliches Verfahren wäre noch weitaus mehr gerechtfertigt, wenn unter die Bebauung Boden fallen würde, der bereits zu Beginn der Bauarbeiten bewässert war. In diesem Falle würde die ökonomische Bewertung die gleiche sein wie auch beim Entzug von Neu- oder Brachland (d. h. das nur bei Bewässerung fruchtbar ist) bzw. bei Entzug bereits tatsächlich bewässerter Bodenstücke zu Bebauungszwecken.

Die ökonomische Bewertung von Verlusten an Bewässerungswasser läuft gewöhnlich auf eine Berechnung der laufenden Aufwendungen (Selbstkosten) und der Investitionen hinaus, die mit der Überleitung des Wassers von der Bewässerungsquelle bis zum Ort des Verbrauchs verbunden sind. Ein solches Berechnungsprinzip unterstellt das Vorhandensein einer ausreichenden Reserve an „unentgeltlichem“ Wasser an der Bewässerungsquelle. Stellt man jedoch die Begrenztheit von Wasserreserven in Rechnung, so muß man zugeben, daß die Berechnung der laufenden und der Investitionsaufwendungen, die nur im Rahmen eines konkreten Bewässerungssystems erfaßt werden, eher den Charakter von Aufwendungen im Rahmen der wirtschaftlichen Rechnungsführung tragen als volkswirtschaftlichen Charakter annehmen und daß sie zwar eine notwendige, jedoch nicht hinreichende Bedingung der ökonomischen Bewertung des Wassers als Naturressource darstellen.

Wenn man das unterschiedliche Niveau günstiger Nutzungsmöglichkeiten von Naturressourcen bewertet, so muß man dem Charakter dieser Begrenztheit

Aufmerksamkeit schenken, der durch die wechselseitige Abhängigkeit zwischen natürlichen und ökonomischen Faktoren bedingt ist. So muß für die Bewässerung des Bodens außer natürlichen Ressourcen wie geeigneter Boden und Wasser unbedingt auch die ökonomische Möglichkeit hierfür vorhanden sein, d. h. Arbeitskräfte, materielle und finanzielle Mittel.

Als eine Ausgangsbedingung muß man die allseitige Begrenztheit ökonomischer Ressourcen für die Entwicklung der Bewässerung beachten. Im Prinzip geben steigende Aufwendungen unter den Bedingungen des wissenschaftlich-technischen Fortschritts die Mittel an die Hand, die zur Bewässerung bisher ungeeigneten Bodenflächen in hierfür geeignete umzuwandeln. Ein deutliches Beispiel hierfür ist die in den letzten Jahren weit verbreitete Wasserverteilung mittels Pumpen (maschinelle Bewässerung), die es erlaubt, weit auseinanderliegende Flächen zu bewässern, die früher aus der Bewässerung ausgeschlossen werden mußten. Auch die Begrenztheit der Wasserreserven ist ein relativer Begriff, da Aufwendungen zur zeitlichen Regulierung des Wasserabflusses (regulierbare Wasserspeicher) sowie räumliche Veränderungen (Überleitung von Flüssen) es ermöglichen, die Abhängigkeit von der natürlichen Verteilung der Wasserreserven ganz erheblich zu vermindern.

Hieraus ergibt sich unter den gegenwärtigen Bedingungen für wasserwirtschaftliche Bauten folgende typische Reihenfolge der Aufgaben: Sicherstellung der Bodenbewässerung auf einer vorgegebenen Fläche und Auswahl der hierfür effektivsten Varianten aus den vorgelegten technisch möglichen, wobei zu berücksichtigen ist, daß sich die Varianten bei sonst gleichen Bedingungen nach dem Grad der effektivsten Nutzung der Boden- und Wasserressourcen unterscheiden. Zur Vereinfachung der Berechnung kann man anstelle der genutzten landwirtschaftlichen Nutzfläche nach Varianten die unterschiedliche Bodenfläche verwenden, die für Bebauungszwecke benötigt wird. Diese Fläche hängt bei jeder dieser Varianten von der Größe ϑ ab und wird nach dem Ausdruck

$$F_{\text{bebaut}} = F_{\text{netto}} \frac{1 - \vartheta}{\vartheta} \quad \text{(in Hektar)}$$

bestimmt.

Es ist zu berücksichtigen, daß die für Kanäle und Anlagen verwendeten Bodenstücke bei einfacher Nutzung (d. h. ohne künstliche Bewässerung) ein bestimmtes Volumen an landwirtschaftlichen Erzeugnissen erzielen werden.

Zur Berechnung der Verluste dieser Flächen wird empfohlen, das Prinzip der ökonomischen Bewertung nach dem Substitutionsprinzip der Produktion anzuwenden. Der Verlust von landwirtschaftlichen Erzeugnissen auf Boden, der für Bebauungszwecke entzogen wurde, muß hierbei nach dem Substitutionsprinzip der Produktion bestimmt werden, und es müssen schließlich die Aufwendungen gefunden werden, die zur Erzielung einer gleichen Menge von Erzeugnissen (oder eines äquivalenten Effektes) nach dem Substitutionsprinzip notwendig sind. Das Substitutionsprinzip der Produktion kann analog auch für den Entzug von Boden beim Bau von Wasserspeichern angewandt werden (vgl. Kapital 4), d. h. als Ersatz bzw. Ausgleichsverfahren kann hier der Bewässerungsfeldbau angenommen werden, wobei dieses Verfahren eher geeignet ist, wenn seine Zweckmäßigkeit (d. h. die Eignung der in Frage kommenden Fläche für Bewässerung, d. Bearb.) bereits zu Beginn der Ausarbeitung des Projektes festgestellt ist.

Der Zuwachs an Erzeugnissen durch Bodenbewässerung erfordert gewaltige Investitionen für den Bau und die Inbetriebnahme von Bewässerungssystemen sowie laufende Ausgaben für diese zusätzliche Menge an Erzeugnissen. Hierbei sind die Investitionen unvermeidliche Ausgaben, während die laufenden Aufwendungen in einzelnen Fällen die gleichen sind, da die Selbstkosten der Produktion je Erzeugniseinheit beim Bewässerungsfeldbau die gleichen sind wie auch im Trockenfeldbau, d. h. die laufenden Aufwendungen bleiben in den Fällen gleich, wo das Zuwachstempo der Erzeugnisse und der Aufwendungen die gleichen sind. Verändern sich gleichzeitig auch die Betriebskosten, so ist deren Vergrößerung bzw. Verminderung in den Aufwendungen der Ersatzvariante zu berücksichtigen.

Die ökonomische Bewertung von Boden, der für Bauzwecke entzogen wird, kann somit nach dem Ausgleichsprinzip durch zwei Kennziffern charakterisiert werden: I — sind die Investitionen und K_l — die laufenden Kosten. Diese Größen werden für jede Variante nach folgenden Formeln bestimmt:

$$I = EkF_{\text{netto}}\left(\frac{1-\vartheta}{\vartheta}\right), \qquad K_l = EuF_{\text{netto}}\left(\frac{1-\vartheta}{\vartheta}\right),$$

wobei

E die Größe des Effektes, der je Hektar Boden unter Berücksichtigung der künftigen Entwicklung ohne Bewässerung erzielt wird; k und u entsprechend die Volumina der Investitionen sowie die Veränderungen der Produktionskosten, die je Einheit landwirtschaftlicher Erzeugnisse berechnet sind.

Die Berechnung dieser Größen führt zu identischen Ergebnissen sowohl im Falle der Anwendung der Kennziffer Bruttoproduktion als auch Reineinkommen. Wichtig ist dabei, folgendes zu unterscheiden: Wenn E die Verluste an Reineinkommen je Hektar Rubel Bewässerungsfläche bezeichnet, so weisen k und u die Aufwendungen je Rubel Zuwachs an Reineinkommen bei Bewässerung aus; bezeichnet E die Verluste an Bruttoproduktion im Bewässerungsfeldbau, dann sind k und u die Aufwendungen je Rubel Zuwachs an Bruttoproduktion auf der bewässerten Fläche.

Für die ökonomische Bewertung des Wasserfaktors bei der Vergleichsrechnung des Nutzeffekts von Varianten muß das jährliche Volumen an Wasserverlusten in jeder der zu vergleichenden Varianten festgestellt werden, das bei gleicher Bewässerungsnorm und bei gleicher Bewässerungsfläche allein vom Nutzkoeffizienten η des Bewässerungssystems abhängt.

Die direkten Verluste durch Versickern von Wasser, das der Bewässerungsquelle bereits entnommen ist, können durch einfache Umrechnung der Verlustmenge auf die Selbstkosten des Wassers für jede der zu vergleichenden Varianten berechnet werden. Was die Wasserbewertung an der Quelle betrifft, so kann sie auf der Grundlage der Investitionen und der laufenden Aufwendungen eines gegebenen Flußgebietes bzw. Teilflußgebietes zum Zeitpunkt der Inbetriebnahme einzelner Kaskaden bzw. zum Zeitpunkt des Abschlusses jeweils aufeinanderfolgender Maßnahmen zur Überleitung von abfließendem Wasser erfolgen. Diese Aufwendungen sind durch die Notwendigkeit sowie die Möglichkeit einer Reproduktion von Wasserressourcen bedingt. Die Reproduktionsmöglichkeit — im vorliegenden Falle Anlagen zur Regulierung und Überleitung von Wasser — stellt eine besondere Eigenschaft dieser Art Wasserressourcen dar. Jedoch erfordert der Bau solcher Anlagen erhebliche Aufwendungen (vgl. Kapitel 5). Infolgedessen erhöht sich die Bedeutung der Wassereinsparung: Eine verminderte Zunahme des Wasserverbrauchs gibt die Möglichkeit, Aufwendungen zur Reproduktion von Wasserressourcen zeitlich hinauszuschieben.

Führen Bewässerungsmaßnahmen in einer beliebigen dieser zu vergleichenden Varianten zur vollständigen Nutzung begrenzter Arten von Naturressourcen, z. B. im vorliegenden Falle von Wasser oder von Boden, so werden die zu vergleichenden Varianten sich unbedingt nach dem Umfang der zu bewässernden Bodenfläche unterscheiden.

Somit entsteht neben den Unterschieden in den Bodenflächen, die für Bauzwecke entzogen werden sowie im Umfang der Wasserverluste, die bereits früher berücksichtigt wurden, die Notwendigkeit, auch noch die Unterschiede in der Größe der Bewässerungsfläche F zu berücksichtigen. Zur ökonomischen Bewertung dieses Faktors wird vorgeschlagen, die zu untersuchenden Varianten nach der Abnahme der Größe F_{netto} zu ordnen und die Variante mit der maximalen Bewässerungsfläche F_{netto} als Vergleichsbasis zu nehmen. Wenn in jeder i-ten Variante die Fläche $F_{netto_{max}}$ wäre, so bliebe F_{netto_i} unbewässert, wenn anstelle der Basisvariante die i-te Variante durchgeführt würde. Zur Berechnung der Unterschiede in der Größe F_{netto} kann man auch das Prinzip der ökonomischen Bewertung nach dem Ersatzverfahren (oder richtiger nach zusätzlichen Kapazitäten) anwenden.

Somit müssen sowohl Boden als auch Wasser in diesen Berechnungen eine doppelte Bewertung erfahren. Die erste ist dadurch bedingt, daß auf dem für Bauzwecke zu entziehenden Boden bis zur Durchführung dieser Baumaßnahmen landwirtschaftliche Produktion erzielt würde bzw. dadurch, daß das bisher aus dem Fluß entnommene Wasser je Kubikmeter produktiv auch zur Bewässerung benutzt wurde. Die zweite Bewertung bewertet die Tatsache, daß die Durchführung der i-ten Variante nicht zu einer Verbesserung im Vergleich zur Basisvariante der Nutzung begrenzter Naturressourcen führt. Das Problem besteht hier in der richtigen Bestimmung der Basisvariante. Es darf keine hypothetische Variante der Nutzung von Naturressourcen sein, die außerhalb eines globalen optimalen Plans der Entwicklung der Wirtschaft nicht denkbar wäre, sondern es muß eine völlig reale und technisch durchführbare Variante der Nutzung einer konkreten Wassermenge oder eines konkreten Bodenstückes bei der Bewässerung sein.

VIERTES KAPITEL

Die Bewertung von Bodenflächen und die Berechnung des Nutzeffekts von Investitionen

1. Besonderheiten der Bewertung landwirtschaftlich genutzter Bodenflächen

Bis vor kurzem war unter den Ökonomen die Meinung verbreitet, daß unter sozialistischen Bedingungen die Anwendung einer ökonomischen Bodenbewertung theoretisch nicht gerechtfertigt und praktisch nicht richtig wäre und zur Anerkennung der absoluten Rente und anderer Kategorien führe, die mit dem Privateigentum an Boden verbunden sind. Ähnliche Ansichten trifft man mitunter auch jetzt noch, obwohl völlig klar ist, daß die Beseitigung des Privateigentums an Boden auch die materielle Grundlage für die Bildung der absoluten Rente zerstört hat und daß die ökonomische Bodenbewertung unter sozialistischen Bedingungen niemals die Entstehung von Privateigentum an Boden bzw. die Bildung einer absoluten Rente ermöglichen kann.

Bekanntlich hat der Boden als Naturgut keinen Wert, aber im Kapitalismus stellt er Privateigentum dar, das gekauft und verkauft wird, d. h. er ist eine Ware. Der Bodenpreis ist die kapitalisierte Rente, d. h. der Bodenpreis entspricht einer Kapitalgröße, die bei einem bestimmten Bankzins ein Einkommen abwirft, das gleich ist der Rente. Unter sozialistischen Bedingungen sind die Ursachen und die Bedingungen für die Verwandlung von Boden in eine Ware beseitigt, der Boden als allgemeines Volkseigentum hat aufgehört, Gegenstand von Kauf und Verkauf zu sein.

Als Bedingung (Grundbedingung) jeglicher Produktion, insbesondere in der Landwirtschaft, ist der Boden Hauptproduktionsmittel und einer der entscheidenden Faktoren der materiellen Produktion, wodurch es erforderlich wird, ihn unbedingt in ökonomischen Berechnungen zu berücksichtigen. Praktisch wird dies jedoch unmöglich gemacht, wenn man von der Bewertung des Bodens als Produktionsmittel in Wertform absieht.

Dadurch, daß der Boden in der Gesamtbilanz der Fonds fehlt, ergibt sich einerseits keine richtige (umfassende) Vorstellung von der Ausstattung der Betriebe mit Grundfonds, während sich andererseits die Möglichkeit einer objektiven ökonomischen Analyse der wirtschaftlichen Tätigkeit der Betriebe und der Nutzung der Produktionsmittel in ihrer Gesamtheit vermindert.

Im Ergebnis einer langjährigen Diskussion unter den Ökonomen und Agrarökonomen zu Fragen der ökonomischen Bewertung von Böden in landwirtschaftlicher Nutzung ergaben sich zwei Konzeptionen für ökonomisch begründete Kriterien einer solchen Bewertung. Die von S. D. Čeremuškin (Allunionsforschungsinstitut für Ökonomik der Landwirtschaft)[1] geht davon aus, daß unter der ökonomischen Bodenbewertung als Bestandteil des Bodenkatasters die Bestimmung der relativen Wertigkeit von Boden als Produktionsmittel in der Landwirtschaft zu verstehen ist, die in relativen Größen ihren Niederschlag findet: in Punkten bzw. in absoluten Kennziffern oder in Form bedingter Verrechnungspreise des Bodens. Es wird empfohlen, die Punktebewertung in folgender Richtung vorzunehmen: allgemeine ökonomische Bewertung des Bodens als Produktionsmittel in der Landwirtschaft (Kriterium hierfür ist die Bruttoproduktion und das Reineinkommen); Bewertung vom Standpunkt des Nutzeffekts einzelner angebauter landwirtschaftlicher Kulturen (Kriterien hierfür sind der Flächenertrag, die Selbstkosten, das Reineinkommen usw.); Bewertung des Einflusses der Bodenqualität auf den Nutzeffekt zusätzlicher Aufwendungen (Kriterien hierfür sind die Rentabilität und andere, in Abhängigkeit von den konkreten Bedingungen ausgewählte Kennziffern).

Dem Verrechnungspreis des Bodens ist vom Autor der Wert der Bruttoproduktion in gegenwärtigen Aufkaufpreisen sowie die Summe des Reineinkommens zugrunde gelegt, das je Einheit landwirtschaftlich genutzter Fläche erzielt wird. Die durchschnittliche Bewertung von einem Hektar landwirtschaftlicher Nutzfläche in Wertform wird nach der Formel bestimmt:

$$B = REK,$$

wobei

B die Bewertung von einem Hektar landwirtschaftlicher Nutzfläche;
RE das je Hektar landwirtschaftliche Nutzfläche erzielbare Reineinkommen;
K Anzahl der Jahre zur Kapitalisierung des Reineinkommens.

Das Reineinkommen der landwirtschaftlichen Betriebe wird hierbei vollständig berücksichtigt, d. h. in die Bewertung werden beide Teile einbezogen, sowohl die in den Kolchosen verbleibenden Teile (z. B. Naturalentgelt, d. Bearb.) wie auch der beim Verkauf von Erzeugnissen erzielte Teil. Als Koeffizient zur Kapitalisierung des Reineinkommens wird hier die durchschnittliche Umlaufzeit von Grundmitteln in den Kolchosen zugrunde gelegt, die als Verhältnis der Gesamtsumme von Amortisationsabführungen zum Bilanzwert der vorhandenen Grundmittel in den Kolchosen des Landes errechnet wird. Diese Größe schwankt um etwa 20 Jahre.

Die auf diese Weise berechnete bedingte Bewertung von einem Hektar landwirtschaftlicher Nutzfläche in Wertform beträgt durchschnittlich für die UdSSR 309 Rubel und stellt die Kapitalisierung des Reineinkommens dar. Die Gesamtbewertung des Bodenfonds der UdSSR, der in der landwirtschaftlichen Produktion genutzt wird, beträgt somit 163,5 Milliarden Rubel. Hierin ist nicht die Bewertung der Grundmittel in Wertform eingeschlossen, die untrennbar mit dem Boden ver-

[1]) Metody i praktika opredelenija effektivnosti kapital'nych vloženija i novoj techniki, Bd. 14, Moskva 1968, S. 3—15.

bunden sind (Be- und Entwässerungskanäle, Wege usw.). Diese müssen zusätzlich berechnet werden. Die bedingte Bewertung von einem Hektar landwirtschaftlicher Nutzfläche in Wertform schwankt von 112 Rubel in Kasachstan bis zu 1780 Rubel in der Moldauischen SSR.

Čeremuškin ist damit einverstanden, daß unter sozialistischen Bedingungen die ökonomische Bodenbewertung eng mit der Differentialrente verbunden ist, aber er unterstreicht, daß die Rente der Bodenbewertung nicht zugrundegelegt werden kann, da die Rentenbeziehungen im Sozialismus eine zeitweilige Erscheinung sind. Wenn das allgemeine Volkseigentum und die genossenschaftliche Form des Eigentums in die einheitliche kommunistische Form des Eigentums übergehen, dann hört auch die Differentialrente auf zu existieren, die mit der historisch zustande gekommenen Umverteilung des Mehrproduktes verbunden ist. Dieser Prozeß ist das Ergebnis dessen, daß Subjekt des Eigentums und Subjekt der Wirtschaftsführung dann identisch werden. In den letzten Jahren wurde dieser Argumentation noch der Hinweis hinzugefügt, daß die in der Landwirtschaft entstehende Gesamtsumme der Rente als Teil des Reineinkommens unbekannt ist und daher das Reineinkommen zur Bodenbewertung genutzt werden muß. Es wird behauptet, daß sich bei der relativen Bodenbewertung das gleiche Resultat ergibt wie bei Berechnungen auf der Grundlage der Rente. Außerdem wird als Argument auf die allgemein bekannte Tatsache hingewiesen, daß es im Sozialismus keine absolute Rente gibt, daß aber, wenn man nur die Differentialrente verwendet, der Bodenpreis nicht vollständig wäre, da viele Bodenstücke überhaupt keine Bewertung erfahren werden (da sie keine Rente abwerfen).

Die zweite Konzeption legt der ökonomischen Bodenbewertung die Erzielung landwirtschaftlicher Produkte je Einheit genutzter Bodenfläche sowie das Aufwandsniveau für ihren Anbau zugrunde. Wie im ersten so wird auch im zweiten Falle der Produktionsausstoß je Hektar, d. h. der Flächenertrag, als ein Hauptkriterium betrachtet. Jedoch wird im zweiten Falle diese Kennziffer durch einen Vergleich des Aufwandsniveaus korrigiert. Die Anhänger einer Bewertung landwirtschaftlicher Nutzfläche nach dem Aufwandsniveau für die angebauten Kulturen sind mit Recht der Ansicht, daß der absolute Flächenertrag im mehrjährigen Durchschnitt keineswegs als erschöpfendes Kriterium für die ökonomische Bodenbewertung dienen kann, da der Boden nicht die einzige Quelle für das Zustandekommen der Ertragshöhe bildet. Diese Ertragshöhe ist im erheblichen Maße durch die Investitionsgrößen zur Bodenverbesserung, durch Aufwendungen für Dünger usw. bedingt. Damit die Bewertungskriterien den Einfluß von Naturbedingungen und von Intensivierungsfaktoren der Produktion berücksichtigen, müssen sie auf Angaben nicht nur über die Ertragshöhe, sondern auch über die Produktionskosten gegründet sein. Die absolute und die relative Wertigkeit des Bodens ist vor allem durch die Bodenfruchtbarkeit bestimmt, wobei die Bodenfruchtbarkeit ihrerseits wiederum durch die Höhe der Produktion im Vergleich zu den Aufwendungen bestimmt ist, d. h. durch den Produktionsausstoß je Einheit Aufwendungen. Dabei spielt durchaus eine Rolle, über welche Preise das Reineinkommen erzielt wird. Die Erzielung einer höheren Erzeugnismenge bei niedrigen Produktionskosten bildet die wichtigste Aufgabe der sozialistischen landwirtschaftlichen Produktion. Folglich muß die Bodenfruchtbarkeit um so höher angesetzt werden, wie sie einen höheren Nutzeffekt der Aufwendungen gewährleistet.

Gleichzeitig gibt die Bodenbewertung nach der Kennziffer Produktionsausstoß je Einheit Aufwendungen nur ungenügende Entscheidungsmittel zur Lösung einiger praktischer Aufgaben. Daher entsteht neben der allgemeinen Bewertung die Notwendigkeit, Bodenflächen in bezug auf die einzelnen Kulturen oder Gruppen von Bewässerungskulturen zu bewerten.

Im Verlaufe der Diskussion, die in den Jahren 1967 bis 1969 in der Zeitschrift Voprosy ėkonomiki geführt wurde, machte E. S. Karnauchova den Vorschlag, die differentiale Bodenrente zu berechnen und dabei vom Realisierungspreis für Getreide als Hauptprodukt der Ernährung auszugehen. Karnauchova ist der Ansicht, daß die Differentialrente zweckmäßigerweise auf Basis des Hauptnahrungsmittels, des Getreides, bestimmt wird, da dies zugleich die Grundlage der gesamten landwirtschaftlichen Produktion darstellt. Das Getreide ist überall verbreitet, ein großer Teil des Ackerlandes ist mit Getreide bestellt und mit seiner Produktion ist ein großer Teil der landwirtschaftlichen Bevölkerung beschäftigt. Unserer Ansicht nach ist eine solche Vorstellung ungenügend begründet. Vor allem ist der Umstand zweifelhaft, daß die Rentenberechnung mit dem Realisierungspreis des Endproduktes beginnt. Der Preis hängt doch von der Rente ab, und um den Preis richtig zu bestimmen, muß man die Höhe der Rente wissen. Außerdem ist zweifelhaft, ob man die Rente nur auf ein einziges Produkt, im vorliegenden Falle Getreide, stützen kann. In der Landwirtschaft, in diesem oder jenem Sowchos oder Kolchos, wird doch nicht nur Getreide, sondern es werden auch Gemüse, Früchte und technische Kulturen angebaut und es werden Erzeugnisse der Viehwirtschaft gewonnen usw., wodurch ein unterschiedliches Niveau der Rentabilität erzielt wird. Außerdem werden auf ein und demselben Bodenstück zur Gewährleistung der Fruchtfolge in einem Jahr Getreidekulturen, im nächsten jedoch Gräser oder andere Futterkulturen angebaut. Wichtiger wäre es, die Rentenberechnung nach dem Gesamtvolumen des Reineinkommens und dem Aufwandniveau vorzunehmen, ausgehend von einer zweckmäßigen Spezialisierung der Wirtschaften in einer gegebenen Zone oder einem gegebenen Rayon unter Berücksichtigung der natürlichen Eigenschaften der Böden.

Im Hinblick auf die Bodenbewertung auf der Grundlage der Differentialrente geben die Anhänger der zweiten Konzeption gewöhnlich folgende Hinweise: 1. Gegenwärtig ist die Differentialrente außerordentlich schwer zu bestimmen; 2. die Rente berücksichtigt nicht alle Einkommensarten, die der Boden der Gesellschaft gibt und daher wird in diesem Falle Boden, der der landwirtschaftlichen Nutzung entzogen wird, unweigerlich „entwertet“; 3. außerordentlich große Schwierigkeiten entstehen infolge der Mängel in der Preisbildung, denn die Rente hängt vom Preis ab, während der Preis wiederum durch die Rente bestimmt wird. Außerdem erzielen bei weitem nicht alle Bodenstücke eine Differentialrente, so daß in diesem Falle zu einem anderen Bewertungskriterium des Bodens Zuflucht genommen werden muß usw.

Ungeachtet der weiteren wissenschaftlichen Diskussion wird die Differentialrente nichtsdestoweniger bereits für die Bodenbewertung praktisch angewendet. So wurden mit diesem Ziel beispielsweise in der Litauischen SSR[2] die Rentengrößen als Differenz der Reineinkommen in den Wirtschaften der besten und schlechtesten Rayons ermittelt. Als Prozentsatz für die Kapitalisierung wurde hier der gültige Zinssatz für langfristige Kredite sowie der Prozentsatz für die Bezahlung von Fonds angewendet. Der Bodenpreis wurde nach folgender Formel bestimmt.

$$P_b = \frac{D \cdot 100}{k_r},$$

wobei

D die Differentialrente und

k_r der Prozentsatz ihrer Kapitalisierung ist.

Im Durchschnitt der Republik beträgt der Bodenpreis 590 Rubel je Hektar landwirtschaftlicher Nutzfläche, wobei er zwischen 799 und 223 Rubel schwankt. Die qualitative Bodenbewertung beträgt in der Republik zwischen 20 und 50 Punkte. Wenn man die Differenz des Wertausdruckes der besten und schlechtesten Böden gleich 576 Rubel annimmt (799—223) und bezieht dies auf die Punktezahl, die im Hinblick auf die Bodenqualität ermittelt wurde, so ergibt sich annähernd ein „Preis“ je Punkt von 18 Rubel.

In der Litauischen SSR ergibt sich ein relativer Preis von 36 Rubel je Punkt, wobei die relative Bewertung von einem Hektar landwirtschaftlicher Nutzfläche zwischen 180 und 3600 Rubeln schwankt. Der mittlere relative Preis für einen Hektar Ackerland beträgt hier 1440 Rubel, für einen Hektar landwirtschaftliche Nutzfläche 1152 Rubel. Das ist fast das Dreifache gegenüber den Ergebnissen von Čeremuškin, dessen Bewertung von einem Hektar landwirtschaftlicher Nutzfläche im Wertausdruck im Mittel dieser Republik 490 Rubel betrug.

Nach Meinung einiger Ökonomen darf die Geldbewertung des Bodens nicht nach dem tatsächlichen, sondern sie muß nach dem normativen Reineinkommen der Landwirtschaft (*RE*) vorgenommen werden, wobei das mittlere Rentabilitätsniveau in Prozent (*R*) für die gesamte Volkswirtschaft sowie die durchschnittlichen Erschließungsaufwendungen für einen Hektar Boden aus dem nichtlandwirtschaftlichen Bodenfonds (A_b) im Durchschnitt der Union einzubeziehen sind. Diese Bewertung wird nach folgender Formel vorgeschlagen:

$$P_b = \frac{R \cdot A_b + RE \quad \cdot 100}{R}.$$

[2]) Die ökonomische Bodenbewertung (Übersicht von Beiträgen, die der Redaktion zugingen), in: Ėkonomika sel'skogo chozjajstva, 7/1970, S. 81—91.

Die Bewertung der meliorierten Bodenflächen muß ebenfalls nach obiger Formel wie folgt vorgenommen werden:

$$P_b = \frac{R(A_b + A_m) + RE \cdot 100}{R},$$

wobei

A_m die Aufwendungen für die Melioration sind.

Die Anhänger einer solchen Bewertung unterstreichen, daß die Bodenbewertung einheitlich sein muß und zwar unabhängig davon, ob der Boden in der Landwirtschaft oder außerhalb derselben für nichtlandwirtschaftliche Zwecke genutzt wird. Im letzteren Falle muß die Summe der Geldbewertung in die Produktionsgrundfonds der Industriebetriebe einbezogen werden. In den Materialien der letzten Diskussion zur ökonomischen Bodenbewertung wird unterstrichen, daß die gegenwärtig durchzuführenden Maßnahmen zur Steigerung des Nutzeffekts der gesellschaftlichen Produktion, zur Vervollkommnung der Planung und zur Verstärkung der ökonomischen Stimulierung in der Entwicklung der Landwirtschaft eine allseitige Untersuchung und Bestimmung der Produktivität des Bodens hinsichtlich seiner unterschiedlichen Qualität erfordern, daß ferner die Nützlichkeit der Bodenflächen für diese oder jene Zwecke und, was besonders wichtig ist, der Grad des Nutzeffekts von Investitionen auf konkreten Bodenstücken ermittelt werden muß. Die Lösung dieser Aufgaben wird das Bodenkataster ermöglichen, das in den „Grundlagen der Bodengesetzgebungen der UdSSR und der Unionsrepubliken“ vorgesehen ist. Mit diesen Gesetzen ist nicht nur die Aufgabe bezeichnet, sondern es sind auch die einzelnen Bestandteile genannt, wozu auch die ökonomische Bodenbewertung gehört.

Die ökonomische Bewertung, die die Schlußetappe der Arbeiten am Bodenkataster darstellt, vermittelt eine vergleichende Bewertung der Qualität des Bodens bei seiner Nutzung in der landwirtschaftlichen Produktion. Das erlaubt eine richtige Planung der Nutzung des landwirtschaftlichen Bodenfonds und bezieht sich insbesondere auf den Entzug von Boden für nichtlandwirtschaftliche Zwecke, wodurch es möglich wird, nicht nur die Nutzung der Bodenfruchtbarkeit als natürliche Ressource zu verbessern, sondern auch den Nutzeffekt von Investitionen beim Bau neuer Objekte zu steigern.

2. Die Bewertung von Bodenflächen, die für nichtlandwirtschaftliche Zwecke entzogen werden

Die Aktualität dieses Problems besteht darin, daß mit jedem Jahr der Bedarf an Bodenflächen wächst, die der landwirtschaftlichen Nutzung entzogen und für nichtlandwirtschaftliche Zwecke verwendet werden müssen. Im Zeitraum von 1958 bis 1970 wurden für Zwecke des Industrie- und Wohnungsbaus sowie des

Transports mehr als 20 Millionen ha Boden, darunter mehr als 10 Millionen ha landwirtschaftliche Nutzfläche und davon wiederum 3,8 Millionen ha Ackerland entzogen. Mehr als ein Drittel des Bodens, der von nichtlandwirtschaftlichen Bodennutzern besetzt ist, wurde im Verlauf der letzten acht Jahre der landwirtschaftlichen Nutzung entzogen. Allein im Zeitraum von 1966 bis 1972 verringert sich die in Nutzung der landwirtschaftlichen Betriebe befindliche Fläche um 22 Millionen ha, davon eine Million ha landwirtschaftliche Nutzfläche.[3]) Hierbei wird nicht selten für Zwecke des Bauwesens fruchtbares Ackerland verwendet, darunter be- und entwässerte Flächen, für deren Melioration erhebliche Mittel erforderlich waren.

Die Ackerfläche je Kopf der Bevölkerung verminderte sich in den letzten 20 Jahren von 1,06 auf 0,9 ha. Nicht rückgängig zu machende Verluste an Boden erreichten in einzelnen Jahren 1,5 bis 2 Millionen ha. Die jährlichen Verluste an Ackerland betrugen annähernd 200000, an sonstigen Flächen etwa 500000 ha.[4])
Sowchosen ist im Wachsen begriffen. Allein im Zeitraum von 1964 bis 1970 wurden für diese Zwecke 1,57 Millionen ha landwirtschaftliche Nutzflächen, darunter mehr als eine Million ha Ackerland zur Verfügung gestellt. Besonders groß sind die Verluste bei der Anlage von Wasserspeichern für Wasserkraftwerke. Beispielsweise wurden für das Staubecken bei Kuibyschew annähernd 300000 ha landwirtschaftliche Nutzflächen benötigt, für das Staubecken von Buchtarminsk 171000 ha und für den Stausee von Zimljansk 120000 ha. Insgesamt sind in der UdSSR für solche Stauanlagen mehr als 2,5 Millionen ha landwirtschaftliche Nutzfläche, darunter mehr als 600000 Hektar Ackerland in Anspruch genommen worden.

Von den örtlichen Sowjets der Deputierten der Werktätigen wurden umfangreiche Arbeiten zur Erhaltung und rationellen Nutzung der Bodenflächen durchgeführt. Insgesamt wurden in der UdSSR in den letzten Jahren, unvollständigen Angaben zufolge, annähernd 1,5 Millionen ha brachliegendes Land ausfindig gemacht und in die landwirtschaftliche Nutzung einbezogen.[5])

Auf der Grundlage der Bodengesetzgebung der UdSSR und der entsprechenden Gesetze der Unionsrepubliken ist die wertmäßige Bewertung des Bodens bei seinem Entzug aus der landwirtschaftlichen Nutzung für andere Zwecke vorgesehen. Bis zur Annahme der Bodengesetzgebung gab es bereits den Standpunkt, daß eine Erhaltung von Böden in landwirtschaftlicher Nutzung durch Einsatz hauptsächlich minderwertiger oder überhaupt für die landwirtschaftliche Nutzung ungeeigneter Territorien für Bauzwecke erreicht werden kann (Schluchten, Berglehnen, Sümpfe und Moore, steile Berghänge usw.), d. h. es kamen „ungeeignete" Territorien in Frage.

[3]) Strana sovietov za 50 let (Statistischer Sammelband), Moskva 1967, S. 127; Narodnoe chozjajstvo SSSR v 1972 godu, Moskva 1973, S. 306.

[4]) Kovda, V., Die Bodenressourcen und die Perspektiven ihrer Nutzung, in: Voprosy ėkonomiki, 11/1973, S. 30—35.

[5]) Izvestija vom 6. 3. 1974.

Die modernen technischen Mittel machen es nunmehr möglich, solche Flächen für die Anlage von Bauten erfolgreich zu erschließen. Dies erfordert jedoch zusätzliche Investitionen in Form von Aufwendungen zur Erschließung der Territorien, für zusätzliche Bodenarbeiten usw. Im Zusammenhang damit versuchte S. V. Ljaščenko[6] theoretisch zu begründen, daß für die Volkswirtschaft solche zusätzliche Investitionen günstiger sind als Aufwendungen für die Bewässerung von Böden, die als Ausgleich für Verluste an landwirtschaftlicher Produktion infolge Bodenentzug vorgenommen werden. Er zog daraus die Schlußfolgerung, daß es nicht erforderlich ist, die Verluste der Landwirtschaft auszugleichen, die mit dem Bodenentzug verbunden sind, sondern statt dessen im Bauwesen die Verluste bei der Erschließung „ungünstiger" Flächen zu ersetzen.

Ein solcher Ausgleich ist jedoch ohne vorausgehende Bestimmung des Boden„preises" unmöglich, da die zusätzlichen Aufwendungen für „ungeeignete" Flächen im Bauwesen in Wertform widergespiegelt werden, ebenso wie andere Faktoren in der Projektierung des industriellen Bauwesens (Rohstoffe, Transport, Energetik usw.).

Die angeführte Behandlung dieser Fragen führt die ökonomische Bodenbewertung aus dem Kreis der eigentlichen Agrarprobleme heraus, und dies ist von diesem Standpunkt aus unbedingt positiv. Jedoch führen die Bestrebungen, mit Hilfe nur eines einzigen Boden„preises" das Problem der rationellen Bodennutzung lösen zu wollen, notwendigerweise zur Anerkennung zweier Bodenbewertungsformen — einer innerzweiglichen (landwirtschaftlichen) und einer zwischenzweiglichen Bewertung. Hierbei wird durchaus richtig auf den nicht unwichtigen Umstand aufmerksam gemacht, daß die erste Bewertungsform lediglich die effektivste Nutzung der Bodenfruchtbarkeit erfordert und daß es hier lediglich wichtig ist, die relative Wertigkeit der Böden zu bestimmen. Die zweite Bewertung kommt zur Anwendung, wenn der Boden ständig oder zeitweilig für Zwecke der Industrie oder des Bauwesens entzogen wird, d. h. wenn aus der landwirtschaftlichen Nutzung eine solche Naturressource wie die Bodenfruchtbarkeit praktisch entzogen wird. Hierbei werden die künftigen Möglichkeiten der Gesellschaft zur Erzielung landwirtschaftlicher Produkte infolge des Bodenentzugs vermindert und es ist erforderlich, zusätzliche Flächen zu erschließen. In diesem Falle ist bei der Bodenbewertung nicht so sehr der relative Vergleich wichtig, als vielmehr die Berechnung der vollen Verluste an landwirtschaftlicher Produktion.

Als Grundlage zur Festsetzung des Boden„preises" wird in diesem Falle empfohlen, die Verluste des Staates und der Landwirtschaft bei Entzug solcher Flächen zugrunde zu legen, die landwirtschaftliche Produktion erbringen. Es wird empfohlen, diesen Preis nach folgender allgemeiner Formel zu bestimmen:

$$B = (V_S + V_L)\, ZK_a + V,$$

wobei

[6]) Metody i praktika opredelenija ėffektivnosti kapitalnych vloženij i novoj techniki, Bd. 14, Moskva 1968, S. 16—19.

B die ökonomische Bewertung von einem ha landwirtschaftliche Nutzfläche in Rubel;

V_S Verluste des Staates in Form der Gesamtsumme an Umsatzsteuer, in Rubel pro Jahr;

V_L Verluste an Reineinkommen der landwirtschaftlichen Betriebe in Rubel pro Jahr;

Z Zeitraum der Kapitalisierung (Anzahl der Jahre);

K_a Korrekturkoeffizient, der die wachsende Arbeitsproduktivität der landwirtschaftlichen Produktion im Perspektivzeitraum berücksichtigt;

V Wert des Verschleißes bzw. der Wiederbeschaffung von Produktionsgrundfonds je Hektar landwirtschaftlicher Nutzfläche (in Rubel).

Im Verlauf der Untersuchungen wurden Berechnungen über den Nutzeffekt von Investitionen durchgeführt, die sich auf einen Zeitraum zum Ausgleich der Verluste (Z) von 200, 50, 20, 10, 3 und schließlich ein Jahr erstreckten. Beim Ausgleich von Verlusten an landwirtschaftlicher Produktion über einen Zeitraum von 200 Jahren verteuerten sich die Bauten nach Angaben von Ljaščenko um 28,5, für 50 Jahre um 7,1 Prozent. Der Ausgleich für einen Zeitraum von einem bis 10 Jahren ist unbedeutend, was auch durch die Angaben über den Einfluß der Verrechnungs„preise" von Boden auf den Wert von Bauten sowie auf die Selbstkosten der Produktion unterstrichen wird. Im Ergebnis dessen wurde ein Ausgleichszeitraum von 20 Jahren angenommen.

Der Zeitfaktor wird mit Hilfe des Korrekturkoeffizienten (K) berechnet, der nach der Überlegung des Autors den anwachsenden Wert des Bodens im Perspektivzeitraum widerspiegeln muß und auch zur Berücksichtigung von Korrekturen nach Zonen (natürliche zonale Unterschiede, d. Bearb.) nach Transportkosten sowie anderen Kosten zu verwenden ist. Der durchschnittliche Verrechnungs„preis" von Boden beträgt in diesem Falle für die UdSSR 1900 Rubel für einen Hektar bei Schwankungen zwischen Null für „wertlosen" Boden und 60000 Rubel für einen Hektar Bewässerungsboden in Mittelasien.

Da die Wertigkeit eines Territoriums auch von dessen Nützlichkeit für das Bauwesen abhängt, schlägt Ljaščenko vor, in die Bodenbewertung die Aufwendungen zur infrastrukturellen und ingenieurtechnischen Erschließung des Territoriums einzubeziehen, die von der Dichte der Bebauung, der Bestimmung der Objekte usw. abhängen. Nach seinen Angaben betragen die Aufwendungen hierfür in den größten Städten (Moskau, Leningrad, Kiew usw.) je Hektar bis zu 150000 Rubel, in großen Städten bis zu 100000, in mittleren bis 70000, in Kleinstädten bis 40000 Rubel und in Siedlungen 20000 bis 30000 Rubel je Hektar. Beim Bau und bei der Rekonstruktion metallurgischer Betriebe betragen ähnliche Aufwendungen annähernd 100000 Rubel je Hektar, in der chemischen Industrie mehr als 50000, in der Leicht- und Nahrungsmittelindustrie sowie bei landwirtschaftlichen Bauten 20000 bis 25000 Rubel je Hektar.[7]) Spart man bei der Pro-

[7]) Ebenda, S. 27.

jektierung einen Hektar Fläche ein, so verringern sich entsprechend die allgemeinen Ausgaben für die infrastrukturelle und die ingenieurtechnische Erschließung.

Die weitere Ausarbeitung der hier vorgelegten Konzeptionen führte dazu, daß Elemente der „Ersatz"methode in ökonomische Berechnungen einbezogen wurden.

Es wurde empfohlen, den ökonomischen Effekt zusätzlicher Investitionen, die dem Schutz des Bodens vor Überschwemmungen (vor Absenkungen usw.) dienen bzw. die mit der Verwertung von Abprodukten der Produktion verbunden sind, die es ermöglichen, den Entzug von Boden für die Lagerung dieser Abprodukte zu vermindern, unbedingt im Boden„preis" zu berücksichtigen und zwar nach der einfachsten Formel für die Rückflußdauer zusätzlicher Investitionen:

$$T_R = \frac{A_z - I_L}{E_L - E_a},$$

wobei

T_R — die Rückflußdauer zusätzlicher Aufwendungen, die mit Baumaßnahmen auf „ungeeigneten" Bodenflächen bzw. mit der Verteuerung der Produktion spezieller Objekte zur Erhaltung von Bodenflächen verbunden ist;

A_z — zusätzliche Aufwendungen zur Erschließung „ungeeigneter" Bodenflächen für Bauzwecke; zusätzliche Aufwendungen zur Beseitigung fester Abprodukte und Anlagen ingenieurtechnischer Objekte zur Erhaltung wertvoller Böden usw.

I_L — Investitionen zum Ausgleich von Verlusten der Landwirtschaft im Falle der Nutzung wertvoller landwirtschaftlich genutzter Flächen für Bauzwecke anstelle „ungeeigneter" Böden;

E_L — jährliches Einkommen der Landwirtschaft aus geschützten Flächen im Falle der Nutzung „ungeeigneter" Flächen für Bauzwecke;

E_a jährliche Einkommen (+) bzw. jährliche Verluste (—), die mit der Anlage zusätzlicher Objekte verbunden sind.

Ljaščenko unterstreicht, daß diese Aufwendungen in der Mehrheit der Fälle in nicht mehr als 10 Jahren durch zusätzliche Einkommen der Landwirtschaft aus den vor Entzug geschützten Böden abgedeckt werden. Das wird übrigens durch die Fakten nicht bestätigt, selbst nicht für kleine Wasserspeicher mit geringer Lebensdauer. Für die Auswahl mehr oder weniger wertvoller landwirtschaftlichen Böden für Bauzwecke (aus einem gegebenen Kreis solcher Böden, d. Bearb.) wird auch die Methode der Berechnung der Rückflußdauer zusätzlicher Aufwendungen empfohlen:

$$T_o = \frac{(A_{zu} + I_{vu}) - (A_{zw} + I_{vw})}{E_w - E_u},$$

A_{zu} — die zusätzlichen Aufwendungen zur Erschließung von Böden, die von geringem Wert für die Landwirtschaft und weniger geeignet für das Bauwesen sind;

I_{vu} — Investitionen zum Ausgleich von Verlusten der Landwirtschaft bei Nutzung weniger wertvoller Bodenflächen;

A_{zw} — zusätzliche Aufwendungen im Bauwesen zur Erschließung wertvollerer landwirtschaftlicher Böden

I_{uw} — Investitionen zum Ausgleich von Verlusten der Landwirtschaft bei Nutzung wertvollerer Böden;

E_w — Einkommen der Landwirtschaft aus wertvolleren Böden;

E_u — Einkommen der Landwirtschaft aus weniger wertvollen Böden.

Im Verlauf der letzten Diskussionen zur Bodenbewertung wurden auch andere Vorschläge gemacht, die darauf hinauslaufen, daß es zur Bestimmung der Bodenbewertung in Wertausdruck erforderlich ist, insbesondere auch zur Festsetzung der Höhe des Ausgleichs bei Entzug dieser Flächen aus der landwirtschaftlichen Nutzung, die geographische Lage der Bodenstücke, die Bevölkerungsdichte, die Nutzungsintensität der Flächen sowie die Bodenqualität zu berücksichtigen. Unter diesen Gesichtspunkten wurde vorgeschlagen, die Rayons der UdSSR nach den unterschiedlichen Bedingungen der Bewertung des Bodens in Wertform folgendermaßen zu klassifizieren: Erstens. Rayons mit einer geringen Qualität der landwirtschaftlichen Nutzfläche (Punktezahl der ökonomischen Bewertung zwischen 1—30), geringer Bevölkerungsdichte, hoher Bodenausstattung. Die Erschließung neuer Ländereien erfordert relativ geringe Investitionen und Zeiten (bis zu fünf Jahren). Zweitens. Rayons mit einer mittleren Punktezahl (30—60) der ökonomischen Bewertung, mit einer mittleren bis hohen Bevölkerungsdichte, ferner einer Bodenausstattung, die eine Be- bzw. Entwässerung, d. h. zusätzliche Investitionen und Zeiträume von 5 bis 10 Jahren zu ihrer Erschließung erfordert. Drittens. Rayons mit den besten Bodenbedingungen (Punktezahl von 60—100) mit hoher Bevölkerungsdichte, wobei keine Bodenflächen zur Erschließung mehr zur Verfügung stehen.

Die Bodenbewertung muß sich aus den Verlusten an Reineinkommen der landwirtschaftlichen Produktion als Zweig sowie aus den Aufwendungen zur Erschließung neuer Ländereien bzw. der Rekultivierung von Böden, die zeitweilig aus der Nutzung ausgeschieden sind, ergeben. Es wird vorgeschlagen, den bedingten Bodenpreis letztlich nach folgender Formel zu berechnen:

$$P = RE\,\frac{(100 + RE_z)^T}{100} \cdot \frac{P_1 L}{P_o} + A_E + A_R\,,$$

wobei

P — der bedingte Bodenpreis in Rubel;

RE — das durchschnittliche Reineinkommen nach Zonen je Hektar landwirtschaftliche Nutzfläche (in Rubel);

RE_z — der jährliche Zuwachs an Einkommen für den Zeitraum, wo das Bodenstück der landwirtschaftlichen Nutzung entzogen war (in Prozent);

P_1 — Punktezahl der ökonomischen Bodenbewertung eines entzogenen Bodenstückes;
P_o — Punktezahl der ökonomischen Bodenbewertung des Rayons nach dem gewogenen Mittel;
L — Lageverbesserung des entzogenen Bodenstückes;
T — Anzahl der Jahre, in deren Verlauf das Bodenstück zur Produktion landwirtschaftlicher Erzeugnisse nicht genutzt werden kann;
A_E — Aufwendungen zur Einbeziehung neuer Bodenstücke in die landwirtschaftliche Nutzung (im Mittel des Rayons, in Rubel);
A_R — Aufwendungen, die mit der Rekultivierung von Böden, die zeitweilig der landwirtschaftlichen Nutzung entzogen wurden, verbunden sind (in Rubel).

Dem Zeitfaktor bei der ökonomischen Bewertung entzogenen Bodens ist auch eine Arbeit von K. G. Gofman[8]) gewidmet. Der Autor geht davon aus, daß jeder Rubel verlorenes Einkommen, beispielsweise im zehnten Jahr des Bodenentzugs, nicht einem Rubel Einkommensverlust gleichgesetzt werden kann, der im ersten Jahr dieses Entzugs eintritt. Gofman ist der Ansicht, daß die Kapitalisierung der jährlichen Einkommensverluste (oder der Zuwachs an Aufwendungen) die Summierung dieser Verluste für einen unbegrenzt langen Zeitraum unter Berücksichtigung des Zeitfaktors darstellt. Daher sei es unrichtig, vom Zeitraum der Kapitalisierung als von einer Größe zu sprechen, die dem Effektivitätsnormativ von Investitionen reziprok ist. Die Größe, die diesem Normativ reziprok ist, hat im vorliegenden Falle keinerlei ökonomischen Sinn, da der Kapitalisierungszeitraum unendlich ist. Aus diesem Grunde haben auch Versuche keine Berechtigung, den Kapitalisierungskoeffizienten ausgehend vom Umlaufzeitraum der Grundfonds in der Landwirtschaft zu bestimmen.

Die angeführte Methode zur Berücksichtigung des Zeitfaktors ist nur dann zulässig, wenn die jährlichen Verluste andauern, wenn ein unbegrenzt langer Zeitraum des Bodenentzugs sowie ein nach der Zeit unverändertes ökonomisches Nutzeffektsnormativ von Investitionen zugrunde gelegt wird. Andernfalls kann die Bodenbewertung nach folgender allgemeiner Formel durchgeführt werden:

$$B = \sum_{t=1}^{T} \frac{\Delta R_t}{\prod_{t=1}^{t} (1 + E_i)},$$

wobei
B — Bodenbewertung
ΔR_t — die Verluste an Renteneinkommen bzw. der Zuwachs an Aufwendungen für das t-te Jahr des Bodenentzugs;

[8]) Gofman, K. G., Die ökonomische Bewertung von Boden, der für Zwecke der Industrie und des Bauwesens genutzt wird, in: Ėkonomika i organizacija promyślennogo proizvodstva, 5/1970, S. 155—174.

T — Anzahl der Jahre des Bodenentzugs ($t = 1, 2, \ldots T$);
E_i — Effektivitätsnormativ von Investitionen für das i-te Jahr des Entzugs ($i = 1, 2, \ldots, t$).

Der Autor dieser Methode erkennt an, daß die angegebene Formel für praktische Berechnungen gegenwärtig kaum Anwendung finden kann, da die zeitliche Entwicklung des ökonomischen Effektivitätsnormativs von Investitionen (E_i) unbekannt ist und weil es außerordentlich schwierig ist, die Größe der zusätzlichen Aufwendungen (oder Einkommensverluste) für jedes Jahr des Entzugszeitraums von Bodenflächen (R_t) zu bestimmen. Daher ist es notwendig, einige vereinfachte Annahmen einzuführen. Eine erste Annahme ist die Hypothese, daß das Effektivitätsnormativ von Investitionen zeitlich unverändert ist; eine zweite Annahme ist die Hypothese, daß sich zeitlich die zusätzlichen Aufwendungen im Zusammenhang mit dem Bodenentzug exponentiell verändern, d. h. es wird vorgeschlagen, daß diese Aufwendungen in Perspektivzeitraum anwachsen bzw. sich vermindern, und zwar mit einem ganz bestimmten Tempo.

Die Größe dieses Zuwachstempos und das Vorzeichen (positiv oder negativ) kann in jedem konkreten Falle mit hinreichender Genauigkeit bewertet werden. Unter Berücksichtigung dieser Annahme kann zur Bewertung des Bodens folgende Formel empfohlen werden:

$$B = \Delta R \sum_{t=1}^{T} \frac{(1 \pm K)^{t-1}}{(1 + E)^t},$$

wobei
K — das Zuwachstempo (positiv oder negativ) der jährlichen zusätzlichen Aufwendungen des ersten Jahres des Bodenentzugs ist.

Hierbei wird empfohlen, die Größe K als Kennziffer der veränderten relativen Wertigkeit des Bodens nach der Zeit unter Einwirkung des technischen Fortschritts, der Veränderung des Volumens, der Struktur und des territorialen Bedarfs an landwirtschaftlichen Produkten sowie anderer Faktoren zu berücksichtigen, die letzten Endes die Aufwandsgröße zur Reproduktion landwirtschaftlicher Erzeugnisse bestimmen.

Gofman weist auf die Möglichkeiten dreier unterschiedlicher Situationen hin. Erster Fall. Boden, dessen relative Wertigkeit für die Landwirtschaft im Perspektivzeitraum mit einem Tempo wächst, das die Normative des ökonomischen Nutzeffekts von Investitionen übersteigt, darf nicht für immer der Landwirtschaft entzogen werden, solange der aus der nichtlandwirtschaftlichen Verwendung zu erwartende Nutzeffekt nicht ebenso hoch ist. Zweiter Fall. Wenn eine mäßige Steigerung der relativen Wertigkeit von Boden, der für immer der Landwirtschaft entzogen wurde, zu erwarten ist, dann muß der Kapitalisierungskoeffizient niedriger sein als das Normativ des ökonomischen Nutzeffekts von Investitionen, das die Größe des angenommenen Steigerungstempos der relativen Wertigkeit von Boden für die Landwirtschaft bestimmt. Dritter Fall. Es vollzieht sich eine

Verminderung der relativen Wertigkeit des entzogenen Bodens für die Landwirtschaft (zusätzliche Aufwendungen für künftige Jahre, die mit dem Bodenentzug verbunden sind, werden geringer als die ursprünglichen zusätzlichen Aufwendungen). In diesem Falle muß die Bodenbewertung niedriger sein als bei ihrer Berechnung nach der Formel der Kapitalisierung. Ist ein Absinken der relativen Wertigkeit von Boden zu erwarten, der unwiederbringlich entzogen wurde, so muß er, ausgehend vom Kapitalisierungskoeffizienten, der die Normative des ökonomischen Nutzeffekts von Investitionen übersteigt, mit der Größe des angenommenen Verminderungstempos der relativen Wertigkeit landwirtschaftlicher Böden bewertet werden.

Die ökonomische Bewertung von Böden, die der landwirtschaftlichen Produktion entnommen werden, erfordert ein spezielles Verfahren zur ökonomischen Bewertung. Es wird der Nutzeffekt von Investitionen beim Bau dieses oder jenes Objektes unter Berücksichtigung der negativen Folgen ermittelt, die mit dem Entzug von Böden für die landwirtschaftliche Nutzung verbunden sind.

In der Arbeit von M. B. Vitt[9]) wurden auf der Grundlage der gegenwärtigen Projektierungspraxis folgende Verfahren zur Bodenbewertung dargelegt, die beim Variantenvergleich von Projektentscheidungen im Bauwesen angewendet werden: Erstens. Die Methode der Kapitalisierung des Reineinkommens nach der Umschlagszeit von Grundfonds in der Landwirtschaft im Zeitraum von 20 Jahren. Zweitens. Methoden, die sich auf die Ermittlung der Verluste an Reineinkommen bzw. Bruttoproduktion für eine Reihe von Jahren stützen (50, 100 Jahre usw.), entsprechend der Nutzungsdauer von Gebäuden und Anlagen. Drittens. Eine Bewertungsmethode, der zufolge der bedingte Preis landwirtschaftlicher Böden in Abhängigkeit von den geplanten Baukosten auf ungeeigneten bzw. wenig geeigneten Böden für die landwirtschaftliche Produktion bestimmt wird. Den vorgeschlagenen Bewertungsmethoden von Vitt liegt die Berechnung der gesellschaftlich notwendigen Arbeitsaufwendungen zur Wiederherstellung des Gebrauchswertes zugrunde, der bei landwirtschaftlicher Nutzung der Böden erforderlich ist und der mit dem Entzug der einzelnen Bodenstücke für Bauzwecke verlorengeht, d. h. es kommt hier das Prinzip „Ersatz der Flächenertragsleistung" zur Anwendung.

Die Bewertung landwirtschaftlicher Böden nach Vergleichsvarianten für Projektentscheidungen wird in der Arbeit von Vitt als Teil des Gesamtproblems einer Vervollkommnung von Methoden zur Bestimmung des Nutzeffekts von Investitionen im Bauwesen betrachtet. Hierbei werden Effekte unterschieden, die sich sowohl auf die Periode der Wiederherstellung des Potentials, wie auch auf den Zeitraum nach dessen Wiederherstellung bzw. nach der Durchführung von Baumaßnahmen beziehen. Der erste Effekt ist einmalig, während der zweite einen laufenden darstellt. Um beide zu vergleichen, wird der Effekt nach Wiederherstellung des Potentials in Form der normativen Rückflußdauer von

[9]) Vitt, M. B., Ėkonomičeskaja ocenka zemli pri stroitel'stve, Moskva 1972.

Investitionen berücksichtigt, die mittels des Reduktionskoeffizienten zeitlich ungleicher Aufwendungen, d. h. nach der Zinseszinsrechnung, auf ein vergleichbares Niveau gebracht werden.

Für die Nutzeffektsbestimmung bei Annahme dieser oder jener Variante der Nutzung landwirtschaftlicher Böden für Bauzwecke ist es besonders wichtig, die Berechnung zusammen mit anderen Kennziffern des Nutzeffekts von Investitionen vorzunehmen. Im Städtebau gehören zu diesen Kennziffern: die Senkung des Investitionsaufwandes für die ingenieurtechnische Erschließung von Territorien; Erhöhung der Bebauungsdichte; Verminderung der zu erbringenden Kommunikationsleistungen (Transport, Wegebau, usw.), die dem zu bebauenden Rayon dienen sollen; Verminderung des Verschleißes von Gebäuden und Anlagen usw. Die Bewertung der landwirtschaftlichen Böden muß somit im Rahmen einer komplexen städtebaulichen Bewertung des Territoriums erfolgen, das für Bauzwecke bereitgestellt wird.

Interessant ist in methodischer Hinsicht die Bewertung landwirtschaftlicher Böden, die für die Torfindustrie entzogen werden, d. h. die zeitweilig aus der Kategorie „Produktionsgrundmittel" (der Landwirtschaft) in die Kategorie „Produktionsstandort" übergehen. Hierbei muß die Spezifik der Bodennutzung durch die torfgewinnenden Betriebe berücksichtigt werden, die es in einer Reihe von Fällen gestattet, der Landwirtschaft die Böden mit einer erhöhten Fruchtbarkeit (im Vergleich zur früheren) zurückzugeben, d. h. hier werden die zeitweiligen Verluste durch die nachfolgenden Gewinne ausgeglichen. Das bedingt die in methodischer Hinsicht außerordentlich interessante Besonderheit der Bewertung dieser Böden im Vergleich zu solchen, bei denen der Entzug faktisch für immer erfolgt, wobei hierbei (wie auch beim zeitweiligen Abbau von Bodenschätzen) die fruchtbare Bodenschicht praktisch zerstört wird.[10])

Methodische Grundlage für die Bewertung von Böden, die für die torfgewinnenden Betriebe entzogen werden, muß unserer Ansicht nach die Theorie des relativen Nutzeffekts sein. In gewissem Sinne kann man die Torfgewinnung und den Feldbau als Nutzungsvarianten eines gegebenen Bodenstückes mit Hilfe detaillierter Berechnungen aller mit diesen Nutzungsformen verbundenen Aufwendungen und Effekte betrachten. Die Bewertung von Böden, die für die Torfgewinnung entzogen werden, unterscheidet sich in erheblichem Maße von der landwirtschaftlichen Bodenbewertung sowie von der Bewertung von Böden, die für Industriebauten sowie für den Wohnungsbau entzogen werden. Die Analyse dieser Besonderheiten und die auf dieser Grundlage vorgenommene Begründung einer besonderen Methodik der Bodenbewertung in diesen Zweigen stellen höchst interessante Aufgaben dar.

Die Bewertung der Torflagerstätten hat auch eine rein praktische Bedeutung,

10) In der DDR sind durch Gesetz das Abheben, die Ablagerung sowie der Schutz dieser Bodenschicht für die nachfolgende Rekultivierung des Bodens geregelt. In der UdSSR wird diese Erfahrung bisher nur von einzelnen Bauorganisationen genutzt.

da diese in der UdSSR eine gewaltige Fläche — nämlich 71,5 Millionen ha — einnehmen und sich in einer Reihe von Gebieten die Erweiterung der Aussaatfläche zweckmäßigerweise gerade durch Erschließung dieser Torflagerstätten vollzieht. Hierzu müssen in erster Linie die kleinen Torflagerstätten gerechnet werden, d. h. solche mit einer geringen Torfschicht von 1,2 bis 1,3 m (deren Ausbeute ökonomisch nicht gerechtfertigt ist), und die sich in unmittelbarer Nähe von Kolchosen und Sowchosen befinden. Jährlich werden durch die vorhandenen Torfgewinnungsbetriebe Hunderte Hektar abgebauter Fläche freigesetzt, die zum größten Teil und zweckmäßigerweise für landwirtschaftliche Zwecke genutzt werden. Die torfgewinnende Industrie stellt somit eine Reserve für die Landwirtschaft dar, außerdem kann ihre Produktion auch als Dünger zur Steigerung der Bodenfruchtbarkeit verwendet werden.

3. Die Bewertung von Bodenflächen bei der Projektierung von Wasserspeichern

Die erhöhte Flächenintensität der hydroenergetischen Bauten (Wasserkraftwerke) stellt eine nicht weniger wichtige Besonderheit dar als deren erhöhte Investitionsintensität. Jedoch wird dies bei einem Vergleich alternativer Varianten von Wasser- und Heizkraftwerken, d. h. bei dem klassischen Fall der Nutzeffektsbestimmung von Investitionen, durchaus nicht in vollem Maße berücksichtigt. Eine einheitliche, allgemein anerkannte Berechnungsmethodik zum Ausgleich der überfluteten landwirtschaftlichen Nutzflächen gibt es nicht. Man geht nach dem Prinzip „Hektar für Hektar" vor, nach dem Prinzip der Wiederherstellung der Produktion von Erzeugnissen im Naturalausdruck bzw. im Wertausdruck, der Wiederherstellung des Reineinkommens der Wirtschaften, der Kompensation des überfluteten Ackerlandes, wobei von einem Ausgleich der Verluste an natürlichen Futterflächen abgesehen wird. Auf einen Verlustausgleich für alle landwirtschaftlichen Nutzflächen und auf die Durchführung organisatorisch-wirtschaftlicher Maßnahmen usw. wird völlig verzichtet. Maßnahmen zur Wiederherstellung der landwirtschaftlichen Produktion sind manchmal völlig ungenügend begründet.

Innerhalb der Maßnahmen zur Wiederherstellung landwirtschaftlicher Produktion, wie sie in den Projekten für den Bau von Wasserkraftwerken vorgesehen sind, nehmen die Meliorationsarbeiten zur Erschließung neuer Ländereien bzw. zur Verbesserung der vorhandenen landwirtschaftlichen Nutzflächen die erste Stelle ein. Ihr Anteil an den Gesamtarbeiten (im Wertausdruck) für solche Ausgleichsarbeiten beträgt gewöhnlich mehr als 90 Prozent. In den Jahren 1968 und 1969 wurde am Beispiel von 33 Speicheranlagen für Wasserkraftwerke eine Analyse solcher Ausgleichspraktiken bei der Überflutung von Ländereien durchgeführt.

Die Aufwendungen zur Wiederherstellung der landwirtschaftlichen

Produktion, berechnet je Hektar überflutete landwirtschaftliche Nutzfläche, schwanken außerordentlich stark nach einzelnen Wasserspeichern, und zwar zwischen einem und 5230 Rubel, wobei sie im Durchschnitt 202 Rubel betragen. Der Wert von Meliorationsmaßnahmen wird je Hektar entsprechend diesen Projekten mit einem Durchschnittsbetrag von insgesamt 432 Rubel angegeben. In den Projekten werden keine Berechnungen für die künftige Bodennutzung und zur Steigerung der Produktivität des Bodens (bei Beseitigung der Überflutung) angegeben. Bestenfalls werden die Pläne der landwirtschaftlichen Betriebe verwendet. Die in den Projekten angeführten Meliorationsmaßnahmen zum Ausgleich der überfluteten Flächen werden nicht selten unter Verwendung überhöhter Kennziffern des Zuwachses von Produktion und Reineinkommen ökonomisch begründet, wobei dieser Zuwachs auf der Basis einer idealen, nach Normativen berechneten Produktion gegenüber der real vorhandenen erzielt wird. Außerdem werden manchmal auch zu niedrig angesetzte Normative für spezifische Investitionen einzelner Arten von Meliorationsmaßnahmen angewendet usw.

Eine solche Praxis beruht nicht nur auf der Tradition von Ausgleichsrechnungen, wie sie bis zur Annahme der Bodengesetzgebung (1968) üblich war. Es hatte sich auch eine eigene theoretische Basis hierfür herausgebildet, die auf Folgendes hinauslief. Da bei dem Entzug landwirtschaftlicher Flächen für Bauzwecke der nunmehrige Bodennutzer voll die Bodeninvestitionen sowie die ungenutzten Investitionen ersetzt und da bei ihm die Bodenbearbeitungsmittel, das Arbeitsvieh und all das, was die Produktionsgrundfonds bildet, verbleiben, wäre es unrichtig, die Verluste aus dem Bodenentzug in voller Höhe mit dem verlorengegangenen Reineinkommen (der landwirtschaftlichen Betriebe) anzusetzen, das beide Bestandteile der ökonomischen Bodenfruchtbarkeit charakterisiert (nämlich die unmittelbaren Bodeninvestitionen sowie die sonstigen Produktionsgrundfonds wie Maschinen usw., d. Bearb.). Deshalb darf man von den Organisationen (Baubetrieben usw., d. Bearb.), zu deren Nutzen sich der Bodenentzug vollzieht, nicht (fordern, daß sie außer den Erschließungsaufwendungen für neue Ländereien auch noch in voller Höhe die verlorengegangenen Reineinkommen ersetzen.

Die Anhänger dieser Konzeption begründen dies damit, daß die Verlustgröße durch die Differenz zwischen dem Reineinkommen auf den alten Bodenstücken und dem auf den neu zu erschließenden Bodenflächen ausgedrückt werden muß, weil der Entzug landwirtschaftlicher Böden es erforderlich macht, relativ schlechtere, „Grenz"-böden in die landwirtschaftliche Produktion einzubeziehen bzw. die Produktion auf den vorhandenen Bodenflächen durch zusätzliche Investitionen zu erweitern. Als Grenze für eine effektive Nutzung dieser Investitionen wird der normative Nutzeffektskoeffizient angenommen, der die Effektivität des Einsatzes von Investitionen auf diesen schlechtesten Bodenstücken, deren Nutzung gesellschaftlich notwendig ist, bestimmt.

Diese Einkommensdifferenz zwischen den entzogenen und den neu zu erschließenden Böden stellt den tatsächlichen Verlust aus dem Bodenentzug für Bauzwecke dar. Diese Differenz wird durch die relative ökonomische Fruchtbarkeit der entzogenen Böden zum Ausdruck gebracht, wobei die diesbezügliche Kennziffer das differentiale Bodeneinkommen darstellt.

Es ist nichts gegen das Argument einzuwenden, daß der Boden für Bauzwecke keinesfalls einen Entzug schlechthin aus der gesellschaftlichen Produktion bedeutet. Der Effekt seiner Nutzung für den neuen Zweck ist oft sogar vielfältiger Art. Beispielsweise erlaubt die Bodenverwendung für den Bau von Speicheranlagen für Wasserkraftwerke, billige Elektroenergie zu erzeugen, ferner die Wasserversorgung der Gemeinden und der Industrie, die Bodenbewässerung, die Entwicklung der Schiffahrt, die Holzflößerei, die Fischwirtschaft usw. sicherstellen. Somit stehen den Verlusten aus dem Bodenentzug die Effekte aus der Nutzung des Bodens für neue Aufgaben gegenüber. Dabei ist es möglich, durch einen richtigen Vergleich der Effekte und der entstandenen Verluste bei Bodenentzug das System von Entscheidungen für den künftigen zweckmäßigen ökonomischen Einsatz des Bodens zu vervollkommnen.

Hierbei ist hervorzuheben, daß in diesen theoretisch richtigen Thesen ein äußerst wichtiger Umstand nicht berücksichtigt wird: Der nicht vergleichbare Konzentrationsgrad der Produktion in der Landwirtschaft und in den mit der Landwirtschaft im Hinblick auf die Bodennutzung „konkurrierenden" Zweigen, der eine vergleichende Berechnung des Bodenentzugs nicht zweckmäßig erscheinen läßt, außer vielleicht in den Fällen, wo Boden für Speicheranlagen oder für die Torfgewinnung verwendet wird. Die Flächenintensität dieser beiden zuletzt genannten Richtungen ist in einem bestimmten Maße mit der Landwirtschaft vergleichbar. Gerade dies erlaubt auch die Durchführung folgender Berechnungen für den Nutzeffekt von Investitionen.

Die Bewertung des entzogenen Bodens sowie die Aufwendungen für die landwirtschaftliche Erschließung neuer Ländereien nach einzelnen Bauvarianten wird in den Investitionen (I_1 und I_2) berücksichtigt. Die Verluste aus dem Bodenentzug nach einzelnen Bauvarianten (P_1 und P_2) sowie entsprechend der Effekt aus der Nutzung dieser Ländereien für die neuen Zwecke (E_1 und E_2) gehen als Elemente in die Rückflußdauer zusätzlicher Investitionen bei der Anlage irgendeines Objektes ein, wobei sie zur ökonomischen Begründung des Bodenentzugs zugunsten dieses Objektes dienen. Die Berechnung erfolgt nach folgender Formel:

$$\frac{I_1 - I_2}{S_2 - S_1 + P_2 - P_1 + E_2 - E_1} < T_n .$$

(Hierbei sind S_1, S_2 die Selbstkosten nach Varianten, d. Bearb.)

Es ist allgemein bekannt, daß zur Anlage der großen Staubecken für die Kraftwerkskaskade am Dnepr außerordentlich fruchtbare Böden überflutet werden mußten.[11]) Dies bezieht sich insbesondere auf den seichten Teil der Staubecken,

[11]) Volik, V., Den Entzug von Boden ökonomisch begründen, in: Ėkonomika sel'skogo chozjajstva, 4/1971, S. 88—91.

die in der Regel bis zu einem Drittel der gesamten Wasseroberfläche einnehmen, aber keinen nennenswerten Einfluß auf die Kapazität der Wasserspeicher und die Elektroenergiegewinnung haben. Wiederholt wurde darauf hingewiesen, ob es nicht zweckmäßig sei, durch ausreichende Investitionen die verlorenen reichen und fruchtbaren Böden wiederzurückzugewinnen, insbesondere die fruchtbaren Auen von Konsk, die durch das Staubecken des Wasserkraftwerkes von Kachowsk überflutet wurden. Nach Überschlagsrechnungen wäre es möglich, durch Abteilen der seichten Teile der Staubecken der Landwirtschaft ungefähr 300000 ha Flächen bei einem Aufwand an spezifischen Investitionen je Hektar von durchschnittlich 3000 Rubel wieder zuzuführen. Geht man hierbei von dem durchschnittlichen tatsächlichen Einkommen aus, das je Hektar Bewässerungsfläche erzielt wird, so steht der Nutzeffekt dieser Aufwendungen außer Zweifel.

Die Berechtigung eines solchen Vorgehens bei der Lösung dieser Frage wird auch durch Projektvorschläge unterstrichen, die zur Rekultivierung solcher Bodenflächen gemacht wurden, die von seichten Staubecken überflutet sind. Beispielsweise sind vom Wasserspeicher bei Kremenčug im Gebiet der Flußmündung des Sul außer den unmittelbar entzogenen Bodenflächen im seichten Bereich des Staubeckens (allein in der angeführten Zone etwa 30000 ha) noch weitere 40000 ha überspült und von der landwirtschaftlichen Nutzung ausgeschlossen, die oberhalb des Flußgebietes des Sul gelegen sind. Durch das nur ungenügende Gefälle staut der Sul eine Reihe seiner Zuflüsse. Die Trockenlegung des seichten Teils des Staubeckens würde es in diesem Bereich nicht nur möglich machen, diese direkt überfluteten Flächen der Landwirtschaft zurückzugeben, sondern auch durch Beseitigung der Überflutung in den angrenzenden Territorien mehr als 40000 ha außerordentlich fruchtbaren und in Mitleidenschaft gezogenen Landes der Nutzung wieder zuzuführen. Nach vorläufigen Berechnungen betragen die Aufwendungen zur Durchführung dieser Meliorationsarbeiten 900 bis 950 Rubel je Hektar rekultivierter Fläche. Entsprechend den Flächenerträgen dieser Zone und dem tatsächlich erzielbaren Einkommen in den dortigen Wirtschaften machen sich die Aufwendungen innerhalb von drei bis vier Jahren durch zusätzliche Einkommen bezahlt. Entsprechend den Projektvorschlägen betragen die Aufwendungen für Melioration und Rekultivierung der überfluteten Gebiete in Abhängigkeit von der jeweiligen Kompliziertheit jedes Objektes zwischen 900 und 4300 Rubel je Hektar bei berechneten Rückflußzeiten zwischen drei und sieben Jahren. Die ökonomische Bewertung von Böden, die für Staumaßnahmen der Nutzung entzogen werden, stellt einen Teil des Gesamtproblems der ökonomischen Bodenbewertung dar, denn es ist klar, daß ohne Ausarbeitung und Lösung dieses Gesamtproblems es nicht möglich ist, auch das vorliegende außerordentlich komplizierte Teilproblem umfassend und mit einer ausreichenden ökonomischen Begründung zu lösen; dennoch ist nicht zu vergessen, daß es sich hierbei um eine Teilfrage handelt.

4. Methodische Grundlagen zur Bewertung von Bodenflächen

Trotz aller Vielfalt der gemachten Vorschläge gibt es faktisch zwei Arten des Herangehens an die Bewertung von Naturressourcen, die besonders gut am Beispiel der Bodenbewertung deutlich gemacht werden können. Entsprechend dem ersten und am weitesten verbreiteten Standpunkt muß diese Bewertung durch eine Kapitalisierung des jährliches Effekts durchgeführt werden, der bei Nutzung einer gegebenen Ressource erzielt wird. Die Anhänger dieses Standpunktes schlagen in bezug auf den Boden die Kapitalisierung des Reineinkommens vor, das durchschnittlich je Hektar landwirtschaftliche Nutzfläche erzielt wird, und zwar beide Teile des Einkommens (der Teil, der durch Realisierung der an den Staat verkauften Erzeugnisse erzielt wird, und der Teil, der unmittelbar in den landwirtschaftlichen Betrieben verbleibt).

Die Anhänger des zweiten Standpunktes lösen dieses Problem auf der Grundlage der gesellschaftlich notwendigen Aufwendungen in zweifacher Hinsicht:

a) auf der Grundlage des „Wiederherstellungs"-wertes von vergangenen Aufwendungen zur Erschließung der Naturressourcen (beispielsweise die Umwandlung von Neu- oder Brachland in Ackerland);

b) durch Berechnung der Aufwendungen an gesellschaftlicher Arbeit, die zum „Ersatz" jeder einzelnen Einheit von Naturressourcen (eines bestimmten Bodenstückes, Wasservolumens, Menge von Bodenschätzen usw.) zur Produktion einer entsprechenden Menge von Erzeugnissen erforderlich sind. Dies ist mit einer unterschiedlichen Interpretation des Begriffes Aufwand verbunden: in dem einen Falle als tatsächlicher Aufwand, im anderen Falle als die vom Standpunkt der Gesellschaft aus zweckmäßigen Kosten bzw. Grenzaufwendungen zur Produktion der gegebenen Erzeugnismenge. Die Unterschiede in dieser Interpretation (des Aufwandsbegriffs) führen zu vollkommen unterschiedlichen quantitativen Ausdrücken der ökonomischen Bewertung von Naturressourcen, darunter auch von Boden.

Man muß hierbei bemerken, daß das Herangehen an die Bewertung von Naturressourcen, insbesondere auch von Bodenflächen, auf der Grundlage der vergangenen Aufwendungen die Bewertung allein der Flächen ermöglicht, die bereits von der Gesellschaft genutzt oder in naher Zukunft genutzt werden, wobei für letztere wie auch für Böden, die von der Hand des Menschen bisher nicht berührt wurden, eine ökonomische Bewertung lediglich in Form einer Analogie möglich ist.

Bei aller Vielgestaltigkeit der Ansichten zur ökonomischen Bewertung von Naturressourcen und insbesondere von Bodenflächen ist unstrittig, daß als methodologische Grundlage einer solchen Bewertung allein die marxistische Arbeitswerttheorie dienen kann und dienen muß. Die Bodenbewertung in Wertform war insoweit längst spruchreif und sie machte sich beim Entzug landwirtschaftlicher Nutzflächen für andere Zwecke insoweit auch empfindlich bemerkbar, als das Fehlen einer solchen Bewertung im gesamtgesellschaftlichen Maßstab dazu Anlaß gab, in einzelnen Fällen zu Lösungen von begrenztem (lokalem) Charakter Zuflucht zu nehmen. Gegenwärtig gibt es örtlich eine Reihe von Instruktionen und Anweisungen zum Ausgleich von Verlusten der Kolchosen und Sowchosen bei Entzug ihrer Bodenflächen. In einigen Unionsrepubliken wurden auf dem Gesetzeswege Ordnungen bei Bodenentzug für Bauzwecke erlassen, wobei die Höhe des Ausgleichs in Geldform festgelegt ist. Es ist ganz natürlich, daß hierbei die Höhe des Ausgleiches als Wertausdruck der ökonomischen Bodenbewertung betrachtet wird. Beispielsweise bezahlen in der Estnischen SSR die Straßenbauer für einen Hektar relativ sehr fruchtbaren Ackerlandes an die Kolchosen einen Geldausgleich in Höhe von 480 Rubel je Hektar, mit Abweichungen von 15 Prozent nach oben und unten in Abhängigkeit von der Bodenqualität. In der Moldauischen SSR vollzieht sich der Bodenentzug in der Regel auf Kosten landwirtschaftlich genutzter Böden, wobei nur in Ausnahmefällen geringwertige Böden in gleicher Quantität und Qualität wie die entzogenen fruchtbaren Böden wiederherzustellen sind.

Die Organisationen, die die landwirtschaftlichen Nutzflächen übernehmen, ersetzen auch die Ausgaben zur Erschließung der neuen Ländereien. Für den Fall, daß im territorialen Bereich dieser Betriebe keine geeigneten Flächen zur Erschließung mehr vorhanden sind, erfolgt eine drastische Verbesserung der in Nutzung befindlichen Böden durch Be- oder Entwässerung. Die Aufwendungen für diese Maßnahmen werden gleichfalls von den Organisationen gedeckt, die die Ländereien von den Kolchosen bzw. Sowchosen erhielten. Beim Ausgleich wird von der Bedingung ausgegangen (wie dies auch aus dem Beispiel der überfluteten Flächen hervorgeht), daß die entzogenen und die neu zu erschließenden Flächen von gleicher Produktivität sind bzw. daß letztere im Ergebnis von Meliorationsmaßnahmen über eine höhere Ertragsfähigkeit verfügen.

Von bestimmtem Interesse ist auch die Praxis der übrigen sozialistischen Länder bei der Berechnung der Ausgleichshöhe zugunsten der Landwirtschaftsbetriebe bei Entzug ihrer Bodenflächen für nichtlandwirtschaftliche Zwecke. In der ČSSR werden die Verluste der Landwirtschaft nach dem Wert der Bruttoproduktion für den gesamten Entzugzeitraum (50 bis 100 Jahre) berechnet. Außerdem werden in den Wert der Baumaßnahmen auch die Aufwendungen zur Rekultivierung einbezogen. Die Rekultivierung, d. h. die Wiederherstellung, die Nivellierung des Territoriums und die anschließende Ausbringung einer Schicht Mutterboden, der von den Baumaßnahmen bzw. vor dem Aufschluß von Gruben usw. separat abgelagert wurde, erlangte im Ausland große Bedeutung. Die Kosten der Rekultivierung hat der Investitionsträger zu tragen. Auch in der UdSSR wurde in den letzten Jahren die Rekultivierung von Böden, die zeitweilig vom Bauwesen besetzt sind, in die volkswirtschaftliche Praxis eingeführt. In letzter Zeit wurden Vorschläge unterbreitet, den Landwirtschaftsbetrieben einen Ausgleich in Höhe des 50fachen Wertes der Produktion zu zahlen, die auf den entzogenen Ländereien erzielt wird.

Durch diese Praxis ist auch die Position bestimmt, die zwei Bodenbewertungssysteme ermöglicht. Eine davon, die sich auf die Kapitalisierung des Reineinkommens der landwirtschaftlichen Betriebe stützt, ist zur Verwendung in der Landwirtschaft bestimmt, während die andere, die sich auf die Berechnung der Verluste der Landwirtschaft und des Staates aus nichterzielter landwirtschaftlicher Produktion bei Entzug von Flächen für Bauzwecke stützt, auf die Berechnung der Verluste der Landwirtschaft als dem Hauptbodennutzer und der übrigen Zweigen der Volkswirtschaft gerichtet ist.

Ungeachtet der Strittigkeit dieser Idee einer Doppelbewertung des Bodens (wobei die Differenz zwischen beiden Bewertungsarten das Sechsfache erreicht — zwischen 300 und 1900 Rubel je Hektar), muß man unbedingt hervorheben, daß der Hinweis auf die Interessen der Landwirtschaft bei ihrer Begründung von dem Wunsch getragen ist, durch Anwendung einer „Preis"-methode für landwirtschaftliche Böden der Landwirtschaft jene Umverteilung von Nationaleinkommen zu ersetzen, die im Interesse des Landes bei der Entwicklung der Industrie und bei der Festigung der Verteidigungsfähigkeit (zugunsten letztgenannter Bereiche) erforderlich war. Hierbei wird aber oft vergessen, daß eine sinnvolle Verwendung der Bodenflächen keineswegs ein ökonomisches „Veto" für andere Bodennutzer bedeuten darf.

Im Produktionsprozeß fungiert der Boden als allgemeiner Arbeitsgegenstand und als allgemeines Arbeitsmittel, d. h. als allgemeinstes Produktionsmittel. Zusammen mit der Arbeit bildet der Boden Quelle der Gebrauchswerte, der materiellen Güter, d. h. die Grundlage des stofflichen Reichtums jeder Gesellschaft. Im gesellschaftlichen Produktionsprozeß interessiert aber nicht nur die Menge der produzierten materiellen Güter, sondern auch die Arbeitsaufwendungen, die mit dieser Produktion verbunden sind.

Der nach seinen natürlichen Eigenschaften unterschiedliche Boden bedingt auch eine unterschiedliche Produktivkraft der Arbeit, die auf ihn angewandt wird. Das findet in einer unterschiedlichen Menge von Erzeugnissen, die bei gleichen Arbeitsaufwendungen erzielt werden, bzw. in einer unterschiedlichen Aufwandsmenge an Arbeit, die je Einheit Produktion verausgabt wird, seinen Niederschlag. In der landwirtschaftlichen Produktion, wo die Naturbedingungen der Verausgabung von Arbeit einen wesentlichen Einfluß auf das Produktivitätsniveau ausüben, wo der Boden als Hauptproduktionsmittel in Erscheinung tritt, bedingt das Gesetz der Ökonomie von Zeit objektiv die Notwendigkeit, den Boden ökonomisch zu bewerten. Wichtigste Aufgabe einer solchen Bewertung unter Bedingungen der sozialistischen Landwirtschaft ist die Bewertung des Bodens als Hauptproduktionsmittel in der Landwirtschaft, d. h. die Bewertung seiner Fruchtbarkeit.

In methodologischer Hinsicht kann der Bodenpreis aus zwei Elementen bestehen. Das erste Element ist der „Preis" des Bodens von niedriger Produktivität, dessen Verwendung durch die Notwendigkeit bedingt ist, eine bestimmte Masse an landwirtschaftlichen Produkten hervorzubringen, d. h. es handelt sich hier um den Preis der schlechtesten Böden. Das zweite Element ist der „Preis" jedes konkreten Bodenstückes in Form der kapitalisierten Differentialrente, d. h. jenes zusätzlichen Einkommens, das bei Nutzung dieses konkreten Bodenstückes im Vergleich zu den schlechtesten Böden geschaffen wird.

Der Bestimmung des ersten Elementes müssen die gegenwärtigen Aufwendungen zur Erschließung neuer Ländereien für Zwecke der Landwirtschaft zugrunde gelegt werden. Da die am leichtesten erschließbaren Böden begrenzt sind und der Bedarf an landwirtschaftlichen Erzeugnissen ständig anwächst, wobei dies nicht immer in Form einer Intensivierung der Produktion abgedeckt werden kann, entsteht hieraus die Notwendigkeit, mehr und mehr „schwierigere" Böden erschließen zu müssen.

Nach den Angaben des Ministeriums für Melioration und Wasserwirtschaft betragen die Durchschnittsaufwendungen zur Erschließung von einem Hektar Fläche als Ackerland ungefähr 215 Rubel.[12]) Diese Summe setzt sich zusammen aus Aufwendungen für die Beseitigung von Gebüsch, Gesträuch, kleinen Wäldern, ferner für den Umbruch von Brachland und die erste Bearbeitung. Aus diesen Angaben ergeben sich im einzelnen folgende Kosten: Erschließung von einem Hektar Heuwiese ungefähr 100 Rubel, von einem Hektar Weide und Hufungen 50 Rubel und von einem Hektar Weiden in Trockengebieten 10 Rubel. Somit betragen bei dem gegenwärtigen Verhältnis zwischen Ackerfläche und anderen Verwendungsarten der Flächen (Ackerflächenverhältnis) die mittleren Aufwendungen zur Erschließung von einem Hektar Boden zu seiner Einbeziehung in die landwirtschaftliche Nutzung 111 Rubel. Gerade diese Summe kann als Basis zur Bewertung des gesamten Bodenfonds des Landes verwendet werden, einschließlich für die schlechten Böden, auf denen die landwirtschaftliche Produktion unter den gegenwärtigen agrotechnischen Bedingungen kein zusätzliches Einkommen abwirft und deren Einbeziehung in die landwirtschaftliche Nutzung durch den Bedarf der Gesellschaft an landwirtschaftlichen Erzeugnissen diktiert ist.

Eine solche Bewertung ermöglicht es jedoch nicht, die objektiv vorhandenen Unterschiede in der Qualität, der Lage und den anderen Besonderheiten jeder konkreten Bodenfläche widerzuspiegeln. Diese Besonderheiten können nur bei einer ökonomischen Bodenbewertung mittels Berechnung dieser Unterschiede in den Aufwendungen zur Produktion eines gleichen Erzeugnisvolumens zum Ausdruck gebracht werden, die durch die natürlichen Eigenschaften der genutzten Ländereien bedingt sind und die Quelle zur Bildung von Differentialrente darstellen. Hierbei ist zu berücksichtigen, daß die Differenzen in den ökonomischen Kennziffern der Landwirtschaftsbetriebe (in Wert- oder in Naturalform, beispielsweise im Flächenertrag) natürlich nicht nur Differenzen in der Bodenqualität, sondern auch Unterschiede in der Wirtschaftsführung widerspiegeln. Wir verwenden jedoch bei der Berechnung der Bodenbewertung die Angaben über die landwirtschaftliche Produktion für die letzten Jahre, da Projektkennziffern bzw.

[12]) Normativy udel'nych kapital'nych vloženij v vodochozjajstvennoe stroitel'stvo. Moskva 1973, S. 64.

perspektivische Kennziffern (Plankennziffern) des Flächenertrags sowie andere, die landwirtschaftliche Produktion charakterisierende Kennziffern uns kein völlig reales Bild zu vermitteln vermögen, mit welchem Ergebnis der Boden genutzt werden könnte.

Nach Berechnung des Autors beträgt die durchschnittliche Höhe der Differentialrente, berechnet als Differenz des Reineinkommens der Landwirtschaft unter Berücksichtigung der Umsatzsteuer, ungefähr 50 Rubel je Hektar landwirtschaftlicher Nutzfläche. Diese Größe ergibt sich bei einem Vergleich der mittleren Bedingungen des Landes mit den „Grenz"bedingungen der landwirtschaftlichen Produktion solcher Rayons wie beispielsweise der Tuwrinischen und der Jakutischen ASSR.

Kapitalisiert man die auf diese Weise erzielte Durchschnittsgröße der Differentialrente ausgehend vom Normativ des relativen Nutzeffekts von Investitionen (0,12), so erhält man den Rententeil der ökonomischen Bodenbewertung in Höhe von 416 Rubel je Hektar. Die volle Bewertung für einen Hektar landwirtschaftliche Nutzfläche beträgt somit im Durchschnitt des Landes 527 Rubel (416 + 111). Die Gesamtbewertung des landwirtschaftlichen Bodenfonds der UdSSR beträgt 320 Milliarden Rubel (bei 607,7 Milliarden ha), wobei 288 Milliarden Rubel sich direkt auf den in der landwirtschaftlichen Produktion genutzten Boden beziehen (dieser Fonds beträgt 548,7 Millionen ha).

Die vom Autor durchgeführten Berechnungen zeigen, daß die Bewertungen je Hektar landwirtschaftliche Nutzfläche in Wertform erheblich abweichen. Sie betragen beispielsweise in der Moldauischen SSR 2508 Rubel, in der Kasachischen SSR insgesamt 155 Rubel, im Kreis Krasnojarsk 1519 Rubel, im Moskauer Gebiet 838 Rubel je Hektar usw. (vgl. Tabelle 5). Die Bewertung konkreter Bodenstücke, wie sie in Tabelle 6 dargestellt ist, wird natürlich in erheblichem Maße von der Nutzungsart abhängen: Ackerland muß um vieles höher bewertet werden als die übrigen landwirtschaftlichen Flächen. Langjährige Versuchsreihen über die Produktivität einzelner Arten landwirtschaftlicher Nutzfläche erlauben eine Aussage darüber, daß ein Hektar normales Ackerland im Durchschnitt der UdSSR mit 955 Rubel bewertet werden kann, ein Hektar bewässertes Ackerland mit 3293 Rubel, ein Hektar entwässertes Ackerland mit 2516 Rubel, ein Hektar mehrjährige Anpflanzungen (Weingärten usw.) durchschnittlich mit 3501 Rubel, davon in der Grusinischen SSR mit 12674 Rubel und in der Armenischen SSR für einen Hektar bewässerte Anpflanzungen mit 10675 Rubel.

Die angeführten bedingten Bewertungen müssen natürlich unter der Maßgabe einer weiteren Vervollkommnung der Berechnungsmethoden und folglich einer weiteren Präzisierung der Differentialrente sowie der zur Einbeziehung in die landwirtschaftliche Nutzung erforderlichen Aufwendungen für die Böden gesehen werden.

Somit ist bei jeder beliebigen Entnahme landwirtschaftlicher Böden als hauptsächliche negative Folge die Beeinträchtigung der Produktion landwirtschaftlicher Erzeugnisse anzusehen. Zur Wiederherstellung der staatlichen Bilanz ist es er-

Tabelle 5

Relative Bewertung von einem Hektar landwirtschaftliche Nutzfläche nach Territorien der UdSSR (in Rubel/ha)

Gebiet, Kreis, Republik	Bewertung in Rubel
UdSSR	527
RSFSR	584
Nordwest-Rayon	453
Gebiet Archangelsk	340
Gebiet Wologodsk	367
Gebiet Kaliningrad	556
Gebiet Leningrad	650
Gebiet Nowogorod	502
Gebiet Karelien	340
Gebiet Pskowsk	488
ASSR der Komi	354
Zentral-Rayon	519
Gebiet Brjansk	488
Gebiet Wladimir	421
Gebiet Iwanow	529
Gebiet Kalinin	583
Gebiet Kaluga	448
Gebiet Kostroma	475
Gebiet Moskau	838
Gebiet Orlow	502
Gebiet Rjasan	424
Gebiet Smolensk	448
Gebiet Tula	434
Gebiet Jaroslawl	556
Zentrales Schwarzerdegebiet	754
Gebiet Belgorod	892
Gebiet Woronesh	905
Gebiet Kursk	744
Gebiet Lipezk	502
Gebiet Tambow	609
Povolžskij-Rayon	426
Gebiet Astrachan	313
Gebiet Wolgograd	448
Gebiet Kuibyschew	475
Gebiet Pensen	475
Gebiet Saratow	448
Gebiet Uljanowsk	529
Baschkirische ASSR	461
Kalmückische ASSR	228
Tatarische ASSR	461
Nordkaukasischer Rayon	927
Kreis Krasnodar	1915
Kreis Stawropol	744
Gebiet Rostow	785

Gebiet, Kreis, Republik	Bewertung in Rubel
Dagestanische ASSR	284
Kabardino-Bulkarische ASSR	1153
Nord-Osetinische ASSR	703
Tschetscheno-Inguschische ASSR	615
Rayon Ural	460
Gebiet Kurgan	566
Gebiet Orenburg	448
Gebiet Perm	340
Gebiet Swerdlowsk	475
Gebiet Tjumen	421
Gebiet Tscheljabinsk	402
Udmurtische ASSR	448
Westsibirischer Rayon	599
Kreis Altai	605
Gebiet Kemerowsk	432
Gebiet Nowosibirsk	494
Gebiet Omsk	502
Gebiet Tomsk	259
Ostsibirischer Rayon	299
Kreis Krasnojarsk	381
Gebiet Irkutsk	529
Gebiet Tschitinsk	233
Burjatische ASSR	273
Tuwinische ASSR	111
Fernöstlicher Rayon	321
Kreis Primorsko	623
Kreis Chabarowsk	233
Gebiet Amur	259
Gebiet Sachalin	569
Jakutische ASSR	111
Ukrainische SSR	1581
Belorussische SSR	988
Litauische SSR	977
Lettische SSR	893
Estnische SSR	1181
Grusinische SSR	1224
Aserbaidshanische SSR	894
Armenische SSR	1413
Moldauische SSR	2508
Kasachische SSR	155
Kirgisische SSR	398
Tadshikische SSR	899
Turkmenische SSR	160

Tabelle 6

Relative Bewertung von einem Hektar landwirtschaftliche Nutzfläche (in Rubel/ha) im Republiksdurchschnitt nach Nutzungsarten

	Ackerland			Pflanzungen			Naturwiesen			Hufungen und Weiden			Weiden (bewässert)
	I	II	III	I	II	III	I	II	III	I	II	III	
UdSSR	955	3293	2516	3501	5647	4670	233	307	322	131	235	242	47
RSFSR	895	3234	2468	2310	3952	2798	241	300	278	168	235	213	77
Ukrainische SSR	1569	5988	3800	3293	6017	3782	278	237	350	185	242	250	99
Belorussische SSR	1258	—	2483	1747	—	2224	270	—	345	200	—	265	—
Usbekische SSR	518	4145	—	1776	6150	—	137	270	—	—	—	—	92
Kasachische SSR	523	2045	—	2694	2872	—	181	315	—	87	168	—	38
Grusinische SSR	792	1676	2190	12674	9580	9125	233	—	320	154	262	328	—
Aserbaidshanische SSR	851	1875	—	2035	5010	—	174	335	—	117	260	—	84
Litauische SSR	762	—	2272	992	—	1066	270	—	337	198	—	268	—
Moldauische SSR	1717	16220	4110	5432	6276	5935	278	—	310	180	—	—	
Lettische SSR	911	—	2035	1221	—	1270	255	—	323	260	—	254	—
Kirgisische SSR	866	2176	—	1614	2383	—	189	315	—	94	—	—	66
Armenische SSR	703	3235	—	4855	10675	—	189	285	—	90	235	—	69
Turkmenische SSR	—	4250	—	—	6431	—	137	—	—	—	—	—	38
Estnische SSR	1396	—	2837	2080	—	3055	278	—	345	205	—	276	—
Tadshikische SSR	792	5100	—	1569	6280	—	174	272	—	87	—	—	73

Anmerkung: I — jungfräuliche Böden, II — Bewässerungsböden, III — entwässerte Böden forderlich, neue Ländereien in die landwirtschaftliche Produktion einzubeziehen bzw. die vorhandenen landwirtschaftlichen Nutzflächen erheblich zu verbessern, d. h. der Bodenentzug erfordert zusätzliche Investitionen des Staates für Meliorationsarbeiten. Zusätzliche Meliorationsarbeiten gegenüber dem Plan durch den Entzug landwirtschaftlicher Böden werden natürlich investitionsintensiver, d. h. sie werden „begrenzend".[13])

Der erforderliche Umfang an Meliorationsmaßnahmen zur Wiederherstellung der Produktion landwirtschaftlicher Erzeugnisse wird auf der Grundlage einer relativen Bewertung der entzogenen sowie der neu zu erschließenden landwirtschaftlichen Nutzflächen bzw. einer erheblichen Verbesserung der vorhandenen landwirtschaftlichen Nutzflächen festgelegt. Diese relative Bewertung erfolgt nach dem Bruttoausstoß von Erzeugnissen, der für den gegebenen Rayon typisch ist und der als Verhältnis der verlorengegangenen Produktion zum Zuwachs an Erzeugnissen bei Erschließung neuer Ländereien bzw. bei einer erheblichen Verbesserung der vorhandenen landwirtschaftlichen Nutzflächen zum Ausdruck gebracht wird.

Nicht der Wert der Bruttoproduktion darf in diesem Falle bei Variantenvergleichen die stabile Größe bilden, sondern es muß dies der Gebrauchswert, d. h. die landwirtschaftliche Produktion im Naturalausdruck sein. Diese Forderung gründet sich darauf, daß die Bestimmung der landwirtschaftlichen Produktion wie jeglicher Produktion unter sozialistischen Bedingungen eine für die Gesellschaft konkrete und notwendige Erzeugnismenge sein muß. Lediglich eine Bewertung der Erzeugnisse in Wertausdruck vorzunehmen, kann dazu führen, daß die Berechnung des Ausgleichs für die der landwirtschaftlichen Nutzung entzogenen Bodenflächen einer objektiven Grundlage entbehrt.

Die beim Entzug landwirtschaftlicher Nutzflächen frei werdenden Grundfonds können teilweise wiederum zur landwirtschaftlichen Produktion auf neuen Bodenflächen bzw. auf vorhandenen Nutzflächen nach deren Verbesserung eingesetzt werden und dort weiterhin zur Produktion und zum Zuwachs an Einkommen beitragen. Bisher gibt es allerdings solche „freien" Flächen nicht, da die in der landwirtschaftlichen Produktion verwendeten Böden voll mit den erforderlichen Produktionsfonds ausgestattet sind, so daß die freigesetzten Fonds „überflüssig" sind. Damit diese Fonds in der landwirtschaftlichen Produktion agieren können, müssen sie vor allen Dingen mit dem Boden — dem Hauptproduktionsmittel der Landwirtschaft — vereinigt werden. Daher wird vorgeschlagen, die der landwirtschaftlichen Nutzung entzogenen Böden nach den Aufwendungen für Meliorationsmaßnahmen zur Erschließung neuer Ländereien bzw. zur drastischen Verbesserung der vorhandenen landwirtschaftlichen Nutzflächen und den damit er-

[13]) In globaler Sicht kann man als „Grenz"-aufwendungen den Aufwand zur „Gewinnung" von Boden annehmen, d. h. zur Trockenlegung (Eindeichung) von Meer oder zum Aufschwemmen ufernaher Bodenstücke. In Leningrad beispielsweise erfolgt die Erweiterung des städtischen Territoriums mittels Bodenaufschwemmung seichter Flußgebiete.

forderlichen zusätzlichen Investitionen zu bewerten. Eine Bewertung der aus der landwirtschaftlichen Nutzung entzogenen Böden nach dem Wert von Meliorationsmaßnahmen, die eine vollständige Wiederherstellung der landwirtschaftlichen Erzeugnismenge gewährleisten, ist ungenügend, da die Gesellschaft nicht nur die Masse der produzierten materiellen Güter interessiert, sondern auch die Aufwendungen zu deren Produktion. Da die Maßnahmen zur Erschließung neuer Ländereien bzw. zur spürbaren Verbesserung der vorhandenen landwirtschaftlichen Nutzflächen sowohl im Verhältnis zu den Investitionen wie auch zu den Aufwendungen für den Anbau landwirtschaftlicher Kulturen begrenzt sind, führt der Entzug von Boden aus der landwirtschaftlichen Nutzung auch dann, wenn die Bilanz an Erzeugnissen voll ausgeglichen wird, zu volkswirtschaftlichen Verlusten in Form wachsender Erzeugniskosten. Die Differenz zwischen den Produktionskosten zur Erzielung von Erzeugnissen auf den relativ besseren, nunmehr vom Bauwesen genutzten Böden und den Produktionskosten auf den relativ schlechtesten, zum Ausgleich herangezogenen Böden stellt einen ständigen jährlichen Verlust aus dem Bodenentzug (beispielsweise für Zwecke des Bauwesens) dar, der einem Ersatz unterliegt. Praktisch kann der Ersatz eines solchen Verlustes entweder in Form zentralisierter (zentral erfaßter) laufender Abführungen oder mittels einmaliger Bezahlung der Differenz zwischen den Produktionskosten (oben genannter zwei Arten) landwirtschaftlicher Erzeugnisse erfolgen, wobei diese einmalige Bezahlung entsprechend den Effektivitätskoeffizienten für Investitionen kapitalisiert wird.

Ganz allgemein schließt die Ausgleichsbewertung der aus der landwirtschaftlichen Produktion entzogenen Böden daher folgendes ein:

Erstens, den Wert der sich ergebenden laufenden Aufwendungen, die aber bis zum Zeitpunkt des Entzugs nicht genutzt werden können;

zweitens, den Wert von Meliorationsmaßnahmen, die eine volle Wiederherstellung der Produktion landwirtschaftlicher Erzeugnisse gewährleisten;

drittens, die Verluste, die durch eine Erhöhung der laufenden Aufwendungen für die Produktion landwirtschaftlicher Erzeugnisse auf neuen Ländereien bedingt sind.

Anstelle der angeführten Kennziffern zur Berechnung des allgemeinen Nutzeffekts von Investitionen kann man an Hand des traditionellen Beispiels (Vergleich von Wasserkraftwerken mit Wärmekraftwerken) die Rückflußdauer von Investitionen in einfachster Form berechnen:

$$\frac{(I_{wa} - I_w) + [(K_n + K_m)_w - (K_n + K_m)_{wa}]}{(S_{wa} - S_w) - (A_{wa} - A_w)} < T,$$

wobei

$I_{wa} + I_w$ — die Investitionen zur Anlage des Wasserkraftwerkes bzw. des Wärmekraftwerkes;

$S_{wa} + S_w$ — die Selbstkosten der Produktion bzw. die laufenden Produktionskosten (Betriebskosten) für beide Kraftwerkstypen;

$K_{n_{wa}}$, K_{n_w} — der Wert der sich ergebenden laufenden Aufwendungen, die jedoch bis zum Zeitpunkt des Flächenentzugs nicht genutzt werden (entsprechend den beiden Varianten von Kraftwerken);
$K_{m_{wa}}$, K_{m_w} — der Wert von Meliorationsmaßnahmen, die eine volle Wiederherherstellung der Produktion landwirtschaftlicher Erzeugnisse gewährleisten (nach Kraftwerksvarianten);
A_{wa}, A_w — die Erhöhung der laufenden Aufwendungen zur Produktion landwirtschaftlicher Erzeugnisse auf neuen Ländereien (nach Kraftwerksvarianten).

Beim Entzug landwirtschaftlicher Flächen für andere Volkswirtschaftszweige muß der Wiederherstellungswert solcher Aufwendungen berücksichtigt werden, die untrennbar mit den entzogenen Bodenflächen verbunden sind (Kanäle usw.). In methodischer Hinsicht darf jedoch die Bodenbewertung mit dem Wert von Produktionsfonds, die das Ergebnis von „angelegtem Bodenkapital" sind, nicht durcheinander gebracht werden. Gleichzeitig können Aufwendungen, die in den Grundfonds keinen Niederschlag finden, wie beispielsweise Aufwendungen zum Planieren von Flächen, voll bei der Bewertung der entsprechenden Ländereien in Wertform berücksichtigt werden.

FÜNFTES KAPITEL

Die ökonomische Bewertung von Wasserressourcen und der Nutzeffekt von Investitionen

1. Die Besonderheiten von Wasserressourcen und rechtliche Fragen ihrer Nutzung

Die UdSSR verfügt über die gewaltigsten Süßwasservorräte in der Welt, deren Oberflächenabfluß 4700 Milliarden Kubikmeter jährlich beträgt. Die unterirdischen Vorräte betragen etwa eine Milliarde Kubikmeter. Jedoch sind diese Vorräte auf dem Territorium des Landes nicht entsprechend der Verteilung der Bevölkerung und der Industrie vorhanden. Auf die Rayons mit der höchsten Konzentration von Bevölkerung und Industrie entfallen nicht mehr als 20 Prozent dieses Abflusses.[1])

Ohne Wasser, das in natürlichem Zustand eine der wichtigsten und wertvollsten Naturressourcen darstellt, vermag sich nicht eine einzige Sphäre der Volkswirtschaft zu entwickeln. Auf Wasser sind alle Industriezweige, der Transport, die

[1]) Gidroėnergetika i kompleksnoe ispol'zovanie vodnych resursov, Moskva 1970, S. 62.

Landwirtschaft sowie die Kommunalwirtschaft der Städte und Siedlungen angewiesen.

In einer Reihe von Rayons der UdSSR, besonders in den an Wasserressourcen armen wie der Süden der Ukraine (einschließlich Donbass und Kriwojrog), der Nordkaukasus, der Ural, der Zentralrayon sowie das Zentrale Schwarzerdegebiet der UdSSR, ferner Kasachstan sowie Mittelasien begrenzt derzeit der Wassermangel die Entwicklung derjenigen Produktionszweige, die einen besonders hohen Wasserverbrauch aufweisen.

Im Zusammenhang damit haben Maßnahmen zur Regulierung des natürlichen Wasserabflusses nach der Zeit (durch Bevorratung der Wasserressourcen in riesigen regulierbaren Wasserspeichern) sowie über bestimmte Territorien hinweg (durch Überleitung von Wasser aus einem Flußgebiet bzw. Staubecken in andere) außerordentliche große Bedeutung, wobei solche Maßnahmen dem Wesen nach eine Reproduktion von Wasserressourcen zugunsten jener Rayons bedeuten, wo die natürliche Ausstattung mit Wasservorräten eine ungestörte Versorgung aller volkswirtschaftlichen Bereiche bisher behindert.

Bei einer hochentwickelten Produktion sind die Wasserressourcen keine unbegrenzten Naturgüter mehr. Will man sie als Produktivkraft zur Entwicklung der Energetik, für alle Bereiche der industriellen Produktion, den Wassertransport, die Landwirtschaft sowie für die (kommunale) Wasserversorgung nutzen, so müssen spezielle Maßnahmen zum Schutz der Wassereinzugsgebiete, zur Überleitung des Wassers an die Verbrauchszentren sowie zur Gewährleistung der erforderlichen Qualität durchgeführt werden. Außerdem werden in einer Reihe von Fällen Flüsse reguliert, die als Quelle zur Energiegewinnung, aber auch für Zwecke der Wasserableitung sowie des Wassertransportes benutzt werden. Hierbei entspricht dem planmäßigen Charakter unserer Wirtschaft die komplexe Nutzung der Wasserressourcen, die objektiv deren Einheit berücksichtigt und die im Interesse der Entwicklung aller am Wasser interessierten Zweige praktiziert wird. Bereits gegenwärtig erfolgt die Nutzung von ungefähr 30 Prozent der vorhandenen Wasserbaukomplexe*) in dieser Form und bei 50 Prozent der zu errichtenden bzw. der projektierten ist sie vorgesehen.

Eine außerordentlich wichtige Besonderheit des Wassers gegenüber vielen anderen Ressourcen (Boden, Bodenschätze, Wald) besteht in seiner hohen Dynamik und in der wechselseitigen Abhängigkeit aller Wasservorräte, was objektiv durch die natürlichen Kreislaufprozesse des Wassers bedingt ist. Diese Prozesse sind durch einen hohen Grad von Zufälligkeit charakterisiert, der in diesem Umfang keiner anderen Naturressource eigen ist, mit Ausnahme vielleicht der klimatischen Bedingungen, deren Wirkung sich auch hauptsächlich hieraus erklärt.

Die Wasserführung der meisten Flüsse hängt vom Temperaturverlauf ab und wird von der Schneeschmelze in den Bergen, von Schneefällen bzw. Niederschlägen,

*) Unter Wasserbaukomplexen versteht man die Gesamtheit wassertechnischer Anlagen in einem Flußgebiet bzw. Teilflußgebiet (d. Bearb.).

d. h. von Klimafaktoren beeinflußt, die der Mensch seinerseits nicht beeinflussen kann. Da alle volkswirtschaftlichen Zweige von geeigneten Wasserressourcen abhängig sind, entsteht die Notwendigkeit, das natürliche Dargebot der im Verlaufe eines Jahres anfallenden Wassermengen genauestens zu untersuchen, damit die erforderlichen Wasservorräte am Ort des Verbrauchs sowie zum Zeitpunkt des Verbrauchs ausreichend zur Verfügung stehen bzw. die erforderlichen Regulierungsmaßnahmen hierzu getroffen werden können.

Die rechtliche Regelung der Beziehungen zwischen den Zweigen und den einzelnen Betrieben im Hinblick auf das Wasser machte die Ausarbeitung der „Grundlagen der Wassergesetzgebung der UdSSR und der Unionsrepubliken" erforderlich. Dieses außerordentlich wichtige Dokument enthält prinzipielle Regelungen zur weiteren Entwicklung und Konkretisierung der Wassergesetzgebung unter Berücksichtigung der Verwendung und Erhaltung der Wasserreserven. In diesen Grundlagen der Wassergesetzgebung sind die rechtlichen Ideen zum Ausdruck gebracht, die der Politik der KPdSU und des Sowjetstaates zugrunde liegen und die auf die Vervollkommnung der gesellschaftlichen Beziehungen, die allseitige Entwicklung der materiellen Produktion, auf die Verbesserung des Lebensniveaus der Bevölkerung bei Erhaltung des günstigsten Zustandes der natürlichen Umwelt für die gegenwärtigen und die künftigen Generationen gerichtet sind.

Vom rechtlichen Standpunkt aus bilden jene Teile des Wassers, die in Form der Meere, Flüsse, Seen, anderer Oberflächengewässer, des Untergrundwassers und in Form der Quellen und schließlich der Gletscher existieren, die natürlichen Wasservorräte, die zweifellos materielle Werte für die Gesellschaft darstellen. Diese Vorräte dienen letztlich zur Befriedigung von Bedürfnissen der Menschen in Form von Trink- und Brauchwasser, das in der Industrie, der Landwirtschaft, bei der Wasserenergiegewinnung, im Transport sowie für andere Zwecke genutzt wird.

In einen anderen Teil der Wasservorräte beziehen die Juristen Wasser ein, das aus der natürlichen Umwelt durch die menschliche Arbeit extrahiert wird und das in der Gesellschaft als materielle Warenwerte zirkuliert. Dieses Wasser in den kommunalen und betrieblichen Wasserleitungen, das in Wasserreservoirs, in Behältern und Gefäßen usw. gespeichert und damit aus dem natürlichen Milieu herausgelöst ist, ist den spontanen Kräften der Natur entzogen und befindet sich unter unmittelbarer Kontrolle und Steuerung des Menschen.

Als Kriterium für die Abgrenzung dieser beiden Wasserarten (Wasser in der Natur und Wasser unter Kontrolle des Menschen) betrachten die Juristen den Zeitpunkt der Wassergewinnung, d. h. bestimmte Maßnahmen, in deren Ergebnis ein bestimmtes Wasservolumen dem natürlichen Milieu entzogen wird. Vom juristischen Standpunkt aus besteht eine wichtige Besonderheit dieses Teils der Wasservorräte darin, daß er als Objekt gesellschaftlicher Beziehungen sich nicht im ausschließlichen Eigentum des Staates befindet und weder dem Staat noch einer beliebigen Organisation oder einem Bürger gehört. Das so gewonnene Wasser wird als Gebrauchswert bzw. als Rohstoff genutzt, wobei der Staat hierauf nicht in jedem Falle und ständig seine Eigentumsrechte geltend machen kann.

Zu den Objekten, die ausschließlich staatliches Eigentum sind, gehören nur die Wasservorräte, die als spezifische materielle Güter in Erscheinung treten und die beim gegenwärtigen Entwicklungsniveau der Produktivkräfte der Gesellschaft einer zweckgerichteten Kontrolle und Steuerung unterliegen. Ausschließlich diese Wasservorräte werden mit dem juristischen Begriff Wasser bezeichnet (Artikel 3 der Grundlagen der Wassergesetzgebung).

Gemäß Artikel 4 der Grundlagen der Wassergesetzgebung stellt das gesamte Wasser (alle Wasserobjekte) der UdSSR den einheitlichen staatlichen Wasserfonds dar, der besteht aus: 1. Flüsse, Seen, Wasserspeicher, andere Oberflächengewässer sowie Wasserquellen, ferner Wasserkanäle und Teiche; 2. Untergrundwasser und Gletscher; 3. Binnenmeere und andere Binnengewässer der UdSSR; 4. Territorialgewässer der UdSSR (territoriale Meere). In der Mehrzahl der Fälle werden die Wasserobjekte komplex genutzt, d. h. gleichzeitig für Zwecke der Fischwirtschaft, als Wasserwege, als Quellen zur Wasserversorgung, für Bewässerung, als Transportmittel für Abwasser usw. Sie unterscheiden sich innerhalb des einheitlichen staatlichen Wasserfonds nicht nach der grundlegenden wirtschaftlichen Zweckbestimmung, sondern allein nach der Aufteilung in einzelne Eigentumsobjekte.

Von Interesse ist auch die Frage nach dem Eigentumsrecht künstlicher Wasserobjekte, z. B. Staubecken, Teiche, Kanäle, Brunnen usw., die von Kolchosen, gesellschaftlichen Organisationen oder sogar von einzelnen Bürgern geschaffen wurden. Die Juristen sprechen vom Eigentumsrecht an hydrotechnischen Anlagen (Wehren, Schleusen, Dämmen usw.) und sind der Ansicht, daß diese Fragen in die Gesetzgebungskompetenz des Zivilrechts (des Wirtschaftsrechts), des Kolchosrechts und in andere Rechtsbereiche gehören. Da die durch Rechtsnormen regulierten Wasservorräte weiterhin Elemente des natürlichen Milieus bleiben, wird die Frage des Eigentumsrechts an ihnen in Übereinstimmung mit den Grundlagen der Wassergesetzgebung entschieden, wo festgelegt ist, daß Stauanlagen, andere Oberflächengewässer und Wasserquellen sowie Wasserkanäle und Teiche zum einheitlichen staatlichen Wasserfonds gehören und ausschließlich Eigentum des Staates darstellen.[2]) Wasserobjekte, die den Wasserfonds bilden, gehören zur Kategorie der nichtkonsumierbaren Sachen, obgleich natürlich das Wasser in ihnen verbraucht werden kann. Es ist dies ein wesentlicher Zug von Rechtsobjekten, die ausschließlich staatliches Eigentum darstellen (gleiches trifft auch für den Boden zu), da nur unter dieser Bedingung der Staat sein Eigentumsrecht an diesen Objekten aufrechterhalten kann, die von ihm zur Nutzung überlassen wurden. Die Kompetenz der UdSSR auf dem Gebiet der Regulierung der Wasserbeziehungen, deren Grundsätze in Artikel 5 der Wassergesetzgebung niedergelegt sind, umfaßt einen breiten Kreis von Vollmachten, die zur Gewährleistung einer

[2]) Kolbasov, O. S., Ein einheitlicher staatlicher Wasserfonds, in: Sovietskoe gosudarsto i pravo, 6/1971, S. 53.

rationellen Wassernutzung und der Erhaltung der Wasservorräte im gesamten Land erforderlich sind.

Die Grundlagen der Wassergesetzgebung der UdSSR und der Unionsrepubliken unterscheiden eine allgemeine Wassernutzung, die ohne Anlagen und technische Einrichtungen, die auf den Wasserzustand einwirken, erfolgt, sowie eine spezielle Wassernutzung, die sich unter Anwendung solcher Anlagen bzw. Einrichtungen vollzieht. Zur speziellen Wassernutzung kann in einzelnen Fällen auch die Nutzung von Wasserobjekten ohne Anlagen bzw. technische Einrichtungen gerechnet werden, die jedoch auf den Wasserzustand Einfluß nehmen (Artikel 14). In diesem Dokument ist darauf hingewiesen, daß die Wassernutzung im Prinzip kostenlos ist. Die spezielle Wassernutzung kann jedoch in solchen Fällen und nach solchen Richtlinien, wie sie der Ministerrat der UdSSR festlegt, gegen Bezahlung erfolgen.

2. Die Wasserwirtschaft des Landes, ihre Grundfonds, die Investitionen sowie die Entwicklungstendenzen

Wie bereits oben vermerkt wurde, macht sich in dem Maße, wie sich die Volkswirtschaft entwickelt, immer deutlicher die Begrenztheit der Wasservorräte in vielen wichtigen industriellen und landwirtschaftlichen Rayons der UdSSR bemerkbar. Besonders groß ist das Defizit im Süden des Landes, in der Turkmenischen, Usbekischen und in der Aserbaidshanischen ASSR sowie in der Ukraine und in den Moldauischen Sowjetrepubliken. Im Durchschnitt der UdSSR beträgt der Wasserabfluß pro Kopf ungefähr 18000 Kubikmeter jährlich, in den am dichtesten besiedelten Territorien des Landes (ohne Sibirien und den Fernen Osten) jedoch nur 8700 Kubikmeter[3]) und im Süden des Landes sogar nur 300 bis 1500 Kubikmeter.

Der Wasserabfluß unterliegt auch außerordentlich starken zeitlichen Schwankungen. In trockenen Jahren liegt er erheblich unter dem Durchschnitt. In einigen südlichen, unter Dürre leidenden Rayons (Kasachstan) erreicht er nur drei bis vier Prozent des durchschnittlichen jährlichen Abflusses. Mehr als die Hälfte des Wassers führen die Flüsse in den zwei bis drei Frühlingsmonaten, während in der übrigen Zeit des Jahres kaum Wasser vorhanden ist. In einer Reihe von Fällen kann die Wasserversorgung auch nicht durch die Anlage von Staubecken in den örtlichen Flußgebieten sichergestellt werden und es ist erforderlich, das Wasser der großen Flüsse über Hunderte von Kilometern hinweg in die unter Wassermangel leidenden Rayons umzuleiten. Solche Kanäle führen vom Donez zum Donbass, vom Dnepr nach Kriwoirog, vom Irtisch nach Karaganda und vom künstlichen Dnepr zum Donbass.

[3]) Gidroėnergetika i kompleksnoe . . ., a. a. O., S. 64.

Nach Angaben des Ministeriums für Wasserwirtschaft der UdSSR[4]) wurden im Jahre 1969 in der UdSSR insgesamt für industrielle Zwecke 97 Milliarden Kubikmeter Wasser genutzt, für Zwecke der Kommunalwirtschaft 14 und für Bewässerung und Beregnung von Ländereien 130,2 Milliarden. Die übrigen Zweige der Volkswirtschaft verbrauchten etwa 30 Milliarden Kubikmeter, also insgesamt etwa 300 Milliarden im Jahr.

In erheblich größerem Umfange (im Vergleich zum Wasserverbrauch) werden die Wasserressourcen zur Erzielung hydraulischer Energie sowie zur Anlage von Binnenwasserstraßen mit ausreichendem Tiefgang verwendet (allein die Turbinen der Wasserkraftwerke werden jährlich von 720 bis 750 Milliarden Kubikmeter Wasser angetrieben).[5]) Zur Entwicklung der Fischwirtschaft werden jährlich bis zu 14 Milliarden Kubikmeter Wasser benötigt. Der Wasserbedarf in der UdSSR erhöht sich im Perspektivzeitraum um das 1,5- bis 2fache.[6]) Allein der Wasserverbrauch bei einmaliger Nutzung zur Versorgung der Kommunen und der Industrie sowie für die Bewässerung, d. h. die Wassermenge, die in die Atmosphäre verdunstet und die nicht erneut genutzt werden kann, erreicht im Perspektivzeitraum nach Überschlagsrechnungen 200 bis 240 Milliarden Kubikmeter im Jahr.

Die Wasserwirtschaft der UdSSR erhielt bisher als Zweig noch nicht ihr ökonomisches Profil, da die einzelnen Objekte der Wasserwirtschaft im ökonomischen Sinne zu verschiedenen Zweigen gehören. Die Wasserwirtschaft kann als Gesamtheit von Maßnahmen charakterisiert werden, die auf eine Regulierung, Nutzung und Erhaltung von Wasserressourcen mit dem Ziel gerichtet werden, alle volkswirtschaftlichen Zweige zu entwickeln. Man kann deshalb von einer infrastrukturellen Rolle der Wasserwirtschaft im System der gesellschaftlichen Produktion sprechen.

Die gegenwärtige Organisation der Wasserwirtschaft erklärt in vielen Fällen, weshalb einzelne Leitungen mit der Planung und Nutzung von Wasserressourcen nicht einverstanden sind und weshalb der Nutzeffekt von Maßnahmen zum Schutz des Wassers vor Verunreinigungen und, was die Hauptsache ist, der ökonomische Einsatz durch die Wassernutzer unzureichend ist, wodurch der ökonomische Effekt von Grundfonds der Wasserwirtschaft erheblich beeinträchtigt wird. Die überprüften Fakten zeigen, daß die Wasserressourcen weitgehend als kostenlos und praktische unbegrenzte Naturgüter betrachtet werden. Hierzu trägt auch das Fehlen einer ökonomischen Interessiertheit an einer sorgsamen, ökonomischen und in höchstem Maße effektiven Verwendung von Wasserressourcen und folg-

[4]) Borodavčenko, I., Die Wasserwirtschaft des Landes, in: Planovoe chozjajstvo, 7/1973, S. 24 bis 26.

[5]) Ohne Berücksichtigung wiederholter Nutzung des abfließenden Wassers in Kaskaden von Elektrokraftwerken (vgl. Lojter, M., Ökonomische Maßnahmen zur rationellen Nutzung von Wasserressourcen, in: Voprosy ėkonomiki, 12/1967, S. 78).

[6]) Gidroėnergetika i kompleksnoe . . ., a. a. O., S. 94.

lich auch von Investitionen und Grundfonds im wasserwirtschaftlichen Bereich bei.

Zur Flußregulierung, zur Wasserbereitstellung aus den Quellen, für Maßnahmen, die zur Sicherstellung einer bestimmten Quantität und Qualität des Wassers in den Flüssen erforderlich sind und anderes mehr, wurden in der Vergangenheit jährlich Investitionen in Höhe von mehr als 8 Milliarden Rubel aufgewendet (für wasserregulierende Maßnahmen bis 5, für Hydroenergetik 0,6—0,8, zur Wasserversorgung der Industrie und der Bevölkerung 1,0—1,2 und für die Fischwirtschaft und Schutzmaßnahmen ungefähr 0,1 Milliarden Rubel),[7] was insgesamt etwa 8 bis 9 Prozent der jährlichen zentralen staatlichen Investitionen zur Entwicklung der Volkswirtschaft der UdSSR entspricht. Die gegenwärtig im wasserwirtschaftlichen Bereich eingesetzten Grundfonds können nach Überschlagsrechnungen des Autors mit annähernd 55 Milliarden Rubel, d. h. mit 7 bis 8 Prozent aller Grundfonds des Landes und mit ungefähr 12 Prozent aller Produktionsgrundfonds bewertet werden. Wenn man hiervon die Anlagen ausschließt, die zur innerbetrieblichen Wasserversorgung (Wasserbereitstellung bzw. Ableitung der Abwässer) in der Industrie und Landwirtschaftsbetrieben sowie innerhalb der Städte und Arbeitersiedlungen dienen, so können allein diese Fonds von zwischenbetrieblicher Bedeutung mit einer Summe von etwa 40 Milliarden Rubel bewertet werden.[8])

Für Generalreparaturen und die Nutzung wasserwirtschaftlicher Anlagen werden jährlich annähernd eine Milliarde Rubel ausgegeben, darunter zur äußeren Wasserversorgung mehr als die Hälfte.

Die Entwicklung der Wasserwirtschaft der UdSSR erfordert im Perspektivzeitraum annähernd 205 Milliarden Rubel an Investitionen. Zur Durchführung wasserwirtschaftlicher Regulierungen sind etwa 115 Milliarden vorgesehen (einschließlich der Mittel zur landwirtschaftlichen Erschließung meliorierter Flächen), 42 Milliarden zur Wasserversorgung der Städte und der Industrie, 12 Milliarden für die gleichen Zwecke in den Landgemeinden, 25 Milliarden für die Hydroenergetik, 4 Milliarden für den Wassertransport, für Flößerei und die Fischwirtschaft und bis 7 Milliarden Rubel für Maßnahmen gegen Überschwemmungen, Wassererosion, Versteppung usw.[9])

Die bei der Planung der Wasserwirtschaft und bei der Leitung der wasserwirtschaftlichen Objekte verwendeten und zur Regulierung der Beziehungen der Wasserwirtschaft mit anderen Zweigen der Produktion dienenden ökonomischen Kennziffern und Stimuli, die eine rationelle und effektive Nutzung der Wasserressourcen und Grundfonds im wasserwirtschaftlichen Bereich vom volkswirtschaftlichen Standpunkt sichern sollen, sind völlig unzureichend. Dies behindert nicht

[7]) Lojter, M., Ökonomische Maßnahmen . . ., a. a. O., S. 76.

[8]) Chačaturov, T. S., Lojter, M. N., Ėffektivnost' kapital'nych vloženij i ėkonomiceskaja ocenka vodnych resursov, in: Vodnye resursy, 1/1973, S. 5.

[9]) Gidroėnergetika i kompleksnoe . . ., a. a. O., S. 184.

nur in erheblichem Maße die Profilierung der Wasserwirtschaft als selbständigen Zweig, sondern erlaubt in einer Reihe von Fällen auch nicht, die Berechnungen zur Bestimmung des Nutzeffekts der geplanten und projektierten wasserwirtschaftlichen Bauten richtig durchzuführen.

3. Der Nutzeffekt von Investitionen bei Investitionsbauten der Wasserwirtschaft und die ökonomische Bewertung von Wasserressourcen

In den letzten Jahren wurden eine Reihe bedeutsamer Untersuchungen zur Vervollständigung der Methoden zur Bestimmung des ökonomischen Nutzeffekts wasserwirtschaftlicher Maßnahmen durchgeführt, jedoch werden in der Praxis von Planung und Projektierung noch immer unterschiedliche Methoden zur ökonomischen Berechnung und Begründung von Plänen und Projekten des Bauwesens angewendet. In bezug auf die Hydroenergetik und den Wassertransport erfolgt die Bestimmung des Nutzeffekts von Investitionen vorrangig nach der Methode der relativen ökonomischen Effektivität, wobei für Meliorationen und Maßnahmen im Bereich der Fischwirtschaft in der Regel lediglich Rentabilitätskennziffern verwendet werden.

Eine Unstimmigkeit in der Methodik zur Berechnung der Kennziffern war auch bei der Ausarbeitung des Generalplanes für die komplexe Nutzung und Erhaltung der Wasserressourcen der UdSSR zu beobachten, was die Verteilung der Wasservorräte auf die einzelnen Nutzungsarten ganz erheblich beeinflußte. Eine immer größere Anzahl von Ökonomen neigt dazu, für die Bestimmung des ökonomischen Nutzeffekts aller wasserwirtschaftlichen Maßnahmen mit dem Ziel, diese allseitig zu bewerten, sowohl die Rentabilitätskennziffern durchzuführender Maßnahmen wie auch die Aufwendungsminimierung anzuwenden, d. h. die Bestimmung der relativen ökonomischen Effektivität. Die gleichzeitige Anwendung zweier Hauptformen zur Bestimmung des ökonomischen Nutzeffekts erlaubt es, diejenigen Objekte und Maßnahmen zu empfehlen, die das erforderliche Rentabilitätsniveau der aufgewandten Investitionen erreichen und die zugleich auch die Aufdeckung und den Vergleich aller möglichen Entscheidungsvarianten einer gestellten Aufgabe mit dem Ziel garantieren, jeweils die beste und effektivste auszuwählen. Gerade hierzu wurden Zweigmethodiken zur Bestimmung des ökonomischen Nutzeffekts wasserwirtschaftlicher Maßnahmen im Rahmen der Wasserregulierung, der Energetik, des Wassertransports, der Wasserversorgung, der Fischwirtschaft usw. erarbeitet.

Die fehlende Einheitlichkeit im methodischen Herangehen an die Bestimmung des ökonomischen Nutzeffekts wasserwirtschaftlicher Maßnahmen ist in erheblichem Maße Folge davon, daß die Wasserwirtschaft bisher als selbständiger Zweig nicht ausgewiesen wurde. Bisher ist nicht selten der Fall zu beobachten, daß die wasserwirtschaftlichen Fragen ausgehend von Ressortinteressen und unter

Mißachtung des Prinzips der rationellsten komplexen Nutzung der Wasserressourcen entschieden wurde. Dies führt nicht nur zu einem verminderten Nutzeffekt der Investitionen in der Wasserwirtschaft, sondern ist in einigen Fällen auch von hohen volkswirtschaftlichen Verlusten begleitet. Ein allgemein bekanntes Beispiel sind die großen energetischen Verluste durch mangelhafte Abdichtung des Staubeckens bei Wolgograd sowie die Verluste der Fischwirtschaft und der Landwirtschaft infolge der Unterbindung der natürlichen Überflutung des Bodens in der Flußniederung von Wolgo-Achtubinsk und im Wolgadelta.

Die an Hand der Materialien des Generalplanes durchgeführten Beispielvergleiche einzelner Zweige der Wasserwirtschaft nach den Rückflußzeiten von Investitionen über das Reineinkommen, das mit ihrer Hilfe erzielt werden kann, zeigen, daß in der Mehrheit der Zweige diese Rückflußzeiten ohne Berücksichtigung des Zeitfaktors annähernd sechs Jahre und allein für die Hydroenergetik ungefähr fünf Jahre betragen.

Das volkswirtschaftliche Herangehen an die Bestimmung des Nutzeffekts von Investitionen setzt nicht nur die Berechnung jener Effekte voraus, die in Wertform, d. h. als ökonomische Effekte ausgedrückt werden können, sondern auch jene, die in Naturalform, d. h. als Produktionseffekte berücksichtigt werden müssen. So kann der Effekt zur Wasserversorgung der örtlichen Bevölkerung natürlich nicht vollständig in Wertform ausgedrückt werden und muß in Form eines Produktionseffekts berücksichtigt werden, der ganz klar die soziale Bedeutung zum Ausdruck bringt.

Die Investitionseffekte wasserwirtschaftlicher Maßnahmen, auf die weiter oben bereits hingewiesen wurde, zeigen sich in jenen volkswirtschaftlichen Zweigen, denen diese Investitionsobjekte dienen sollen.

Für die Investitionen in der Wasserwirtschaft ist das Problem einer richtigen Bestimmung des Produktionseffekts oft in die Notwendigkeit eingeschlossen, den Anteil des Effekts der Wasserwirtschaft am gesamten Produktionseffekt deutlich zu machen, der durch die Gesamtheit von Investitionen in der Wasserwirtschaft und der ihr dienenden Zweige zustande kommt. Beispielsweise ist der Bewässerungseffekt, der sich in einer wachsenden Produktion der erforderlichen landwirtschaftlichen Erzeugnisse und in Aufwendungen an gesellschaftlicher Arbeit je Erzeugniseinheit auf einem Niveau unterhalb der Durchschnittsaufwendungen äußert, natürlich der Effekt aus der Gesamtheit von Investitionen zur Entwicklung der Bewässerung und von anderen Intensivierungsmaßnahmen auf den bewässerten Flächen.

Der infrastrukturelle Charakter der Mehrheit der wasserwirtschaftlichen Maßnahmen schränkt die Anwendung von Methoden zur Bestimmung des allgemeinen Nutzeffekts bei der Begründung von Investitionen ein. Es wäre z. B. unrichtig, auf der Grundlage einer Rentabilitätskennziffer die Frage entscheiden zu wollen, ob ein Wasserkraftwerk oder ein Bewässerungssystem errichtet wird. Noch untauglicher wäre der Versuch, auf der Grundlage solcher Kennziffern die Frage zu entscheiden, in welchen Rayons ein Bewässerungssystem günstiger anzulegen wäre — in Baumwollanbaugebieten oder in Rayons mit Getreideanbau. Der Planwirtschaft sind solche Vergleiche fremd. Die Frage, was zu produzieren ist, wird, wenn es sich nicht um eine wechselseitig austauschbare Erzeugnisart handelt, auf der Grundlage naturaler Bilanzen unter Berücksichtigung des Außenhandels, des Nutzeffekts von Investitionen usw. beantwortet. Die Frage dagegen, wie produziert wird, wird mittels Anwendung von Methoden des relativen Nutzeffekts entschieden. Nichtsdestoweniger sind alle Be- und Entwässerungen sowie die Beregnung von Boden, die Anlage von Staudämmen, von Staubecken für Bewässerungsprojekte, aber auch die Projekte für die Rekonstruktion von Meliorationssystemen sowie Maßnahmen im Bereich der Fischwirtschaft mittels Bestimmung der Ersatzzeit, für die gewöhnlich die Rücklauffrist des Gesamtvolumens an Investitionen über einen Zuwachs des Reineinkommens angesetzt wird, zu begründen.

Hierbei wird, indem man den volkswirtschaftlichen Aspekt des Nutzeffekts von Investitionen im Auge hat, in einer Reihe von Fällen die Kennziffer Rentabilität nicht als Kennziffer im engeren Sinne der wirtschaftlichen Rechnungsführung verwendet. Man bestimmt also nicht nur jenen Effekt, den die landwirtschaftlichen Betriebe erzielen, sondern auch jenen Teil des Effekts, der in der Verfügung des Staates in Form der Umsatzsteuer in Erscheinung tritt.

Die Frage, inwieweit als erzielbarer Effekt der Teil des Einkommens im Staatshaushalt berücksichtigt wird, der bei der Realisierung des Endproduktes aus der Verarbeitung landwirtschaftlicher Rohstoffe gebildet wird, erzielt auf den meliorierten Bödenflächen, ferner die Frage nach dem möglichen Volumen des Anteils dieses zentralisierten Einkommens, das auf den Effekt von Investitionen bei Meliorationen entfällt, bleibt in einem bestimmten Umfang strittig. Mehr noch, dieser Einkommensteil (des Staatshaushaltes) geht über den Rahmen der Ökonomik der Wasserwirtschaft hinaus, er stellt dem Wesen nach ein Teilproblem der Umverteilung des Nationaleinkommens zwischen Zweigen der Volkswirtschaft dar, die im Interesse der gesamten Gesellschaft tätig werden.

Die Kennziffer Rentabilität berücksichtigt den Effekt aus der Verminderung von Selbstkosten sowie aus der Steigerung des Produktionsvolumens, was von besonderer Bedeutung für die wasserwirtschaftlichen Objekte ist, deren Anlage in einer Reihe von Fällen nicht so sehr auf die Verminderung der Selbstkosten im Vergleich zu den Durchschnittskosten des Zweiges berechnet ist, sondern gerade auf die Vergrößerung des Produktionsvolumens. Gerade hieraus folgt die weitere Anwendung der Rentabilitätskennziffer zur Bestimmung des Nutzeffekts von Investitionen bei Meliorationen, wobei der Effekt hauptsächlich in der Vergrößerung der Erzeugnismasse gesehen wird.

Eine unrichtige Auffassung der Prinzipien zur Bestimmung des relativen Nutzeffekts von Investitionen führt bei der Projektierung von Meliorationsmaßnahmen dazu, diese Maßnahmen als Varianten der Entwicklung der landwirtschaftlichen Produktion auf einer gegebenen (lokalen) Bodenfläche im Vergleich zum möglichen Entwicklungsstand der Produktion vor Durchführung solcher Meliorationsmaßnahmen zu betrachten. Ein solches Herangehen wird damit gerechtfertigt, daß die Gesamtinvestitionen für die Meliorationsmaßnahmen und zur Entwicklung der Landwirtschaft auf den meliorierten Flächen als zusätzliche Investitionen betrachtet werden (nach teureren Varianten), wobei auf dieser Grundlage die Bewertung des ökonomischen Nutzeffekts dieser Investitionen nach den Rücklauffristen erfolgt. Hierbei werden in der erdrückenden Mehrheit der Fälle nicht vergleichbare Varianten landwirtschaftlicher Produktion (vor und nach der Melioration) mit völlig unterschiedlichen Produktionsarten (Gebrauchswerten) verglichen, ungeachtet der Tatsache, daß auch noch die Erzeugnismengen völlig unterschiedlich sind.

Die Rücklaufzeit wird hierbei natürlich nicht durch Einsparung an Selbstkosten errechnet, sondern durch den Zuwachs an Reineinkommen der landwirtschaftlichen Betriebe (manchmal auch unter Berücksichtigung des zentralisierten Reineinkommens). Im Zusammenhang damit ist unbedingt hervorzuheben, daß ein Vergleich des Nutzeffekts von Investitionsvarianten bei Meliorationsmaßnahmen gegenüber der Entwicklung der landwirtschaftlichen Produktion ohne solche Meliorationen nur dann gerechtfertigt ist, wenn eine Produktion gleichartiger Erzeugnisse zugrunde gelegt wird und wenn diese Produktion auch auf ein vergleichbares Volumen gebracht wird. Ein vergleichbares Volumen gleichartiger Erzeugnisse bildet eben jene Konstante, die einen Variantenvergleich überhaupt erst ermöglicht. Eine solche Größe kann nicht die Bodenfläche sein, da es unter Bedingungen der sozialistischen Planwirtschaft nicht das Ziel ist, Investitionen schlechthin für Meliorationen im wasserwirtschaftlichen Bereich anzuwenden, schlechthin „Kapital mit Boden zu vereinen", etwa um den Wert des Bodens zu steigern, sondern um die Bedürfnisse der Gesellschaft an bestimmten Erzeugnissen zu befriedigen.

In den Fällen, wo der Nutzeffekt von Investitionen nach unterschiedlichen Varianten zur Entwicklung der Produktion auf ganz konkreten und begrenzten Bodenflächen betrachtet wird, muß der Rentabilitätskoeffizient bestimmt werden. Dieser Fall ist gewöhnlich für relativ geringe Investitionen charakteristisch, die gewöhnlich außerhalb der zentralen Ordnung durchgeführt werden, wodurch es möglich ist, die landwirtschaftlichen Erzeugnisse frei auszuwählen, die zum Anbau auf den zu meliorierenden Flächen vorgesehen sind. Dabei kann jener Variante der Vorzug gegeben werden, die das größte Volumen an Gewinn (Reineinkommen), berechnet je Einheit Investitionen, garantiert.

Im Stadium der Planung wird die Methode des relativen Nutzeffekts von Investitionen gewöhnlich dann angewendet, wenn substituierbare Effekte vorliegen. Hierbei können für einen Vergleich auch solche Lösungsvarianten volkswirtschaftlicher Aufgaben zur Deckung eines bestimmten Bedarfs der Gesellschaft angewendet werden, die den Einsatz der Außenhandelsverbindungen vorsehen. So können beispielsweise Fragen der Entwicklung der Energiewirtschaft in den RGW-Ländern nicht ohne Berücksichtigung von Varianten entschieden werden, die nicht nur den Import von Kohle, Erdöl und Erdgas vorsehen, sondern auch den direkten Import von Elektroenergie über das vereinigte Energieverbundsystem.

Beim Variantenvergleich für die Gewinnung von Elektroenergie ist es unbedingt erforderlich, den qualitativen Unterschied in der Gewinnung von Elektroenergie mittels Wasserkraftwerken als der Spitze in den Energiesystemen gegenüber der Energiegewinnung in Wärmekraftwerken zu berücksichtigen. Dieser qualitative Unterschied erfährt gewöhnlich auch einen wertmäßigen Ausdruck als Anerkennung der Tatsache, daß die Spitzenenergie (der Wasserkraftwerke) gewöhnlich teurer ist.

Bei der Berechnung von Ersatzvarianten werden alle Investitionen in der Brennstoffindustrie und im Transport berücksichtigt, die zur Versorgung der Wärmekraftwerke erforderlich sind. Außerdem ist infolge der Nichterneuerbarkeit der Brennstoffe notwendigerweise jene Einsparung zu berechnen, die bei der Anlage von Wasserkraftwerken in Form eines Brennstoffeffekts in Erscheinung tritt. Es müssen auch die Unterschiede im Elektroenergieverbrauch für innerbetriebliche Zwecke in beiden Kraftwerksarten berücksichtigt werden sowie die Unterschiede, die sich aus der unterschiedlichen Reservekapazität als Folge unterschiedlicher Bedingungen bei Generalreparaturen ergeben. Die Kapazität der Wasserkraftwerke kann hierdurch um 5 bis 15 Prozent (und die entsprechende Leistung um 2 bis 10 Prozent) niedriger angesetzt werden als bei Wärmekraftwerken, wobei der energetische Effekt für den Nutzer in beiden Fällen völlig gleich ist.

Bei der Berechnung des relativen Nutzeffekts von Investitionen zur Begründung von Projekten im Bereich des Wassertransports werden als alternative Varianten gewöhnlich Baumaßnahmen oder Maßnahmen im Bereich des Eisenbahntransports verwendet. Seltener erfolgt der Einsatz von Varianten im Bereich des Autotransports. Für alle diese Fälle, wo der relative Nutzeffekt angewendet wird, ist der Umstand von außerordentlich großer Bedeutung, daß es sich hier nicht um die Rückflußdauer der gesamten Investitionssumme handelt, sondern lediglich um die Differenz nach Varianten, d. h. um die zusätzlichen Investitionen, die zu decken sind.

Die Variantenauswahl nach der Kennziffer des relativen Nutzeffekts (von Investitionen) enthebt uns nicht der Notwendigkeit, den angenommenen Plan von Investitionen bzw. von einzelnen Bauobjekten allseitig ökonomisch zu begründen und hierzu die Kennziffern spezifische Investitionen, Fondseffektivität, Wert der Produktion, Arbeitsproduktivität, naturale Kennziffern u. a. einzubeziehen. Ein breiter Kreis ökonomischer Kennziffern ist auch erforderlich, um eine Analyse der Planerfüllung wasserwirtschaftlicher Baumaßnahmen durchzuführen. Hierzu gehören außer den spezifischen Investitionen auch die spezifischen Kennziffern Fonds je Produktionseinheit (Fondsintensität), Betriebskosten je Einheit Produktion (Selbstkosten), sowie die Kennziffer Fondsintensität, berechnet je Einheit Kapazität der wasserwirtschaftlichen Systeme sowie je Einheit Anlagekapazität. Der Unterschied der letzteren Kennziffern gegenüber den spezifischen Investitionen besteht darin, daß diese je Einheit Gesamtvolumen an Produktion bzw. Kapazität berechnet sind und nicht je Einheit Zuwachs.

Die Erfahrungen und die Praxis der Projektierung wasserwirtschaftlicher Anlagen in der UdSSR machen es möglich, normative Größen sowohl der spezifischen Investitionen, der spezifischen Höhe der Fondsintensität sowohl je Einheit Kapazität (Anzahl Hektar meliorierter Fläche, Kilowattstunden installierte Leistung der Wasserkraftwerke usw.) wie auch je Einheit Produktion (Kilowattstunde gefahrene Leistung an Elektroenergie oder Tonne geernteter Baumwolle) festzulegen.

Die spezifischen Kennziffern Investitionen und Fondsintensität werden häufig als die entscheidenden bei der Planung der Investitionen wie auch in der Mehrheit der Fälle für die Berechnung einer Einheit Kapazität der wasserwirtschaftlichen Systeme und Anlagen verwendet. Jedoch ist es bei Planberechnungen erforderlich, auch die Kennziffer je Einheit Produktion zu bestimmen, da die Abhängigkeit wasserwirtschaftlicher Systeme von Naturbedingungen einen unterschiedlichen Produktionsausstoß je Einheit Kapazität in den verschiedenen Zonen zur Folge haben.

Außer den Kennziffern in Wertform müssen zur Analyse des Nutzeffekts von Investitionen im wasserwirtschaftlichen Bereich auch naturale Kennziffern und Charakteristika zur Anwendung kommen. Dies ist besonders auch deshalb erforderlich, weil der volkswirtschaftliche Aspekt von Investitionen in der Wasserwirtschaft sich nicht nur in Form unmittelbar von uns zu berücksichtigender wertmäßiger Effekte äußert, sondern bei großen wasserwirtschaftlichen Anlagen in erheblichem Maße auch in Form sogenannter nicht greifbarer Effekte, d. h. in Form von Effekten, die nicht wertmäßig zu bewerten sind. Sogar bei den vollkommensten Methoden für eine Bewertung in Wertform ist es kaum möglich, die Vielfalt an Effekten von Investitionen in der Wasserwirtschaft erschöpfend zu erfassen, so daß folglich immer naturale Kennziffern zu Hilfe genommen werden müssen. Die Steigerung der Energieausstattung der Arbeit im Ergebnis der Anlage von Wasserkraftwerken, die Verbesserung der sanitären Verhältnisse in Siedlungen als Ergebnis wasserwirtschaftlicher Maßnahmen (Wasserleitungen, Kanalisation usw.), Anlagen für den Tourismus, die Erholung und den Wassersport durch künstliche Stauseen und schließlich ganz allgemein — der wachsende Wasserverbrauch je Kopf der Bevölkerung — all dies sind naturale Kennziffern für den Nutzeffekt von Investitionen in der Wasserwirtschaft. Die Bedeutung dieser Kennziffern bei der Bewertung des Nutzeffekts eines konkreten Investitionsobjektes kann in einem sehr breiten Rahmen variieren. Es können entscheidende Kennziffern sein (insbesondere bei der Durchführung von Schutzmaßnahmen, wie beispielsweise Hochwasserschutz) bis hin zu analytischen Kennziffern oder aber auch reine Nachweiskennziffern (beim Bau von Objekten im Rahmen der wirtschaftlichen Rechnungsführung, beispielsweise beim Bau von zwischenbetrieblichen Bewässerungssystemen usw.).

Zum volkswirtschaftlichen Effekt großer wasserwirtschaftlicher Objekte muß auch deren Beitrag für die Herausbildung von Rayons gerechnet werden. Erst die wasserwirtschaftlichen Bauten ermöglichen es, Wüstengebiete, gewaltige Industriezentren, die innere Kommunikation usw. zu erschließen, was außerdem auch von unzweifelhaft vorrangiger sozialer Bedeutung ist. Eine Bewertung in Wertform, wie sehr sich hierfür auch die Methoden vervollkommnen mögen, ist kaum in der Lage, diesen Aspekt des Nutzeffekts von Investitionen in der Wasserwirtschaft voll widerzuspiegeln.

Objekte von grundlegender hydrotechnischer Bedeutung beeinflussen die industrielle Gestaltung von Rayons. Dieser Einfluß äußert sich nicht allein durch die geographische Lage, den Ort, wo die Wasserbaukomplexe errichtet werden, sondern erstreckt sich in einem gewissen Umfange auf die gesamte Einflußsphäre (unter Berücksichtigung der Anlage vereinigter Energiesysteme). Einfluß auf die Bildung von Rayons haben auch Wasserwirtschaftswege. Sie umfassen das Gesamtsystem der mit diesen Wasserwegen vereinigten Kanäle. Die entsprechende Bedeutung von Meliorationsobjekten ist von lokalem Charakter, sie ist durch das Gebiet begrenzt, das diese Maßnahmen unmittelbar beeinflussen.

Ein Beispiel für die rayonbildende Bedeutung von Investitionen in wasserwirtschaftlichen Objekten sind nicht allein die Investitionen, die zur Anlage gigantischer Wasserkraftwerke und komplexer wasserwirtschaftlicher Bauten an der Wolga, der Angara usw. eingesetzt werden, sondern auch solche Investitionen, die zur Anlage großer Schiffahrtskanäle (Weißmeer-Baltikumkanal, Wolga-Don-Kanal), zur Anlage von Bewässerungskanälen (Karakum-Kanal) sowie für Investitionen, die auf die Durchführung von Meliorationsarbeiten auf gewaltigen Territorien ausgelegt werden (Bewässerung der Hungersteppe, Trockenlegung von Sümpfen usw.).

Eine spezifische Gruppe von Investitionseffekten im wasserwirtschaftlichen Bereich stellen Effekte aus der Verhütung von Schäden bzw. Verlusten dar. Bei ihrer Bewertung in Wertform ist es besonders wichtig, den Wiederherstellungswert, d. h. den gegenwärtigen Wert und die Berechnung des wiederholt möglichen Verlustes für einen langen Zeitraum in Rechnung zu stellen, wobei zwei Arten von Schäden bzw. Verlusten und entsprechend auch zwei Arten von Effekten bei ihrer Verhütung zu berücksichtigen sind. In erster Linie handelt es sich dabei um reale Schäden bzw. Verluste aus der Zerstörung von Anlagen und anderen volkswirtschaftlichen Objekten, beispielsweise bei Überschwemmung, und zum anderen um Verluste in Form der nicht erzielten, aber möglichen bzw. zu erwartenden (potentiellen) Effekte. Das tritt beispielsweise bei Überflutung von Aussaatflächen oder bei Schäden infolge von Dürre ein, wobei in Form eines direkten Verlustes wiederum jene Aufwendungen in Erscheinung treten, die tatsächlich bis zum Zeitpunkt der Naturkatastrophe aufgewendet wurden. In Form eines mittelbaren Verlustes und entsprechend auch in Form eines mittelbaren Effekts von Investitionen bei der Verhütung von Schäden tritt das nicht erzielte, aber zu erwartende Reineinkommen der Wirtschaften sowohl im gegebenen Jahr wie auch in den Nachfolgejahren in Erscheinung, beispielsweise im Falle eines mehrjährigen Einflusses der Naturkatastrophen auf das Produktionsniveau.

Man muß auch jene Effekte aus der Verhütung von Schäden berücksichtigen, die nicht in Wertform in Erscheinung treten und die in erster Linie Gefahren ausschalten sollen, die die Gesundheit und das Leben der Bevölkerung unmittelbar bedrohen. Ein analoges Herangehen ist auch in bezug auf die Schäden erforderlich, die sich z. B. nicht allein aus dem Hochwasser, sondern auch aus einem zu geringen Abfluß für die Versorgung von Bewässerungssystemen, Wasserkraftwerken und anderen Objekten ergeben. Das Problem der Verlustbewertung bei einem zu geringen Wasserdargebot ist bekanntlich eng mit dem Problem verbunden, den optimalen Wert der berechneten Ausstattung (d. h. das Wasserdargebot, d. Bearb.) bei der Projektierung und Nutzung wasserwirtschaftlicher Objekte zu bestimmen. Hierbei ist die berechnete Ausstattung einer der wichtigsten Parameter für jedes wasserwirtschaftliche Projekt, da hierdurch unmittelbar der Nutzeffekt von Investitionen in den zu projektierenden Objekten beeinflußt wird.

Der Übergang von einer einheitlichen normativen Größe der berechneten Ausstattung zur Bestimmung einer optimalen Größe für jedes konkrete Objekt auf der Grundlage des Kriteriums Nutzeffekt von Investitionen stellt einen außerordentlich wichtigen Schritt bei der Vervollkommnung der Projektierung wasserwirtschaftlicher Objekte dar. Jedoch kann durch keinerlei Vervollkommnung der Projektberechnungen eine ökonomische Bewertung der in die Produktion einzubeziehenden, d. h. einem bestimmten Wasserverbraucher bzw. Wassernutzer fest zuzuteilenden Wassermenge als Naturressource ersetzt werden. Es ist daher offensichtlich nicht ausreichend, für eine volle Bewertung der Wasserausstattung (Wasserdargebot) in dieser oder jener Form in den Projekten allein die unmittelbaren Aufwendungen zu verwenden.

Die natürlichen Vorräte an frischem Süßwasser in der Natur sind in einem gegebenen Rayon oder Wassereinzugsgebiet begrenzt und deshalb muß ihr Einsatz für die verschiedenen Bedürfnisse in unterschiedlichen Proportionen so festgelegt sein, daß damit der maximal mögliche ökonomische Effekt erzielt wird. Außerdem erfordern Wasserressourcen, auch wenn die entsprechenden quantitativen und qualitativen Eigenschaften für eine Erneuerung vorliegen, hierfür die entsprechenden Bedingungen sowie die Beachtung bestimmter Begrenzungen, zu denen insbesondere die Reduzierung des sogenannten endgültigen (d. h. einmaligen) Wasserverbrauchs auf ein Minimum (als Trinkwasser, als Brauchwasser in der Industrie und in der Landwirtschaft) und die strenge Beachtung von Regeln und Normen für die Reinigung der Abwässer gehören.

Die Erschließung neuer Territorien bzw. Naturressourcen in großem Maßstab, insbesondere von Wasserressourcen, ist gewöhnlich mit langfristigen Investitionsprogrammen verbunden, deren Erarbeitung und Durchführung über den Rahmen einer Fünfjahresplanung hinausreichen. Solche Programme erfordern sowohl zu Beginn wie auch im Zuge der Investitionsbauten detaillierte ökonomische Berechnungen, die häufig optimierenden Charakter tragen, wobei als Optimierungskriterium die Minimierung nicht nur der summarischen Aufwendungen, sondern auch die Dauer der Durchführung dieser Programme zur Anwendung kommt.

Die hierbei angewandten Methoden zur Bestimmung des Nutzeffekts der Investitionen beruhen auf einem Vergleich der einmaligen Aufwendungen mit dem Effekt, der im Ergebnis dieser Aufwendungen erreicht wird, und zwar entweder in Form einer Vergrößerung der Erzeugnismenge, einer Verminderung der laufenden Kosten zur Produktion eines bestimmten Volumens notwendiger Erzeugnisse oder aber durch Kombination dieser beiden Richtungen. Diesem Vergleich liegt das Prinzip der wechselseitigen Substituierbarkeit von Investitionen und laufenden Aufwendungen zugrunde. Dieses Prinzip stützt sich, wie bereits weiter oben hervorgehoben wurde, auf die dem Reproduktionsprozeß entsprechende Vorstellung von der Möglichkeit, daß Produktionsgrundfonds, die im Ergebnis von Investitionsbauten geschaffen wurden, einen Teil der lebendigen Arbeit durch erhebliche Steigerung der Arbeitsproduktivität des verbleibenden Teils ersetzen können.

Die volle ökonomische Bewertung des Wassers muß sich daher aus zwei Momenten herleiten: erstens aus der Wasserbewertung als Naturressource und zweitens aus einem Komplex direkter Aufwendungen zur Wasserbereitstellung, der durch eine ganze Reihe von Finanzierungsarten sichergestellt wird.

Das Problem der ökonomischen Wasserbewertung war und ist Gegenstand zahlreicher Untersuchungen. So begründete beispielweise G. M. Matlin eine Reihe von Thesen, die für die Bewertung von Wasser als einer spezifischen Naturressource charakteristisch sind.[10]) Diese Thesen laufen auf folgendes hinaus.

Jede Art des Wasserverbrauchs bzw. der Wassernutzung hat ihre spezifische Besonderheit sowohl hinsichtlich der Technik und Technologie der Nutzung der Wasserressourcen, wie auch hinsichtlich des durch sie sichergestellten materiellen Effekts. Allen diesen Arten ist der Wasserverbrauch (bzw. die Wasserableitung) gemeinsam, als deren Maß die Menge des endgültig verbrauchten Wassers und der ökonomische Effekt dient, der im Wertausdruck gemessen wird. Das Verhältnis der Geldgröße der Bewertung des ökonomischen Effekts zur verbrauchten bzw. abgeleiteten Wassermenge, die zu dessen Erzielung beim Wassernutzer erforderlich war, bestimmt die spezifische Größe der ökonomischen Bewertung des Wassers als Ressource.

Bei aller Vielgestaltigkeit der Arten der Wasserwirtschaft und des unterschiedlichen Niveaus ökonomischer Effekte in jedem Teilbereich der Wasserwirtschaft entsteht bei der Bestimmung der ökonomischen Bewertung des Wassers eine bestimmte Schwierigkeit. Der Einsatz der Wasserressourcen in vielen Zweigen kompliziert die Aufgabe, eine einheitliche ökonomische Bewertung des Wassers festzulegen, da in jedem Flußgebiet bzw. in jedem Teilflußgebiet von einer großen Anzahl von Wassernutzern ausgegangen werden kann. So wird am Mittellauf und am Unterlauf der Wolga das Wasser zur Berieselung, zur Bewässerung, zur Wasser-

10) Matlin, G. M., Ėkonomičeskaja ocenka vodnych resursov, in: Ėkonomičeskie problemy optimizacii prirodopol'zovanija, Moskva 1972, S. 121—130.

versorgung der Industrie und der Kommunen, zur Energiegewinnung, für den Wassertransport, für die Fischwirtschaft und für die Gesundheit der Werktätigen genutzt; gleichzeitig dient der Fluß als Trägermittel für Industrieabwässer, für Abwässer der Landwirtschaft, für den Transport und für die Kommunalwirtschaft. Nimmt man das gesamte Flußgebiet der Wolga einschließlich ihrer Zuflüsse, so muß man hierzu auch die Trockenlegung bestimmter Gebiete und die Holzflößerei hinzurechnen. Es zeigt sich, daß es kaum Wasserressourcen des Wolga-Flußgebietes gibt, die nicht von mehreren Wassernutzern genutzt werden. In der einen oder anderen Form trifft das auf alle Flußgebiete zu.

Unter diesen Bedingungen führt die Anwendung von Zweignormativen der ökonomischen Bewertung von Wasser sogar bei Differenzierung nach einzelnen Flußgebieten bzw. Teilflußgebieten dazu, daß ein und dieselbe Wassermenge, die in einem bestimmten Punkt (Abschnitt) des Flußgebietes verwendet wird, unterschiedlich bewertet wird in Abhängigkeit von der Bestimmung und Nutzung dieses Wassers. Das ökonomische Wesen der Wasserbewertung als Faktor zur Entwicklung der Produktivkräfte besteht in diesem Falle in der zweiglichen Bewertung, d. h. sie unterliegt der grundlegenden Bestimmung der ökonomischen Bewertung des Wassers als Ressource. Man könnte natürlich die Frage nach der gewichteten Durchschnittsgröße dieser Bewertung für das Flußgebiet stellen, jedoch ist hierzu eine vorausgehende Bestimmung des optimalen Maßstabs jedes einzelnen Zweiges erforderlich, d. h. es muß ein Perspektivplan zur Entwicklung der volkswirtschaftlichen Zweige erarbeitet werden, der unmittelbar mit dem Wasserverbrauch verbunden ist.

Unserer Ansicht nach ist es methodisch richtig, den Wasserverbrauch in jedem Rayon nach der jeweils führenden Art der Wassernutzung ökonomisch zu bewerten, wobei hierdurch der höchste ökonomische bzw. soziale Effekt erzielt wird. Dieses Prinzip wird in der Praxis im breiten Umfange angewendet. Die Bewertung der Wirtschaftlichkeit von Wassernutzungen in den übrigen Bereichen der Volkswirtschaft, für deren Entwicklung ebenfalls Wasser erforderlich ist, muß nach den gleichen Kennziffern erfolgen, die für die führenden Wassernutzer des gegebenen Rayons festgelegt sind, da eben diese Kennziffern die Wasserverwendung für sonstige Zwecke hinsichtlich der effektiven Nutzung vom volkswirtschaftlichen Standpunkt aus bestimmen bzw. begrenzen.

Bei einem solchen Herangehen an die Lösung der ökonomischen Bewertung des Wassers als Ressource muß man folgenden Umstand im Auge behalten. Da der mögliche Umfang der Wassernutzung nicht nur durch die vorhandenen Wasservorräte bestimmt ist, sondern auch durch die Quantität der übrigen Ressourcen (beispielsweise das Vorhandensein von Bodenflächen oder einem ausreichenden hydroenergetischen Potential), kann es sich herausstellen, daß die Wasservorräte eines gegebenen Rayons nicht vollständig von den führenden Wassernutzern verwendet werden können. In diesen Fällen ist offensichtlich eine maximale Wassernutzung (durch die führenden Wassernutzer) durch das Vorhandensein anderer hierzu erforderlicher natürlicher Ressourcen (wie beispielsweise Boden, der zur

Bewässerung geeignet ist bzw. der eine Entwässerung erforderlich macht) begrenzt, so daß die verbleibenden Wasservorräte dem in der ökonomischen Rangfolge an zweiter Stelle stehenden führenden Wassernutzer zur Verfügung gestellt werden. Hierbei bildet die ökonomische Bewertung des Wassers als Ressource eben die Grenzgröße für den gegebenen Rayon.

Der Verlauf der Wirtschaftsreform in der UdSSR unterstreicht die Notwendigkeit einer ökonomischen Bewertung der Wasservorräte und macht deutlich, daß auf dieser Grundlage zwischen der Wasserwirtschaft und den ihr dienenden Zweigen Wertbeziehungen hergestellt werden müssen. Diese Wertbeziehungen müssen ein ökonomischer Hebel sein, der es möglich macht, die komplexe Nutzung der Wasservoräte vom volkswirtschaftlichen Standpunkt aus zu planen und in der zweckmäßigsten Weise einzusetzen; dies ist besonders wichtig, wenn man die erhebliche Zunahme des Wasserverbrauchs im Perspektivzeitraum berücksichtigt. Die ökonomische Bewertung der Wasservorräte und die Einführung dieser Bewertung in die Praxis von Planung und Leitung der Volkswirtschaft ist darauf gerichtet, die Wassernutzung zu ökonomisieren, auf dieser Grundlage den ökonomischen Nutzeffekt der Fonds im wasserwirtschaftlichen Bereich zu erhöhen und letztlich die Wasserwirtschaft des Landes ökonomisch zu regulieren. Die hierbei freizusetzenden Reserven der wasserwirtschaftlichen Systeme können und müssen zur Erweiterung der Produktion bei minimalen Investitionen genutzt werden, was insgesamt zu einem effektiveren Einsatz der Investitionen führt, die alljährlich zur Entwicklung der Wasserwirtschaft bereitgestellt werden.

4. Der Preis des Wassers und Probleme der Bezahlung für die Wassernutzung

Unter theoretischem Aspekt kann eine Bewertung der Wasservorräte in zwei Teilen erfolgen — als ein Renten- und als ein Aufwandsteil. Da jedoch gegenwärtig eine Berechnung des Rententeils von Wasserressourcen nicht durchgeführt wird, scheint es zweckmäßig zu sein, diese Rentenbewertung durch eine Bewertung zu ersetzen, die Wasser als Naturressource in eine verfügbare Ressource umwandelt.

Die Grundprinzipien einer ökonomischen Bewertung der Wasservorräte müssen der Erfüllung der Hauptaufgabe dienen, der rationellen und effektiven Nutzung dieser Wasservorräte. Dabei ist von folgenden Thesen auszugehen:

— alles Wasser der UdSSR (alle Wasservorräte) innerhalb ihrer Grenzen (Oberflächenwasser sowie Untergrundwasser) stellen gesamtgesellschaftliches Eigentum dar und befinden sich in Verfügung des Staates in Person spezieller Leitungen und deren Organe in den Territorien; das Wasser wird den Betrieben lediglich zur Nutzung überlassen;

— Wasservorräte, die ohne spezielle Aufwendungen genutzt werden, müssen unter Berücksichtigung eines entsprechenden Ausgleichs für die nachfolgende

Wassernutzung im gegebenen Rayon bewertet werden (Reinigung, Bau von Stauanlagen, Überleitung von Wasser in andere Flußgebiete bzw. Staubecken usw.);

— Wasservorräte, die auf der Grundlage von Aufwendungen zur Wasserbereitstellung aus Quellen (Heben, Aufhöhen des Wassers usw.), für den Transport von Wasser durch Leitungen oder Kanäle und andere Maßnahmen gewonnen werden und die mit irgendwelchen materiellen Aufwendungen verbunden sind, müssen in einer solchen Höhe bewertet werden, daß die entsprechenden Aufwendungen gedeckt und die erforderlichen Akkumulationsfonds gebildet werden können;

— in den Zweigen der Volkswirtschaft, die Wasser nutzen, das künstlich reguliert werden muß (Hydroenergetik, Wassertransport, Holzflößerei, Fischwirtschaft u. a.), muß die Bewertung der Wasserressourcen die Schaffung eines entsprechenden Ausgleichsfonds ermöglichen, der für wasserwirtschaftliche Maßnahmen bei der Entwicklung dieser Zweige (Ausgleich von Wasserverlusten) angelegt wird.

Das Fehlen einer ökonomischen Bewertung der Wasservorräte macht es nicht möglich, die vorhandenen Produktionsgrundfonds im wasserwirtschaftlichen Bereich mit vollem Effekt zu nutzen und es ist auch nicht möglich, den ökonomischen Nutzeffekt von Investitionen bei der geplanten Entwicklung nach Produktionszweigen und bei der Projektierung einzelner industrieller, energetischer und landwirtschaftlicher Objekte objektiv zu bestimmen.

Die ökonomische Bewertung der Wasservorräte muß von einem vollem Ersatz aller Aufwendungen zur Nutzung der wasserwirtschaftlichen Systeme und Anlagen einschließlich Bezahlung der Fonds im wasserwirtschaftlichen Bereich ausgehen und eine Akkumulation sicherstellen, die ausreichend ist zur erweiterten Reproduktion dieses Zweiges und für entsprechende Abführungen für gesamtgesellschaftliche Zwecke.

Nach Berechnungen, die im Institut für Ökonomie der Akademie der Wissenschaften der UdSSR von N. V. Bazileva nach der Methode der Grenzanlagen durchgeführt wurden, sind folgende Orientierungsgrößen und Aufwendungen für einen Kubikmeter Wasser an der Entnahmestelle (verfügbare Ressourcen) gewonnen worden (vgl. hierzu Tabelle 7).

Dies reicht jedoch nicht aus, um sich eine Gesamtvorstellung von der ökonomischen Bewertung der Wasservorräte und ihrer Bedeutung für die Volkswirtschaft des Landes zu machen. Hierzu wurde vom Autor eine Gesamtbewertung der Grundfonds im wasserwirtschaftlichen Bereich sowie der Betriebskosten für die gesamte UdSSR durchgeführt, und es wurde auch das Volumen der Wasserausstattung nach volkswirtschaftlichen Zweigen in den Jahren 1969 und 1970 präzisiert.

Da in der Statistik solche Angaben fehlen, wurden hierfür vom Autor spezielle, aus Durchschnittswerten gewonnene Kennziffern verwendet, die sich auf Materialien des Generalplans zur Nutzung und Erhaltung der Wasserressourcen der

Tabelle 7
Aufwand für einen Kubikmeter Wasser an der Entnahmestelle

Rayon	Flußgebiet bzw. Staubecken	Selbstkosten (Kopeken/m³)	spezifische Investitionen (Kopeken/m³)
Zentralrayon	Wolga mit Zuflüssen	0,053	2,36
	Oka	0,12	5,36
	Moskwa	0,30	13,90
Nordwestrayon	Petschora	0,006	0,20
	nördliche Dwina	0,006	0,22
Zentralschwarzerdegebiet	Don	0,19	8,91
Wolgo-Wjatsk	Wolga mit Zuflüssen	0,053	2,36
Nordkasachischer Rayon	Kuban	0,16	6,29
	Don	0,19	8,91
	Terek	0,25	11,12
Uralrayon	Kama	0,058	2,63
	Tobol	0,12	5,31
	Tschusowaja	0,19	8,45
	Ural	0,21	10,24
	Miass	0,51	15,50
Donezk — Dnepr Rayon	Dnepr	0,14	6,24
	Kanal Dnepr-Donbass	1,63	22,10
Südwest-Rayon	Desna	0,11	4,69
	Dnepr	0,14	6,24
Südrayon	Dnepr	0,14	6,24
	südlicher Bug	0,16	6,68
Baltikum	westliche Dwina	0,055	2,36
	Neman	0,090	4,00
Belorussischer Rayon	westliche Dwina	0,055	2,36
	Pripjat	0,14	6,20
Moldauische SSR	Dnestr	0,15	6,42
Westsibirischer Rayon	Ob	0,023	1,10
	Irtisch	0,060	3,05
	Tom	0,080	3,25
Ostsibirischer Rayon	Jenisej	0,007	0,27
	Angara	0,007	0,30
Fernöstlicher Rayon	Amur	0,018	0,72
Kasachischer Rayon	Irtysch	0,060	3,05
	Ural	0,190	10,04
	Kanal Irtysch-Karaganda	1,72	21,40
Mittelasiatischer Rayon	Amu-Darja	0,17	7,10
	Syr-Darja	0,21	8,62
	Karakumkanal	2,06	20,20

UdSSR stützen. Diese Berechnungen tragen daher orientierenden Charakter und sind lediglich zur annähernden Bestimmung der ökonomischen Bewertung gedacht. Die Berechnungen zeigen, daß bei voller Berücksichtigung der direkten Betriebskosten, der Amortisationsabführungen für Grundfonds im wasserwirtschaftlichen Bereich[11]), der Bezahlung für die Nutzung dieser Fonds (in Höhe von 3 Prozent), der Berücksichtigung des Gewinns der wasserwirtschaftlichen Betriebe (in Höhe von 0,5 Prozent der Fonds) sowie der notwendigen Aufwendungen zum Ausgleich von Wasserverlusten (in Höhe der jährlichen Investitionen für den Bau von Staubecken) der Preis für einen Kubikmeter Wasser, der einem Feld, einer Viehfarm, einer Fabrik oder einem Wohnhaus zugeführt (oder von dort abgeleitet) wird, ungefähr 2 Kopeken beträgt (vgl. Tabelle 8). Der Durchschnittspreis für einen Kubikmeter, der einem Betrieb zugeleitet (bzw. von dort abgeleitet) wird, beträgt 1,5 Kopeken, wie die folgenden Angaben zeigen.

Diese Berechnungen basieren auf dem Wasserverbrauch bzw. der Wassernutzung der Jahre 1969 und 1970. Mit der Vergrößerung der Maßstäbe der wasserwirtschaftlichen Bauten, mit der Inbetriebnahme neuer bedeutsamer Fonds im wasserwirtschaftlichen Bereich wird sich das Gesamtniveau entsprechend erhöhen.

Die ökonomische Bewertung der Wasservorräte muß differenziert nach Rayons und in Abhängigkeit vom Versorgungsgrad mit diesen Wasservorräten erfolgen,

Tabelle 8

Wasserpreis I

Aufwand und Gewinn	berechnet pro Jahr (in Millionen Rubel)	berechnet je m^3 Wasser (in Kopeken)	in Prozent zu insgesamt
direkte Betriebskosten der wasserwirtschaftlichen Systeme	1000	0,40	20,4
Amortisation der Grundfonds der wasserwirtschaftlichen Systeme (2,5 Prozent der Grundfonds)	1380	0,55	28,1
Ausgleich der Wasserverluste (0,5 Kopeken/m^3 verbrauchten bzw. versickerten Wassers)	600	0,24	12,2
Summe	2980	1,19	60,7
Gewinn der wasserwirtschaftlichen Systeme (3,5 Prozent der Grundfonds)	1920	0,77	39,3
davon:			
Bezahlung für die Nutzung der Grundfonds (3 Prozent der Grundfonds)	1650	0,16	33,7
insgesamt	4900	1,96	100,0

11) In die Berechnung ist nur der Wert der Grundfonds einbegriffen, die zum Wasserpreis in Beziehung stehen, beispielweise bei Wasserkraftwerken nur die Stauwerke, beim Wassertransport nur die hydrotechnischen Ausrüstungen usw.

Tabelle 9
Wasserpreis II

Aufwand und Gewinn	berechnet pro Jahr (in Millionen Rubel)	berechnet je m^3 Wasser (in Kopeken)	in Prozent zu insgesamt
Direkte Betriebskosten der wasserwirtschaftlichen Systeme	800	0,32	21,1
Amortisation der Grundfonds wasserwirtschaftlicher Systeme (2,5 Prozent der Grundfonds)	1000	0,40	26,3
Ausgleich von Wasserverlusten (0,5 Kopekten/m^3 verbrauchten bzw. versickerten Wassers)	600	0,24	15,8
Summe	2400	0,96	63,2
Gewinn der wasserwirtschaftlichen Systeme (3,5 Prozent der Grundfonds)	1400	0,56	36,8
davon:			
Bezahlung für die Nutzung der Grundfonds (3 Prozent der Grundfonds)	1200	0,48	31,6
insgesamt	3800	1,52	100,0

der Preis muß hierbei nach Arten der Wassernutzung festgelegt werden. Eine gewisse Differenzierung ist bereits bei Berechnungen gegeben, wenn die Kennziffern spezifische Fondsintensität und spezifische Betriebskosten je Kubikmeter Wasser verwendet werden. In diesen Kennziffern wird gleichsam automatisch der aus der Rente herrührende Unterschied berücksichtigt, der durch natürliche und ökonomische Faktoren bedingt ist (Wassermangel, Schwierigkeiten der Wasserbereitstellung, Entfernung der Wasserüberleitung, erforderlicher Reinigungsgrad des Wassers usw.). Eine solche Differenzierung erfaßt jedoch lediglich die tatsächlichen Bedingungen der Wasserversorgung, und es ist offensichtlich unzureichend, daß die Differenzierung der künftigen Entwicklung der Wassernutzung im gegebenen Rayon nicht berücksichtigt wird. Diese künftigen Bedingungen können erfaßt und präzisiert werden, indem die Methode der Grenzanlage* als Grundlage zur Berechnung des Rententeils für die Bezahlung genutzter Wasserressourcen verwendet wird.

*) Unter Grenzanlage sind hier die Grenzaufwendungen für wasserwirtschaftliche Objekte zu verstehen, die zur Sicherung des künftigen Wasserbedarfs errichtet bzw. unterhalten werden (d. Bearb.).

Die Wasserbewertung muß besonders hinsichtlich möglicher Verluste differenziert werden, da neben der Differenz in der Fondsintensität und in den Betriebskosten, die auf einen Kubikmeter Wasser entfallen, die Unterschiede in den natürlichen und in den ökonomischen Bedingungen der Wassernutzung unbedingt in der relativen Wertigkeit jedes Kubikmeters Wasser für diesen oder jenen Rayon des Landes, für diesen oder jenen Zweig zum Ausdruck gebracht werden müssen.

Letzteres kann nicht nur durch einen Vergleich der Wasservorräte eines Rayons mit dem gegenwärtigen bzw. künftigen Wasserverbrauch ermittelt werden, sondern kann auch durch Berücksichtigung der potentiellen Effektivität der Wassernutzung bei Befriedigung des Bedarfs sowohl des Rayons insgesamt wie auch einzelner seiner Zweige erfolgen.

Die Höhe der Wasserbewertung muß unter Berücksichtigung wissenschaftlich begründeter Wasserverbrauchsnormen sowie unter Berücksichtigung der erforderlichen Wasserqualität (Trinkwasser muß höher bewertet werden als Brauchwasser) erfolgen.

Bis jedoch eine solche ausführliche Bewertung in Orientierungsberechnungen erfolgt, kann die Differenzierung unter Berücksichtigung der Grundfonds im wasserwirtschaftlichen Bereich sowie der Betriebskosten zur Wasserbereitstellung erfolgen, die sich auf einen Kubikmeter Wasser nach volkswirtschaftlichen Zweigen beziehen. In der Industrie z. B. entfallen auf jeden Kubikmeter Wasser erheblich mehr Fonds und höhere Betriebskosten als in der Landwirtschaft.

Wie bereits oben festgestellt wurde, gehen gegenwärtig in die Produktionskosten der Industrieerzeugnisse lediglich die direkten Aufwendungen der Betriebe zur Nutzung der ihnen unterstehenden wasserwirtschaftlichen Anlagen ein. Nirgendwo widerspiegeln sich in den Selbstkosten der Erzeugnisse die gewaltigen Aufwendungen des Staates zur Erweiterung der Wasserressourcen in den unter Wassermangel leidenden Rayons (beispielsweise die Aufwendungen zur Anlage der Kanäle Irtysch—Karaganda, Dnepr—Donbass usw.). Auch die gewaltigen Aufwendungen des Staates für Wasserregulierungsmaßnahmen (Berieselung, Bewässerung, Entwässerung) werden in den Selbstkosten der landwirtschaftlichen Erzeugnisse überhaupt nicht berücksichtigt.

Die gesamten Investitionsaufwendungen für Baumaßnahmen (bis 5 Milliarden Rubel jährlich) sowie die Betriebskosten zur Aufrechterhaltung der gewaltigen Bewässerungs- und Meliorationssysteme (bis 300 Millionen Rubel jährlich) werden bisher aus dem Staatshaushalt finanziert und widerspiegeln sich nirgendwo in den Selbstkosten der landwirtschaftlichen Erzeugnisse, die auf den be- bzw. entwässerten Flächen angebaut wurden. Für jede Tonne geerntete Baumwolle werden 4- bis 5000 Kubikmeter Wasser auf das Feld gebracht, für jede Tonne geernteten Reis 7000 bis 8000 Kubikmeter Bewässerungswasser. Jeder Kubikmeter Wasser, der über Bewässerungssysteme in die Wirtschaft fließt, kostet dem Staat durchschnittlich allein an Betriebskosten 0,1 Kopeken, unter Berücksichtigung der Amortisation der Grundfonds 0,3 Kopeken.[12]) Infolge der unbefriedigenden Organisation und der unvollkommenen Technik erreichen lediglich etwa 60 Prozent des an der Quelle entnommenen Wassers die Felder.

Infolge der ökonomischen Desinteressiertheit der Wassernutzer an der Einsparung von Bewässerungswasser sind die Bewässerungsnormen überhöht, sind Wasser und Bewässerungsfläche ungenügend aufeinander abgestimmt. Hierdurch steigt das Grundwasser an, eine Versumpfung und Versalzung ist die Folge und es werden dadurch im Durchschnitt jährlich mehr als 170000 ha Bewässerungsfläche dem Anbau wieder entzogen.[13])

Die Wasserversorgung der Industrie vollzieht sich in der Mehrheit der Fälle ebenfalls höchst unrationell: Die Menge an Frischwasser, über das viele Betriebe verfügen, ist ungerechtfertigt hoch; die Abwässer werden ohne die erforderliche Reinigung in die Flußläufe abgelassen, wodurch das Wasser für die Nutzung durch andere Wasserverbraucher bzw. Wassernutzer ungeeignet wird; die Wasserbereitstellung für Produktionszwecke ist im Rahmen von Rayons bzw. von Gruppen von Betrieben gering entwickelt, wobei nicht selten ohne besondere Notwendigkeit Trinkwasser für technische Zwecke benutzt wird (darunter auch gereinigtes Wasser aus den städtischen Wasserleitungen).

Eine gewisse Verbesserung der Wassernutzung trat in den letzten Jahren ein. Im Jahre 1972 erreichte das Wasservolumen, das mehrfach genutzt wurde, 53,7 Prozent der Gesamtmenge, die von der Industrie verbraucht wurde, in einigen Wärmekraftwerken sogar 95 Prozent.

In den nächsten Jahren soll die Mehrfachnutzung in der UdSSR bis zu 80 Prozent in einzelnen Zweigen bis zu 95 Prozent des in der Industrie genutzten Wassers erreichen. Hierbei erlangt die Mehrfachnutzung von Wasser im Rahmen der Kreislaufnutzung gereinigter Abwässer immer größere Bedeutung.

Dabei spielt insgesamt in der Industrie die drastische Verminderung des tatsächlichen Wasserverbrauchs eine besondere Rolle. Beispielsweise sind als technologische Norm im Durchschnitt der UdSSR 115 Kubikmeter Wasser für eine Tonne Stahl vorgesehen, tatsächlich werden 200 bis 250 Kubikmeter verbraucht. Bis zu 400 m^3 Wasser entfallen auf die Produktion von einer Tonne Stickstoffdünger und bis 2000 m^3 auf eine Tonne Synthesefaser. Auf 1000 kWh Elektroenergie, die in Wärmekraftwerken gewonnen werden, entfallen durchschnittlich 2,5 bis 3 m^3 Wasser, die unwiderbringlich bei der Gradierung verlorengehen, zur Förderung von einer Tonne Erdöl werden 10 m^3 Wasser verbraucht, für die Produktion von 1000 Gläsern Früchtekonserven 4 m^3 Wasser, für eine Tonne Papier 10 m^3, für eine Tonne Portlandzement 4,5 m^3 Wasser usw.

Die Möglichkeit, Wasser kostenlos und in unbegrenzten Mengen verwenden zu können, führt dazu, daß in der Industrie die Mehrfachnutzung nur zögernd eingeführt wird und daß nicht konsequent die gleiche Wassermenge im gleichen Pro-

12) Lojter, M., Ökonomische Maßnahmen . . ., a. a. O., S. 78.
13) Narodnoe chozjajstvo SSSR v 1970 godu, Moskva 1971, S. 348.

duktionszyklus wiederholt genutzt wird; dies führt schließlich zur ansteigenden Verschmutzung der Flüsse und Wasserläufe, zum erhöhten Verbrauch an Frischwasser und vermindert ganz erheblich die Wasserressourcen, die für alle Nutzungsarten geeignet sind.

Das System der Strafen für die Einleitung ungereinigter Abwässer in die Flüsse war bis vor kurzem wenig effektiv. Es erwies sich für die Betriebe häufig als günstiger, Strafen zu bezahlen als Reinigungsanlagen zu installieren, da die Strafen aus dem Staatshaushalt finanziert wurden und sich nur unwesentlich in den Kennziffern der Betriebe widerspiegelten. Außerdem war bis Ende der 60er Jahre die Übernahme der Strafen als Einnahme in den Haushalt der örtlichen Organe ein Grund, diese zu einer versöhnlerischen Haltung gegenüber der Verschmutzung der Flüsse und Flußläufe zu verleiten.

Maßnahmen ökonomischen Charakters sind dazu berufen, eine besonders wichtige Rolle bei der rationellen Nutzung von Wasserressourcen zu spielen. Es betrifft dies insbesondere die Festlegung von Bezahlungen für die Nutzung von Wasser. Im Falle der Einführung einer Bezahlung für spezielle Wassernutzungen auf der Grundlage einer ökonomischen Bewertung der Wasservorräte ist ein solches Verfahren in den Grundlagen der Wassergesetzgebung vorgesehen, wobei hier die Bezahlung für die Nutzung von Wasserressourcen bei dem gegenwärtigen Niveau des Wasserverbrauchs nach einzelnen Erzeugnisarten der Industrie zwischen 3 und 12 Prozent der gegenwärtigen Selbstkosten (ohne Berücksichtigung der Bezahlung für Fonds) beträgt. Daher kann der gegenwärtige geregelte Wasserverbrauch auf der Basis technologisch begründeter Normen diese Ausgabe zwischen 2 und 7 Prozent der Produktionskosten je nach Erzeugnisarten vermindern. Die Bezahlung für die Wassernutzung im Bewässerungsfeldbau kann zu einem wichtigen Stimulus bei der Einsparung von Bewässerungswasser werden.

Die durchgeführten Berechnungen erlauben die Schlußfolgerung, daß die Einführung von Bezahlungen für spezielle Wassernutzungen unter Bedingungen der vollen wirtschaftlichen Rechnungsführung zu einem wirksamen Faktor in den industriellen und landwirtschaftlichen Betrieben werden kann. Er fördert die sorgsame und sparsame Verwendung der Wasservorräte, da eine Vergeudung des Wassers ganz erheblich die Produktionskosten erhöht, den Gewinn vermindert und die gesamten ökonomischen Kennziffern der Betriebe, Fabriken, Sowchosen und Kolchosen verschlechtert.

Das mögliche Ausmaß der Wassereinsparung (auf der Basis des Verbrauches von 1972) im Ergebnis der Einführung von Bezahlungen für die Wassernutzung kann nach einzelnen volkswirtschaftlichen Zweigen wie folgt angegeben werden (vgl. Tabelle 10): Eine derartige Einsparung von Wasser, das gegenwärtig über wasserwirtschaftliche Systeme bereitgestellt wird, ist gleichbedeutend mit einer Steigerung der Kapazität dieser Systeme um 12 bis 15 Prozent, ohne daß hierzu gewaltige zusätzliche Investitionen erforderlich wären. Beispielsweise erlaubt die mögliche Einsparung von Wasser im Bewässerungsfeldbau bei Erhöhung

Tabelle 10
Mögliche Wassereinsparung durch Bezahlung von Wassernutzung

Zweig	Volumen des Wasserverbrauchs (in Milliarden m³)	mögliche Einsparung (in Prozent)	mögliche Einsparung (in Milliarden m³)
Landwirtschaft (einschließlich Bodenbewässerung)	135,0	15	20,2
Fischwirtschaft	17,8	10	1,8
Industrie	97,0	15	14,2
Kommunalwirtschaft	14,0	10	1,4
sonstige Zweige	30,0	15	4,5
insgesamt	293,8	—	41,9

des Nutzkoeffizienten der Bewässerungssysteme von 0,65 auf 0,8, d. h. bei Verminderung der Verluste um 15 Prozent durch eine verbesserte Organisation der Wassernutzung, daß auf der Grundlage einer allseitigen Anwendung wissenschaftlich begründeter Normen und bei der Beseitigung von Verlusten an Bewässerungswasser zusätzlich Wassermengen freigesetzt werden können, mit deren Hilfe die gegenwärtige Bewässerungsfläche um nicht weniger als 1,5 Millionen ha erweitert werden könnte. Die mögliche Wassereinsparung in der Industrie beträgt bei einem Vergleich des tatsächlichen Wasserverbrauchs je Erzeugniseinheit mit technologisch begründeten Wasserverbrauchsnormen zwischen 15 und 20 Prozent.

Die Regelung der kommunalen Wasserversorgung durch eine Verminderung der Verluste um nur ein Drittel macht es möglich, bis zu 10 Prozent des zur Versorgung der wachsenden Städte und Arbeitersiedlungen erforderlichen Wassers freizusetzen, das gegenwärtig für solche Zwecke anderweitig aufgebracht werden muß. Da der ökonomische Nutzen aus dem Einsatz von Grundfonds im wasserwirtschaftlichen Bereich in allen volkswirtschaftlichen Zweigen um 12 bis 15 Prozent erhöht werden kann, beträgt umgerechnet die Steigerung der Kapazität der vorhandenen wasserwirtschaftlichen Systeme ohne zusätzliche gewaltige Investitionen, d. h. letztlich die Einsparung an Investitionen, ungefähr 6,6 bis 7,2 Mrd. Rubel (12 bis 15 Prozent der Grundfonds der Wasserwirtschaft). Darüber hinaus erlaubt die intensivere Nutzung der bereits in den Wirtschaftskreislauf einbezogenen Wasservorräte, den Zeitraum für die Durchführung gewaltiger und investitionsintensiver Arbeiten in den unter Wassermangel leidenden Rayons zum Ausgleich der Wasserbilanz zeitlich hinauszuschieben. Der zeitliche Gewinn ist in diesem Falle gleichbedeutend mit gewaltigen Einsparungen an Investitionen und entspricht voll den Zielen der Intensivierung der Produktion, wie sie vom XXIV. Parteitag der KPdSU beschlossen und in allen Zweigen der Volkswirtschaft erfolgreich durchgeführt werden.

SECHSTES KAPITEL

Die Effektivität von Investitionen zum Schutz der natürlichen Umwelt*)

Eine der wichtigsten Reserven zur Steigerung des Nutzeffekts der gesellschaftlichen Produktion ist die intensivere und rationellere Nutzung von Naturressourcen, kombiniert mit Maßnahmen zur Erhaltung der natürlichen Umwelt. Die rationelle Nutzung, die Erhaltung und die Reproduktion von Naturressourcen, der sorgsame Umgang mit der Natur bilden einen Bestandteil des Programms zum Aufbau des Kommunismus in der UdSSR.

In den Direktiven des XXV. Parteitags der KPdSU zur Entwicklung der Volkswirtschaft der UdSSR in den Jahren 1976 bis 1980 wird als eine der Hauptaufgaben die Notwendigkeit hervorgehoben, Maßnahmen zum Umweltschutz, zur rationellen Nutzung und zur Reproduktion von Naturressourcen auszuarbeiten und durchzuführen.[1]) Diese Maßnahmen umfassen die Einführung neuer effektiver Verfahren und Systeme zur Gewinnung, Anreicherung und Verarbeitung von Bodenschätzen mit dem Ziel, den Grad der Ausbringung zu erhöhen, ferner eine vollständigere und komplexe Nutzung mineralischer Rohstoffe sowie die Verringerung der Schadwirkung von Abprodukten auf die natürliche Umwelt. Es ist vorgesehen, die Ausarbeitung neuer technologischer Prozesse, die den Anteil der Abprodukte vermindern und ihre maximale Verwertung ermöglichen, voranzutreiben.

Die Direktiven sehen die spezialisierte Herstellung von Maschinen und Anlagen vor, die zur Schaffung hocheffektiver Reinigungsausrüstungen und -einrichtungen erforderlich sind und mit deren Hilfe neue Methoden und Mittel im Kampf gegen schädliche Stoffemissionen in die Atmosphäre erarbeitet werden.

In den Direktiven ist die Fortführung von Arbeiten zur Steigerung der Bodenfruchtbarkeit, die Durchführung von Maßnahmen zum Schutz des Bodens vor Wasser- und Winderosion, vor sekundärer Versalzung, Verlusten aller Art, vor Überschwemmung und Verunreinigung durch industrielle Abprodukte festgelegt. Es wird die Notwendigkeit unterstrichen, die Rekultivierung von Böden bei ausgebeuteten Tagebauen und Torflagerstätten sicherzustellen. Im zehnten Fünfjahrplan sind Maßnahmen zur komplexen und rationellen Nutzung sowie zum Schutz von Wasser und Wäldern vorgesehen.[2])

*) Dieses Kapitel ist — geringfügig gekürzt — identisch mit dem Beitrag des Autors in Nr. 1/1976 der Zeitschrift Voprosy ėkonomiki, Moskau, S. 28—38.

1) Die Hauptrichtungen der Entwicklung der Volkswirtschaft der UdSSR von 1976 bis 1980, in: XXV. Parteitag der KPdSU, Dokumente, Berlin 1976, S. 30, 31.

2) Ebenda, S. 31, 62, 63, 75.

Der wissenschaftlich-technische Fortschritt erweitert in einem bisher nicht gekannten Tempo unsere Vorstellung von jenen natürlichen Ressourcen, die effektiv genutzt werden können. Dabei bringt der wissenschaftlich-technische Fortschritt nicht nur die wachsenden Möglichkeiten zur Vergrößerung der Wirtschaft, sondern auch zur Erhaltung der Naturreichtümer und des natürlichen Milieus zum Ausdruck.

In einer Reihe entwickelter kapitalistischer Länder wird infolge der planlosen und willkürlichen Ausbeutung von Naturressourcen, beruhend auf dem Privateigentum an Produktionsmitteln, eine Situation geschaffen, die zur ökologischen Krise führen kann. Man darf hierbei jedoch nicht den direkten Zusammenhang zu der in den letzten Jahren in den entwickelten kapitalistischen Ländern breit entfalteten Kampagne unter dem Damoklesschwert der „ökologischen Katastrophe“ (die weitgehend politischen Charakter trägt und auf Sensation berechnet ist) übersehen, die mit Theorien verbrämt wird, wonach der Widerspruch zwischen Natur und Gesellschaft objektiv die hauptsächliche bewegende Kraft der gesellschaftlichen Entwicklung darstellt.

Zu den wichtigen sozialen Aufgaben der sozialistischen Gesellschaft zählen immer mehr komplexe Maßnahmen zur Erhaltung der natürlichen Umwelt, deren Notwendigkeit sich unmittelbar aus dem Charakter der gesellschaftlichen Ziele des entwickelten Sozialismus herleitet. Die sozialistische Produktionsweise schließt einen Antagonismus zwischen den Zielen der gesellschaftlichen Produktion und den Forderungen der Ökologie, die auf die Erhaltung sowie die Verbesserung des Lebensmilieus der Menschen gerichtet sind, aus. Das gesellschaftliche Eigentum an Produktionsmitteln gewährleistet günstige Möglichkeiten und Bedingungen für eine rationelle Naturnutzung. Und die planmäßige Entwicklung der Produktivkräfte der sozialistischen Gesellschaft schafft die Voraussetzungen für einen sorgsamen und ökonomischen Umgang mit der natürlichen Umwelt, für eine Beachtung der Bedürfnisse nicht nur des heutigen Tages, sondern auch der ferneren Zukunft.

Die Errungenschaften der wissenschaftlich-technischen Revolution, die mächtige industrielle Basis, die in der UdSSR geschaffen wurde, machen es möglich, alle Arten von Naturreichtümern vernünftig zu nutzen. Das bedeutet natürlich nicht, daß sich die Vorzüge des entwickelten Sozialismus auf diesem Gebiet ohne Anstrengungen und sozusagen außerhalb der ökonomischen und politischen Entwicklung verwirklichen lassen. Alle Widersprüche, die im Prozeß der Entwicklung der Volkswirtschaft zwischen Produktion und Natur entstehen, werden zunehmend planmäßig, in Übereinstimmung mit den Interessen der heutigen und der künftigen Generationen überwunden. Man darf hierbei nicht vergessen, daß die Entwicklung sowohl der materiellen Produktion wie auch der Infrastruktur, der Dienstleistungssphäre usw. mit bestimmten Veränderungen in der natürlichen Umwelt einhergeht. Aber sie dürfen weder katastrophale noch einfach schädliche Folgen nach sich ziehen, sondern sie müssen ganz im Gegenteil eine

Verbesserung der natürlichen Umwelt, die Schaffung günstiger Bedingungen für das Leben und die Produktionstätigkeit der Menschen ermöglichen.

In den Kriterien des Nutzeffekts der gesellschaftlichen Produktion des entwickelten Sozialismus, die die Grundlage für die Bewertung jeder Plan-, Projekt- oder auch rein technischen Entscheidung darstellen, finden auch die Maßnahmen zum Schutze der natürlichen Umwelt ihre Widerspiegelung. Dieses Herangehen ist in der Gesetzgebung der letzten Jahre verankert worden (z. B. in den Grundlagen der Bodengesetzgebung der UdSSR und der Unionsrepubliken, in den Grundlagen der Wassergesetzgebung, den Grundlagen der Gesetzgebung für den Gesundheitsschutz, in den von den Unionsrepubliken, von diesen Grundlagen ausgehend, beschlossenen Gesetzen zum Schutz der Natur usw.). Eine erneute Bestätigung dieses Prinzips findet sich in Beschlüssen der Vierten Tagung des Obersten Sowjets der UdSSR (1972, achte Sitzungsperiode) sowie im Beschluß des ZK der KPdSU und des Ministerrates der UdSSR über die Verstärkung des Naturschutzes und die verbesserte Nutzung von Naturressourcen (1972). Der Umfang der in die volkwirtschaftliche Nutzung einbezogenen Hauptarten von Naturressourcen vergrößert sich ständig und deshalb ist die rationelle Nutzung und der Schutz dieser Ressourcen sowohl für die gegenwärtige Entwicklungsetappe wie auch für die künftige Gesellschaft besonders wichtig. Obgleich die Bewertung von Naturressourcen im Wertausdruck sowie die Möglichkeit ihrer Einbeziehung in den Nationalreichtum durchaus noch Fragen sind, die weiter diskutiert werden müssen, muß man die Größenordnungen im Auge behalten, um die es hier geht und die eine Vorstellung von den Maßstäben einer solchen globalen Bewertung vermitteln. Nach unseren Berechnungen beträgt die allgemeine Bewertung des gesamten landwirtschaftlichen Bodenfonds 320 Milliarden Rubel, unter Voraussetzung einer Durchschnittsbewertung von 527 Rubel je Hektar.*) Bei einer Durchschnittsbewertung von einem Kubikmeter Wasser mit 1,5 Kopeken beträgt die jährliche Gesamtmenge des in der Volkswirtschaft genutzten Wassers ungefähr 20 Milliarden Rubel, der gesamte jährliche Wasserabfluß etwa 85 Milliarden Rubel.**) Nach anderen veröffentlichten Angaben sind die Wälder mit 100 bis 175 Milliarden Rubel bewertet, die Bodenschätze mit 70 bis 100 Milliarden Rubel. Somit beträgt die summarische Bewertung der Hauptarten von Naturreichtümern des Landes als Minimum 575 Mrd. und als Maximum 680 Milliarden Rubel, das sind 34 bis 40 Prozent des Nationalreichtums (ohne Naturressourcen), der mehr als 1700 Milliarden Rubel beträgt.[3]) Diese Bewertung von Naturressourcen berücksichtigt noch nicht die Fischbestände, das Wild, den Erholungswert von Naturlandschaften u. a. Jedoch zeigt die Bewer-

[3]) Vgl. Volodarskij, L. I., Statistik und ökonomische Theorie, in: Voprosy ėkonomiki, Nr. 8/1974, S. 8.

*) Vgl. hierzu S. 151.

**) Vgl. hierzu S. 176.

tung auch schon in dieser Form die volkswirtschaftliche Bedeutung von Aufgaben zur rationellen Nutzung und des Schutzes von Naturressourcen.

Verschmutzungen der natürlichen Umwelt vorzubeugen, erfordert in einer Reihe von Fällen außerordentlich hohe Aufwendungen. In diesem Zusammenhang entsteht die Aufgabe, ein optimales Verhältnis zwischen der Nutzung von Naturressourcen und der Aufwandshöhe zu ihrer Wiederherstellung und ökonomischen Entwicklung zu bestimmen. Uns scheint, daß unter den Bedingungen der entwickelten sozialistischen Gesellschaft die Effektivität der gesellschaftlichen Produktion insgesamt wie auch einzelner Produktionsprogramme unter voller Berücksichtigung der Veränderungen bewertet werden muß, die in der natürlichen Umwelt hervorgerufen werden.

Die Aktualität der Aufgabe, die ökonomischen Interessen jedes Beschäftigten, jedes Betriebes und der Gesellschaft insgesamt bei der effektiven und rationellen Nutzung von Naturressourcen miteinander zu verknüpfen, stehen in direkter Beziehung zu der Zielstellung, die vom Dezemberplenum des ZK der KPdSU (1973) gegeben wurde, nämlich solche ökonomische Bedingungen zu schaffen, daß für jeden Werktätigen und für jedes Kollektiv das von Nutzen ist, was auch der Gesellschaft nützt. Maßnahmen zur Erhaltung der natürlichen Umwelt und folglich auch die hiermit verbundenen Investitionen stellen ein breites Spektrum dar: Sie reichen von gewaltigen zielgerichteten und langfristigen Programmen zur Erhaltung einzelner Ressourcenarten bzw. ihrer territorialen Komplexe, die auf der Ebene einzelner Republiken oder gar der ganzen Union gelöst werden, bis zur Errichtung einzelner Wasserreinigungsanlagen, der Verringerung luftverschmutzender Abprodukte, Arbeiten zur Rekultivierung von Böden sowie anderen Maßnahmen, die von Betrieben durchzuführen sind. Insgesamt gehen jedoch die Planung und die Prognose von Investitionen zur Erschließung und Nutzung von Naturressourcen und zum Schutz des natürlichen Milieus über den Rahmen der einzelnen Zweige hinaus und erfordern eine zentrale staatliche Steuerung und Regulierung.

Seit 1975 werden Maßnahmen und insbesondere Investitionen und materielle Ressourcen zur Sicherstellung einer komplexen und rationellen Nutzung von Naturreichtümern und zum Umweltschutz im Volkswirtschaftsplan in einem besonderen Abschnitt ausgewiesen. Die vorgesehenen Maßnahmen zur Erhaltung der Natur bilden jetzt einen Bestandteil der Perspektiv-, Fünfjahr- und Jahrespläne zur Entwicklung der Volkswirtschaft. Für 1975 wurden erstmals Auflagen für die Zweige zur Nutzung von Naturressourcen und zur Erhaltung der Natur erteilt. Entsprechend wird auch in jedem Großprojekt für den Bau einzelner Objekte bzw. zur komplexen Erschließung eines Territoriums ein besonderer Abschnitt ausgewiesen.

Hauptziel der Aufgaben im Volkswirtschaftsplan zur Erhaltung der Natur ist die sichtbare Verringerung negativer Wirkungen der Industriebetriebe, der Landwirtschaft, des Transports und der Kommunalwirtschaft auf die natürliche Umwelt, ferner die Erhaltung und Steigerung des Ressourcenpotentials des

Landes durch die rationelle Nutzung von Naturressourcen. Die Volkswirtschaftspläne enthalten Auflagen zum Schutze und zur rationellen Nutzung von Wasser, Wäldern, mineralischen Rohstoffen und Böden, den Schutz von Luftmassiven, den Schutz und die Reproduktion von Fischbeständen, die Anlage von Naturschutzparks und Schongebieten, die Inbetriebnahme von Kapazitäten, Anlagen und Objekten, Investitionen sowie Bau- und Montagearbeiten.

Im Plan zur Entwicklung der Volkswirtschaft der UdSSR für das Jahr 1976 ist eine Steigerung der Baumaßnahmen im Bereich der Wassererhaltung vorgesehen, in erster Linie Reinigungsanlagen für Abwässer von Industriekomplexen und von der industriellen Tierproduktion sowie der Bau von Reinigungsstationen (Kläranlagen) für kommunale Abwässer. Im Vergleich zu 1975 wird das Volumen des mehrfach oder im Kreislauf genutzten Wassers um sieben Prozent erhöht. Der Plan sieht ferner Maßnahmen zum Schutz von Grundwasser, darunter mineralreicher Vorkommen, die Einschränkung der Flößerei sowie Maßnahmen zur Beseitigung untergegangenen Holzes (als Folge der Flößerei, d. Bearb.) in den Flüssen vor. Darüber hinaus ist vorgesehen, die vorhandenen Anlagen zur Verminderung schädlicher gasförmiger Abprodukte der Industriebetriebe durch neue bzw. durch Erweiterung und Rekonstruktion alter zu vergrößern, wofür die Produktion spezialisierter Ausrüstungen für die Abgasreinigung um 11 Prozent erhöht werden muß.

Die volkswirtschaftliche Zielstellung, die Bodenflächen zu erhalten, ist im Plan in Form einzelner Auflagen für die Ministerien und Behörden der UdSSR, für die Ministerräte der einzelnen Unionsrepubliken usw. festgelegt, und zwar in Form von Maßnahmen zum Schutz der Bodenflächen vor Erosion (durch Anlage von Waldschutzstreifen, durch Verfestigung von Sandflächen, durch Hangterrassierung) sowie durch Rekultivierung von Böden, die aus nichtlandwirtschaftlicher Nutzung der Landwirtschaft zurückgegeben werden. Maßnahmen zum Schutze der Wälder umfassen die Kontrolle aus der Luft und von der Erde im Hinblick auf Waldbrandgefahr, ferner den biologischen Schutz vor Schädlingen und Krankheiten. Vorgesehen sind auch Maßnahmen, um den Grad der Ausbringung und der rationellen (komplexen) Nutzung mineralischer Rohstoffe durch Förderbetriebe und weiterverarbeitende Betriebe zu erhöhen.

Neben Maßnahmen gegen schädliche Folgen der Produktionstätigkeit durch Errichtung eines Systems von Reinigungsanlagen und -einrichtungen ist im Plan eine Erweiterung der wissenschaftlichen Forschungs- sowie der Konstruktionsarbeiten mit dem Ziel vorgesehen, in allen Zweigen der Volkswirtschaft prinzipiell neue technologische Prozesse einzuführen, die eine Verschmutzung der natürlichen Umwelt ausschließen oder zumindest nachhaltig verringern.

Bei einem solch umfassenden Herangehen an die Planung naturerhaltender Maßnahmen, die zu einer außerordentlich wichtigen volkswirtschaftlichen Aufgabe geworden sind, ist ein prinzipieller Standpunkt von besonderer Bedeutung, der sich einerseits von der Vorstellung freimacht, daß Maßnahmen dieser Art sofort und in jedem Falle durchgeführt werden müssen und andererseits von den hierzu erforderlichen Aufwendungen das gleiche Effektivitätsniveau erwartet werden kann wie von den Aufwendungen in der produzierenden Sphäre.

Im Zusammenhang damit sind Fragen des Vergleichs der zur Erschließung, Nutzung oder dem Schutz der natürlichen Umwelt erforderlichen Aufwendungen mit den auf dieser Grundlage zu erzielenden Effekten besonders aktuell. Die hierzu gemachten Vorschläge beruhen häufig auf der Vorstellung, daß die Einsparungen, die dank der Einbeziehung von Naturressourcen in die Produktion unmittelbar erzielt werden können, in jedem Falle die Aufwendungen übersteigen müssen, die zur Erschließung und Nutzung (dieser Naturressourcen) erforderlich waren. Die planmäßige Organisation der Wirtschaft im Rahmen eines Landes bzw. des gesamten sozialistischen Weltsystems macht es möglich — und hierin besteht einer ihrer größten Vorzüge —, den Akkumulationsfonds zur Lösung langfristiger Aufgaben zur Entwicklung der Produktion zentral umzuverteilen. Daher kann der sozialistische Staat, ausgehend von einem langfristigen Programm zur Entwicklung der Gesellschaft, im Verlaufe eines bestimmten Zeitabschnitts eine niedrigere Effektivität bei der Nutzung einzelner Arten von Naturreichtümern und bei der Durchführung von Umweltschutzmaßnahmen zulassen, wobei er den gewaltigen ökonomischen Effekt für die Gesellschaft vor Augen hat, der in der Zukunft erwartet werden kann. Ein solches Herangehen, das die wachsende Investitionsintensität von Maßnahmen im ökologischen Bereich berücksichtigt, erscheint uns besonders wichtig in bezug auf die Natur.

Ungeachtet der Tatsache, daß die ökologische Situation in der UdSSR wesentlich günstiger ist als in der Mehrzahl der industriell entwickelten kapitalistischen Länder und die Störung des Gleichgewichts zwischen Natur und Produktion insgesamt in der Sowjetunion nicht solche katastrophalen Ausmaße erreicht hat, veranlaßt die Sorge um das Wohl der Menschen, wie sie der sozialistischen Gesellschaft eigen ist, Wachstumstempi für Aufwendungen im ökologischen Bereich zu prognostizieren, die die Wachstumstempi der allgemeinen Investitionen in der Produktion übersteigen.

Man kann sich schwerlich mit den Behauptungen einzelner Ökonomen einverstanden erklären, wonach eine rationellere Nutzung von Naturressourcen an und für sich Quelle des ökonomischen Wachstums sein kann. Bei einem solchen Herangehen werden die Aufwendungen außer acht gelassen, die für solche Maßnahmen erforderlich sind, und es bleibt folglich auch die Frage nach dem Nutzeffekt außerhalb der Betrachtung. Quelle des ökonomischen Wachstums können nur effektive Maßnahmen sein, die je Einheit Aufwendungen einen ausreichenden Effekt erbringen. Hieraus entsteht eben die Notwendigkeit, als Grundprinzip auf breitester Front die Bemühungen um effektivste Lösungen sowohl bei der Projektierung und Schaffung spezieller Schutz- und Reinigungsanlagen und -einrichtungen wie auch beim Übergang zu neuen „abproduktfreien“ Technologien (unter Berücksichtigung der letzten Errungenschaften des wissenschaftlich-technischen Fortschritts) in allen Zweigen der Volkswirtschaft fortzusetzen. Die Richtigkeit der Auswahl solcher Richtungen wird durch bestimmte

Erfolge bestätigt, die auf dem Gebiet der Wasser- und Luftreinigung, beim Schutz von Böden usw. bereits erreicht wurden.

Besonders dringlich steht das Problem des Nutzeffekts von Aufwendungen im ökologischen Bereich für die Zweige der Primärproduktion, worunter die Landwirtschaft und die extraktive Industrie (gewinnende Zweige des Bergbaus, Wasserkraftwerke, Forstwirtschaft, Holzgewinnung usw.) verstanden werden. Bei der Prognose, Planung und dem Einsatz von Investitionen in den Zweigen, die unmittelbar Naturressourcen nutzen, muß man die für diese Gruppe von Zweigen allgemeine Tendenz berücksichtigen, wonach mit den wachsenden Maßstäben der Einbeziehung von Ressourcen in die Produktion die Erschließung und Ausbeutung von Lagerstätten, die Erschließung und Nutzung von Teilbereichen und Teilmengen von Naturressourcen immer schwieriger wird.

Diese Tendenz wie auch die Notwendigkeit, den Anteil und das Volumen von Investitionen zum Schutze der Natur zu erhöhen, hat ganz erheblichen Einfluß auf die Fondsintensität des Nationaleinkommens und auf den Nutzeffekt von Investitionen in den einzelnen Zweigen. Ein charakteristisches Beispiel ist die Schwarzmetallurgie. So verminderten nach Angaben von V. A. Stanskij die zusätzlichen Aufwendungen dieses Zweiges zum Schutz der Luft und für andere soziale Ziele die tatsächliche Rentabilität der Investitionen im achten Fünfjahrplan (im Vergleich zum siebenten) um 6 Prozent, während sich das Eisenerz infolge Einbeziehung relativ ärmerer und schwer zugänglicher Erze darüber hinaus um 14 Prozent verteuerte.

Angesichts einer sich in den letzten Jahren stabilisierenden Fondsquote ist die fortgesetzte Verminderung dieser Kennziffer in den Industriezweigen, die unmittelbar Naturressourcen nutzen, besonders spürbar. Gleiches trifft auch auf die Landwirtschaft zu. Die Zweige, die unmittelbar Naturressourcen nutzen, verfügen gegenwärtig über mehr als 11 Prozent der Produktionsgrundfonds der Volkswirtschaft, wobei sie aber nur 4,7 Prozent des gesellschaftlichen Bruttoprodukts erbringen.

Die Gesamttendenz (Resultante) der Veränderung der Fonds- und Investitionsintensität in der Perspektive ist somit das Ergebnis der Wechselwirkung zweier Richtungen: einerseits erhöht sich die Fonds- und Investitionsintensität als Folge des Übergangs zur Nutzung „schlechter" Teilbereiche und Teilmengen von Naturressourcen, und andererseits sinken beide Kennziffern auf der Grundlage des wissenschaftlich-technischen Fortschritts. Hierbei darf man keineswegs den Einfluß wachsender einmaliger und laufender Aufwendungen für ökologische Zwecke auf die Effektivität der gesellschaftlichen Produktion und die Investitionen außer acht lassen.

Da es nicht möglich ist, alle Aufgaben zum Schutz des natürlichen Milieus gleichzeitig zu lösen und hierbei hohe ökonomische Wachstumstempi und eine wachsende Befriedigung der lebensnotwendigen Bedürfnisse der Bevölkerung beizubehalten, ergibt sich die Notwendigkeit einer Systemanalyse. Rangfolge und Intensität der Maßnahmen werden nach der Dringlichkeit der Aufgaben festgelegt. Beispielsweise bildet die Beseitigung der Verschmutzung in den Gebieten, wo die Gefährdung der Gesundheit der Bevölkerung oder die Gefahr irreversibler Veränderungen des natürlichen Milieus heraufbeschworen wird, eine Aufgabe erster Ordnung (in der Rangfolge).

Die Planung von Maßnahmen zum Schutz der natürlichen Umwelt muß auf einer technischen Politik beruhen, die nicht einfach die Folgen beseitigt, sondern die vor allem den Ursachen der Verschmutzung der natürlichen Umwelt vorbeugt, das heißt also der Übergang zu abproduktfreien Technologien und zu geschlossenen Stoffkreisläufen (Kreislaufnutzung von Wasser, Luft usw.). Die praktische Verwirklichung einer solchen Richtung ist mit gewaltigen einmaligen Aufwendungen verbunden. So erforderte bisher jede Milliarde Kubikmeter Wasser, die in Form einer Mehrfachnutzung bereitgestellt wird, im Durchschnitt Aufwendungen in Höhe von 20 Millionen Rubel Investitionen.

Dem Wesen nach sind Maßnahmen, die zum Schutz der natürlichen Umwelt vorgesehen sind, der Reproduktion von Naturbedingungen und Naturressourcen gleichwertig. Aufwendungen, die zur Lösung dieser für die Wirtschaft der UdSSR relativ neuen volkswirtschaftlichen Aufgaben bereitgestellt werden müssen, erreichen bereits einen beträchtlichen Umfang. Allein in den Jahren 1971 bis 1973 betrugen die staatlichen Investitionen für spezielle Maßnahmen zur Beseitigung von Verschmutzungen der natürlichen Umwelt annähernd 2 Milliarden Rubel, was die entsprechenden Aufwendungen im vergleichbaren Zeitraum des achten Fünfjahrplans um 65 Prozent überschreitet. Im Jahre 1976 sind hierfür 1,7 Milliarden Rubel vorgesehen.

Außer der Vergrößerung dieser speziellen Gesamtinvestitionen vollzieht sich bisher auch eine deutliche Steigerung des Anteils der einmaligen Aufwendungen, die aufgewendet werden, um einer Verschmutzung der natürlichen Umwelt vorzubeugen; diese Mittel werden in den Projekten und Kostenvoranschlägen der Baubetriebe in allen Zweigen der Volkswirtschaft ausgewiesen. Sie führen unmittelbar zu einer Erhöhung der spezifischen Investitionsintensität und der Selbstkosten der Produktion. So erfordern für eine Reihe von Produktionsbereichen die modernen Reinigungsanlagen Aufwendungen in Höhe von etwa 30 Prozent der Gesamtinvestitionen, in Erdölraffinerien sind es bis zu 50 Prozent.

Insgesamt betrugen nach Überschlagsrechnungen bereits zum Ende des achten Fünfjahrplans die Investitionen für ökologische Zwecke ungefähr 11 Milliarden Rubel jährlich, das sind annähernd 13 Prozent des Gesamtinvestitionsvolumens. Im Verlaufe des neunten Fünfjahrplans war ein vorauseilendes Wachstum gerade dieser Aufwendungen zu verzeichnen. Gegenwärtig macht sich nicht nur diese Notwendigkeit bemerkbar, sondern — und das ist die Hauptsache — es werden immer mehr Möglichkeiten geschaffen, einen ganz erheblichen Teil von Akkumulationsmitteln zur Erhaltung der natürlichen Umwelt und für eine rationelle Nutzung von Naturressourcen bereitzustellen. Der untrennbare Zusammenhang beider Richtungen ist besonders wichtig, da die sozialistische Gesellschaft weder an der Verursachung von Schäden in der Natur, noch an einer Verteuerung der

Produktion infolge überflüssiger*) Aufwendungen im Namen des Schutzes der Natur interessiert ist.

Der ökonomische Aspekt der Problems besteht in der Erhaltung eines vernünftigen Gleichgewichts zwischen Produktion und Natur. Dabei ist eine Vernachlässigung von Naturschutzmaßnahmen, die unrationelle Verausgabung von Naturressourcen, die häufig mit falsch und eng aufgefaßten Interessen der Betriebe und Zweige im Rahmen der wirtschaftlichen Rechnungsführung bemäntelt werden, in keiner Weise gerechtfertigt. Der soziale Charakter dieser beiden Aufgaben (Produktion und Naturerhaltung) und der zu ihrer Lösung eingesetzten Aufwendungen ist offenkundig. Hieraus ergibt sich die Schlußfolgerung, daß die Effektivität von Aufwendungen, die für diese Zwecke eingesetzt werden, wohl kaum auf der Grundlage eines Vergleichs mit den (erzielbaren) Produktionseffekten bestimmt werden kann, wie es auch niemals das Ziel sein kann, in diesem Nutzeffekt präzise die Bewertung einer verbesserten natürlichen Umwelt im Wertausdruck widerzuspiegeln.

Die soziale Effektivität von Aufwendungen für einzelne Maßnahmen zur Erhaltung der natürlichen Umwelt kann — mit Einschränkung — durch eine Reihe realer Kennziffern bestimmt werden: durch das Wachstum der Arbeitsproduktivität, durch die Verringerung des Krankenstandes und schließlich durch globale demografische Kennziffern, wie z. B. die Lebenserwartung, die Sterblichkeitsrate u. a. Die ganze Schwierigkeit besteht dabei im Nachweis der direkten bzw. einer korrelierenden Abhängigkeit zwischen dem Zustand der natürlichen Umwelt und den „menschlichen Faktoren" der Wirtschaft.

Eine gewisse Schwierigkeit entsteht bei der Bestimmung der Effektivität der gesellschaftlichen Produktion in den Fällen, wo Fonds, die zur Beseitigung negativer Auswirkungen der Produktion auf die Biosphäre erforderlich sind (bzw. die künftige Einsparung an Fonds durch eine Verbesserung der Biosphäre) neben Fonds für produktive Zwecke in die Berechnung einbezogen werden. Jedoch enthebt uns dies nicht der Notwendigkeit, die Effektivität zu bewerten. Mehr noch, einer der Hauptwege zur Steigerung des Nutzeffekts von Maßnahmen im ökologischen Bereich ist die Vervollkommnung von Methoden zur ökonomischen Bewertung dieser Maßnahmen unter Berücksichtigung der künftigen Entwicklung der Gesellschaft und der sozialen Folgen einer Verschmutzung der natürlichen Umwelt. Hierbei ist gerade diese „Grenzlage" der Maßnahmen für die Naturerhaltung (wie auch z. B. bei den entsprechenden Aufwendungen für die produzierende und die nichtproduzierende Sphäre der Volkswirtschaft) in Betracht zu ziehen.

Die vorherrschende Bedeutung der sozialen Effekte darf jedoch keinesfalls dazu verleiten, die außerordentlich bedeutsamen Produktionseffekte in Abrede zu stellen, wie beispielsweise die Ausbringung wertvoller Komponenten bei der Reinigung von Abgasen, bei der Reinigung von Abwässern und bei der Verar-

*) Vgl. hierzu die Fußnote auf S. 103.

beitung fester Abprodukte. Man muß hierbei eben vermeiden, einseitig den sozialen oder den Produktionseffekt hervorzukehren. Dies weist darauf hin, daß beide Arten von Effekte, wie unbedeutend der eine im Vergleich zum anderen auch immer sein mag, bei Investitionsentscheidungen auf allen Leitungsebenen jeweils zu berücksichtigen sind.

Die Nutzung verschiedener Arten von Naturressourcen, die Einbeziehung neuer Quellen und Arten natürlicher Bodenschätze, der Übergang von einem technologischen Verfahren der Ausbeute und Nutzung von Naturressourcen zu einem anderen führt zu einem zusätzlichen Investitionsbedarf bzw. verringert den Investitionsaufwand. Investitionen und Naturressourcen werden dem Wesen nach komplex genutzt, jedoch sind sie bei verschiedenartigen Kombinationen wechselseitig austauschbar.

Bei der Begründung von Großprojekten zur Erschließung von Naturressourcen, die zur weiteren Entwicklung der Produktion durchgeführt werden, ermöglicht die Anwendung von Methoden des relativen Nutzeffekts, die besten Erschließungsvarianten aufzuspüren, während die Berechnung von Effekten und des allgemeinen Nutzeffekts die Möglichkeit eröffnet, allgemeine und spezifische Werte dieser Effekte und die Rentabilität der zu projektierenden Betriebe zu bestimmen. Bei der Bewertung des Nutzeffekts von Investitionen für Maßnahmen zur Erhaltung der natürlichen Umwelt, bei der Nutzung von Naturressourcen zur Befriedigung von lebensnotwendigen Bedürfnissen des Menschen (Trinkwasser, reine Luft, Gesundheitsschutz, Erholung usw.) muß das Prinzip einer Aufwandsminimierung zur Erreichung der vom Staat gestellten Ziele gelten.

Zur Bestimmung des Nutzeffekts von Investitionen kann die Bewertung von Naturressourcen im Wertausdruck verwendet werden, die auf den gleichen Prinzipien basiert, auf die sich auch die Methoden zur Bestimmung des Investitionsvolumens, der laufenden Aufwendungen und der Effekte stützen. In die Berechnung des Nutzeffekts von Investitionen muß eine Bewertung von Naturressourcen einbezogen werden, die in realen Aufwendungen wiedergegeben wird. Das bedeutet insbesondere, daß die in die Berechnungen einbezogene Differentialrente sich auf den gleichen Zeitraum beziehen muß, für die — in tatsächlichen Preisen — auch die Investitionen und die laufenden Kosten berechnet worden sind.*)

Bei der Einbeziehung der Bewertung von Naturressourcen in die Berechnung des relativen Nutzeffekts von Investitionen ist erforderlich, die Basisvariante für die Nutzung eines konkreten Teilbereichs bzw. einer konkreten Teilmenge von Naturressourcen richtig zu bestimmen, und zwar auf der Grundlage eines realen technisch-ökonomischen Potentials.

Investitionen, die zum Schutz der natürlichen Umwelt verausgabt werden, haben dem Wesen nach die Aufgabe, Naturressourcen zu reproduzieren und die Erreichung von Zielen sozialen Charakters unter Berücksichtigung eines langen Zeitraums zu gewährleisten. Ihren Nutzeffekt kann man nicht durch einen ein-

*) Vgl. hierzu auch S. 71.

fachen Vergleich der Aufwendungen mit dem Produktionseffekt bestimmen, ebensowenig, wie wir etwa in diesem Nutzeffekt die Bewertung einer Verbesserung der natürlichen Umwelt in Wertform präzise widerspiegeln können. Nur wenn man diesen Tatbestand in Rechnung stellt, können Methoden angewendet werden, die sich auf einen direkten Vergleich der Aufwendungen mit einer in Wertform vorgenommenen Bewertung der mit Hilfe dieser Aufwendungen (ganz oder teilweise) beseitigten Schäden (als Folge einer Verschmutzung der natürlichen Umwelt) stützen. Bei vorgegebenen sozialen Normativen der Umweltqualität dient als Kriterium für alternative Varianten das Minimum der hierzu erforderlichen Aufwendungen.

Außer der Verwendung von Kennziffern des relativen Nutzeffekts sind Methoden möglich, die sich auf einen direkten Vergleich von Aufwendungen mit den mit ihrer Hilfe (ganz oder teilweise) beseitigten Schäden stützen, die der Volkswirtschaft durch die Verschmutzung der natürlichen Umwelt zugefügt werden. Jedoch ist der Vergleich der Schäden in Wertform mit den für ihre Beseitigung erforderlichen Aufwendungen nur in den Fällen zulässig, wo die Auswahl alternativer technischer Entscheidungsvarianten nicht mit Gefahren für die Gesundheit der Bevölkerung und mit der Gefahr von Kettenreaktionen irreversibler Veränderungen in der Natur verbunden ist.

In den volkswirtschaftlichen Zweigen machen sich die wachsenden einmaligen und laufenden Aufwendungen, die zur Einhaltung vorgegebener ökologischer Standards bereitgestellt werden, im Nutzeffekt der gesellschaftlichen Produktion bemerkbar. Soziale Normative der Umweltqualität können weder außerhalb der technischen, noch unabhängig von den ökonomischen Möglichkeiten ihrer Erreichung bzw. Einhaltung in jedem gegebenen Zeitabschnitt vorgegeben werden. Wenn es in einem vorausgegangenen Zeitabschnitt nicht möglich war, Aufgaben in bezug auf die Erhaltung der Natur zu lösen, so darf dies in der nachfolgenden Periode nicht mit einem extrem entgegengesetzten Verhalten beantwortet werden, das davon ausgeht, sofort Standards (Normative) auf der Basis „absoluter Reinheit" festzusetzen. Die Erhaltung von Naturbedingungen muß vor allem im Sinne einer Erhaltung der „Produktivität" der natürlichen Umwelt aufgefaßt werden, die die Möglichkeit gibt, sie langfristig für das Leben der nachfolgenden Generationen zu nutzen.

Die sozialen Effekte einer rationelleren Naturnutzung und der Erhaltung der natürlichen Umwelt sind nicht weniger wichtig als die Produktionseffekte, jedoch muß die Festlegung entsprechender Zielstellungen immer von den realen Möglichkeiten der Gesellschaft ausgehen, hierfür den entsprechenden Anteil der Akkumulation zur Verfügung zu stellen, auch dann, wenn es sich um Fragen der langfristigen Planung handelt. Die Priorität der sozialen Ziele der Naturerhaltung (des Umweltschutzes) darf unter den Bedingungen des entwickelten Sozialismus nicht zur Abschwächung der ökonomischen Wachstumstempi führen und damit die nicht weniger wichtigen Ziele der Steigerung des Volkswohlstandes in den Hintergrund drängen. Gerade deshalb ist es unmöglich, alle Anforderungen ökologischen Charakters sofort zu befriedigen, da dies zu einer einschneidenden Veränderung der Investitionsstruktur und der Struktur der laufenden Anforderungen sowohl in den einzelnen Zweigen als auch in der Volkswirtschaft insgesamt führen würde. Gleichzeitig aber ist es eminent wichtig, solche sozialen Normative auszuarbeiten, die bereits jetzt einer irreversiblen Zerstörung der natürlichen Umwelt vorbeugen und in der Folgezeit ihre Verbesserung ermöglichen. Ein solches Herangehen entspricht den in der Zukunft wachsenden Möglichkeiten der Gesellschaft, einen entsprechenden Anteil von Akkumulationsmitteln zur Durchführung ökologischer Maßnahmen bereitzustellen.

Zu den wichtigsten Faktoren, die Einfluß auf die Unterschiede von Nutzeffektsnormativen haben, sind jene Faktoren zu zählen, die durch die natürliche Umwelt der zu planenden bzw. zu projektierenden Produktionen verursacht werden. Sie widerspiegeln die regionalen territorial gebundenen Unterschiede der spezifischen Investitionen, der Transportkosten, der laufenden Kosten für Brennstoff und Energie, der Lohnkosten usw. Gerade dies macht es möglich, von der Wirkung von Rentenfaktoren auf die Effektivität von Investitionen nicht nur in der Landwirtschaft und der extraktiven Industrie, sondern in allen Zweigen der Volkswirtschaft zu sprechen.

Die Forderung, die natürliche Umwelt zu erhalten und zu verbessern, hatte in den letzten Jahren eine dynamische Wachstumsrate von Investitionen aller Zweige der Volkswirtschaft zur Folge. Die wachsenden Aufwendungen in der gegenwärtigen Etappe sind offensichtlich durch die Notwendigkeit hervorgerufen, der Natur eine „alte Schuld" für jenen Zeitraum abzutragen, wo die Gesellschaft nicht über die für solche Aufgaben erforderlichen Mittel verfügte, wo alles der Schaffung der erforderlichen Produktionsbasis geopfert wurde. Die Notwendigkeit, nunmehr entsprechende Investitionen bereitzustellen, ist durch nichtökonomische Faktoren verursacht, jedoch unterliegt jede zu planende bzw. zu projektierende Maßnahme, die auf die Erhaltung der natürlichen Umwelt gerichtet ist, auch einer ökonomischen Begründung auf der Basis des Prinzips der Aufwandsminimierung, und zwar auch dann, wenn sie im Rahmen ausschließlich produktiver Investitionen erfolgt (beispielsweise die Einführung „wasserloser" Technologien oder die Kreislaufnutzung von Wasser usw.). In einzelnen Zweigen, wo eine genaue Abgrenzung der Aufwendungen nicht möglich ist, müssen Investitionen der genannten Art bei der Begründung möglicher Unterschiede von Effektivitätsnormativen des relativen Nutzeffekts nichtdestoweniger berücksichtigt werden.

Bei der Untersuchung des Komplexes ökologischer Maßnahmen zeigt sich, daß neben Maßnahmen zur Senkung des spezifischen Wasserverbrauchs und zur Abwasserreinigung, die sich je Einheit Produktion ergeben, Maßnahmen allgemeinen Charakters von außerordentlich großer Bedeutung sind. Sie ermöglichen es, die Investititionseffektivität erheblich und in wachsendem Maße bei der Lösung dieser Aufgaben zu steigern. Hierzu gehört in erster Linie die zentrale Leitung des gesamten Komplexes von Produktionen (Betrieben und Zweigen), die mit der Durchführung solcher Maßnahmen befaßt sind.

Eine einheitliche technische Politik auf dem Gebiet der Naturerhaltung, deren Ausarbeitung in der Tat notwendig erscheint, und zwar sowohl im Hinblick auf die Steigerung des Nutzeffekts der hierfür bereitgestellten Mittel als auch in Anbetracht internationaler Abkommen und Vereinbarungen, die auf dem Gebiet der Erhaltung der Natur in den letzten Jahren abgeschlossen wurden, erfordert auch die Einrichtung einer zentralen Behörde.

Die Erhöhung der Investitionseffektivität im Bereich der Naturerhaltung macht es erforderlich, nicht nur eine Reihe organisatorischer, sondern auch ökonomischer Maßnahmen zu treffen. Während der Bau von Objekten im ökologischen Bereich dadurch beschleunigt werden kann, daß im allgemeinen Rahmen des Investitionsgeschehens die Bauzeiten verkürzt und der Rücklauf von Investitionen beschleunigt wird, bzw. daß Reinigungsanlagen unbedingt bei jedem in Nutzung zu nehmendem Betrieb in die Gesamtinvestitionssumme einbezogen werden müssen, erfordert die effektive Nutzung dieser Einrichtungen dagegen noch weiterreichende Entscheidungen.

Dabei handelt es sich um die volle rechtliche und ökonomische Gleichstellung der Reinigungsabteilungen von Betrieben mit den Abteilungen der Hauptproduktion (Grundproduktion), darunter auch auf dem Gebiet der materiellen Stimulierung der Beschäftigten dieser Abteilungen. Dieses Prinzip folgt unmittelbar aus der Überlegung, daß gegenwärtig und insbesondere im Perspektivzeitraum die Bewertung der Arbeit der Beschäftigten jedes Betriebes, jeder Vereinigung und jedes Zweiges nicht nur auf den Kennziffern des Ausstoßes an Hauptproduktion beruhen kann, sondern daß unabdingbar Kennziffern einbezogen werden müssen, die den Beitrag jedes Betriebes, jeder Vereinigung und jedes Zweiges bei der Lösung gesamtstaatlicher Aufgaben auf dem Gebiet der Naturerhaltung zum Ausdruck bringen.

Zur Lösung dieser Aufgabe ist es unserer Ansicht nach im Perspektivzeitraum erforderlich, daß sich spezielle Vereinigungen herausbilden, die sich mit der Projektierung und dem Bau von Reinigungsanlagen und -einrichtungen sowie mit der Ausarbeitung neuer, abproduktfreier Technologien und der Schaffung spezialisierter Organisationen des Maschinenbaus befassen, wobei letztere die entsprechenden Ausrüstungen herstellen. Im Grunde genommen geht es hierbei um die Herausbildung eines Zweiges, dessen Aufgabe nicht nur in der Erhaltung der Natur besteht, sondern auch in der sekundären Weiterverarbeitung von Abprodukten einer Reihe von Hauptproduktionen mit dem Ziel, alle nutzbaren Komponenten zu verwerten. Die Formierung dieses Zweiges ist gegenwärtig eine der wichtigsten Aufgaben.

Die Zielstellung, die Erschließung und Nutzung gewaltiger Mengen von Naturressourcen — Bodenflächen, Wasser, Wälder sowie riesige Lagerstätten natürlicher Bodenschätze — effektiver zu nutzen, ist von komplexer Bedeutung und kann in der Mehrzahl der Fälle nicht im Rahmen der mittelfristigen Planung gelöst werden.*)

*) Vgl. hierzu S. 207.

Welche Prognosemethoden dabei für Investitionen auch angewendet werden mögen, alle müssen sie die Spezifik von Naturressourcen als Objekt für die Anlage von Investitionen berücksichtigen. Während bisher von allen die Notwendigkeit anerkannt wird, bei der Prognose von Produktions- und Investitionsvolumen die extraktive Industrie gesondert zu betrachten, wird in letzter Zeit die Notwendigkeit einer zweiten Gruppe von Investitionen offenkundig, die zu praktisch allen Zweigen der Volkswirtschaft in Beziehung steht, nämlich Investitionen zur Erhaltung und Reproduktion von Naturressourcen. Die Natur tritt mehr und mehr besonders unter zukünftigem Aspekt nicht nur als Rohstoff-Faktor der Wirtschaftsentwicklung in Erscheinung, sondern in erster Linie als eine Bedingung für das Leben der Gesellschaft, einzelner Kollektive und Individuen. Die vorrangige soziale Bedeutung der Aufgaben zur Erhaltung der natürlichen Umwelt und folglich auch der Investitionen, die zur Schaffung der entsprechenden Grundfonds erforderlich sind, kann schwerlich überbewertet werden.

Es ist jedoch zweckmäßig darauf hinzuweisen, daß im Falle der traditionellen Rohstoffrichtung von Investitionen diese mit der Errichtung neuer und der Unterhaltung der vorhandenen Objekte zur Naturressourcennutzung verbunden sind, während die zweite Richtung auf die Erhaltung und Wiederherstellung der für das Leben und die Produktion erforderlichen Naturbedingungen ausgerichtet ist. Dabei ist auf den wechselseitigen Zusammenhang und die wechselseitige Bedingtheit beider Investitionsrichtungen aufmerksam zu machen, woraus sich auch ein gewisser Vorbehalt bei der Abgrenzung der Ziele und Objekte solcher Investitionen herleitet.

Ungeachtet aller Schwierigkeiten bei der Prognose von Investitionen in den Zweigen, die unmittelbar Naturressourcen nutzen, sowie von laufenden Aufwendungen zur Erhaltung der natürlichen Umwelt stellt die Prognose solcher Investitionen einen untrennbaren Bestandteil einer Gesamtinvestitionsprognose sowie der Gesamtprognose zur Entwicklung der Volkswirtschaft eines Landes dar. Die Bedeutung einer solchen Prognose geht sogar noch weit über den Rahmen eines einzelnen Landes hinaus, da die rationelle Nutzung von Naturressourcen davon ausgeht, daß die Vorzüge der internationalen Arbeitsteilung ausgenutzt werden. Die Zusammenarbeit bei der Lösung der Rohstoff- und Energieprobleme sowie bei der Erhaltung von Naturressourcen bildet eine der zentralen Aufgaben des Komplexprogramms zur weiteren Entwicklung der sozialistischen ökonomischen Integration, das eine Abstimmung der langfristigen Pläne und Prognosen zur Entwicklung der RGW-Mitgliedstaaten vorsieht.

Die Prognose im Bereich der Naturerhaltung muß auch andere internationale Faktoren in Betracht ziehen. Die Entspannung der internationalen Lage und die damit verbundene Verminderung der Rüstungsausgaben macht es möglich, erheblich mehr Mittel für ökologische Zwecke bereitzustellen. Die Erhaltung der natürlichen Umwelt wurde unter den Bedingungen der Entspannung der internationalen Beziehungen zu einer der wichtigsten Richtungen der internationalen Zusammenarbeit. Am deutlichsten kommt dies in dem entsprechenden Abschnitt des Schlußdokuments der Konferenz für Sicherheit und Zusammenarbeit in Europa zum Ausdruck, das in Helsinki von 35 Staaten unterzeichnet wurde, sowie in der Rede von L. I. Breshnew auf dem VII. Parteitag der PVAP in Warschau, wo die Erhaltung der natürlichen Umwelt als eine Aufgabe hergehoben wurde, an deren Lösung alle Völker der Welt interessiert sind.

SIEBENTES KAPITEL

Die Prognose von Investitionen und Naturressourcen

Das höhere wissenschaftliche Niveau der Leitung der Volkswirtschaft, das durch eine neue Entwicklungsstufe der gesellschaftlichen Produktion bedingt ist, wird gegenwärtig vor allem durch eine Verbesserung der Perspektivplanung erreicht, die es ermöglicht, die entscheidenden Entwicklungsrichtungen von Wissenschaft und Technik und damit auch die Wege zur Steigerung des Nutzeffekts der gesellschaftlichen Produktion vorauszusehen und zu berücksichtigen. Die mittelfristige Perspektivplanung sowie die laufenden Jahrespläne bilden ein einheitliches und ständig zu vervollkommnendes System der volkswirtschaftlichen Planung.[1])

In den Direktiven des XXIV. Parteitages der KPdSU zur Entwicklung der Volkswirtschaft der UdSSR in den Jahren 1971 bis 1975 wurde die Notwendigkeit unterstrichen, die wissenschaftliche Begründung der Pläne und die Methoden der Perspektivplanung zu verbessern. Das wissenschaftliche Niveau der Planung der gesellschaftlichen Produktion erhöht sich im Ergebnis der Ausarbeitung von Prognosen, die den jeweiligen Plänen vorausgehen und die die Grundlage der komplexen Programme zu weiteren Entwicklung von Ökonomie, Technik und Technologie bilden. Das gleiche gilt auch für die Erarbeitung langfristiger Pläne zur Entwicklung der gesamten Volkswirtschaft, die eine ganze Reihe von Fünfjahrplänen umfassen.

In seinem Vortrag „Über den Fünfjahrplan der Union der sozialistischen Sowjetrepubliken“ unterstrich Breshnew besonders die Notwendigkeit einer weit vorausschauenden, wissenschaftlich begründeten Planung der „wirtschaftlichen und sozialen Entwicklung in unseren Tagen, da die UdSSR den Weg des Kommunismus beschreitet. Unter diesen Bedingungen ist die Perspektivplanung für einen langen Zeitraum eine Sache von wahrhaft lebenswichtiger Bedeutung“.[2])

[1]) Lebedinskij, N., Laufende Pläne und Perspektivpläne als einheitliches System, in: Kommunist, 3/1974, S. 51–64.

[2]) Breshnew, L. I., O pjatidesjatiletii Sojusa Sovietskich Socialističeskich respublik, Moskva 1972, S. 54.

Die Notwendigkeit einer langfristigen Prognostizierung ergibt sich vor allem aus der ständig wachsenden Bedeutung gewaltiger volkswirtschaftlicher Programme zur komplexen Entwicklung von Zweigen und einzelnen territorialen Komplexen, deren Vorbereitung und Durchführung Jahrzehnte erforderlich macht. Der Zusammenhang dieser Programme mit den Entwicklungsplänen der gesamten Volkswirtschaft ist derart eng, daß weder eine detaillierte noch eine skizzenhafte Ausarbeitung dieser Programme außerhalb einer Entwicklungsprognose der Gesamtökonomik des Landes möglich wäre.

1. Allgemeine Prinzipien der Prognostizierung

Aufgaben zur effektivsten Erschließung und Nutzung bedeutender Mengen von Naturressourcen — beispielsweise Bodenflächen, Wasser, Wälder sowie gewaltige Lagerstätten natürlicher Bodenschätze, die von komplexer Bedeutung für die Bildung ganzer Rayons sind — können in der Mehrheit der Fälle nicht mehr im Rahmen der mittelfristigen Planung gelöst werden. Diese Aufgaben werden in Form spezieller Ausarbeitungen formuliert und konkretisiert, die den Charakter ganzer volkswirtschaftlicher Programme tragen. Es handelt sich um regionale Programme, soweit von der Erschließung natürlicher Ressourcen eines bestimmten Rayons die Rede ist, um nationale Programme, sofern ihr Ziel die Nutzung einer Naturressource auf dem Gebiet des gesamten Landes ist, und um internationale Programme, wenn die Erschließung, und Nutzung von Ressourcen eine Reihe von Ländern (beispielsweise die RGW-Länder) umfaßt.

Dieser Umstand unterstreicht erneut den prinzipiellen Unterschied der Prognostizierung unter Bedingungen der sozialistischen Planwirtschaft und der Prognose in den kapitalistischen Ländern. Während für die sozialistischen Länder ein enger Zusammenhang zwischen Prognose und Plan und darüber hinaus die Überleitung der Prognoseergebnisse in den Plan charakteristisch ist, ist die Bedeutung der Prognose unter kapitalistischen Bedingungen begrenzt, ungeachtet der Tatsache, daß die Konjunkturpolitik, die sich spontan im Ergebnis des Aufeinandertreffens der Privatmonopole auf den Märkten herausbildet, durch eine langfristige ökonomische Politik ergänzt wird, die die Interessen und die strategischen Ziele des staatsmonopolistischen Kapitalismus zum Ausdruck bringt.

Von den Kennziffern, die die Prognose mit dem Plan verbinden, sind die Investitionen von besonders großer Bedeutung. Für die Mehrzahl der Zweigprognosen bzw. der lokalen oder globalen Prognosen zur Entwicklung der Wirtschaft tragen die Investitionen für den zu prognostizierenden Zeitraum in einem gewissen Umfange den Charakter einer Anforderung, und nur ein konsequenter Vergleich dieser Anforderungen mit den Möglichkeiten jedes Planungszeitraumes (Fünfjahrplan, Jahr usw.) gestattet es, solche Größen zu erhalten, die man auch in den Plan einbeziehen kann. Die Investitionen stellen damit gleichsam eine jener Hauptbrücken dar, über die sich der Übergang von der Prognose zum Plan vollzieht.

Wenn man die Einheit des Systems Prognose—Plan hervorhebt, so darf man aber nicht den prinzipiellen Unterschied zwischen Prognose und Plan aus dem Auge verlieren. Der Plan ist eine Direktive, die aus bereits getroffenen Entscheidungen folgt, wobei sich die langfristige Planung auch von der kurz- und mittelfristigen Planung nach bestimmten Bilanzkennziffern unterscheidet, wie beispielsweise dem Grad der Verbindlichkeit, dem Kreis, an den sie sich richtet, wobei als Ergebnis hiervon bestimmte Unterschiede in den Endkennziffern entstehen. Die Prognose dagegen, die eine der Etappen bei der Ausarbeitung des langfristigen Planes darstellt, stützt sich insgesamt auf das Variantenprinzip.

Das System Prognose—Plan stellt im Rahmen der gesamten Volkswirtschaft das allgemeinste Steuerungsinstrument dar. Investitionen sind unter diesem Aspekt eine der wichtigsten ökonomischen Kategorien, deren Steuerungswirkung sich faktisch auf alle Ebenen der volkswirtschaftlichen Produktion über den Investitionsbau als Prozeß erstreckt, der die für die Gesellschaft erforderlichen Richtungen zur Veränderung in der bestehenden Struktur und Proportion der Produktion bestimmt.

Investitionen, die zur Entdeckung und Erschließung früher nicht genutzter Ressourcen bzw. intensiveren Nutzungen bereits erschlossener natürlicher Ressourcen verausgabt werden, verringern vorhandene Begrenzungen an natürlichen Ressourcen bei der Entwicklung der Wirtschaft. Vom Standpunkt der Planung und Prognose von Investitionen lassen sich Naturressourcen wie folgt untergliedern:

- Reproduzierbare Ressourcen (Bodenfruchtbarkeit, Wald, Fisch usw.);
- Nichtreproduzierbare Ressourcen (klimatische Ressourcen, Oberflächenwasser, Wasser der Weltmeere, die Erdrinde usw.);
- Vorräte (Bodenschätze, Untergrundwasser, Wärmeenergie des Erdinneren usw.).

Eine solche Unterteilung der Naturressourcen ist nur mit Vorbehalt zu machen, da der Fortschritt bei der Regulierung und Nutzung nichtreproduzierbarer Naturressourcen tatsächlich zu deren teilweisen Reproduktion führt. Beispielsweise stellt die Überleitung von Wasser aus wasserreichen Flußgebieten in wasserarme, die zeitliche Regulierung des Wasserabflusses durch Anlage von Staubecken der verschiedensten Art, die Trockenlegung von Teilen des Meeres oder seichten Flüssen usw. eben die teilweise Reproduktion natürlicher Ressourcen dar. Der technische Fortschritt erweitert immer mehr die Sphäre der Reproduktion natürlicher Ressourcen und Bedingungen.

Die langfristige Planung und Prognose von Investitionen zur Erschließung und Nutzung natürlicher Ressourcen trägt zwischenzweiglichen Charakter. Dies bezieht sich vor allem auf die primären Zweige der Produktion, auf die Landwirtschaft und die extraktive Industrie, die, wie wir bereits bemerkten, Betriebe zur Förderung von Erz, Kohle, Erdöl, Erdgas und anderen Arten natürlicher Roh- und Brennstoffe umfassen, einschließlich der Wasserkraftwerke, Wasserleitungen, Forstwirtschaftsbetriebe sowie Betriebe des Fischfangs und Betriebe zur Gewinnung von Meeresprodukten. Außerdem nutzen alle Zweige, sowohl die der produzierenden als auch die der nichtproduzierenden Sphäre Boden und Wasserressourcen und nehmen auf das natürliche Milieu Einfluß, indem sie auf die Naturbedingungen und den Bestand an Naturressourcen einwirken, wodurch es erforderlich wird, für einen langen Perspektivzeitraum Maßnahmen zur Erhaltung der Natur und daher auch die entsprechenden Investitionen hierfür vorzusehen.

In einer Prognose kann bekanntlich das Gesamtvolumen an Investitionen durch Summierung des Investitionsvolumens nach Zweigen der Volkswirtschaft bestimmt werden, die ihrerseits wiederum die Investitionssumme nach einzelnen Zweigen der Industrie, der Landwirtschaft, nach Unterzweigen und Produktionsarten sowie nach Zweigen der nichtproduzierenden Sphäre unter Berücksichtigung einzelner Erzeugnisarten und Dienstleistungen bestimmen. Die wichtigsten Fragen, die den Inhalt von Zweigprognosen ausmachen, können in folgenden Prognosen zweiter Ordnung zusammengefaßt werden:

1. Prognosen über den Bedarf der Gesellschaft an Erzeugnissen des Zweiges zum Ende des Prognosezeitraumes;
2. Prognose der Bedingungen, die das für die Gesellschaft erforderliche Entwicklungsniveau des Zweiges gewährleisten, darunter Prognose der Nutzung von Naturressourcen;
3. Prognose des wissenschaftlich-technischen Fortschritts im Zweig und in den mit ihm verbundenen Zweigen;
4. Prognose der Entwicklung der materiell-technischen Basis des Zweiges;
5. Prognose des Bedarfs an Arbeitskräften;
6. Prognose der Investitionen und des Nutzeffekts der Produktion;
7. Bestimmung der ökonomisch zweckmäßigen Verteilung des Zweiges.

Den Berechnungen von Investitionen, die zur Entwicklung des Zweiges im Perspektivzeitraum erforderlich sind, wird gewöhnlich die auf der Grundlage von Normativen zu bestimmende Prognose des Bedarfs an Waren und Dienstleistungen am Ende des zu prognostizierenden Zeitraumes zugrunde gelegt, die von dem jeweiligen Zweig zu produzieren sind, ferner Experteneinschätzungen über den möglichen Grad der Befriedigung solcher Bedürfnisse sowie Normative der Investitionsintensität nach einzelnen Produktionsarten, die unter Berücksichtigung von Veränderungstendenzen dieser Kennziffern bestimmt werden. In den Berechnungen wird auch die Notwendigkeit eines Ersatzes von Grundfonds im Verlauf des Prognosezeitraums berücksichtigt, ferner die zeitliche Abweichung zwischen dem Bau und der Inbetriebnahme von Objekten sowie hinsichtlich der Bestimmung der Veränderung der Investitionsintensität die Tendenzen des wissenschaftlich-technischen Fortschritts, die Zunahme von Aufwendungen zur Erhaltung der natürlichen Umwelt usw.

In allgemeiner Form kann die Formel zur Berechnung der Investitionen in Zweigen der extraktiven Industrie wie folgt geschrieben werden:

$$\Sigma I = (P_{be} - P_{ba})(V_{ba} \pm \Delta V)\,\vartheta(I_{ba} \pm \Delta I_T \pm \Delta I_U + F_E + \Delta F_{Uf}),$$

wobei

ΣI — die Investition im Berichtszeitraum;

P_{be} — der Bedarf an Erzeugnissen des Zweiges im letzten Jahr des Berichtszeitraumes;

P_{ba} — Bedarf an Erzeugnissen des Zweiges im Basisjahr des Berichtszeitraumes;

V_{ba} — spezifischer Verbrauch an Naturressourcen je Einheit Produktion im Baistzeitraum;

ΔV — Veränderung des spezifischen Verbrauchs an Naturressourcen je Einheit Erzeugnisse;

ϑ — möglicher Grad der Bedarfsbefriedigung;

I_{ba} — Investitionsintensität je Einheit Naturressource im Basiszeitraum;

ΔI_T — Veränderung der Investitionsintensität, die durch technischen Fortschritt verursacht ist;

ΔI_U — Veränderung der Investitionsintensität, die durch wachsende Aufwendungen zur Erhaltung der natürlichen Umwelt verursacht ist;

F_E — Grundfonds, die im Verlauf des Berichtszeitraumes zu ersetzen sind;

ΔF_{Uf} — Zuwachs an Umlauffonds.

Bei der Berechnung von Investitionen zur Nutzung von Naturressourcen besteht eine Besonderheit darin, daß Prognosen für den Zugang von selbstregenerierenden Ressourcen wie beispielsweise Wasser stochastischen Charakter tragen und dieser Umstand berücksichtigt werden muß. Das geschieht dadurch, daß in die obengenannte Formel ein Koeffizient eingeführt wird, der die berechnete Ausstattung mit einer Ressource angibt, d. h. die Anzahl der Jahre von 100, bei denen bei einem angenommenen Aufwandsniveau die Versorgung eines Zweiges oder eines Betriebes mit den erforderlichen Naturressourcen garantiert werden kann. Ein hohes Ausstattungsniveau (90 Prozent und mehr) erfordert sprunghaft steigende Aufwendungen, die oftmals nicht durch den Effekt gerechtfertigt sind, der dadurch entsteht, daß der Ausfall dieser natürlichen Ressource in einzelnen Jahren und damit bestimmte Verluste verhindert bzw. vermindert werden. Die Ermittlung der Größe dieses Koeffizienten für die Ausstattung erfolgt analog der Ermittlung eines ökonomisch gerechtfertigten Grades der Ausbringung von Bodenschätzen, und zwar durch schrittweisen Vergleich der Aufwendungen und der Effekte bei jeweils unterschiedlichen Größen dieses Koeffizienten.

Der Einsatz der Normativmethode unterscheidet sich im Prinzip nicht von den Berechnungen der mittelfristigen Planung. Jedoch können bei Berechnungen für längere Zeiträume Ungenauigkeiten und Fehler bei der Ermittlung sowohl der Bedürfnisse wie auch der Grundfonds entstehen, die zur Abdeckung der ersteren erforderlich sind, besonders jener Kennziffern, die sich zeitlich verändern (Fonds- und Investitionsintensität) und die als Normative verwendet werden, d. h. bei einer mehrfachen Summierung solcher Kennziffern kann dies zu erheblichen Verzerrungen in den Ergebnissen führen. Hierbei darf man auch keineswegs die zur Genüge bekannte Erhöhung des vorausberechneten Volumens von Investitionen außer acht lassen, die bei Prognoseberechnungen nach der Methode von „Großprojekten“ wissenschaftlicher und Projektierungsorganisationen einzelner Behörden entsteht. Außerdem erfordert diese Methode, die bestimmte Illusionen hinsichtlich der arithmetischen Genauigkeit solcher Berechnungen erzeugt, eine außerordentlich detaillierte Basis an Normativen des gegenwärtigen Zustandes sowie wissenschaftlich begründete Veränderungstendenzen solcher Normative in der Zukunft, d. h. also solche Informationen, über die bedauerlicherweise eine Reihe der wichtigsten Zweige, die Naturressourcen nutzen, weder überhaupt nicht verfügt oder aber, soweit sie darüber verfügen, diese nicht in der vergleichbaren Form vorliegen haben.

Die wohl kompliziertesten Fragen beim Einsatz der Normativmethode zu Prognoseberechnungen von Investitionen in Zweigen sind:

a) Bestimmung des Bedarfs an Erzeugnissen und möglicher Grad ihrer Befriedigung, soweit hiermit die eine oder andere Naturressource erforderlich ist, da die begründete Festlegung dieser Größen nur das Ergebnis einer allgemeinen Berechnung eines Prognose- bzw. Planmodells der Entwicklung der gesamten Volkswirtschaft sein kann;

b) die objektive Ermittlung von Tendenzen und konkreten Veränderungsgrößen der Investitions- bzw. Fondsintensität im Verlauf des Perspektivzeitraumes, insbesondere im Ergebnis des technischen Fortschritts bei der Förderung, Aufbereitung und Nutzung von Brenn- und Rohstoffen sowie bei der Gewinnung und Nutzung von Energie auf der Grundlage natürlicher Ressourcen.

Die Angaben über den Bedarf an Erzeugnissen und den möglichen Grad ihrer Befriedigung müssen vorher von Organisationen ermittelt werden, die sich mit der allgemeinen Bestimmung der Perspektiven der Entwicklung der Volkswirtschaft beschäftigen, und diese Angaben müssen anschließend im Zuge von Plan- und Prognoseberechnungen präzisiert werden. Kennziffern, die die Veränderung der Investitions- bzw. Fondintensität im Verlauf des Perspektivplanzeitraumes charakterisieren, müssen von Zweiginstituten in Einverständnis mit den Organisationen bearbeitet werden, die sich mit dem Gesamtmodell der Entwicklung des Zweiges in der Perspektive beschäftigen.

Die außerordentlichen Schwierigkeiten bei der Gewinnung der Ausgangsinformation, ihre Unvollständigkeit, aber auch der erhebliche Arbeitsaufwand und folglich die Zeitdauer der Berechnungen, die mit der Bestimmung des Investitionsvolumens nach jeder Produktionsart, jedem Unterzweig bzw. Zweig in Verbindung stehen, bedingen die Ausarbeitung und Nutzung von Methoden zur Prognostizierung von Investitionen, die eben nicht mit Berechnungen nach einzelnen Zweigen verbunden sind bzw. sich nicht auf Abhängigkeiten zwischen dem Investitionsvolumen und solchen Grundkennziffern der Entwicklung der Volkswirtschaft wie die Entwicklung des Nationaleinkommens, das Verhältnis zwischen produktivem und nichtproduktivem Verbrauch usw. stützen. Von besonderer Bedeutung sind hier Methoden der mathematischen Statistik, auf deren Grundlage Versuche unternommen werden, Investitionen, insbesondere prognostizierte

Investitionen bei der Nutzung von Naturressourcen, empirisch durch eine Formel mit der demographischen Prognose zu verbinden usw. Als Beispiel solcher Berechnungen kann der Investitionsbedarf für die Wasserbereitstellung der Städte und ländlichen Siedlungen dienen.

Versuche, zwischen den Wachstumstempi des Nationaleinkommens und dem Wachstum von Investitionen einzelner extraktiver Zweige Abhängigkeiten zu finden, haben bisher noch zu keinem befriedigenden Ergebnis geführt, da die so gewonnenen Abhängigkeiten auf Extrapolationen der wirtschaftlichen Entwicklung des Landes in den vergangenen Jahren ohne ausreichende Berücksichtigung der Veränderungstendenzen der Investitionsintensität basieren. Zur Berechnung des Investitionsvolumens fand die Verwendung der Zweigverflechtungsbilanz allgemeine Anerkennung. Gleiches trifft auch für andere Methoden zu, für die die Verwendung der Abhängigkeiten zwischen den Wachstumstempi der materiellen Produktion einerseits und dem Anteil der Investitionen am Nationaleinkommen und seiner Struktur andererseits gemeinsam ist.

Welche Methoden der Investitionsprognose auch immer angewendet werden. sie alle erfordern, die Spezifik von Naturressourcen als Investitionsobjekt zu berücksichtigen. Während von allen die Notwendigkeit anerkannt wird, die extraktive Industrie im Rahmen der allgemeinen Prognose und bei der Prognostizierung von Investitionen besonders hervorzuheben, wird in jüngster Zeit die Notwendigkeit betont, eine zweite Gruppe von Investitionen zu ergänzen, die praktisch zu allen Zweigen der Volkswirtschaft in Beziehung stehen, nämlich Investitionen zur Erhaltung und zur Reproduktion von natürlichen Ressourcen. Die Natur tritt mehr und mehr, besonders unter zukünftigem Aspekt, nicht nur als Rohstoffaktor der wirtschaftlichen Entwicklung, sondern auch als ein Faktor in Erscheinung, dessen Erhaltung, und in einer Reihe von Fällen auch dessen Reproduktion das erforderliche Lebensmilieu zur Entwicklung der Gesellschaft, einzelner Kollektive und jedes Individuums sicherstellt. Die soziale Bedeutung einer Erhaltung der natürlichen Umwelt und folglich auch der Investitionen, die zur Schaffung der entsprechenden Grundfonds verausgabt werden. ist schwerlich überzubewerten.

Jedoch ist es zweckmäßig darauf hinzuweisen, daß die erste, die traditionelle und sogenannte Rohstoffrichtung von Investitionen auf die Schaffung neuer und die Unterhaltung vorhandener Objekte zur Nutzung von Naturressourcen gerichtet ist, während die zweite darauf abzielt, die für das Leben und die Produktion erforderlichen Naturbedingungen zu erhalten und wiederherzustellen. Man muß jedoch auch auf den unmittelbaren Zusammenhang und die wechselseitige Bedingtheit beider Investitionsrichtungen hinweisen, wodurch eben eine solche Aufteilung der Investitionen nach Zielen bzw. Objekten nur mit einem bestimmten Vorbehalt gemacht werden kann.

Mit der Entwicklung der Industrie, der Landwirtschaft, des Transports und besonders auch mit dem Wachstum der Städte wird das Verhältnis zwischen Gesellschaft und Natur hinsichtlich seiner Maßstäbe, seines Inhalts und seiner Bedeutung immer komplizierter. Jedoch ist in allen Ländern der Welt dieses Verhältnis unmittelbar mit der Entwicklung der gesellschaftlichen Produktivkräfte verbunden, wobei sein Charakter durch die jede Gesellschaft charakterisierenden Produktionsverhältnisse bestimmt ist. Es ist durchaus nicht überflüssig hierauf hinzuweisen. da in einer Reihe kapitalistischer Länder die Gefahr einer Zerstörung der natürlichen Umwelt teilweise aufgebauscht und sogar eine Apokalypse beschworen wird. All dies ist von Versuchen begleitet, die Gefahr einer Zerstörung der natürlichen Umwelt sowohl als „allgemeines Problem der Industriegesellschaft" wie auch als unvermeidliche Folge der wissenschaftlich-technischen Revolution hinzustellen. Unschwer ist dahinter die Grundidee dieser Kampagne zu erkennen, nämlich als Hauptwiderspruch unserer gegenwärtigen Welt den Widerspruch zwischen Mensch und Natur hinzustellen, womit erneut die Konvergenztheorie „bestätigt" werden soll.

Bereits Marx wies die Unfähigkeit des Kapitalismus nach, eine rationelle Nutzung der Natur und ihrer Reichtümer im Interesse der Gesellschaft zu sichern. Das kapitalistische Eigentum an Produktionsmittel, darunter auch das Eigentum an Boden, behindert nicht nur eine optimale, sondern auch eine nur befriedigende Lösung der Fragen, die mit der Erhaltung der Natur und der rationellen Nutzung ihrer Reichtümer im nationalen Rahmen verbunden sind. Und obwohl die kapitalistischen Ländern in den letzten Jahren eine Reihe von Maßnahmen beispielsweise gegen die Vergiftung der natürlichen Umwelt getroffen haben, sind sie dennoch weit von einer komplexen Lösung der Erhaltung bzw. der Wiederherstellung der natürlichen Umwelt im Interesse der gesamten Gesellschaft entfernt. Gewöhnlich wird hierbei darauf hingewiesen, daß durchgreifende Maßnahmen erhebliche Aufwendungen erfordern, und man sagt folglich dem Verbraucher, daß von einer Verminderung der Monopolprofite (wegen der kostspieligen umweltschützenden Maßnahmen) nicht die Rede sein kann. Somit wird künstlich eine Alternative geschaffen: Entweder Aufrechterhaltung „normaler" Preissteigerungen, oder aber sauberes Wasser und saubere Luft. Ja, ein erheblicher Teil der Preissteigerungen der Monopole wird sogar mit Maßnahmen zur Verhütung der Verschmutzung der Umwelt begründet. Dazu muß jetzt auch die Energiekrise herhalten, die als Vorwand genommen wird, um die Maßnahmen zum Schutz der natürlichen Umwelt einzuschränken, hinauszuzögern oder überhaupt nicht durchzuführen.

Eine umfassende Erhaltung der Natur wie auch die Lösung vieler anderer wichtiger sozialer Probleme ist nur im Sozialismus möglich, wo im Zentrum der Aufmerksamkeit der Gesellschaft die Sorge um den Menschen steht und wo die Natur nicht mehr Objekt kapitalistischer Ausbeutung ist. Die sozialistische Gesellschaft fühlt sich für die Erhaltung der natürlichen Grundlagen des Lebens und der Produktion verantwortlich.

Die Sicherstellung des Bedarfs der Wirtschaft der UdSSR und der sozialistischen Staatengemeinschaft an Rohstoffen vollzieht sich unter Bedingungen einer ständigen Vergrößerung der Maßstäbe der gesellschaftlichen Produktion, wodurch das Problem der Förderung und der Weiterverarbeitung von Rohstoffen an die erste Stelle tritt. Das Verhältnis zwischen den extraktiven und verarbeitenden Zweigen erlangt gegenwärtig für die Prognose besondere Bedeutung, da die UdSSR gewaltige Erfolge bei der Erkundung und Schürfung von Rohstoffen erzielte und gewaltige Mengen primärer Rohstoffe fördert. Das macht es möglich, reale Varianten für die künftige Entwicklung der Wirtschaft zu prognostizieren. Das Ziel einer solchen Prognose besteht darin, die möglichen und die effektivsten Hauptwege des ökonomischen Wachstums zu bestimmen, die im Ergebnis erhöhter Rohstoffförderung, eines höheren Grades der Weiterverarbeitung sowie der besseren Nutzung der Erzeugnisse dieser Weiterverarbeitung erzielt werden.

Auf dem XXIV. Parteitag der KPdSU wurde darauf hingewiesen, daß zur Befriedigung des Rohstoffbedarfs sich die extraktiven Zweige der Industrie mit hohen Tempi entwickeln müssen: „Hierbei kommt es darauf an, die Sache so zu organisieren, daß diese Zweige effektiver arbeiten, eine intensivere Verarbeitung der Rohstoffe, eine Verbesserung ihrer Qualität, eine Verringerung der Abfälle sichern. Man darf jedoch nicht vergessen, daß die Gundstoffindustrie je Einheit erzeugter Produktion im Vergleich zur verarbeitenden Industrie bedeutend mehr lebendige Arbeit und Investitionen aufwendet.

Folglich ist es vom Standpunkt der Interessen der Volkswirtschaft wesentlich günstiger, Materialeinsparungen durch die Vervollkommnung der Produktion in der verarbeitenden Industrie zu erreichen, statt die gleichen Mengen an Rohstoffen zusätzlich zu produzieren. Die Verringerung der Materialintensität der in der Sowjetunion hergestellten Erzeugnisse um nur ein Prozent ist gleichbedeutend mit einer zusätzlichen Steigerung des Nationaleinkommens um 3 bis 4 Milliarden Rubel.“[3])

Eine wichtige Besonderheit für die Prognose von Investitionen in den Zweigen, die unmittelbar Naturressourcen nutzen (Wasserkraft, extraktive Zweige, Holz-, Fisch- und Landwirtschaft) ist die für die gesamte Gruppe der primären Zweige zutreffende Eigentümlichkeit, daß mit den wachsenden Maßstäben ihrer Einbeziehung in die Produktion die Erschließung und Nutzung von Lagerstätten, Teilbereichen bzw. Teilmengen an Naturressourcen immer schwieriger wird. Das bezieht sich auch auf einzelne Produktionen und Unterzweige. Ausnahmen, die sich auf die Entdeckung neuer und reicher Lagerstätten von Bodenschätzen, auf neue Wasserkraftreserven bei hinreichender Erforschung ihrer Bedingungen beziehen, unterstreichen eher noch diese Tendenz, daß nunmehr zunehmend schlechte, aber für die Gesellschaft zur Bedarfsdeckung ihrer Bedürfnisse notwendige Naturressourcen in die Produktion einbezogen werden. Letzten Endes haben diese Tendenz wie auch die Notwendigkeit, den Anteil und das Volumen von Investitionen zur Erhaltung der Natur zu vergrößern, erheblichen Einfluß auf die Fondsintensität des Nationaleinkommens und der verarbeitenden Zweige. Den stärksten Einfluß üben die Naturfaktoren natürlich unmittelbar auf die

[3]) Rechenschaftsbericht des ZK der KPdSU an den XXIV. Parteitag der KPdSU, Referat von L. I. Breshnew, Moskau—Berlin 1971, S. 80, 81.

Fondsintensität der primären Produktionszweige aus. Wie bereits oben darauf hingewiesen wurde, setzte sich in den letzten Jahren bei einer allgemeinen Stabilisierung der Fondsquote ihre Verminderung in den Zweigen der Industrie fort, die unmittelbar Naturressourcen nutzen (Hydroenergetik, extraktive Zweige, Holzgewinnung, Fischwirtschaft); gleiches trifft auch für die Landwirtschaft zu. Allein in den Jahren 1966 bis 1970 verminderte sich die Fondsquote der primären Produktionszweige um annähernd 7,5 Prozent, darunter in der Industrie um 4,2 und in der Landwirtschaft insgesamt um 13,7 (um mehr als 8 Prozent auf den meliorierten Flächen). Die extraktiven Zweige der Industrie verfügen über 20,5 Prozent der Produktionsgrundfonds der Industrie, liefern aber nur insgesamt 6,1 Prozent der industriellen Bruttoproduktion. Zweige, die unmittelbar Naturressourcen nutzen, verfügen über 11 Prozent der Produktionsgrundfonds der Volkswirtschaft, liefern aber nur 4,7 Prozent des gesellschaftlichen Bruttoproduktes (vgl. hierzu Kapitel I).

Hierbei ist nicht davon auszugehen, daß diese allgemeine Tendenz zur Verminderung der Fondsquote in den primären Produktionszweigen voll durch Ergebnisse ausgeglichen werden kann, die im Ergebnis einer spürbaren Steigerung der Arbeitsproduktivität, als Folge wissenschaftlich-technischen Fortschritts erzielt werden, obgleich bei der Prognose unbedingt zu berücksichtigen ist, daß der technische Fortschritt ein stabilisierender Faktor nicht nur bei der Förderung, sondern auch bei der Weiterverarbeitung primärer Rohstoffe und darüber hinaus bei der Nutzung der Enderzeugnisse darstellt. Bei der Prognose von Investitionen in den Zweigen, die unmittelbar Naturressourcen nutzen, ist von einer Veränderungstendenz der künftigen Fonds- und Investitionsintensität auszugehen, die sich gleichsam als Ergebnis zweier miteinander verschlungener Richtungen herausbildet: eine ansteigende Tendenz im Ergebnis der Nutzung relativ schlechter Teilbereiche bzw. Teilmengen natürlicher Ressourcen und eine sinkende Tendenz als Ergebnis wissenschaftlich-technischen Fortschritts.

Das Überwiegen der einen oder anderen Richtung hängt von der Spezifik jedes Zweiges ab, vom möglichen Umfang der Einbeziehung neuer Teilbereiche bzw. Teilmengen von Naturressourcen in die Produktion sowie von der Wirksamkeit des wissenschaftlich-technischen Fortschritts im Prognosezeitraum. So spielen beispielsweise in den extraktiven Zweigen für die Entwicklung der Fondsintensität die bergbautechnischen Bedingungen der Förderung eine entscheidende Rolle, ferner die Qualität der Bodenschätze (Metallgehalt in den Erzen usw.), deren Verminderung zusätzliche Aufwendungen zur Erzanreicherung usw. erforderlich macht. Die Angaben der geologischen Erkundung und Schürfung erlauben mit einer für die Prognose hinreichenden Sicherheit die Veränderung von Kennziffern zu berechnen, die die Fondsintensität beeinflussen und die sich ihrerseits unter dem Einfluß des wissenschaftlich-technischen Fortschritts verändern. Mit der Einführung gewaltiger Abraumbagger, Grubenkipper und anderer spezialisierter Technik wurden viele Lagerstätten an Kohle, Eisenerz und anderen Bodenschätzen nunmehr Aufschlußarbeiten zugänglich, was die beiden Kennziffern

Fonds- und Investitionsintensität in den entsprechenden Zweigen erheblich verringerte.

In den Prognosen muß die beschleunigte Entwicklung der extraktiven Zweige (besonders der Brennstoffzweige) im östlichen Teil der UdSSR berücksichtigt werden, für den günstigere bergbau-geologische Bedingungen und eine vergleichsweise hohe Qualität der Bodenschätze charakteristisch sind. Die Erschließung der Naturreichtümer dieser Rayons ist jedoch dadurch erschwert, daß in einer Reihe von Fällen die erforderlichen Arbeitskräfte und die gesamte Infrastruktur fehlen, deren Bereitstellung in erheblichem Maße die Aufwendungen zur Erschließung dieser Naturressourcen in den ersten Jahren erhöhen.

Somit hat auf die Entwicklung der Investitionsintensität auch die Verteilung der im Prognosezeitraum vorgesehenen neuen Betriebe Einfluß, ferner das Entwicklungsniveau der bereits geschaffenen, vorprojektierten, gebauten, erschlossenen und genutzten Objekte. Vom Anteil dieser Gruppen von Betrieben, der sich im Verlauf des Prognosezeitraumes verändert, geht ein nachhaltiger Einfluß auf die Veränderung spezifischer Zweigkennziffern aus. In bezug auf eine stärkere

Die Differenzierung der Fondsintensität der Produktion nach einzelnen Betrieben, die durch die enge Abhängigkeit dieser Kennziffer von den konkreten technisch-ökonomischen Bedingungen verursacht ist, äußert sich im Einfluß des Anteils der „älteren Gruppen" von Betrieben in den Zweigen der extraktiven und der übrigen primären Zweige der Produktion, die unmittelbar bestimmte Teilbereiche bzw. Teilmengen von Naturressourcen verwenden, und zwar erheblich stärker als in den Zweigen der verarbeitenden Industrie.

Die Wechselwirkung beider Intensivierungsformen unter Bedingungen, wo die zur Erschließung geeigneten neuen Ländereien stark begrenzt sind, ist eine der wichtigsten Besonderheiten, die die Entwicklungstendenz der Fondsintensität der landwirtschaftlichen Produktion bestimmen. Während in der gesamten Volkswirtschaft die Verminderung der Fondsintensität der Produktion vom rascheren Wachstum der Arbeitsproduktivität gegenüber dem Wachstum der Fondsausstattung abhängt, liegt einer verminderten Fondsintensität in der Landwirtschaft vor allem die Steigerung der Hektarerträge zugrunde, die zu verminderten Aufwendungen an Produktionsfonds je Erzeugniseinheit führt.

Die ausländischen Erfahrungen der Intensivierung der landwirtschaftlichen Produktion machen eine Tendenz deutlich, wonach sich das Wachstum der Produktion nicht über eine Erweiterung der bearbeiteten Flächen vollzieht, sondern über eine Konzentration der Produktion auf erheblich geringeren Flächen als früher, bei einer ganz erheblichen Steigerung des Nutzeffekts der noch in Bebauung befindlichen Bodenflächen. Daher kann man davon sprechen, daß sich in einer bestimmten Entwicklungsetappe der Landwirtschaft ihre Abhängigkeit von den Naturbedingungen, konkret, von der Bodenfruchtbarkeit der schlechtesten Flächen, ganz erheblich nicht nur dadurch abschwächt, daß sich die Flächenerträge durch Maßnahmen erhöhen, die mit der zweiten Intensivierungsform verbunden sind, sondern auch dadurch, daß man die zur landwirtschaftlichen Nutzung am wenigsten geeigneten Böden aus der Bewirtschaftung herausnimmt. Eine solche Tendenz kann natürlich nur unter Bedingungen einer hochintensiven Entwicklung der landwirtschaftlichen Produktion einerseits wie auch der mit ihr unmittelbar verbundenen Zweige, wie der Erfassung, dem Transport, dem Handel und der verarbeitenden Industrie andererseits wirksam werden. Die Entwicklung des Agrar-Industriekomplexes, der neben einer Vielzahl von Zweigen auch noch den Spezialmaschinenbau, die chemische Industrie und andere umfaßt, d. h. Zweige, die einerseits die landwirtschaftliche Produktion selbst und andererseits ihre Zuführung zum Verbraucher unter den Bedingungen riesiger Entfernungen der UdSSR gewährleisten, erfordert eine komplexe Umverteilung von Investitionen zwischen diesen Zweigen, die darauf gerichtet ist, den Investitionsanteil im industriellen Bereich dieses Komplexes zu erhöhen. Die unmittelbaren Ergebnisse dieser Investitionen werden eine verringerte Abhängigkeit von Naturbedingungen mit sich bringen, wobei jedoch dieser Einfluß niemals ganz beseitigt werden kann.

Der Verzicht auf eine Nutzung der schlechtesten Naturressourcen (Bodenflächen) als eine der Tendenzen zur Verminderung der Fondsintensität muß im Prognosezeitraum sowohl für die Landwirtschaft als auch für die übrigen primären Zweige der Produktion Berücksichtigung finden. Bestimmend für diese Tendenz kann ferner nicht nur die Erschließung neuer Lagerstätten von Bodenschätzen sein, sondern auch die Berücksichtigung möglicher Außenwirtschaftsbeziehungen. Letztere beziehen sich in erster Linie auf Beziehungen innerhalb der sozialistischen Staatengemeinschaft. Für den Prognosezeitraum muß eine genaue Vorstellung darüber bestehen, welche Entscheidungen zu treffen sind (im Ergebnis eines Vergleichs alternativer Varianten), um eine bestimmte Menge natürlicher bzw. landwirtschaftlicher Rohstoffe zur Befriedigung der inländischen Bedürfnisse und zur Erfüllung der außenwirtschaftlichen Verpflichtungen zu sichern. Solche Entscheidungen können nicht ohne Einfluß auf die Intensität der Nutzung von Naturressourcen bleiben. Dies bezieht sich insbesondere auf die nichtreproduzierbaren Naturressourcen, in erster Linie auf die bereits erkundeten Vorräte an Bodenschätzen, besonders in den Fällen, wo die Förderung, Anreicherung und der Transport dieser Ressourcen innerhalb des Landes höhere Aufwendungen erfordern oder erfordern können, als dies bei einem Import der Fall wäre.

Man darf nicht außer acht lassen (obgleich dies bisher in Wertform noch nicht berücksichtigt wurde), daß die bereits erkundeten Vorräte an Lagerstätten im ökonomischen Sinne gleichsam Reservekapazitäten darstellen, deren Vergrößerung in der Zukunft, unter Berücksichtigung von Prognosevarianten der Entwicklung, unbestreitbar erforderlich ist. Das unterstreicht erneut, daß für die langfristige Prognostizierung der ökonomischen Entwicklung die qualitative und ökonomische Bewertung von Naturressourcen unbedingt erforderlich ist. Dieses Problem überschreitet bei weitem den Rahmen eines einzelnen Zweiges, der unmittelbar diese Naturressourcen verwendet, da eine ungenügend effektive Nutzung letztendlich nicht nur Verluste an Rohstoffen in den nachfolgenden Verarbeitungszweigen bedeutet und folglich eine Verminderung des Nutzeffekts dieser Zweige, sondern auch Verluste, die sich aus erhöhten Investitionen zur Erschließung neuer Mengen an Naturressourcen (zur Bedarfsdeckung der Volkswirtschaft an Rohstoffen) ergeben. Um solche Verluste im Prognosezeitraum einzuschränken, muß zu einer intensiveren Nutzung der Naturressourcen übergegangen werden, die eine Verminderung der Fonds- und Investitionsintensität und damit eine Steigerung des Nutzeffekts der gesellschaftlichen Produktion ermöglicht.

2. Besonderheiten der Prognose von Preisen, Normativen des Nutzeffekts und Grenzaufwendungen

Methoden zur Bewertung von Naturressourcen wie auch Methoden zur Bewertung des Nutzeffekts von Investitionen können in der Perspektive nur auf einem Vergleich der prognostizierten Aufwendungen und Effekte beruhen. Es ist darauf hinzuweisen, daß hierbei die allgemeine Regel für den Vergleich aller Wertkennziffern der Prognose beachtet werden muß, d. h. daß sie sich auf die gleiche Preisperiode beziehen, auf den gleichen Nutzeffektskoeffizienten usw. In diesem Sinne ist jede ökonomische Prognose mit einer Preisprognose verbunden, d. h. mit einer wissenschaftlich begründeten Festlegung des angenommenen Normativs für die gesellschaftlich notwendigen Aufwendungen für den Perspektivzeitraum sowie für die möglichen Abweichungen der Preise von diesem Normativ.

Die Spezialisten auf dem Gebiet der Preisbildung erkennen an, daß bei der Preisprognose die Hauptsache darin besteht „. . . die objektiven Entwicklungstendenzen, die möglichen Varianten der Veränderung, die Bestimmungsgründe der festgesetzten Zeiträume für Preisveränderungen zu erkennen".[4]) Man geht davon aus, daß die Preisprognose mit einem möglichen Grad von Wahrscheinlichkeit die Tendenzen deutlich machen muß, in der sich die Wirkung des Wertgesetzes und die Wirkung preisbildender Faktoren im Perspektivplan äußern. Die Preisprognose wird hierbei für einen Zeitraum von 10 bis 12 Jahren als Berechnung zweiglicher Preisindizes auf der Grundlage einer Zweigverflechtungsbilanz im Wertausdruck dargestellt (wobei eine kleinere Bilanz mit 20 bis 30 volkswirtschaftlichen Zweigen verwendet wird). Eine der hauptsächlichen Besonderheiten von Preisprognosen besteht darin, daß sie nach Varianten durchgeführt werden. Das hat seine Ursache darin, daß bei der Prognostizierung der künftigen Entwicklung der Volkswirtschaft gewöhnlich eine maximale, eine minimale und eine mittlere Variante ausgearbeitet werden, für die jeweils eine Prognose des Preissystems erforderlich ist. Es ist völlig klar, daß diese Prognosen auf der Grundlage allgemeinster und verallgemeinerter Daten über Niveau und Struktur der Preise zustande kommen. Gleichzeitig müssen diese Prognosen Orientierungsgrößen

[4]) Planirovanie perspektivnych optovych cen, Moskva 1971, S. 149.

enthalten, d. h. sie müssen den Planungs- und Wirtschaftsorganen die Auswahl der besten Alternativvarianten ermöglichen.

Die Prognostizierung von Preisen erfordert eine Untersuchung der Faktoren und Wechselwirkungen, die im Perspektivzeitraum vorrangig auf das Niveau, die Struktur und das Wechselverhältnis der Preise Einfluß nehmen. Um diese Veränderungstendenzen und die Wechselwirkung dieser Faktoren aufzudecken ist es erforderlich, die Bedeutung jedes dieser Faktoren deutlich zu machen und die Methodik unter Berücksichtigung ihres Einflusses auf die zu prognostizierenden Preise auszuarbeiten. Hierbei muß man vor allem bestrebt sein, die mögliche Veränderung einzelner Preiselemente und preisbildender Faktoren wie beispielsweise Selbstkosten, Gewinn, Fondsintensität sowie mögliche Veränderungen des ökonomischen Zyklus deutlich zu machen. Die Veränderungen der Selbstkosten sowie der Fondsintensität sind vom stärksten Einfluß auf die Entwicklung des Preisniveaus und auf das Wechselverhältnis der Preise. Diese Elemente sind entscheidend auch für die Prognose von Nutzeffektsnormativen.

Die Prognose der Produktionskosten gründet sich auf Prognosen einzelner Kostenelemente wie materielle Aufwendungen, Amortisationen, Ausgaben an Löhnen und Gehältern usw. Die Zuverlässigkeit einer Prognose der Selbstkosten hängt weitgehend davon ab, in welchem Umfange und mit welcher Genauigkeit die Faktoren berücksichtigt werden, die die Veränderungstendenzen dieser Elemente bestimmen. Über die Koeffizienten der materiellen Aufwendungen bei der Prognose von Preisnormativen sowie der Effektivität wird hauptsächlich der Einfluß des wissenschaftlich-technischen Fortschritts, die Entwicklung der Produktivkräfte auf die Dynamik und Struktur der gesellschaftlichen Produktion berücksichtigt. Große Bedeutung hat hierbei die ausreichende Berücksichtigung des Naturfaktors der Entwicklung. Es ist bekannt, von welcher Bedeutung die Entwicklung der östlichen Rayons der UdSSR für die Verteilung großer Betriebe zur Förderung von Brennstoffen und zur Erzeugung von Elektroenergie waren.

Von erheblichem Einfluß auf die künftige Veränderung der materiellen Aufwendungen ist auch die Tendenz zur Strukturveränderung der Brennstoff-Energiebilanz der UdSSR. Bis zum Jahre 1980 soll sich der Anteil von Naturgas und Wasserkraft mehr als verdoppeln, der Anteil von Erdöl sich um 35 Prozent erhöhen.[5])

Die Gewinnung der Hauptmasse von Brennstoffen aus Rayons, wo die Förderung mit niedrigen Kosten erfolgt, und Verschiebungen in der Struktur der Brennstoff-Energiebilanz, der Einfluß des wissenschaftlich-technischen Fortschritts auf dem Gebiet der Förderung, des Transports und Einsatzes von Brennstoffen findet seinen Niederschlag in Perspektivberechnungen für die materiellen Aufwendungen und Selbstkosten von Brennstoffen. Das muß sich auch unmittelbar im Preisniveau und in den Rentabilitätsnormativen aller Zweige niederschlagen.

[5]) Mel'nikov, N., Fragen der Entwicklung der Brennstoffindustrie, in: Planovoe chozjajstvo, . . ., a. a. O., 1/1969, S. 17.

Besonders groß ist der Einfluß dieser Faktoren auf die entsprechenden Parameter der Zweige der primären Produktion.

Die Prognoseberechnungen des ökonomischen Forschungsinstituts der Plankommission der UdSSR[6]) zeigen, daß die Aufwendungen für einen Rubel Erzeugnisse hauptsächlich durch eine stärkere Einsparung an Brennstoff, Rohstoff und durch eine Verminderung des Arbeitsaufwandes gesenkt werden können. Die stärksten Aufwandsminderungen je Rubel Erzeugnisse können im nächsten Fünfjahrplan in den Zweigen erreicht werden, in denen im breiten Umfang die letzten Errungenschaften von Wissenschaft und Technik Eingang finden und die folglich ein überdurchschnittliches Wachstum der Arbeitsproduktivität zu verzeichnen haben, besonders jene Zweige, die unmittelbar Naturressourcen nutzen, wie die Hydroenergetik, die Baumaterialienindustrie, aber auch die Schwarz- und Buntmetallurgie. Insgesamt verringert sich die Summe der Aufwendungen für einen Rubel Erzeugnisse im Zeitraum von 1971 bis 1980 für die gesamte Volkswirtschaft um 7 bis 9 Prozent.

Das Wachstum der Fondsintensität ist durch eine ganze Anzahl weiterer Gründe, darunter durch die Entwicklung extraktiver Zweige der Industrie in schwer zugänglichen und wenig besiedelten Rayons des Ostens der UdSSR, durch strukturelle Verschiebungen, die mit der Entwicklung fondsintensiver primärer Zweige verbunden sind, aber auch durch wachsende Aufwendungen zur Erhaltung der natürlichen Umwelt (Abwasserreinigung, Luftreinhaltung, Rekultivierung von Bodenflächen usw.) verursacht. Im Zusammenhang damit sind in den Zweigen, die unmittelbar Naturressourcen nutzen, aber auch in anderen Zweigen eine Reihe von Faktoren wirksam, die eine Verminderung der Fondsintensität ermöglichen; hierzu gehören hauptsächlich die Erhöhung des Investitionsanteils zur Erweiterung der Kapazität vorhandener Betriebe, zur Rekonstruktion und technischen Umrüstung dieser Betriebe. Die Einführung produktiverer Ausrüstungen, die Verkürzung der Baufristen sowie die Erschließung neuer Kapazitäten führt zu einer erhöhten Fondseffektivität.

Man muß hervorheben, daß sich in den primären Zweigen der Effekt von Rekonstruktionen und der Einführung neuer Technik in einem erheblich höheren Maße bemerkbar macht als in den übrigen Zweigen, die dem Einfluß des Naturfaktors unterliegen. Hierzu ist nicht nur die Qualität der genutzten Naturressourcen zu rechnen (Boden, Wasser, Wald, Bodenschätze), sondern auch die Besonderheit des technologischen Prozesses, „unter freiem Himmel" durchgeführt zu werden, wie dies für die Mehrheit der primären Produktionszweige charakteristisch ist.

Entsprechend der Richtung und den Tempi der künftigen Veränderung der Rentabilität, die als Verhältnis Gewinn zu Produktionsfonds berechnet wird, lassen sich die primären Zweige drei Gruppen zuordnen. Zur ersten Gruppe, für die ein rasches Wachstum der Rentabilität durch Verminderung der Selbst-

[6]) Planirovanie perspektivnych . . ., a. a. O., S. 154.

kosten charakteristisch ist, gehören die Hydroenergetik und die Buntmetallurgie. Zur zweiten Gruppe, für die verminderte Selbstkosten bei wachsender Fondsintensität typisch sind, gehören die Holzindustrie und die Rohstofförderung für die Baumaterialienindustrie. Zur dritten Gruppe gehören Zweige, für die wachsende laufende Aufwendungen sowie eine steigende Fondsintensität charakteristisch sind, d. h. eine sinkende Rentabilität der Produktion. Hierher gehören die Kohle- und Naturgasindustrie und die Förderung von Schwarzmetallerzen. Bei der Erdölförderung wird ein geringfügiger Anstieg der Selbstkosten im Perspektivzeitraum von einer wachsender Fondsintensität begleitet, die das Rentabilitätsniveau absinken läßt. Diese Berechnungen können als Grundlage zur Prognostizierung von Plankoeffizienten der allgemeinen (absoluten) Effektivität dienen.

Die Ergebnisse bei der Analyse des Systems von Prognosepreisen erbrachten eine bevorzugte Variante, auf deren Grundlage zulässige (unter Berücksichtigung des Einflusses auf das Gesamtsystem) Grenzpreise für Kohle, Elektroenergie und Frachttransporte eingeführt wurden. Die unter Berücksichtigung dieser Begrenzungen eingeführten perspektivischen Großhandelspreise ermöglichen auch, alle Zweige der Volkswirtschaft in drei Gruppen zu gliedern. Von den primären Zweigen gehören zur ersten Gruppe, für die ein relativ stabiles Niveau der Großhandelspreise typisch ist, die Erdgasindustrie und die Energiegewinnung (darunter auch die Wasserkraftgewinnung), zur zweiten, die in der Perspektive mit sinkenden Großhandelspreisen zu rechnen hat, die Buntmetallurgie, die Baumaterialienindustrie (einschließlich Förderung von Nichteisenerzen), die Forst- und die Landwirtschaft. Zur dritten Gruppe mit ansteigenden Großhandelspreisen gehören die Förderung von Schwarzmetallerzen und die Erdölförderung.

Die Preisprognose spielt, wie die Autoren dieser Berechnung[7] zu Recht anführen, im System der volkswirtschaftlichen Prognose eine doppelte Rolle, da die Preise selbst nicht nur Objekt der Prognostizierung sind, sondern in weit höherem Maße als jedes andere Element der allgemeinen Entwicklungsprognose zugleich einen aktiven Hebel und ein Instrument der Prognose darstellen, die von Einfluß auf die gesamten ökonomischen Berechnungen sind. Das gleiche bezieht sich auch auf die künftigen Normative des Nutzeffekts.

Eine Prognose für die Normative des allgemeinen Nutzeffekts läßt sich relativ leicht mittels der Methode der direkten Berechnung durchführen, wenn ausreichend begründete Werte für die spezifischen Investitionen und die laufenden Aufwendungen sowie die Preise der Erzeugnisse im Perspektivzeitraum vorliegen. Hierbei werden in Wirklichkeit nicht die Normative prognostiziert, sondern einfach die Größe des künftigen durchschnittlichen Nutzeffekts. Ungeachtet der scheinbaren Einfachheit dieser Methode ist sie in Wirklichkeit doch recht kompliziert, da der Prognose nicht nur alle in die Formel des allgemeinen Nutzeffekts eingehenden Größen unterliegen, sondern weil die Hauptschwierigkeit darin besteht, Preise zu finden, auf deren Grundlage diese Berechnungen durchgeführt werden können.

7) Ebenda, S. 157.

Es ist offensichtlich, daß die Anwendung der gegenwärtigen Preise in diesem Falle (bei Prognostizierung über einen längeren Zeitraum) das Verhältnis der Kennziffern des allgemeinen Nutzeffekts einzelner Richtungen von Investitionen verzerren kann. Und dennoch ist, wie man sieht, der Nutzen von Prognoseberechnungen des allgemeinen Nutzeffekts von Investitionen, die auf der Grundlage der gegenwärtigen Preisbasis durchgeführt werden, unstreitig von Vorteil.

Was die Prognostizierung von Normativen des relativen Nutzeffekts von Investitionen betrifft, so ist deren Veränderung im Prognosezeitraum von zwei miteinander verbundenen Prozessen abhängig. Der erste kann als Prozeß ständigen Wachstums von Akkumulation bezeichnet werden, was bei entsprechender Vergrößerung der Mittel, die investiert werden, sinkende Normative des relativen Nutzeffekts in der Perspektive zu prognostizieren gestattet. Jedoch darf man die unerwünschten Folgen einer solchen Verminderung der Normative nicht aus dem Auge verlieren, die sich in einer rasch wachsenden Anzahl gebauter Objekte und in der Notwendigkeit ausdrücken, Projektvorschläge zum Ersatz von Technik vorzutragen, darunter auch in den primären Zweigen, die den erforderlichen Effekt nicht gewährleisten. Der zweite Prozeß, die Konzentration im Bauwesen, die Verkürzung der Bauzeiten in Richtung einer allgemeinen Intensivierung der Produktion, erfordert die Beibehaltung der gegenwärtigen Normative des relativen Nutzeffekts als Begrenzung für die vom volkswirtschaftlichen Standpunkt aus ungenügend begründeten Investitionsvorschläge. Letzteres ist besonders wichtig im Hinblick auf die sich immer deutlicher zeigende Notwendigkeit, den zentralisierten Beginn bei der Reproduktion von Grundfonds zu verstärken.[8]) Dabei kann man die Möglichkeit eines unerwünschten Einflusses ähnlicher ökonomischer Maßnahmen auf den technischen Fortschritt in einer Reihe investitionsintensiver Zweige, besonders in den Zweigen der primären Produktion, nicht in Abrede stellen.

Damit die verwendeten Normative des relativen Nutzeffekts als Instrument, mit dessen Hilfe die Investitionsprozesse gesteuert werden, ausreichend flexibel bleiben, ist ihre Überprüfung für jeden Fünfjahrplanzeitraum erforderlich. Dabei können langfristige Investitionsprogramme von regionalem Charakter, in deren Rahmen gewöhnlich die Erschließung neuer Naturressourcen erfolgt, auch auf „Vorzugs"-Normative des relativen Nutzeffekts von Investitionen gegründet sein.

Besonders wichtig ist die Preisprognose und die Prognose von Nutzeffektsnormativen für die Gruppe von Zweigen der Primärproduktion, da neben dem erheblichen Anteil, den diese Zweige am Gesamtproduktionsvolumen einnehmen, auch ihre besondere ökonomische Rolle berücksichtigt werden muß. Die vielfältigen (durch den spezifischen Gebrauchswert bestimmten) Schranken bei der Mehrzahl von Erzeugnisarten der primären Zweige, die für deren gesamte Produktionsstruk-

[8]) Popov, G., Probleme der Vervollkommnung von Leitungsmethoden der sozialistischen Ökonomik, in: Kommunist, 2/1974, S. 69.

tur charakteristisch ist, macht diese Erzeugnisse selbst gegen die kleinsten Preisveränderungen der Zweige empfindlich, die unmittelbar „Naturstoff" aus der natürlichen Umwelt „extrahieren" bzw. die natürliche Energie nutzen.

Hiervon ausgehend sind Untersuchungen besonders wichtig, die sich auf die Optimierung der Brennstoff-Energiebilanz beziehen. Weiterhin sind Berechnungen des Systems von Großhandelspreisen auf der Grundlage einer Zweigverflechtungsbilanz möglich, wobei die optimale Brennstoff-Energiebilanz eine der Säulen darstellt. Als ein Instrument zur Analyse bei Preisprognosen der primären Zweige können auch die vollen Arbeitsaufwendungen im Rahmen von Zweigverflechtungsmodellen genutzt werden, mit deren Hilfe die gesellschaftlich notwendigen Produktionskosten über eine Reduktion der Arbeit unmittelbar auf Arbeitszeiteinheiten widergespiegelt werden. Von größter Bedeutung für Prognoseberechnungen ist das System von Grenzaufwendungen nach einzelnen Arten von Naturressourcen, besonders Grenzaufwendungen für Brennstoff und Hydroenergie.

Untersuchungen, die von der Sibirischen Abteilung der Akademie der Wissenschaften der UdSSR, vom Institut „Energienetzprojekt" sowie von anderen wissenschaftlichen Einrichtungen[9]) durchgeführt wurden, machten zwei Anwendungsgebiete für Grenzaufwendungen deutlich, die sich nach der Anwendungsform dieser Kennziffern im Optimierungsprozeß unterscheiden.

Das erste Gebiet ist die zentrale Planung. Es umfaßt Aufgaben zur Optimierung der perspektivischen Entwicklung der Energetik im Komplex mit anderen Industriezweigen (Metallurgie, chemische Industrie usw.). Dabei können die Grenzaufwendungen für Brennstoff und Energie nicht für die Auswahl von Hauptrichtungen zur Entwicklung des Brennstoff-Energiekomplexes bzw. für Zweige, die zu diesen Komplexen gehören, genutzt werden (beispielsweise für Kohle, Erdöl, Naturgas, Elektroenergie u. a.). Dies erklärt sich daraus, daß die Grenzaufwendungen ihre Funktion nur dann erfüllen können, wenn sie über eine ausreichende Stabilität verfügen, wenn ihr quantitativer Ausdruck im betrachteten Zeitraum die Veränderung des Bedarfs an Brennstoffen beinhaltet. Dieser Umstand begrenzt das Anwendungsgebiet der Grenzaufwendungen auf jenen Kreis von Aufgaben, der insgesamt keine einschneidenden Veränderungen der Energiebilanz zur Folge hat, auf deren Grundlage die empfohlenen Größen der Grenzaufwendungen eben zustande gekommen sind.

Hauptanwendungsgebiet für die Grenzaufwendungen ist die Gesamtsphäre der Projektberechnungen in der Energiewirtschaft, wo Teilaufgaben entstehen, die zweckmäßigerweise auf der Grundlage selbständiger ökonomischer Berechnungen gelöst werden. Hierbei sichert der Einsatz der Grenzaufwendungen

9) Vgl. **Ėnergoėkonomčeskaja** sušč nost', metody opredelenija i ispol'zovanija zamykajuščich zatrat na toplivo i ėlektroėnergiju. Irkutsk – Moskva 1970 und **Rukovodjaščie** ukazanija k ispol'zovaniju zamykajuščich zatrat na toplivo i ėlektričeskuju ėnergiju, Moskva 1973.

die Übereinstimmung der lokalen Entscheidungen mit dem globalen Optimum für die Energiewirtschaft des Landes insgesamt.

In den angeführten Arbeiten wird die Begrenztheit der wirtschaftlichsten natürlichen Ressourcen für Energiezwecke unterstrichen. Das führt dazu, daß Veränderungen im Energieverbrauch sich letztendlich im Umfang der Brennstoffförderung bzw. im Einsatz von Elektroenergie durch Verwendung jener Quellen zeigen, deren Einbeziehung in die Energiebilanz zu einem gegebenen Zeitpunkt am unwirtschaftlichsten ist. Jene Lagerstätten, die sogenannten Grenzbrennstoff liefern bzw. Quellen von Wasserkraft auf der Basis von Grenzressourcen von Wasser, sind in der Lage, die möglichen Schwankungen im Energieverbrauch bzw. bei der Nutzung der wirtschaftlichsten Energieressourcen im gesamten Territorium des Landes auszugleichen. Grenzfunktionen können dazu nur jene Lagerstätten, Flußgebiete bzw. Quellen von Wasserkraft ausüben, die in einer gegebenen Etappe über folgende Möglichkeiten verfügen:

a) die technisch möglichen Fördermengen bzw. die Gewinnung von Elektroenergie muß das Bedarfsniveau bei ihrer Nutzung in der optimalen Energiebilanz überschreiten;

b) die verfügbaren Reserven und die qualitativen Eigenschaften der Energieressourcen müssen es möglich machen, einen ausreichend breiten Kreis von Nutzern (zumindest die Wasserkraftwerke) sowohl innerhalb des Rayons wie auch über seine Grenze hinaus zu versorgen. Als Grenzbrennstoff, der für das gesamte Land von Bedeutung sein soll, dürfen nicht örtliche Lagerstätten (Torf, Brennholz usw.) und spezielle Brennstoffarten (beispielsweise Destillate, Begleitgase usw.) verwendet werden, ebensowenig Wasserkraftreserven kleiner Flüsse. Gegenwärtig erfüllen diese Funktionen Kohlebecken, Naturgas und Erdöl, die in ungünstig gelegenen, kleinen, von den Verbrauchszentren weit entfernten Lagerstätten zu finden sind, sowie große Flußläufe, an denen Wasserkraftwerke errichtet werden, die in der Lage sind, die Energiebilanz des gesamten Landes zu beeinflussen.

Die Ursache für die gleichzeitige Existenz einer Vielzahl von Grenzquellen für Energie wird in den durchgeführten Arbeiten in der Unbestimmtheit der Ausgangsinformation gesehen. Bei Veränderungen innerhalb der Fehlergrenze erweisen sich gewöhnlich mehrere Lagerstätten und Flußgebiete als Grenzquellen. Außerdem befinden sich gewöhnlich die Aufwendungen zur Gewinnung von Brennstoff wie auch für den Zuwachs von Elektroenergie in einer nichtlinearen Abhängigkeit von der Leistungsfähigkeit der Lagerstätten, Kohlebecken oder Wasserabflüsse. Das ist durch die Begrenztheit der in jedem Zeitabschnitt bekannten Ressourcen in den besten Bereichen (Schichten bzw. Horizonte) der Mehrheit der gasfündigen Provinzen und der Kohlebecken bzw. Flußläufe bedingt, die zur Anlage von Wasserkraftwerken geeignet sind; infolgedessen hat der zunehmende Bedarf an Brennstoff bzw. an Elektroenergie die Notwendigkeit zur Folge, die schlechtesten (die teuersten) Lagerstätten bzw. Flußläufe für Wasserkraftwerke zu nutzen. Neue geologische Entdeckungen wie auch Forschungen an Flußläufen korrigieren ständig die Abhängigkeit der Grenzaufwendungen vom Volumen der Brennstofförderung bzw. der Gewinnung von Energie aus Wasserkraft, indem neue und relativ billige Brennstoff-Lagerstätten und Anlagemöglichkeiten für Wasserkraftwerke gefunden werden.

Der Einfluß solcher Arbeiten auf die Grenzaufwendungen ist jedoch durch die Bauzeiten der brennstoffördernden Betriebe bzw. der Wasserkraftwerke beschränkt, da diese den Zeitraum der mittelfristigen Planperiode in der Regel überschreiten (beispielsweise ist die Leistungsfähigkeit eines Kohlebeckens durch die Möglichkeiten der Rekonstruktion der vorhandenen und die Fertigstellung der im Bau befindlichen Betriebe begrenzt und kann praktisch durch den Bau neuer Betriebe nicht vergrößert werden, da hierzu mehr als fünf Jahre erforder- sind). Der Einfluß dieses Faktors ist relativ: Er erweist sich als stark bei Berechnungen innerhalb eines Fünfjahrplanes, obgleich er durch eine Beschleunigung der Baufristen für die Objekte (über zusätzliche Aufwendungen) abgeschwächt werden kann und sich bei Berechnungen im langfristigen Plan auch ganz erheblich abschwächt. Wie wir bereits früher erwähnten, sind die Grenzaufwendungen in territorialer Hinsicht und nach einzelnen Arten von Naturressourcen differenziert; damit wird nicht nur eine ökonomische Bewertung der Verschiedenheit zwischen einzelnen Teilbereichen bzw. Teilmengen gleichartiger Ressourcen vorgenommen, sondern auch eine Bewertung der qualitativen Verschiedenheit wechselseitig austauschbarer Ressourcen vom Standpunkt des Verbrauchers.

Grenzaufwendungen von Naturressourcen sind, wie wir bereits weiter oben bemerkten, dynamische Kennziffern, die sich zeitlich unter der Einwirkung widersprüchlicher Faktoren verändern. Zu den wichtigsten von ihnen gehören der technische Fortschritt und neue Entdeckungen, die es ermöglichen, neue Mengen von Ressourcen in die Nutzung einzubeziehen. Sie haben eine Tendenz zur Verminderung der Größe der Grenzaufwendungen zur Folge. In entgegengesetzter Richtung wirkt eine Grundtendenz, wonach zur Nutzung weniger wirtschaftlicher Naturressourcen übergegangen wird. Die Ermittlung der Resultante zwischen diesen beiden widersprüchlichen Tendenzen ist der komplizierteste Abschnitt in der Prognose. In der gegenwärtigen Entwicklungsetappe der Energiewirtschaft der UdSSR sind der technische Fortschritt und geologische Entdekkungen (besonders bei Erdöl und Erdgas) von vorherrschendem Einfluß. Im Ergebnis dessen sind im Prognosezeitraum Verminderungen der Grenzaufwendungen für Brennstoff und Elektroenergie um durchschnittlich 20 bis 25 Prozent zu erwarten. Die Bestimmung der wahrscheinlichen Preishöhe, der Normative des Nutzeffekts sowie der Grenzaufwendungen bei der Prognose der Bewertung von Naturressourcen stellt den verantwortlichsten Teil der Berechnungen dar, da der vielfältige Einsatz dieser Größen in alternativen Vergleichen dazu führen kann, daß sogar bei relativ geringen Ungenauigkeiten eine fehlerhafte Variantenauswahl zustande kommt.

Da diese Parameter Elemente von Prognosen darstellen, sind sie in der Lage, wesentlich auf alle Kennziffern von Berechnungen einzuwirken, ferner auf das Endresultat der Prognose von Investitionen wie auch auf die Prognose insgesamt.

Die Spezifik bei der Prognose von Investitionen in Zweigen, die unmittelbar Naturressourcen nutzen, hat infolge des beträchtlichen Kompliziertheitsgrades der Prognose von Hauptnormativen, insbesondere der Normative für die Investitionsintensität, zur Folge, daß es prinzipiell unmöglich ist, Extrapolationsverfahren anzuwenden (im Unterschied zu den verarbeitenden Zweigen, die nicht nur vom wissenschaftlich-technischen Fortschritt, sondern ebenfalls von Naturfaktoren abhängen). Darüber hinaus müssen solche Methoden als wenig geeignet auch für die zweite Investitionsrichtung betrachtet werden, die mit Naturressourcen verbunden ist, d. h. für Aufwendungen in all jenen Zweigen der Volkswirtschaft, die durch die Notwendigkeit der Aufrechterhaltung eines optimalen Verhältnisses zwischen Verausgabung und Vorhandensein von Naturressourcen (die das erforderliche natürliche Milieu für die Lebenstätigkeit der Menschen sicherstellen) bedingt sind.

Dessen ungeachtet kann man hier mit einiger Sicherheit eine ganz erhebliche Steigerung des Anteils der Investitionen für solche Zwecke voraussagen, die zu wachsender Fondsintensität sowohl der Bruttoproduktion dieser Zweige wie auch des Nationaleinkommens insgesamt führen. Es genügt darauf hinzuweisen, daß in den Projekten der neuen erdölverarbeitenden Betriebe die Investitionen für Anlagen zur Abwasserreinigung nicht nur einen ganz erheblichen Teil der berechneten Baukosten ausmachen, sondern sich im absoluten Ausdruck den Aufwendungen für die Hauptproduktion annähern. Nach den augenblicklichen Bewertungen führen die erforderlichen Aufwendungen für Reinigungsanlagen in allen Industriezweigen für neue und alte Betriebe zu einer wachsenden Fondsintensität der Erzeugnisse in Höhe von ungefähr zwei Prozent[10]). Diese Ziffer ist wahrscheinlich etwas zu niedrig angesetzt, da die komplizierter werdende Produktionstechnologie und ihr wachsendes Volumen gleichzeitig zu erhöhten Anforderungen an die Wasserqualität führt, die es notwendig macht, Anlagen für eine Vielfachreinigung (bei Mehrfachnutzung von Wasser in Form geschlossener Kreisläufe anstelle relativ einfacher Reinigungen) bzw. überhaupt andere Anlagen einzusetzen.

Insgesamt kann in den Prognoseberechnungen das beträchtliche Wachstum der Aufwendungen für die Erhaltung aller Arten von Naturressourcen, insbesondere der Wasserressourcen kaum überbewertet werden. Bereits jetzt zwingt in einer Reihe von Rayons und Zweigen die begrenzte Wasserbereitstellung dazu, außerordentlich investitionsintensive Maßnahmen zur Wasserüberleitung durchzuführen (beispielsweise die Kanäle Irtisch—Karaganda, Dnjepr—Donbass u. a.). Es ist richtig, daß die Aufwendungen für diese Maßnahmen gewöhnlich nicht auf die Fondsintensität der Erzeugnisse einzelner Zweige bezogen werden, da sie in Form einer zentralen Finanzierung durchgeführt werden und infrastruk-

10) Metodologija prognozirovanija ėkonomičeskogo razvitija SSSR, Moskva 1971, S. 229.

turellen Charakter tragen. Diese Aufwendungen sind jedoch engstens mit der Erhaltung von Wasserressourcen verbunden, deren effektive Nutzung es in einer Reihe von Fällen möglich machen würde, die Errichtung einer Reihe großer wasserwirtschaftlicher Objekte wenn schon nicht voll auszusetzen, so doch zumindest hinauszuzögern. Die Aufwendungen infrastrukturellen und sehr oft auch rayonbildenden Charakters, ohne die man nicht eine einzige große Lagerstätte von Bodenschätzen erschließen, keine Neulanderschließung und keinerlei Meliorationsarbeiten auf Böden durchführen, kein einziges Waldmassiv für die Holzgewinnung bereitstellen kann usw., können bei der Prognose von Investitionen in den primären Produktionszweigen nicht unberücksichtigt bleiben.

Die Aufwendungen, die mit der Umwandlung von Naturressourcen in verfügbare Ressourcen, d. h. in Ressourcen die unmittelbar in der Produktion genutzt werden, verbunden sind, erschöpfen sich keineswegs in den Baukosten für die entsprechenden Betriebe. Hierbei ist ein außerordentlich breiter Kreis damit verbundener Aufwendungen zu berücksichtigen: Er reicht von Aufwendungen spezialisierter Bauindustrien bis zu Investitionen im Bereich des kommunalen Wohnungsbaus für das beschäftigte Personal, ungeachtet der darüber hinaus erforderlichen Aufwendungen für die Energetik, die Wasserbereitstellung sowie alle Arten der Kommunikation.

Bekanntlich können in einer Reihe von Fällen die Begleitaufwendungen die direkten Investitionen ganz erheblich übersteigen. Nach Berechnungen von Kvaša, die auf der Grundlage von Daten der Statistischen Zentralverwaltung der UdSSR (nach der Zweigverflechtungsbilanz des Jahres 1966 und in Preisen von 1967) durchgeführt wurden, beträgt die direkte Fondintensität in der Kohleindustrie und in der erdölverarbeitenden Industrie 1,09, die indirekte Fondsintensität dagegen 2,24. In der holzgewinnenden Industrie betragen die Größen entsprechend 0,55 und 0,97.[11]).

Dies alles führt dazu, daß die Erschließung neuer Teilbereiche bzw. neuer Teilmengen von Naturressourcen immer mit der Erschließung neuer industrieller (und landwirtschaftlicher) und oft auch außerordentlich dünn besiedelter Rayons des Landes verbunden ist und ganz wesentlich das langfristige Komplexprogramm für Investitionen verändert. Als Beispiele einer solchen komplexen Erschließung, deren Beginn in die jüngste Zeit fällt, dienen die Erschließung der reichen Erdölvorkommen in Westsibirien, der Neulandgebiete für die Entwicklung der Baumwollproduktion in Mittelasien, die Erschließung der energetischen Ressourcen Ostsibiriens u. a. Die Durchführung ähnlicher Programme führt weit über den Rahmen eines einzelnen Fünfjahrplanzeitraums hinaus und bildet deshalb einen wesentlichen Bestandteil der langfristigen Planung.

Der eine Vielzahl von Zweigen betreffende Charakter, manchmal aber auch der universelle Charakter der Nutzung einzelner Naturressourcen (wie beispiels-

11) Kvaša, Ja., Direkte und volle Fondsintensität von Gegenständen der individuellen Konsumtion, in: Voprosy ėkonomiki, 1/1972, S. 34.

weise Wasser) hat die Notwendigkeit zur Folge, der Planung vorausgehende Ausarbeitungen durchzuführen, die zwischenzweiglichen Charakter tragen. Eine dieser Ausarbeitungen war der Generalplan zur komplexen Nutzung und Erhaltung der Wasserressourcen, der in den Jahren 1962 bis 1966 ausgearbeitet wurde. Dieser Generalplan bildete die Abschlußetappe einer mehrjährigen Arbeit zur Schaffung lokaler Systeme zur Nutzung von Wasserressourcen innerhalb einzelner Wassereinzugsgebiete und Territorien, wo das Wasserdefizit besonders in den ersten Nachkriegsjahren besonders fühlbar wurde.

Gerade dieser Umstand erforderte Methoden zur Ausarbeitung von Generalplänen, die kurz als Methode von „Großprojekten" bezeichnet werden können: Ermittlung des Wasserbedarfs nach Rayons für dazwischen liegende Jahre und das Endjahr des Prognosezeitraums, Ermittlung der verfügbaren Wasserressourcen; Ausarbeitung eines Schemas von Projekten zur Deckung der Wasserressourcen nach einzelnen Nutzungsarten; auf dieser Grundlage Berechnung der hauptsächlichen anfallenden Arbeiten und der hierzu erforderlichen Investitionen nach den wichtigsten Aufwandsnormativen, nach analogen Berechnungen usw.

Die Investitionen für einzelne Richtungen wasserwirtschaftlicher Arbeiten in nächster Zeit zeigt Tab. 11.[12])

Bereits zum Zeitpunkt der Diskussion des Generalplans wurde klar, daß die den Berechnungen zugrunde gelegten Entwicklungstempi der volkswirtschaftlichen Zweige überhöht waren und daß folglich auch der Wasserbedarf zu hoch ausgewiesen war. Und obgleich die Verminderung der spezifischen Kennziffern der Investitionsintensität die Berechnungsergebnisse etwas ausglichen, waren sie nicht real, was dazu veranlaßte, das Ende des Prognosezeitraums um drei bis fünf Jahre hinauszuschieben. Die Ausarbeitung des Generalplans war von großer Bedeutung für alle nachfolgenden Arbeiten auf dem Gebiet der Nutzung und Erhaltung von

Tabelle 11

Investitionen für geplante wasserwirtschaftliche Arbeiten

Arbeitsarten	Milliarden Rubel	in Prozent
Wasserversorgung der Industrie und der Städte	42	20,5
Wasserversorgung der Dörfer und der Viehfarmen	12	5,6
Entwicklung der Hydroenergetik	25	12,2
Hydrotechnische Arbeiten für		
Binnenwassertransport	1	0,5
Fischwirtschaft	3	1,5
Maßnahmen zur Verhütung schädlicher Wirkungen des Wassers	7	3,5
Wasserregulierende Maßnahmen im Bereich der Landwirtschaft	115	56,2
insgesamt	205	100,0

12) Gidroėnergetika i kompleksnoe ispol'zovanie vodnych resursov SSSR, Moskva 1970, S. 184.

Wasserressourcen und insbesondere für die Aufstellung eines für 10 bis 15 Jahre berechneten Plans zur Nutzung der Wasserressourcen, besonders auch im Hinblick auf die Meliorationen.

Der Versuch, nicht nur die Materialien, sondern auch die Methoden des Generalplans zur Prognose der Nutzung von Wasserressourcen für die nachfolgenden Zeiträume zu verwenden, hat eine Reihe von Einwänden prinzipiellen Charakters zur Folge. Die Mehrzahl dieser Einwände läuft auf folgendes hinaus: Wenn die erste langfristige Ausarbeitung genügend präzise die Anforderungen an die materiellen und finanziellen Ressourcen zur Entwicklung der Wasserwirtschaft formuliert hat, so können beim gegenwärtigen Stand der wissenschaftlichen Ausarbeitung von Prognosemethoden diese Anforderungen mit den berechneten Möglichkeiten der Volkswirtschaft zur Bereitstellung der erforderlichen Ressourcen kombiniert werden.

Am Beispiel der Investitionsprognose zur Nutzung von Wasserressourcen wird der enge Zusammenhang zwischen zweiglichen und zwischenzweiglichen langfristigen Programmen sowohl hinsichtlich ihrer Bedeutung für die gesamte UdSSR wie auch für einzelne Gebiete und für die Gesamtprognose der Volkswirtschaft insgesamt deutlich gemacht. Dies bezieht sich auch auf den engen Zusammenhang der langfristigen Planung und Prognostizierung mit bereits getroffenen Entscheidungen und besonders mit den bereits laufenden einzelnen langfristigen Programmen. So wird beispielsweise offensichtlich, daß die Investitionsprognose und die Prognose der Nutzung der Wasserressourcen die gegenwärtig durchzuführenden Erschließungsprogramme der Erdölfelder in den westsibirischen Niederungen, der energetischen Ressourcen und reichen Erzfelder in Südtadshikistan, der landwirtschaftlichen Ressourcen des Povolžskij-Rayons (Bewässerung), des Südens der Ukraine, der Kaschinsker-Steppe, des Südens und Westens Turkmeniens u. a. berücksichtigen muß.

Die Zeit, die zur Erschließung und zur Sicherstellung einer stabilen Ausbeute an Naturressourcen in all diesen Rayons erforderlich ist, bildet ein wesentliches Element von Prognoseberechnungen. Arbeiten, die im Zusammenhang mit der Erkundung von Naturressourcen durchgeführt werden, wie beispielsweise die Erkundung von Lagerstätten von Bodenschätzen, von Feldern von unterirdischem Wasser usw., nähern sich im ökonomischen Sinne Arbeiten (das betrifft auch Aufwendungen), die potentielle Ressourcen in verfügbare umwandeln. Hierbei tragen diese Aufwendungen nicht nur ganz klar ausgeprägten Vorlaufcharakter, sondern auch Prognosecharakter, da beispielsweise die gegenwärtigen Anforderungen an die Verfügbarkeit erkundeter Vorräte bei einer Reihe mineralischer Rohstoffe (ausgehend von einer über einen Zeitraum von 20 bis 25 Jahre reichenden Fördermenge) dem Wesen nach empirisch ermittelt sind; sie stellen ungeachtet dessen aber einen der wichtigsten Parameter der Perspektivplanung dar.

Nicht weniger wichtig ist eine gesicherte Prognose für die mögliche Nutzungsdauer jeder konkreten Lagerstätte. In allen Berechnungen des Nutzeffekts von Investitionen in den rohstoffgewinnenden Zweigen des Bergbaus ist es infolge des permanenten Charakters der Investitionen erforderlich, eine Vorstellung darüber zu gewinnen, wann die Ausbeute der Lagerstätte beendet ist. Dies ist auch zur ökonomischen Bewertung der Lagerstätten erforderlich. Was die erneuerbaren Naturressourcen wie beispielsweise Wälder betrifft, so dient als wichtigster zeitlicher Parameter, der in der Prognose berücksichtigt wird, der Zeitraum bis zur Hiebreife der verschiedenen Holzarten.

Ungeachtet all der Schwierigkeiten einer Investitionsprognose in den Zweigen, die unmittelbar Naturressourcen nutzen und auch Aufwendungen zur Erhaltung der natürlichen Umwelt vornehmen, bildet die Prognose dieser Investitionen einen untrennbaren Bestandteil der gesamten Investitionsprognose sowie der Gesamtprognose zur Entwicklung der Volkswirtschaft des Landes. Die Bedeutung einer solchen Prognose geht außerdem weit über den Rahmen eines einzelnen Landes hinaus, da die rationelle Nutzung von Naturressourcen voraussetzt, die Vorzüge der internationalen Arbeitsteilung voll zu nutzen. Die Lösung des Brennstoff- und Energieproblems sowie die Erhaltung von Naturressourcen bildet eine der wichtigsten Aufgaben des Komplexprogramms zur weiteren Entwicklung der sozialistischen ökonomischen Integration, das Vereinbarungen im Rahmen langfristiger Pläne und Prognosen zur wirtschaftlichen Entwicklung der RGW-Mitgliedsländer vorsieht.

ACHTES KAPITEL

Die ökonomische Bewertung von Naturressourcen als Faktor zur Steigerung des Nutzeffekts von Investitionen in den RGW-Mitgliedsländern

Die Steigerung des Nutzeffekts der gesellschaftlichen Produktion auf der Grundlage des RGW-Komplexprogramms, das auf der 25. Ratstagung des RGW angenommen wurde, ist untrennbar mit der intensiveren Nutzung von Naturressourcen aller sozialistischen Länder verbunden. Das Programm bezeichnet die Ausarbeitung und Durchführung von Maßnahmen zur effektiveren Nutzung sowie zur verstärkten Erhaltung von Naturreichtümern wie Boden, Wasser, Wälder sowie mineralischer Rohstoffe als eine der wichtigsten Aufgaben zur Beschleunigung des wissenschaftlich-technischen Fortschritts.

Schon jetzt sind in den RGW-Mitgliedsländern bestimmte Erfahrungen bei der Bewertung von Naturressourcen, bei ihrer Berücksichtigung in Investitionsentscheidungen und in der Praxis der wirtschaftlichen Rechnungsführung gesammelt worden. Jedoch wird in der Praxis der Planung zur Entwicklung der Volkswirtschaft einzelner Länder sowie bei der Projektierung konkreter Objekte, insbesondere gemeinsamer Investitionsobjekte, die ökonomische Bewertung von Naturressourcen noch nicht immer voll ausgenutzt. Dies führt zu Verlusten der Volkswirtschaften derjenigen Länder, die ihre nationalen natürlichen Ressourcen zur Verfügung stellen. Diese Verluste sind jedoch auch innerhalb der Länder spürbar, indem bestimmte Mengen natürlicher Ressourcen faktisch unentgeltlich von einem volkswirtschaftlichen Zweig dem anderen zur Verfügung gestellt werden.

Das RGW-Komplexprogramm bezeichnet die Lösung des Rohstoffproblems in Verbindung mit der intensiveren Nutzung von Naturressourcen als eine erstrangige Aufgabe. Es ist gemeinhin bekannt, daß die höhere Investitionsintensität der extraktiven Zweige einen nichtäquivalenten Austausch in den außenwirtschaftlichen Beziehungen zur Folge hat. Die Berechnungen zeigen, daß man, um auf dem sozialistischen Weltmarkt einen Verrechnungsrubel zu erzielen, für die Exportproduktion von Eisenerz, Rohstoffen für Mineraldünger sowie für Kohle fünf- bis achtmal mehr Investitionen aufwenden muß als zur Produktion von Maschinen. Noch höher ist die Investitionsintensität beim Export von Erdöl, Baumwolle und einer Reihe von Buntmetallen. Hinzu kommt, daß der Bau sowie die Inbetriebnahme von Betrieben in den Rohstoffzweigen sich über einen erheblich längeren Zeitraum erstreckt als in den verarbeitenden Zweigen. Daher realisieren sich sogar jene Investitionsvarianten mit einer normalen Effektivität, die zur Sicherung des Rohstoffexports durchgeführt werden, in erheblich längeren Zeiträumen gegenüber analogen Varianten, die für die Exportproduktion von Maschinen bzw. Waren des allgemeinen Bedarfs berechnet werden.

Die Produktion von Rohstoffen für den Export ist daher in der Regel mit großen Belastungen an Investitionen für die Exportländer verbunden. Da gegenwärtig die vorhandenen Investitionsmittel beschränkt sind, behindern Aufwendungen zur Entwicklung der Rohstoffzweige die Durchführung anderer ökonomischer Programme. Außerdem verschlechtert ein erhöhter Anteil der Rohstoffzweige — Zweige mit relativ niedrigem Nutzeffekt — in der Volkswirtschaft die entsprechende Kennziffer für die Gesamtwirtschaft der Exportländer. Davon zeugen die jetzt vorliegenden entsprechenden Berechnungen in den RGW-Ländern.

Eine Bewertung der Bodenschätze von Standpunkt ihrer Bedeutung für die Wirtschaftstätigkeit der Förderbetriebe im Bergbau der RGW-Länder gibt es bis jetzt nicht. Aus diesem Grunde erfolgt die Ausbringung der Bodenschätze sowohl vom Standpunkt der Ökonomik der einzelnen Länder wie auch vom Standpunkt der internationalen Beziehung nicht immer effektiv und vollständig. Das Fehlen einer differenzierten Bewertung der Vorräte an Bodenschätzen entsprechend den bergbau-geologischen Besonderheiten und ihrer geografischen Lage wirkt sich letzten Endes negativ auf die Möglichkeiten zur Versorgung der Volkswirtschaft mit Brennstoffen und Rohstoffen aus.

Bei Berechnungen des ökonomischen Nutzeffekts von Investitionen, die zum

Bau neuer, insbesondere gemeinsamer Objekte vorgenommen werden, berücksichtigt man die ökonomischen Folgen eines Flächenentzugs für Industriebetriebe nicht immer voll. Mitunter werden auch die Folgen einer Überleitung von Wasserressourcen, der Verschmutzung von Wasser und Luft nicht berücksichtigt.

1. Die ökonomische Bodenbewertung

In den europäischen volksdemokratischen Ländern wurde das Privateigentum an Boden nicht vollständig beseitigt. Die Nationalisierung des Bodens betraf nur die großen Landbesitzer, ferner große Waldareale und Ländereien mit Industrieobjekten, Straßen usw. Ein erheblicher Teil der Bodenflächen, die den großen Grundeigentümern entzogen wurden, wurden an die Bauern aufgeteilt und übergeben. In Bulgarien, Ungarn und Rumänien wurde der Boden entschädigungslos enteignet und den Bauern kostenlos übergeben. In Polen, der DDR sowie der Tschechoslowakei erfolgte teilweise eine Abfindung für den Boden. Die ärmsten Bauern erhielten den Boden kostenlos, die übrigen mußten dafür bezahlen.

Die Praxis des sozialistischen Aufbaus zeigte, daß die Nationalisierung des Bodens und seine kollektive Nutzung an und für sich das Problem einer rationellen Nutzung von Bodenressourcen nicht löst und keine Garantie dafür darstellt, daß Boden nicht verschwendet wird. Die Beibehaltung des Prinzips einer unentgeltlichen Nutzung von Bodenflächen in den RGW-Ländern löst zwar eine Reihe der wichtigsten sozialen Probleme, jedoch hatte dies nach Meinung einer Reihe von Ökonomen dieser Länder auch gewisse negative ökonomische Erscheinungen zur Folge, insbesondere auf dem Gebiet der Bodennutzung für landwirtschaftliche Zwecke.

Die Ökonomen der RGW-Länder sind der Meinung, daß die Erhaltung des landwirtschaftlichen Bodenfonds sowie die Gewährleistung seiner rationellen Nutzung zwei komplexe Probleme umfaßt. Zum ersten Problemkreis gehören Maßnahmen, die einer Abnahme von Bodenflächen für landwirtschaftliche Zwecke entgegenwirken (Antierosionsmaßnahmen, Schutz des Bodens vor Verunreinigung durch industrielle Abprodukte, Schutz des Bodens im Prozeß der landwirtschaftlichen Nutzung sowie bei der Gewinnung von Bodenschätzen und schließlich Maßnahmen zur Wiederherstellung der verlorengegangenen Bodenfruchtbarkeit durch Rekultivierung usw.). Der zweite Problemkreis umfaßt nach Meinung dieser Ökonomen eine erhöhte Leistungsfähigkeit der landwirtschaftlichen Böden (Meliorationsmaßnahmen, Kampf gegen Überschwemmungen usw.), Ermittlung der zweckmäßigsten Struktur landwirtschaftlicher Nutzflächen für eine bestimmte Bewirtschaftungsform bzw. Bodennutzungsform usw.

Der Kampf gegen die Verminderung landwirtschaftlicher Bodenflächen ist ein Problem, das für alle sozialistischen Länder aktuell ist. Jedoch ist seine Bedeutung für die einzelnen Länder unterschiedlich. Gerade hieraus resultiert auch das jeweils konkrete System von Mitteln und Methoden, das zu seiner Lösung in jedem der Länder angewendet wird. Je geringer der Anteil der landwirtschaftlichen Nutzfläche pro Kopf der Bevölkerung ist, um so nachhaltiger müssen die administrativen und ökonomischen Maßnahmen zum Schutz der Bodenressourcen sein. In der DDR und in der ČSSR, wo je Kopf der Bevölkerung weniger landwirtschaftliche Nutzfläche vorhanden ist als in anderen europäischen sozialistischen Ländern und weniger als in vielen entwickelten kapitalistischen Staaten, kommen die wirksamsten Maßnahmen zur Anwendung, die einen Entzug landwirtschaftlicher Nutzflächen zur Nutzung für andere Zwecke begrenzen sollen. Von besonderer Bedeutung für die Herausbildung eine Systems von Maßnahmen, die sich besonders nachhaltig auf den Bodenfonds beziehen, ist die Rolle, die die Landwirtschaft innerhalb der Volkswirtschaft der genannten Länder spielt. In Bulgarien beispielsweise, wo der Anteil der Landwirtschaft am Nationaleinkommen höher liegt als in den übrigen RGW-Ländern und wo der Umfang des bearbeiteten Bodens je Kopf der Bevölkerung relativ größer ist, wurde ein umfassendes und wirksames System von Maßnahmen zum Schutz der landwirtschaftlichen Bodenflächen beschlossen.

Die Dringlichkeit eines Schutzes von Bodenflächen in den einzelnen Ländern bestimmt auch die verschiedenartige Kombination von Methoden und Maßnahmen. In manchen Ländern sind diese Methoden bereits in der Gesetzgebung vorgesehen, während in anderen Ländern entsprechende Anweisungen und Verfügungen ergehen, die von den administrativen Organen beschlossen werden. Komplexe Maßnahmen zum Schutz landwirtschaftlicher Böden wurden nur in Bulgarien (1967), in der ČSSR (1966) sowie in Ungarn (1961) erlassen. Entsprechende Gesetze befinden sich auch in anderen Ländern in Vorbereitung.[1)]

Der landwirtschaftliche Aspekt bei einer rationellen Bodennutzung ist zwar dominierend, jedoch keineswegs der einzige innerhalb dieser Gesetze. Allgemein bekannt ist der Hinweis von Marx, daß der Boden eine „ständige Bedingung der Produktion für alle möglichen, auch für nichtlandwirtschaftliche Zweige der Wirtschaft darstellt," daß der Boden ein „. . . Raum (ist), der als ein Element aller Produktion und alles menschlichen Wirkens erheischt ist".[2)] Aus alledem leitet sich die Berechtigung ab, davon auszugehen, daß die Aufgabe einer rationellen Bodennutzung über den Rahmen der Landwirtschaft hinausreicht (wo der Boden das Hauptproduktionsmittel darstellt, das bei richtiger Bewirtschaftung durch Aufwendungen von Arbeit sich ständig verbessert) und sich auf alle Sphären und Zweige der Volkswirtschaft erstreckt (Industrie, Transport, Wohnungsbau usw.).

1) Zu juristischen Maßnahmen vgl. Pravovoe obespečenie racional'nogo ispol'zovanija zemli v SSSR, Moskva 1969, S. 171—211.

2) Marx, K., Das Kapital, Dritter Band, in: MEW, Bd. 25, Berlin 1968, S. 650, 782.

Von den Ökonomen der RGW-Länder wird anerkannt, daß am wirksamsten jene Maßnahmen sind, die ökonomische und juristisch—administrative Maßnahmen zum Schutz des Bodenfonds vereinen. Solche Entscheidungen wurden in Bulgarien, der DDR, Polen sowie der ČSSR getroffen. Als allgemeiner Bestandteil solcher Maßnahmen wurden eine Reihe spezieller Bezahlungen für die Nutzung landwirtschaftlicher Böden eingeführt, die für nichtlandwirtschaftliche Zwecke verwendet werden. Diese Maßnahmen weisen in den einzelnen Ländern Besonderheiten auf, und es ist daher zweckmäßig, einige von ihnen genauer zu betrachten.

In Bulgarien ist durch ein Gesetz, das 1967 beschlossen wurde, vorgesehen, daß Bodenflächen für Baumaßnahmen nur aus landwirtschaftlich nicht genutzten bzw. minderwertigen Böden entnommen werden dürfen. Diese Entscheidung ergab sich daraus, daß in dem diesem Gesetz vorangegangenen Fünfjahrplanzeitraum für Baumaßnahmen annähernd 96700 ha wertvoller Ländereien entzogen wurden, ungeachtet der Tatsache, daß nach der vorhandenen Ordnung für Bodenflächen zwischen 40 und 400 Lewa je Hektar zu zahlen waren. Die Ergebnisse dieses Bodenentzugs brachten nach Berechnungen bulgarischer Ökonomen Verluste für die Volkswirtschaft in Höhe von jährlich 50 Millionen Lewa (Bruttoproduktion) bzw. 43 Millionen Lewa (Nettoproduktion), da im Jahre 1966 von jedem Hektar dieses Bodens durchschnittlich 520 Lewa Bruttoproduktion bzw. 450 Lewa Nettoproduktion hätten erzielt werden können.

In dem neuen Gesetz sind neben der Bezahlung des Wertes privater Bodenflächen und dem Ausgleich für Beschädigungen der Ertragsfähigkeit der Böden auch einmalige Bezahlungen für Böden, die Genossenschaften entzogen werden bzw. die bei Privateigentümern aufgekauft werden, festgelegt. Die Investträger haben die Zahlungen an den Staatshaushalt zu leisten, wenn die Bauten auf landwirtschaftlichen Flächen errichtet werden. Die Bewertung von einem Hektar Fläche in Wertform für die Bezahlung an den Staatshaushalt hängt von der Qualität des Bodenstückes ab und beträgt in den einzelnen Klassen: 1. Klasse 40000 Lewa, 2. Klasse 30000, 3. Klasse 15000, 4. Klasse 2000, 5. Klasse 400 Lewa je Hektar.[3])

Die im Ergebnis dieser Bezahlungen akkumulierten Mittel werden zur Vergrößerung der landwirtschaftlich genutzten Bodenflächen, zum Kampf gegen Bodenerosion, für Meliorationen und für andere Maßnahmen zur Verbesserung der Bodenfruchtbarkeit verwendet. Die Entscheidung darüber, ob landwirtschaftliche Nutzflächen für Bauzwecke entzogen werden, treffen zentrale Organe der Bulgarischen Volksrepublik. Dem geht eine Auswahl der Flächen für Bauzwecke auf der Grundlage ökonomischer Vergleiche voraus. Erst nach genauer Festlegung der Flächen ist es gestattet, mit der technischen Projektierung zu beginnen, und erst danach wird das technische Projekt bestätigt und der Bodenentzug für diese Bauzwecke beschlossen. In Bulgarien kommt ein umfassendes

3) Blazejczyk, M., Über den Schutz und die Nutzung des landwirtschaftlichen Bodenfonds in den Mitgliedsländern des RGW, in: Internationale Zeitschrift der Landwirtschaft, Moskau—Berlin, 4/1968, S. 376—380.

System von Erlassen und Verordnungen zur Anwendung, das den Umfang an Bodenflächen reglementiert, die für Baumaßnahmen entzogen werden. Dieses System beruht auf einem Gesetz aus dem Jahre 1949, das den planmäßigen Aufbau der Städte und Siedlungen regelt. Die strenge Beachtung der Normative wird sowohl den Projektierungs- und Bauorganisationen wie auch den Rechtsträgern zur Pflicht gemacht.

Die Normative für den Bodenentzug für Wirtschaftsbauten sowie für den Wohnungsbau gelten auch in ländlichen Gebieten. Sie umfassen alle Arten landwirtschaftlichen Wohnungsbaus, Wirtschafts- und Produktionsbauten, administrative sowie sozial-kulturelle Bauten. Die Normative sind in Prozentsätzen zur allgemeinen Bodenfläche der Wirtschaft angegeben und sind in Abhängigkeit vom Charakter des Reliefs (eben oder hügelig) des Gebietes differenziert, ferner von der Neigung des Gebietes (bis zu 2 Grad und mehr), sowie von der Intensität der Sonneneinstrahlung (südöstliche bzw. nordwestliche Hänge usw.) abhängig. Eine ganz ähnliche Reglementierung bezieht sich auf den Schutz von Böden, die besonders wertvoll für die landwirtschaftliche Produktion sind, insbesondere für die Profilierung bestimmter Zweige wie Gemüse-, Garten- und Weinbau.

In der DDR entfallen auf einen Einwohner insgesamt 0,37 ha landwirtschaftliche Nutzfläche, das ist weniger als in allen übrigen sozialistischen Ländern. Reserven zur Erweiterung der Bodenfläche für landwirtschaftliche Zwecke gibt es praktisch nicht. Von 14,2 Prozent des Territoriums (Stand 1967), das nicht von der Land- bzw. Forstwirtschaft genutzt wird, entfallen 2 Prozent auf Un- bzw. Ödland, 1,9 Prozent auf Gewässer und 9,4 Prozent auf Flächen mit Gebäuden, Straßen usw. Nur 0,9 Prozent des Territoriums (84000 ha) stellen eigentliches Ödland dar, dessen Kultivierung das einzige Mittel zur Vergrößerung des landwirtschaftlichen Bodenfonds wäre. In Anbetracht der hohen Zuwachstempi der Industrie und des Wohnungsbaus sowie der Eigenversorgung der Bevölkerung des Landes mit Nahrungsmitteln widmen die Ökonomen der DDR der rationellen Nutzung, der Verbesserung sowie der Erhaltung der landwirtschaftlichen Nutzfläche große Aufmerksamkeit.[4])

In den Jahren 1950 bis 1967 verringerte sich die landwirtschaftliche Nutzfläche in der DDR um 177000 ha, das sind annähernd 3 Prozent. Jährlich verringerte sie sich durchschnittlich um 10000 bis 11000 ha, und bisher ist noch keine Abschwächung dieser Tendenz zu beobachten. Allein im Jahre 1967 verringerte sich die landwirtschaftliche Nutzfläche um 15000 ha. Daher wären sogar dann, wenn diese Tempi des Entzugs landwirtschaftlicher Nutzfläche beibehalten würden, zum Ausgleich dieser Verluste durch Kultivierung von Ödland insgesamt 7 bis 8 Jahre erforderlich. Die Bedingtheit einer solchen Maßnahme ist offensichtlich, wenn man berücksichtigt, daß der stärkste Entzug landwirt-

[4]) Schramm, E., Ökonomische Maßnahmen der DDR zum Schutze des land.- und forstwirtschaftlichen Bodenfonds, in: Internationale Zeitschrift der Landwirtschaft, Moskau—Berlin, 5/1968, S. 507—511.

schaftlicher Flächen sich gerade dort vollzieht, wo die fruchtbarsten Böden sind (günstigste Zonen).

Bereits im Dezember 1964 wurde in der DDR ein Beschluß zum Schutz landwirtschaftlicher Nutzflächen sowie Waldflächen gefaßt, in dem u. a. auch einige ökonomische Maßnahmen zum Ausgleich der landwirtschaftlichen Produktion vorgesehen sind. Um jedoch eine Einsparung und rationelle volkswirtschaftliche Nutzung von Böden zu garantieren, sind nach Ansicht der DDR-Ökonomen die in dem Beschluß vorgesehenen Maßnahmen unzureichend, da dieser Beschluß eine Entscheidung über die Enteignung von Böden für landwirtschaftliche Zwecke voraussetzte.

Die Ausgaben der Investitionträger für die Entschädigung der Land- und Forstwirtschaft entsprechend diesem Beschluß erwiesen sich im Vergleich zur Gesamtinvestitionssumme als unbedeutend. Näherungsrechnungen zeigen, daß sie durchschnittlich nur zwischen 0,25 bis 0,50 Prozent der Gesamtinvestitionssumme betrugen. Somit wurde das Land für den Bau neuer Industriebetriebe faktisch unentgeltlich zur Verfügung gestellt und ging in deren juristisches Eigentum über. Nach Ansicht von DDR-Ökonomen war das Fehlen einer ökonomischen Bewertung von Boden neben einer Reihe anderer Faktoren Ursache dafür, daß außerordentlich großräumig und flächenaufwendig gebaut wurde, so daß bei der Durchführung der Bauten und beim Übergang zu ihrer Inbetriebnahme bisher steigende Aufwendungen für die Kommunikation, den innerbetrieblichen Transport sowie ein absinkender Nutzeffekt der Investitionen eintraten und noch immer zu verzeichnen sind.

Die DDR-Ökonomen sind der Ansicht, daß nach der Wirtschaftsreform, nach der den Betrieben mehr Eigenmittel zur erweiterten Reproduktion zur Verfügung gestellt wurden, die erforderlichen Voraussetzungen dafür geschaffen sind, daß mit Hilfe ökonomischer Methoden auf eine vom volkswirtschaftlichen Standpunkt aus rationelle Bodennutzung Einfluß genommen wird. Die ökonomischen Maßnahmen, die mit der Einbeziehung des Bodens als Hauptproduktionsmittel in das System sozialistischer Wertbeziehungen verbunden sind, wurden in der „Verordnung über die Einführung einer Bodennutzungsgebühr zum Schutz des land- und forstwirtschaftlichen Bodenfonds (Verordnung über Bodennutzungsgebühr)" festgelegt. Diese Verordnung entspricht einer Empfehlung des VII. Parteitags der SED über die Durchführung einer Bodenbewertung, die auf seine sparsame Verwendung orientiert.

Die Verordnung sieht vor, daß ab 1. Januar 1968 neben der Abfindung privater Bodeneigentümer alle der wirtschaftlichen Rechnungsführung unterliegenden Betriebe und alle gesellschaftlichen Organisationen bei Entzug von Boden aus landwirtschaftlicher bzw. forstwirtschaftlicher Nutzung eine einmalige Gebühr zu leisten haben, die bei dauerndem Entzug von Boden zu zahlen ist, bzw. eine jährliche Bezahlung bei Entzug von Boden für zeitweilige Nutzung. Die Gebühr entfällt bei Bauten für persönliche Zwecke (Eigenheime, Wochenendhäuser usw.), sowie für Baumaßnahmen und Einrichtungen der Naherholung, ferner für Bodenentzug für die Dauer von weniger als einem Jahr. Nach Meinung der DDR-Ökonomen schafft die Anwendung dieser Verordnung eine materielle Interessiertheit der Betriebe und Organisationen für Investitionsbauten auf solchen Flächen, die nicht von der Land- und Forstwirtschaft genutzt werden.

Die in der vorliegenden Verordnung festgelegten einmaligen Zahlungen bei dauerndem Bodenentzug für nichtlandwirtschaftliche Zwecke beruhen auf einer Bewertung des Bodens in Wertform. Die Bodennutzungsgebühr ist nach der Art der genutzten Bodenflächen (z. B. Ackerland, Wiesen, Weiden, Forsten usw.) sowie nach der Bodenqualität differenziert. Berechnet je Hektar betragen die Gebühren für Ackerland zwischen 60000 und 400000 Mark, für Wiesen und Weiden zwischen 35000 und 250000 Mark, für Forsten und Holzungen zwischen 30000 und 150000 Mark, für Obstanlagen, Baumschulen, Weingärten und Korbweidenanlagen 400000 Mark, für Haus- und Kleingärten 100000 Mark und für ablaßbare Teiche 30000 Mark.

Die stärkste Differenzierung erfolgt unter Berücksichtigung der Bodenqualität für landwirtschaftliche Nutzflächen sowie für Waldflächen. In der DDR erfolgte bekanntlich eine qualitative Bodenbewertung nach einem Punktesystem (100 Punkte). Die Qualität des Ackerlandes variiert zwischen 7 und 100 Punkten, natürliche Weiden (Wiesen und Weiden) zwischen 7 und 88 Punkten. Waldflächen werden nach einem 12-Punkte-System bewertet, wobei die am höchsten bewertete Waldfläche (nach der Bodenqualität) der 60-Punkte-Bewertung des Ackerlandes entspricht.

Die jeweilige wirtschaftliche Nutzung des Bodens ist im gewissen Sinne entscheidend für die Festlegung der Bewertung in Wertform und folglich auch für einmalige Gebühren bei seinem Entzug. So hat der Investitionsträger für einen Hektar Ackerland bei dessen Bewertung mit 10 Punkten 62500 Mark zu zahlen, für einen Hektar Wiese 37500 Mark und für einen Hektar Wald bei einer analogen Bodenbewertung (2 Punkte bei der 12 Punkte umfassenden Skala der Waldbewertung) 31000 Mark. Jedoch sind die absoluten Ziffern in Wertform um so höher, je höher die Bodenbewertung ausfällt, obgleich das Verhältnis zwischen den genannten Nutzungsarten gleich bleibt. Bei gleicher Bodenqualität wird beispielsweise ein Hektar Futterfläche mit 70 Prozent und ein Hektar Wald annähernd mit 50 Prozent der Bewertung von einem Hektar Ackerland angesetzt.

Die einmalige Gebühr für den Entzug landwirtschaftlicher Bodenflächen kann ermäßigt werden:

a) wenn es nicht möglich ist, anstelle der zu nutzenden weniger fruchtbare Böden zu verwenden;

b) bei relativ hohem Bedarf an Bodenflächen, berechnet je Einheit Investitionen (Staudämme, landwirtschaftliche Bauten, Straßen usw.);

c) bei Bauträgern, die nicht nach der wirtschaftlichen Rechnungsführung arbeiten.

So ermäßigt sich die Bodennutzungsgebühr für diesen genannten Kreis sowie für den gesamten Wohnungsbau um 50 Prozent. Um 25 Prozent ermäßigt sich die Gebühr bei Bodenentzug

a) für Verkehrswege und Einrichtungen der Kabel- und Übertragungswege der Deutschen Post;

b) für Maßnahmen des Speicher- und Gewässerausbaus;

c) für die Bereiche des Ministeriums für Volksbildung und des Ministeriums für Hoch- und Fachschulwesen.

Das gleiche trifft zu für Bauten im Bereich der LPG und GPG (Gärtnerische Produktionsgenossenschaften), ferner für zwischenbetriebliche landwirtschaftliche Organisationen, wenn die Mitglieder dieser Organisationen sozialistische Landwirtschaftsbetriebe mit eigenem Bodenfonds sind.

Bei Investitionsbauten, die gemeinsam von mehreren Investitionsträgern vorgenommen werden, wird die Bodenfläche, die der Land- bzw. Forstwirtschaft entzogen wird, unter den Partnern proportional dem Anteil der Investitionssummen berechnet; entsprechend wird auch die Höhe der Bodennutzungsgebühr angerechnet, die auf jeden Teilnehmer entfällt. Im Ergebnis dieses Systems betragen nach Angaben der DDR-Ökonomen die einmaligen Bodennutzungsgebühren jetzt zwischen 2 bis 8 Prozent der Gesamtinvestitionssumme für einzelne Investitionsobjekte in verschiedenen Zweigen der Volkswirtschaft.

Bei zeitweiligem Bodenentzug und bei Abbau mineralischer Rohstoffe wird die Bodennutzungsgebühr jährlich im gesamten Zeitraum der Nutzung des Bodens erhoben. Die Höhe hängt nicht von der Bewertung des Bodens ab. Bei vorübergehendem Bodenentzug, beispielsweise für Bauorganisationen, beträgt die Gebühr für beliebigen Boden 5000 Mark, jedoch für den Entzug bei Abbau mineralischer Bodenschätze im Tagebauverfahren, beispielsweise für die Braunkohlegewinnung, beträgt sie 2500 Mark je Hektar. Die Bodennutzungsgebühr der Abbaubetriebe im Tagebauverfahren ergibt sich aus der jeweils am 31. Dezember des Berechnungsjahres bestehenden Differenz zwischen den seit Inkrafttreten dieser Verordnung entzogenen und zurückgegebenen Flächen. Zurückgegeben sind die Flächen, die nach bergrechtlichen Vorschriften als wieder urbar gemacht abgenommen wurden. In den Fällen, wo bei zeitweiliger Bodennutzung oder Abbau von Bodenschätzen die Rückgabefristen überschritten sind oder die Bodenqualität nach der Rekultivierung nicht erreicht wurde, sind außerordentlich empfindliche ökonomische Sanktionen in Form von Strafen vorgesehen. Die Höhe schwankt zwischen 7500 und 20000 Mark je Hektar. Von Landwirtschaftsbetrieben wird bei zeitweiligem Bodenentzug für den Abbau mineralischer Rohstoffe, beispielsweise Sand und Kies, keine Bodennutzungsgebühr erhoben.

Alle Betriebe und Organisationen, mit Ausnahme der Landwirtschaftsbetriebe, haben die Bodennutzungsgebühr an den Staatshaushalt abzuführen. Die Ausnahme erklärt sich daraus, daß landwirtschaftliche Bauten unmittelbar der Intensivierung und Erweiterung der landwirtschaftlichen Produktion dienen. Die Landwirtschaftsbetriebe führen ihre Gebühr für die Bodennutzung nicht an den Staatshaushalt, sondern an spezielle innerbetriebliche Fonds ab, deren Mittel ausschließlich zur Steigerung der Bodenfruchtbarkeit verwendet werden. In besonderen Fällen kann die Zuführung nicht einmalig, sondern im Verlauf mehrerer Jahre (nicht mehr als 10) erfolgen.

Da der Boden der Mitglieder von LPG und GPG, der in die Genossenschaften zur gemeinsamen Nutzung eingebracht wurde, juristisch weiterhin deren Eigentum bleibt, muß bei Entzug landwirtschaftlicher Bodenflächen für Bauzwecke neben der Bodennutzungsgebühr auch eine Abfindung an die Bodeneigentümer gezahlt werden.[5]) Außerdem wird dem Landwirtschaftsbetrieb bei Störung seiner Tätigkeit eine Entschädigung gezahlt. Hierbei wird auch eine Störung der Tätigkeit anderer Betriebe berücksichtigt, die auf der Grundlage einer Spezialisierung mit den Landwirtschaftsbetrieben kooperieren. Organisationen, die der wirtschaftlichen Rechnungsführung unterliegen sowie Betriebe, die nicht zum staatlichen Sektor gehören, bezahlen die Bodengebühr sowie die Abfindung für Bodeneigentümer und Landwirtschaftsbetriebe aus Eigenmitteln bzw. mit Hilfe von Bankkrediten, die für Investitionen bestimmt sind, während Organisationen, die aus dem Staatshaushalt finanziert werden, diese Zahlungen aus Investitionsmitteln leisten, die ihnen planmäßig zur Verfügung gestellt werden.

Ein solches System von Berechnungen für den Entzug von landwirtschaftlichen Böden ermöglicht nach Ansicht der DDR-Ökonomen eine materielle Interessiertheit der Organisationen an der Einsparung genutzter Böden, da die Mittel für die Bodennutzungsgebühr von ihnen selbst aufgebracht werden müssen. Wichtig ist in diesem Zusammenhang, daß es verboten ist, die mit der Bodennutzungsgebühr im Zusammenhang stehenden Kosten auf die Abgabepreise für Gebrauchsgüter und Dienstleistungen sowie auf Mieten, Transporttarife und Steuern weiterzuberechnen.

Die Ökonomen der DDR unterstreichen, daß unter Bedingungen der wirtschaftlichen Rechnungsführung auch die einmalige Bodennutzungsgebühr ständig die Ökonomie der Betriebe beeinflußt. Dies wird dadurch erreicht, daß die Bodennutzungsgebühr, die bei dauerndem Bodenentzug in den Staatshaushalt eingeht, sowie die Beträge, die den Bodeneigentümern für Abfindungen gezahlt werden müssen, in der Bilanz der Betriebe berechnet und ebenfalls als Teil der Produktionsfonds ausgewiesen werden müssen. Eine so bewirkte Erhöhung der Produktionsfonds führt zu erhöhten Zahlungen für Fonds[6]) und vermindert damit den Teil des Gewinns, der dem Betrieb verbleibt. Die Höhe des letzteren vermindert sich damit ganz erheblich gegenüber dem früheren Niveau, da die Abführungen von Gewinn an den Staatshaushalt unverändert bleiben. Daher sind bei der Berechnung des ökonomischen Nutzeffekts von Investitionen in der DDR nicht nur die einmaligen Bodennutzungsgebühren zu berücksichtigen, sondern auch deren ständiger Einfluß über die Bezahlung von Fonds, der sich auf den dem Betrieb

[5]) Um der Bodenspekulation vorzubeugen, werden bei Bodeninanspruchnahme begrenzte Preise — zwischen 1000 bis 5000 Mark je Hektar — gezahlt.

[6]) In die Berechnung ist die Amortisation von Bezahlungen für Boden nicht einbegriffen.

verbleibenden Teil des Gewinns auswirkt. In den Fällen, wo die der wirtschaftlichen Rechnungsführung unterliegenden Betriebe eine Bodennutzungsgebühr in Form einer einmaligen Zahlung an den Staatshaushalt bzw. einer Abfindung an die Bodeneigentümer nicht zahlen, ist vorgesehen, jährlich eine direkte Bodensteuer in der Höhe zu erheben, die der Bezahlung von Fonds entspricht.

Neben den ökonomischen Maßnahmen, die den Charakter von Sanktionen bei Entzug landwirtschaftlicher Bodenflächen haben, kommen in der DDR im breiten Umfange ökonomische Maßnahmen zur Anwendung, die zur Kultivierung von Ödland und Rekultivierung von Bodenflächen anregen und die den Einsatz landwirtschaftlicher Bodenflächen für nichtlandwirtschaftliche Zwecke einschränken. Bei Entzug von Bodenflächen für Baumaßnahmen können die Betriebe und Organisationen Ödland an anderer Stelle in gleicher Höhe kultivieren. In diesem Falle vermindert sich die Bodennutzungsgebühr, die an den Staatshaushalt abzuführen ist, um den Betrag, der der qualitativen Bewertung im Wertausdruck der kultivierten und der Landwirtschaft zurückgegebenen Flächen entspricht.

Alle Betriebe und Organisationen, die nicht planmäßig an Wiederurbarmachungs- bzw. Rekultivierungsmaßnahmen beteiligt sind, können sich mit eigenen Kapazitäten an der Kultivierung von Ödland außerhalb ihrer Betriebsfläche zum Zwecke der land- und forstwirtschaftlichen Nutzung beteiligen. Die hierzu erforderlichen Kosten werden aus dem zentralen Fonds der Bodennutzungsgebühr voll rückerstattet. Außerdem werden diese Arbeiten materiell in Höhe von 5000 Mark je Hektar und in Höhe von einem Prozent der qualitativen Bodenbewertung in Abhängigkeit vom erzielten Resultat der Kultivierung (der Bodenqualität) materiell stimuliert.

Der größte Teil der Mittel, die zentralisiert in einem Fonds der Bodennutzungsgebühr erfaßt werden, dient zur Finanzierung von Investitionen in der Landwirtschaft, die auf Maßnahmen zur Steigerung der Bodenfruchtbarkeit, insbesondere auf die Meliorationsmaßnahmen gerichtet sind, ferner auf die Intensivierung der landwirtschaftlichen Produktion und die Neulandgewinnung. Geben nichtlandwirtschaftliche Betriebe oder Organisationen Teile des von ihnen genutzten Landes zurück, so ist ihnen aus dem Staatshaushalt eine Summe anzurechnen, die dem Bewertungsausdruck der von ihnen rückerstatteten Bodenstücke entspricht. Diese Zahlung kann nur geleistet werden, wenn diese Bodenstücke für die landwirtschaftliche Produktion oder für Baumaßnahmen staatlicher Organisationen oder staatlicher Betriebe verwendet werden können.

In der Volksrepublik Polen sind ökonomische Maßnahmen des Staates zur Steigerung des Nutzeffekts von Investitionen über eine Bewertung und Erhaltung von Bodenressourcen infolge des freien Marktes bei Boden erschwert. Die Berücksichtigung dieser Besonderheit ist besonders wichtig im Lichte des Programms, das die Entwicklung der polnischen Landwirtschaft vorsieht und das Bestandteil der Entwicklung des Landes ist, wie sie vom VI. Parteitag der PVAP (1971) festgelegt wurde.

Die sanktionierte Priorität des Staates beim Kauf von Boden von Einzelbauern, wie sie sich in der gegenwärtigen Gesetzgebung widerspiegelt, ist faktisch darauf gerichtet, eine übermäßige Konzentration von Bodeneigentum zu verhindern und die gegenwärtige Struktur des privaten Bodeneigentums bei gleichzeitiger Intensivierung der Bodennutzung zu erhalten.

Der Staat kauft bei den Bauern hauptsächlich Boden für den Bau neuer Industriebetriebe sowie entsprechender Objekte usw. Bei einem Vergleich des Marktpreises von Acker- und Bauland mit dem Preis des Bodens, den der Staat bezahlt, heben die polnischen Ökonomen hervor, daß letzterer relativ niedrig ist. Bis einschließlich 1963 betrugen die Bodenpreise im Durchschnitt nur ein Drittel bis ein Fünftel des Baulandpreises. 1964 war der Preis für Bauland bereits um fünfmal höher, und 1966, als der Marktpreis den höchsten Stand erreicht hatte, war er fast um siebenmal höher als die Entschädigung, die die Bauern für Boden erhielten, den der Staat zur Errichtung nichtlandwirtschaftlicher Objekte erwarb. Die Ursache dieser Erscheinung liegt darin, daß die Preise für Bauland im Laufe der Zeit ständig anstiegen, während die Durchschnittspreise, die der Staat für Boden zahlte, unverändert blieben. Im Jahre 1967 lag der Bodenpreis bei staatlichem Aufkauf, ganz abgesehen vom Absinken der Marktpreise für Bauland und kleine landwirtschaftliche Flächen, noch unter einem Fünftel der Preise für Bauland und für landwirtschaftliche Bodenflächen (der Preis betrug 1800 Zloty je Hektar).

Eine rechtliche Besonderheit Polens besteht insbesondere darin, daß die Nationalisierung des Bodens nur innerhalb der Grenzen des alten Warschau durchgeführt wurde. Die neuen Grenzen der Stadt umfassen auch Boden von Privatbesitzern. Bei Bodenentzug für Bauzwecke muß der Staat Land kaufen, und zwar zu einem relativ hohen Preis (bis zu 400000 Zloty je Hektar), dazu kommen noch Entschädigungen für Gebäude und Anpflanzungen. Die polnischen Ökonomen sind der Ansicht, daß dies ein unbefriedigender Zustand ist, weil der Bodenpreis hier auf eine symbolische Entschädigung hinausläuft und somit verhindert wird, ihn als Mittel für eine rationelle Bodennutzung einzusetzen.

Die Frage, welches Preisniveau für Boden erforderlich ist, den der Staat dem Bodenbesitzer bei Entzug für nichtlandwirtschaftliche Zwecke zu zahlen hat, bildet weiterhin einen Gegenstand der Untersuchung und der Diskussion unter den polnischen Ökonomen. Am ausführlichsten wird diese Frage in einer Arbeit von Cholaj[7]) untersucht. Er ist der Ansicht, daß der Boden einen Preis haben muß, unter bestimmten Umständen auch einen Wert, der durch die Aufwendungen an Arbeit und Kapital bestimmt wird. Dieser Wert muß in Form der Rente auf das Produkt übertragen werden, indem dabei die Produktionskosten erhöht werden, da im entgegengesetzten Falle eine wichtige Grundlage für die ökonomische Berechnung aller Hauptfaktoren der Produktion untergraben wird. Nach Meinung dieses Autors darf die Produktion bei durchschnittlicher Intensität der Wirtführung durch eine statische Bewertung des Bodens nicht begrenzt werden und

7) Cholaj, G., Cena nacionalizirovannoj zemli v uslovijach socialisma, Moskva 1968 (Rotaprint).

es stellt sich daher das Problem einer dynamischen Bewertung, die dem Nutzeffekt der Wirtschaft entspricht.

Cholaj weist darauf hin, daß bei einer Fetischisierung der unentgeltlichen Bodennutzung in der sozialistischen Volkswirtschaft und bei fehlender Stimulierungsfunktion der Bodenrente sich dogmatische Ansichten über die Nationalisierung des Bodens herausbilden; die sozialistische Nationalisierung ist eben nicht gleichbedeutend mit dem Prinzip einer unentgeltlichen Übergabe des Bodens zur Nutzung. Der Autor meint, daß die Formen der Bodennutzung und die Formen des Bodeneigentums nicht dasselbe sind. Analog behandelt er auch in seinem Buch den Einfluß der Bodenpreise auf den möglichen Nutzeffekt der Bodennutzung im staatlichen Sektor der polnischen Landwirtschaft. Er meint, daß die Einführung eines Preises für genutzten Boden im staatlichen Sektor der Landwirtschaft in Form einer von den Betrieben an den Staat zu zahlenden Rente einen tiefen ökonomischen Sinn hätte, da eine ständige Nutzung der Bodenstücke stimuliert würde (mit Ausnahme der schlechtesten), und zwar mit dem Ziel, ein Einkommen zu erwirtschaften, das zumindest gleich ist der normativen Rente.[8]) Der Autor gibt eine orginelle Interpretation der Bewertung des unter sozialistischen Bedingungen nationalisierten Bodens bzw. wie er schreibt, „des Preises der Bodennutzung“ auf der Grundlage der Differentialrente. Dieser Preis stellt sich bei ihm dar als Ergebnis eines Vergleichs des Nutzeffekts begrenzter Bodenflächen, und zwar der in der gegebenen Sphäre am besten genutzten, mit dem Nutzeffekt möglicher Nutzungen dieses Bodens in anderen Zweigen der Produktion. In diesem Sinne könnte man sagen, daß der Preis für die Nutzung von Boden einen ökonomischen Inhalt hat, der sich auf die Arbeit stützt.[9])

Von grundlegender Bedeutung bei den Überlegungen des Autors über die Bestimmung des Bodenpreises ist seine These von der Berücksichtigung des Zeitfaktors beim Vergleich von Investitionen mit jährlichen Kosten, die sich aus der Bodennutzung ergeben. Mit diesem Ziel führt Cholaj die Kategorie „gewöhnlicher Bodenpreise“ ein, die es ihm ermöglicht, Boden mit Investitionen zu vergleichen, auf die sich die Differentialrente bezieht. Nach Meinung des Autors hat eine adäquate Bodenwertung Bedeutung für die Auswahl eines optimalen Verhältnisses zwischen Boden und den übrigen Produktionsfaktoren. Er unterstreicht, daß ein außerordentlich niedriger Bodenpreis nur symbolisch Bedeutung hätte und nicht den gewünschten „stimulierenden“ Effekt erbringen würde. Ein außerordentlich hoher Bodenpreis dagegen würde eine überflüssige Bodeneinsparung zu Lasten anderer Produktionsfaktoren zur Folge haben, indem er das optimale Verhältnis zwischen ihnen stört.

Daher muß der „gewöhnliche“ Bodenpreis laut Cholaj im Unterschied zu den real bezahlten Preisen für die Bodennutzung als Ausdruck verschiedener Möglichkeiten für die Verteilung von Ressourcen und Investitionen dienen, als Mittel zur

[8]) Ebenda, S. 9.
[9]) Ebenda, S. 12.

Optimierung der Produktion. Im Zusammenhang damit stellt der Autor die Frage, inwieweit die Kennziffer „gewöhnlicher“ Bodenpreis in die Bilanz der sozialistischen Landwirtschaftsbetriebe einzubeziehen ist.

Besondere Aufmerksamkeit widmet der Autor der Frage, inwieweit Bodenpreise in die Beziehungen der wirtschaftlichen Rechnungsführung zwischen Staat und Betrieben eingeführt werden sollen, die auf nationalisiertem Boden errichtet werden. Es wird vorgeschlagen, den Boden kostenlos zu übergeben, dabei aber diese Kategorie Boden („gewöhnlichen“ Bodenpreis) in ihrem Anwendungsbereich auch auf jenen Fall auszudehnen, wo staatliche Landwirtschaftsbetriebe errichtet werden. Hierbei wird unterstrichen, daß der Bodenpreis ausreichend hoch sein muß, um eine effektive Bodennutzung zu stimulieren.

Die polnischen Ökonomen geben jedoch zu, daß unter Bedingungen der sozialistischen Planwirtschaft eine Bewertung des nationalisierten Bodens im Wertausdruck nicht gleich sein kann dem Bodenpreis auf dem freien Markt. Sie unterstreichen, daß die Notwendigkeit einer solchen Bewertung aus den Bedürfnissen rationeller Wirtschaftsführung folgt und daß folglich die Ursachen für das Zustandekommen von Bodenpreisen im Sozialismus und Kapitalismus unterschiedlich sind. Als Basis für die Bestimmung des Bodenpreises wird die Differentialrente und ihre Kapitalisierung auf der Grundlage des volkswirtschaftlichen Effektivtätsnormativs angenommen. Die polnischen Ökonomen schlagen vor, in der in Polen angewandten einfachsten Formel zur Berechnung des ökonomischen Nutzeffekts von Investitionen[10]) entsprechende Veränderungen vorzunehmen, indem in diese Formel nach entsprechenden Modifikationen der Bodenpreis *P* eingeführt wird:

$$E = \frac{(I + RK) + P}{N},$$

wobei

E – Kennziffer des Nutzeffekts von Investitionen:

I – Investitionen;

R – Normative Rückflußzeit von Investitionen (= 6 Jahre im vorliegenden Falle);

K – laufende Produktionskosten;

N – Effekt der Investitionen.

Hierbei geht man davon aus, daß der in die Formel eingeführte Ausdruck *P* auf die Auswahlbedingungen von Varianten der Verteilung der Investitionsobjekte Einfluß hat. Es wird vorgeschlagen, diese Größe für nationalisierte Bodenflächen nur als Rechengröße auszuweisen, dagegen die auf ihrer Grundlage berechneten jährlichen Abführungen für die Bodennutzung aber als volle und reale Größen anzunehmen.

[10]) Terechov, V. F., Opredelenie ėkonomičeskoj ėffektivnosti kapital'nych vloženij v socialističeskich stranach, Moskva 1966, S. 82.

In Polen wird die jährliche Gebühr für die Bodennutzung landwirtschaftlicher Flächen für nichtlandwirtschaftliche Zwecke wie folgt ermittelt: für Bodenflächen, die der landwirtschaftlichen Nutzung entzogen wurden, innerhalb der Grenzen von Städten und Siedlungen in Höhe der Gebühr für staatliche Ländereien, die in Nutzung gesellschaftlicher Organisationen übergeben wurden. Außerdem erhöht sich bei Überschreitung der Normative von Bauten, bei denen erhebliche Bodenflächen beansprucht werden, die Höhe der jährlich zu zahlenden Gebühren um 100 bis 200 Prozent.[11]) In einem speziellen Beschluß des Ministerrates der Polnischen Volksrepublik vom Jahre 1966 sind die Bedingungen festgelegt, unter denen landwirtschaftliche Böden für andere Ziele bereitgestellt werden können:

a) bei Fehlen landwirtschaftlich nicht nutzbarer Flächen bzw. Flächen niedrigster Qualität (Böden der fünften und der sechsten Kategorie der qualitativen Bewertung);

b) in Fällen, wo besonders triftige Gründe für gesamtstaatliche bzw. ökonomische Aufgaben vorliegen. Die zweijährige Praxis zeigte jedoch, daß diese Bedingungen keinen wirksamen Schutz des Bodens gewährleisten, selbst bei Einführung einer Bezahlung für seine nichtlandwirtschaftliche Verwendung.

Von großem Einfluß ist hierbei auch, welche Staatsorgane darüber entscheiden, ob Boden für nichtlandwirtschaftliche Zwecke entzogen wird. In Polen wird diese Frage von den örtlichen Wojewodschaftsräten entschieden, von Organen, die an der Entwicklung ihres Rayons interessiert sind und denen die Erhaltung des landwirtschaftlichen Bodenfonds nicht selten erst in zweiter Linie am Herzen liegt. Es zeigt sich daher kein merklicher Einfluß und keine ausreichende Reglementierung der Normative für den Bau von Städten und Siedlungen, ganz zu schweigen davon, daß es Normative für die Errichtung von Industrieobjekten nicht gibt.

In der ČSSR ist die ökonomische Bewertung von Boden bei seinem Entzug für Bauzwecke anders geregelt.

Die Höhe der Entschädigung für Boden, der der landwirtschaftlichen Nutzung für andere Zwecke entzogen wird, wird in jedem einzelnen Falle durch die Höhe des jährlichen Einkommens bestimmt, das mit Hilfe dieses Bodenstücks bei Kapitalisierung dieses Einkommens über einen Zeitraum zwischen 75 und 200 Jahren erzielt werden kann. In Abhängigkeit vom jährlichen Einkommen je Hektar werden Bezahlungen für Boden (für den Wert der Produktion) je Hektar zwischen 3000 und 4000 Kronen für den Zeitraum von 75 Jahren gezahlt, zwischen 4000 und 10000 Kronen für 100 Jahre und mehr als 10000 Kronen für einen Zeitraum von 200 Jahren. Bei einem zeitweiligen Entzug von Boden wird die Berechnung für den gesamten Zeitraum des Bodenentzugs (aus der landwirtschaftlichen Nutzung) berechnet. Beträgt der Wert der Produktion von einem

11) Blazejczyk, M., Über den Schutz und die Nutzung des landwirtschaftlichen Bodenfonds in den Mitgliedsländern des RGW, in: Internationale Zeitschrift der Landwirtschaft, Moskau—Berlin, 4/1968, S. 378.

Hektar weniger als 3000 Kronen, so wird eine Bezahlung von Boden nicht gefordert.

Nach Ansicht der tschechoslowakischen Juristen und Ökonomen stellt die wertmäßige Entschädigung durch den Investitionsträger, unabhängig davon, ob sie dem juristischen Eigentümer des entzogenen Bodens zu zahlen ist, ihrem ökonomischen Wesen nach an und für sich nicht Ersatz für Verluste dar, die dem Eigentümer des landwirtschaftlichen Bodens zugefügt werden, sondern lediglich die Sichtbarmachung der Verluste, die durch diesen Entzug der gesamten Gesellschaft zugefügt werden. Entscheidungen über den Entzug landwirtschaftlicher Böden für Bauzwecke werden durch die staatlichen Organe auf der Ebene der slowakischen und der tschechischen Republik getroffen.

In der Ungarischen VR, wo sich im Zeitraum von 1945 bis 1967 die bearbeitete Bodenfläche um 513000 ha verringerte, wird die Entscheidung über den Bodenentzug für Bauzwecke ebenfalls von zentralen Organen getroffen. Auf der Grundlage des Gesetzes über den Boden, das in Verbindung mit der Wirtschaftsreform angenommen wurde, muß vom 1. Januar 1968 an in die Gesamtinvestitionssumme für jedes neue Investitionsobjekt auch die Bodenbewertung in Wertform einbezogen werden. In den Städten beträgt dieser Wert zwischen 100 bis 500 Forint je Quadratmeter bzw. eine bis fünf Millionen Forint je Hektar. Bei Bodenentzug für Baumaßnahmen in ländlichen Gegenden erhalten die landwirtschaftlichen Genossenschaften bzw. die Privateigentümer eine Entschädigung. Die Höhe dieser Entschädigung wird in jedem konkreten Falle durch Berechnungen auf der Grundlage der früheren Katasterangaben ermittelt. Die Entschädigungen betragen in der Regel in Abhängigkeit von der Bodenqualität zwischen 80000 und 100000 Forint je Hektar, d. h. weniger als ein Zehntel gegenüber den niedrigsten Bodenpreisen in der Stadt.

Beim Pflichtankauf von Boden durch die landwirtschaftlichen Genossenschaften von dritten Personen wird letzteren der 80fache Betrag der Rente gezahlt, der auf der Grundlage des Bodenkatasters bei Umrechnungen auf die gegenwärtige Währung ermittelt wird. Bei Ankauf von Boden von den Genossenschaftsmitgliedern wird die Höhe zwischen dem 80- und dem 160fachen der Rente festgesetzt. Für Boden des Staates, der den Genossenschaften übergeben wird, zahlen diese an den Staatshaushalt eine einmalige Gebühr in Höhe der 10fachen Rente, für staatliche Waldareale die 50fache Katasterbewertung der Rente.[12])

Der Boden ist mit seiner Bewertung im Wertausdruck als Produktionsgrundfonds anerkannt und erscheint in der Bilanz der Betriebe. Bei der Errichtung produzierender Objekte wird bei der Berechnung des ökonomischen Nutzeffekts von Investitionen neben einer einmaligen Bezahlung des Bodenpreises auch eine jährliche Gebühr in Höhe von 5 Prozent dieses Preises einbezogen. Diese einmalige Zahlung sowie die 5prozentige jährliche Zahlung beziehen sich nur auf neu zu errichtende Betriebe, wodurch sofort ungleiche Bedingungen gegenüber den bereits

[12]) Nepzapadzag vom 5., 6. und 7. Oktober 1967.

vorhandenen entstehen. Die ungarischen Ökonomen sind dessen ungeachtet der Ansicht, daß diese Regelung nicht nur ein zusätzlicher Stimulus für die Steigerung des Nutzeffekts von Investitionen darstellt, sondern in bestimmtem Maße auch den technischen Fortschritt beeinflußt, da Arbeiten zur Rekonstruktion der Betriebe stimuliert werden.

Sowohl die einmalige Bezahlung für Boden wie auch die jährlichen Abführungen erscheinen im Haushalt der örtlichen Organe und werden von diesen für allgemeine Zwecke, ohne besondere Zweckbindung verwendet (im Unterschied zu Bulgarien und der DDR, wo die entsprechenden Bodennutzungsgebühren ausschließlich für Neulanderschließung und für bodenverbessernde Maßnahmen verwendet werden).

Die Ökonomen der RGW-Länder sind zu Recht der Meinung, daß innerhalb des Komplexes von Maßnahmen zur rationellen Bodennutzung Maßnahmen ökonomischen Charakters von besonderer Bedeutung sind. Dies bezieht sich auf die Erhaltung und den Schutz des Bodens als Hauptproduktionsmittel der Landwirtschaft, auf die Wahl nichtlandwirtschaftlich genutzter Flächen oder minderwertiger landwirtschaftlicher Flächen für Bauzwecke, auf die Förderung von Arbeiten zur Erschließung von Un- und Ödland sowie auf die Rückgabe von Bodenflächen, die von nichtlandwirtschaftlichen Objekten besetzt sind.

Ohne die Bedeutung der Bewertung für die angegebenen Ziele zu verkennen, ist doch mit gleicher Berechtigung auf die unmittelbare Bedeutung einer Bodenbewertung in Wertform hinzuweisen, soweit sie in Berechnungen des ökonomischen Nutzeffekts von Investitionen einbezogen wird. Dies soll nicht nur dazu dienen, präziser den Nutzeffekt eines konkreten Objektes des Investitionsbaus auszuweisen, was an und für sich schon sehr wichtig ist, sondern stellt auch einen der bedeutsamsten Wege zur Steigerung des Nutzeffekts von Investitionen dar.

Die Berücksichtigung der wertmäßigen Bewertung von Boden und des gesamten Systems von Bezahlungen, das mit dem Bodenentzug für Bauzwecke sowohl im Stadium der Planung wie auch bereits im Stadium der Vorplanung und der Prognoseberechnung verbunden ist, haben erheblichen Einfluß darauf, daß die rationellsten Entscheidungen zur Verteilung der Investitionsobjekte getroffen werden. Solche Berechnungen sind auch bei der Ausarbeitung von Perspektivplänen zur Entwicklung einzelner Industriezweige, einzelner Städte und Siedlungen, Straßennetze usw. notwendig.

Die Berechnung von Bezahlungen für Boden bei der Ausarbeitung von Normativen sowie unmittelbar bei der Variantenauswahl von Projektentscheidungen muß die Steigerung des Nutzeffekts von Investitionen ermöglichen. Ergebnisse dieser Berechnung müssen sein: Verminderung des Bedarfs an Bodenflächen bei allen Arten von Investitionsbauten (Dichte und Höhe der Bebauung); Vergrößerung der Industriedichte, bessere und rationellere Nutzung der vorhandenen Gebäude, Verstärkung unterirdischer Bebauung (Bevorratung) sowie schließlich eine Stimulierung der Arbeiten zur Rekonstruktion und Modernisierung der Betriebe auf der Grundlage von Errungenschaften des wissenschaftlich-technischen

Fortschritts und unter Verwendung bereits früher genutzter Bodenflächen für neue (weitere) Investitionsbauten.

2. Die ökonomische Bewertung von Wasserressourcen

Die Entwicklung der Volkswirtschaften der europäischen sozialistischen Länder stellt nachdrücklich die Frage nach der Herausbildung und Festigung der Wasserwirtschaft als eines selbstständigen Zweiges der Wirtschaft, der über spezifische Besonderheiten und Aufgaben verfügt. Diese Aufgaben bestehen in der Gewährleistung der erforderlichen Wasserqualität, in der Bereitstellung und Zuführung von Wasser entsprechend den Bedürfnissen aller Zweige der produzierenden und nichtproduzierenden Sphäre, ferner in vorbeugenden Maßnahmen zum Schutz vor Schäden, die durch die zerstörerischen Wirkungen des Wassers entstehen können.

Die wachsenden Schwierigkeiten bei der Wasserbereitstellung in der Mehrzahl der europäischen sozialistischen Länder gaben Veranlassung, nachhaltig Maßnahmen zur zentralen Planung und Leitung bei der Nutzung von Wasserressourcen zu treffen. Solche Maßnahmen finden sich nicht nur in Ländern mit Planwirtschaft, sondern auch in solchen Staaten wie Großbritannien, Frankreich, Belgien usw. Jedoch ist unbestritten, daß die in den europäischen sozialistischen Ländern getroffenen gesetzgeberischen und administrativen Maßnahmen zur Planung und Leitung der Nutzung von Wasserressourcen sowie ökonomische Maßnahmen, die im engen Zusammenhang mit dem Gesamtsystem der Planung und Leitung der Volkswirtschaft und den einzelnen Bestandteilen dieses Systems durchgeführt werden, sich als erheblich wirksamer erweisen.

In der Mehrzahl der Länder der Welt beeinflussen ökonomische Maßnahmen in Form von Preisen für Wasser bisher in noch ungenügendem Maße den Wasserverbrauch, und auch Strafen für die Einleitung von Abwässern, die die Flüsse verunreinigen, sind noch ungenügend wirksam. In den RGW-Ländern wird ein System von Bezahlungen für die Nutzung von Wasserressourcen ausgearbeitet, das die Wassermenge berücksichtigt, die den Quellen entnommen wird, ferner den Anteil des einmaligen Wasserverbrauchs, die Menge der Abwässer und der Grad ihrer Verschmutzung sowie schließlich die Hauptsache, das Ausmaß, in dem das Defizit an Frischwasser im konkreten Gebiet in Erscheinung tritt.

Die Einführung einer Bezahlung für Wasser als Maßnahme, die eine rationelle Nutzung der Wasserressourcen stimuliert und folglich den Nutzeffekt der vorhandenen Grundfonds erhöht und den Investitionsbedarf zur Entwicklung der Wasserwirtschaft vermindert, stellt vor allem für die industriell am stärksten entwickelten Länder eine aktuelle Aufgabe dar, die aber auch für Länder von Bedeutung ist, in denen wasserregulierende Maßnahmen bereits eine bedeutsame Rolle spielen.

Besondere Aktualität erlangte die Bezahlung für die Nutzung von Wasserressourcen in Verbindung mit der Wirtschaftsreform, und zwar als eine der dringendsten Fragen, die innerhalb des Gesamtproblems der ökonomischen Bewertung von Naturressourcen zur Regelung der Beziehungen der wirtschaftlichen Rechnungsführung zwischen Betrieben und Staat zu lösen ist. Während solche Beziehungen im Hinblick auf den Boden in einer einmaligen Ordnung gelöst werden, und zwar bei Entzug von Bodenstücken für Investitionsbauten, ist eine ähnliche Frage in bezug auf das Wasser praktisch jeden Tag zu lösen, und zwar sowohl für alle Arten von Wasserverbrauch und Wassernutzung wie auch für alle Abwässer.

Mit Entscheidungen über die Einführung von Bezahlungen für die Abgrenzung von Oberflächenwasser und für die Einleitung von Abwässern auch für alle übrigen Arten der Nutzung von Wasserressourcen ist eine ökonomische Grundlage gegeben, die Wasserwirtschaft als einen der wichtigsten Zweige zu profilieren, der alle übrigen volkswirtschaftliche Zweige versorgt. Die Schaffung eines solchen Zweiges ist unter dem Investitionsaspekt mit der zentralen Planung und der Nutzung von Investitionen bei der Entwicklung dieses Zweiges verbunden. Die Erfahrungen bei der Herausbildung eines Zweiges Wasserwirtschaft nach Gesichtpunkten der wirtschaftlichen Rechnungsführung gegenüber anderen Zweigen und dem Staatshaushalt in einzelnen sozialistischen Ländern sind besonders im Hinblick auf die Wirtschaftsreform auch vom Standpunkt eines steigenden ökonomischen Nutzeffekts von Investitionen interessant.

Die Wasserwirtschaft bildete sich zuerst in der ČSSR faktisch als Zweig heraus. Das hatte in erheblichem Maße die Schaffung eines staatlichen Fonds der Wasserwirtschaft zur Voraussetzung, der aus dem Staatshaushalt ergänzt wurde und sich hauptsächlich aus Summen zusammensetzte, die von den Betrieben bei der Einleitung verschmutzter bzw. ungenügend gereinigter Abwässer als Abgaben erhoben wurden, ferner aus Bezahlungen für die Bereitstellung von Grund- und Oberflächenwasser, für den Schutz vor Überschwemmungen usw.

Die Wasserwirtschaft der ČSSR stellt den Wassernutzern jährlich 0,75 Milliarden m^3 Trinkwasser, annähernd 3 Milliarden m^3 technisches Wasser (Prozeßwasser) zur Verfügung und nimmt ungefähr 0,6 Milliarden m^3 Abwässer entgegen, von denen bis zu 50 Prozent gereinigt werden müssen. Nach dem Volumen der Grundfonds stellt die Wasserwirtschaft der ČSSR einen der größten Zweige der Volkswirtschaft dar. Bereits im Jahre 1966 betrugen die Grundfonds der Wasserwirtschaft fast 48 Milliarden Kronen und übertrafen die Grundfonds solcher Zweige wie Holzverarbeitung, Baumaterialien- und Textilindustrie, chemische Industrie, Nahrungsmittel- und Brennstoffindustrie, Bunt- und Schwarzmetallurgie sowie Bauwesen und Energetik. Lediglich die Grundfonds solcher seit langem in der CSSR entwickelter Zweige wie Maschinenbau und Metallverarbeitung lagen etwas darüber.[13]) Die Möglichkeiten des Staatshaushalts im Hinblick auf die Finan-

[13]) Bogač, M., Ein neues Programm der Wasserwirtschaft in der CSSR, in: Bjulleten' po vodnomu chozjajstvu stran-členov SĖV, 2/1968, S. 11–13.

zierung der Wasserwirtschaft entsprechen jedoch nicht immer dem Bedarf an Mitteln zur Entwicklung dieses Zweiges. Gerade deshalb wird nach Wegen gesucht, die Disproportionen zwischen der erforderlichen Entwicklung der Wasserwirtschaft und den Möglichkeiten der Finanzierung aus dem Staatshaushalt durch Schaffung eines staatlichen Fonds der Wasserwirtschaft zu überwinden, der es ermöglicht, diesen Zweig mit den erforderlichen Finanzmitteln auszustatten. Aus diesem Fonds werden zu genau festgelegten Bedingungen Kredite bzw. Zuschüsse zur Entwicklung der Wasserwirtschaft ausgereicht.

Der Fonds hat bestimmte Aufgaben, die Zugänge und Zahlungen sind ökonomisch genau festgelegt und der Fonds ist selbständig, d. h. relativ unabhängig vom Staatshaushalt. Gleichzeitig wird dieser Fonds aus den Einnahmen des Staatshaushaltes ergänzt, die darauf gerichtet sind, jene Bedürfnisse der Entwicklung der Wasserwirtschaft abzudecken, die auch früher aus staatlichen Mitteln finanziert wurden.

Ein Hauptziel für den Einsatz der Mittel dieses Fonds besteht darin, die Kredite und Zuschüsse zum Ausgleich von Verlusten bereitzustellen, die durch ungereinigte Abwässer entstehen. Ferner besteht ein Ziel in Maßnahmen zur Wasserreinigung, einschließlich Beihilfen in Höhe von 50 Prozent zur Errichtung von Wasserreinigungsanlagen in allen Zweigen der Volkswirtschaft. Der Fonds dient außerdem zur Einführung progressiver Technologien, die die Möglichkeit geben, Verunreinigungen in den Abwässern zu vermindern. (Kontinuierliche Diffusion in Zuckerfabriken, Erzeugung von Holzfaserplatten im Trockenverfahren usw.)

Kredite bzw. Zuschüsse werden nur dann gewährt, wenn eine Garantie für den technischen und ökonomischen Nutzeffekt der geplanten Investitionen gegeben ist, und die Mittel des Fonds werden auch nur Organisationen zur Verfügung gestellt, die bevollmächtigt sind, Investitionsbauten durchzuführen. In Abhängigkeit vom Charakter der Investitionen wird die Frage entschieden, ob die Mittel in Form von Beihilfen, als zinslose oder als verzinsliche Kredite ausgereicht werden.

Die Organisationen, denen Kredite bzw. Beihilfen zur Verfügung gestellt werden, verteilen sich auf zwei Gruppen: in Wasserwirtschaftsorgane und in örtliche Organe (nationale Komitees), wobei zu letzteren auch andere, nicht mit der Wasserwirtschaft befaßte Organisationen gehören können. Ausgaben der wasserwirtschaftlichen Organisationen für Investitionsbauten werden hauptsächlich aus Mitteln des Staatshaushalts bereitgestellt. Der überwiegende Teil der Zuschüsse bzw. Kredite wird als Unterstützung für Investitionsbauten nicht mit der Wasserwirtschaft befaßter Organisationen und nationaler Komitees zur Beschleunigung des Baus von Objekten bereitgestellt, die die Wasserbereitstellung und Wasserversorgung für die Bevölkerung und die Industrie verbessern sollen.

Als Finanzierungsquelle des Fonds dienen in erster Linie die Summen, die als Abgaben bei der Einleitung ungereinigter bzw. ungenügend gereinigter Abwässer der Industrie, der Kommunen und der Landwirtschaftsbetriebe erhoben werden. Zur Zahlung sind alle Organisationen verpflichtet, darunter auch die für die öffentliche Kanalisation verantwortlichen Einrichtungen: die Bezahlung besteht aus einer Grundgebühr, deren Höhe in Abhängigkeit vom Verschmutzungsgrad festgelegt wird und der wiederum berechnet wird nach dem Grad der Einwirkung des eingeleiteten Wassers auf den Zustand der Gewässer am Ort der Einleitung. Der Hauptteil der Bezahlung entspricht im Prinzip der Höhe der laufenden Kosten, die bei der Beseitigung einer konkreten Verschmutzung entstehen, d. h. also dem Ersatz dieser Aufwendungen. Der Grundanteil der Bezahlung ist bei gleichem Verschmutzungsgrad höher, wenn das Trägergewässer einen verminderten Abfluß hat.

Eine Entschädigung wird bei Verschmutzungen erhoben, die durch den Grad des biochemischen Sauerstoffbedarfs (BSB_5) gekennzeichnet sind, ferner bei Vorhandensein nichtlöslicher Stoffe in den Abwässern. Die übrigen Arten der Verschmutzung (Salz-, Säure- und Alkaligehalt, Radioaktivität, Gehalt an mineralischen Fetten) wird bisher noch nicht berücksichtigt.

Die Spezialisten in der ČSSR sind der Meinung, daß das System der Entschädigungszahlungen bestimmte Unzulänglichkeiten aufweist, die Korrekturen erforderlich machen: Das System erstreckt sich nämlich nur auf zwei Kennziffern der Verschmutzung, die völlig ungenügend die Höhe der Ersatzaufwendungen hinsichtlich des tatsächlichen Anfalls an Abprodukten zum Ausdruck bringen usw. Die Entschädigung wird seit Beginn des Jahres 1967 erhoben und beträgt ungefähr 700 Millionen Kronen jährlich (1968 680, 1969 650 Millionen Kronen). In den Jahren 1967 bis 1970 betrugen die Zugänge ungefähr 2,6 Milliarden Kronen. Vom 1. Januar 1968 an stehen die Mittel in selbständiger Verfügung des staatlichen Fonds der Wasserwirtschaft und der Staatsbank der ČSSR. Einnahmequelle des Fonds sind die Zinsen von diesen Zugängen und von Krediten.

Zu einer anderen Gruppe von Finanzeinnahmen des Fonds müssen schließlich Mittel gerechnet werden, die die Wasserwirtschaft im Ergebnis ihrer Tätigkeit zugunsten anderer Zweige der Volkswirtschaft erzielt und die dort die Möglichkeit geben, einen erheblichen ökonomischen Effekt zu erzielen. Das bezieht sich in erster Linie auf die Bezahlung für Wasser, auf die Bereitstellung von Grundwasser, auf den Schutz des Territoriums, einzelner Objekte und des Kommunikationswesens vor Überschwemmungen usw. Eine Bezahlung für die Wasserbereitstellung aus Oberflächengewässer wurde in der ČSSR für Nutzer eingeführt. die mehr als 15000 m^3 Wasser jährlich entnehmen bzw. 1250 m^3 monatlich bei saisonbedingtem Wasserverbrauch, und zwar bereits mit Beginn des Jahres 1962. Für einen Kubikmeter Wasser wurde die Bezahlung in Höhe von 0,18 Kronen festgelegt. Als Ausnahmeregelung wurden für eine Reihe von Wärmekraftwerken sowie für ein petrolchemisches Kombinat Vorzugstarife festgelegt (0,2 Kronen pro m^3). Diese Form der Bezahlung für Wasser wird nur bei einer Wasserbereitstellung erhoben, die dank bestimmter hydrotechnischer Anlagen möglich ist und die sich im Betrieb der Wasserwirtschaft befinden.

Die Wirksamkeit dieser Maßnahme wird dadurch unterstrichen, daß eine Reihe von Industriezweigen den spezifischen Wasserverbrauch je Einheit Produktion verminderte, wodurch im Zeitraum von 1962 bis 1965 der gesamte Wasserverbrauch um 15 bis 20 Prozent gegenüber den Kontrollziffern der Wasserbilanz gesenkt werden konnte.[14]) Das ist dem Wesen nach gleichbedeutend mit einer Steigerung des Volumens an verfügbaren Wasserressourcen bzw. Kapazitäten der wasserwirtschaftlichen Systeme um gleichfalls 15 bis 20 Prozent, und zwar ohne wesentliche Investitionen und führt daher zu einem entsprechend verminderten Bedarf an solchen Aufwendungen auch im nächsten Planzeitraum. Letzteres ist besonders wichtig, wenn man berücksichtigt, daß die Hauptaufgabe der Wasserwirtschaft der ČSSR gerade darin besteht, das Volumen der verfügbaren Wasserressourcen durch den Bau teurer Wasserspeicher zu erhöhen. Allein in den Jahren 1971 bis 1980 ist vorgesehen, zusätzlich 44 neue Wasserspeicher zu bauen (gegenwärtig werden etwa 100 gezählt), mit deren Hilfe das Volumen des regulierten Wasserabflusses bis auf 5 Milliarden m^3 (1970 im Vergleich 3,5 Milliarden m^3) vergrößert werden soll

In der ČSSR gibt es auch eine Bezahlung für die Nutzung von Wasseranlagen, die zur Energiegewinnung genutzt werden, d. h. faktisch erfolgt eine Bezahlung für die Nutzung von Wasserressourcen. Die Kompetenz der wasserwirtschaftlichen Organe erstreckt sich jeweils auf den gesamten Wasserbaukomplex, der zur Ausnutzung der Wasserkraft eines Flusses erforderlich ist. Hierher gehören auch die Staudämme der Speicheranlagen sowie die Stauanlagen der Flüsse, d. h. in der Regel alle Grundfonds komplexer Nutzung, die neben der unmittelbaren Zweckbestimmung (Speicherung von Wasser, Schutz vor Überschwemmungen usw.) auch der Gewinnung von Elektroenergie dienen. Zur Deckung der Ausgaben, die im Zusammenhang mit der Leitung, Nutzung und Erhaltung der Wasserwirtschaftskomplexe für energetische Zwecke entstehen, bezahlen die Energiebetriebe den Wasserwirtschaftsorganisationen einen Teil der Kosten, d. h. einen entsprechenden Anteil der allgemeinen Kosten des Wasserwirtschaftskomplexes sowie seines energetischen Teils. Diese Bezahlung stellt Einkommen der wasserwirtschaftlichen Organisationen dar, deckt jedoch bisher nicht vollständig deren Aufwendungen für den Wasserwirtschaftskomplex.

Eine gewaltige Reserve zur Steigerung des Nutzeffekts der vorhandenen Grundfonds der Wasserwirtschaft und folglich eine Reserve zur Einsparung an Investitionen in diesem Zweig stellt nach Meinung der tschechoslowakischen Spezialisten die Verminderung der Wasserverluste dar. Diese betragen in den Industriebetrieben nach Überschlagsberechnungen 25 bis 30 Prozent des gesamten Wasserbedarfs der Industrie. Etwa die Hälfte dieser Verluste entfällt auf die innerbetrieblichen Wasserversorgungsnetze. Die Bezahlung für Wasser stimuliert dabei eine Verminderung der Verluste, die aus technischen und organisatorischen Gründen entstehen und ermöglicht somit eine Verminderung des Wasserbedarfs.

Eine allgemeine Verminderung des Wasserbedarfs der Industriebetriebe wird

[14]) Plechač, V., Die Wasserwirtschaft der ČSSR, in: Bjulleten' po vodnomu chozjajstvu stran-členov SĖV, 1/1969, S. 134.

im Ergebnis von Maßnahmen erreicht, die strenge innerbetriebliche Normen, eine Veränderung der technologischen Prozesse, die Einführung der Mehrfachnutzung von Wasser und die Eindämmung von Verlusten in den Wassernetzen vorsehen. So ist allein für die chemische Industrie, die im Jahre 1968 26 Prozent des gesamten Wassers verbrauchte, eine Verminderung des spezifischen Wasserverbrauchs, berechnet je 1000 Kronen Bruttoproduktion in vergleichbaren Preisen, von gegenwärtig 50 m³ auf 30 m³ im Jahre 1975 und auf 23 m³ im Jahre 1980 vorgesehen.

Eine einschneidende Senkung des Wasserverbrauchs ist in der Schwerindustrie, der Nahrungsmittelindustrie sowie in der Industrie von Waren des Bevölkerungsbedarfs von 21 Prozent im Jahre 1961 auf 15 Prozent im Jahre 1970 zu verzeichnen.[15]) Alle Tendenzen werden bei der Aufstellung von Wasserbilanzen für das ganze Land und einzelner Gebiete berücksichtigt.

Die Ausarbeitung einer Wasserbilanz unter Berücksichtigung aller Wassernutzer, die aus den Flüssen mehr als 15000 m³ Wasser jährlich entnehmen, erfolgt jährlich in der ČSSR bei Aufstellung des Jahresplans zur Entwicklung der Volkswirtschaft, dessen Bestandteil diese Wasserbilanz bildet. Jedoch sind die langen Baufristen wasserwirtschaftlicher Bauten, die eine langfristige Planung der Investitionen erfordern, mit den jährlichen Wasserverbrauchsbilanzen nicht zu koordinieren, die viel eher zur Leitung der Wasserwirtschaft und zur Nutzung von Wasserressourcen dienen können. Im Zusammenhang damit begann im Jahre 1960 die Ausarbeitung einer Prognose des Wasserverbrauchs und anderer Arten der Nutzung von Wasserressourcen für die Jahre 1970, 1975, 1980 und sogar bis zum Jahre 2000, wobei diese Prognosen ständig auf den neuesten Stand gebracht werden.

Insbesondere die Präzisierung dieser Prognosen und die im Zusammenhang damit sich ergebenden Investitionen im Perspektivzeitraum erfolgten unter Berücksichtigung einer Senkung des spezifischen Verbrauchs an Wasser je Einheit Produktion nach der Einführung der Bezahlung für Wasser.

Nach einer Prognose, die im Jahre 1960 erarbeitet wurde (vor Einführung der Bezahlung), ergab sich für das Jahr 1980 ein 5,5mal höherer faktischer Wasserverbrauch als im Jahre 1955, wobei nach neueren und realeren Berechnungen die Wachstumsrate insgesamt nur 2,5 bis 3 betrug.[16]) Als Hauptwassernutzer nach der Bezahlung gilt die Industrie der ČSSR, die zusammen mit der Energetik im Jahre 1968 87 Prozent des bereitgestellten Wassers nutzte. Davon dienten etwa 65 Prozent dem Wärmeaustausch und nur 10 Prozent technologischen Zwecken.

Die Bezahlung für die Wasserbereitstellung aus kommunalen Wasserleitungen geschieht im ganzen Land nach einheitlichen Tarifen und wird nach der Art der Wassernutzer differenziert. Der höchste Preis ist für Industrie- und Handelsbetriebe sowie für Behörden festgesetzt, nämlich 3,7 Kronen je m³, der mittlere Preis

15) Ebenda, S. 135.
16) Ebenda, S. 132.

gilt für Wäschereien und Betriebe der chemischen Reinigung, nämlich eine Krone pro m^3 und der niedrigste Preis gilt für Zwecke des täglichen Bedarfs, nämlich 0,6 Kronen je m^3. Grundlage für die Festsetzung dieser Bezahlungen sind die Selbstkosten der wasserwirtschaftlichen Organisationen, die die Wasserleitungen im Jahre 1966 unterhielten. Der Preis berücksichtigt die Zahlungsverpflichtungen, einschließlich Abführungen für Fonds und Zinsen für Kredite, unberücksichtigt bleibt der Anteil für die erweiterte Reproduktion. Die Landwirtschaftsbetriebe bezahlen nur einen Teil der Aufwendungen für die zentrale Wasserversorgung (1,5 Kronen je m^3), wobei die Differenz durch Zuführungen aus dem Staatshaushalt ausgeglichen wird.

Ungeachtet der bereits früher vorhandenen Bezahlung für Wasser verbraucht die Industrie etwa das Doppelte an Wasser mit Trinkwasserqualität aus zentralen Wasserleitungen, was entsprechend der Technologie der Produktion erforderlich wäre. Eine wichtige Maßnahme, um diese Situation zu verändern, ist die Einführung eines doppelten Tarifs für die Bezahlung dieses Wassers. Der Preis für Trinkwasser, das von den Industriebetrieben genutzt wird, betrug bis zum Jahre 1966 eine Krone für einen Kubikmeter, für Prozeßwasser 0,5 Kronen. Seit Beginn des Jahres 1967 wurden neue Tarife eingeführt. Für die Bereitstellung von Oberflächenwasser zahlt der Nutzer jetzt 0,46 Kronen pro m^3, wobei gleichzeitig bei Verbrauch von Trinkwasser aus zentralen Wasserleitungen dem Betrieb 3,7 Kronen pro m^3 berechnet werden. Dies machte es möglich, den Verbrauch an Trinkwasser durch die Industrie von 43,3 Prozent (Gesamtmenge der Wasserbereitstellung aus zentralen Wasserleitungen) im Jahre 1965 auf 38,5 Prozent 1968 zu senken, wobei die Vergrößerung der Kapazität um 60 Prozent unberücksichtigt ist. Dieser Effekt ist gleichbedeutend mit einer entsprechenden Steigerung der Kapazität der zentralen Wasserleitungen, der Reinigungsstationen und anderer Anlagen, die eine Versorgung der Städte und Siedlungen mit Trinkwasser gewährleisten, und es ist daher auch eine deutlich spürbare Verringerung der Investitionssummen zu verzeichnen, die für diese Zwecke bereitzustellen sind. Die Größenordnung der Aufwendungen für diese Zwecke wird daraus deutlich, daß für Baumaßnahmen zur Wasserbereitstellung für die Städte und Siedlungen in der ČSSR jährlich mehr als 50 Prozent aller Investitionen der Wasserwirtschaft des Landes aufgewandt werden.[17])

In der DDR wird die Wasserwirtschaft als einer der Industriezweige angesehen, deren Entwicklungstempi erheblich über dem Durchschnitt der Gesamtindustrie liegen. Während die jährlichen Investitionssummen in allen Industriezweigen von 1960 bis 1968 um 64 Prozent stiegen, erhöhten sich die Investitionen in der Wasserwirtschaft um das 2,5fache. Beginnend mit dem Jahre 1965 betragen sie mehr als 5 Prozent der Gesamtinvestitionen für industrielle Zwecke und erreichten im Jahre 1968 insgesamt 630 Millionen Mark. Hierin sind die Investitionen für

[17]) Ostrovski, D., Aktuelle Aufgaben der Zusammenarbeit der RGW-Mitgliedsländer auf dem Gebiet der Wasserwirtschaft, in: ebenda, S. 5.

wasserwirtschaftliche Baumaßnahmen im Bereich des Meliorationswesens nicht eingerechnet, die sowohl von staatlichen Meliorationsbetrieben wie auch von Meliorationsgemeinschaften durchgeführt werden (Betriebsvereinigungen, die zur Durchführung von Meliorationen gegründet wurden). Die Bauproduktion dieser Organisationen betrug im Jahre 1968 insgesamt 705 Millionen Mark, sie überstieg die Investitionssumme im Industriezweig Wasserwirtschaft. Die Zuwachstempi dieser Kennziffer sind für die Jahre 1965 bis 1968: für die staatlichen Betriebe eine Steigerung um das Zweifache, für die Meliorationsgemeinschaften um das Dreifache und insgesamt auf das 2,3fache.*) Nimmt man daher die Jahresproduktion der Meliorationsbauten gleich dem jährlichen Volumen von Investitionen in der Melioration an, so betrug die Gesamtinvestitionssumme für wasserwirtschaftliche Aufgaben in der DDR im Jahre 1968 1305 Mio Mark, d. h. 11 Prozent der Gesamtinvestitionen in der Industrie. Die hohe Fondsausstattung der Wasserwirtschaft der DDR (von 1960 = 7,941 Mrd. M auf 14,698 Mrd. M im Jahre 1974) und die ständig noch steigenden Investitionen sichern einen hohen Grad an Wasserbereitstellung bei relativ armen Wasserressourcen nicht nur im Vergleich zu den übrigen sozialistischen Ländern, sondern auch beispielsweise im Vergleich zur BRD, wovon folgende Zahlen ein Bild vermitteln:

Land	Abfluß je Einwohner und Jahr (in m^3)	Wassernutzungsgrad (in Prozent)
DDR	980	36**
ÇSSR	2230	15
VR Polen	1900	10
BRD	1750	15

Der Wasserverbrauch in der DDR erfolgt hauptsächlich für industrielle Zwecke, der Anteil der Industrie am Verbrauch des bereitgestellten Wassers beträgt ca. 80 Prozent. Die Hauptwassernutzer (am Industrieverbrauch) sind hier wie in der ČSSR die Energetik (mit 41 Prozent), die chemische Industrie (mit 25 Prozent), die Bergbauförderindustrie (mit 9 Prozent) und die Metallurgie (mit ebenfalls 9 Prozent).

In einer Reihe von Gebieten übersteigt bereits gegenwärtig der Wasserbedarf besonders in den Sommermonaten von Trockenjahren ganz erheblich das Volumen an verfügbaren Wasserressourcen. Die Steigerung des Wasserverbrauchs in Verbindung mit der Entwicklung der Industrie bis zum Jahre 1980, der Übergang zur

*) 1955 betrug der Wert der Meliorationsanlagen in der DDR (Be- und Entwässerung einschl. wasserwirtschaftlicher Anlagen wie Wirtschaftswege) rd. 14 Mrd. M, das entspricht etwa 2190 M/ha Be- bzw. Entwässerungsfläche (Anm. d. Bearb.).

**) Bei einer Schwankungsbreite von 27% in Feuchtjahren und 62% in Trockenjahren (Anm. d. Bearb.).

zentralen Wasserversorgung der Bevölkerung bis zu 90 Prozent (gegenwärtig beträgt der Anteil zentraler Wasseranschlüsse 78 Prozent), all dies erfordert neue und zusätzliche Investitionen, hauptsächlich für den Bau von Speicheranlagen und Rückhaltebecken. Zu einer Tagesaufgabe wird auch die Mehrfachnutzung von Wasser durch eine effektive Reinigung der Abwässer.

Man darf hierbei auch nicht die vorgesehene Entwicklung der Landwirtschaft mit ihrer beträchtlichen Steigerung des Wasserbedarfs für Bewässerungszwecke außer acht lassen. Während im Jahre 1970 die Bewässerungsfläche 400000 ha betrug, soll sie im Jahre 1980 eine Million ha erreichen.*) Ungeachtet der Tatsache, daß etwa drei Viertel dieser Flächen beregnet und nur etwa ein Viertel durch Kanäle bewässert werden soll, wird der Gesamtwasserverbrauch für Bewässerungszwecke außerordentlich hoch sein. Er kann bis eine Milliarde m^3 betragen, wobei die Hauptmenge dieses Wassers nicht wieder nutzbar ist (einmaliger Wasserverbrauch).

Da die faktischen Möglichkeiten einer relativ extensiven Nutzung von Wasserressourcen erschöpft sind und sich der Übergang zur intensiven Umverteilung von Wasser auch durch eine Erneuerung (beispielsweise von Schachtwasser) vollzieht, erlangen ökonomische Maßnahmen, die auf eine Verminderung des Wasserverbrauchs in allen Bereichen abzielen, eine besondere volkswirtschaftliche Bedeutung. Eine besondere Rolle in diesem Sinne spielen Tarife zur Wassernutzung und zur Einleitung von Abwässern in Trägergewässer.

Die Ökonomen der DDR unterstreichen, daß mit der Entwicklung der Wirtschaftsreform die Herstellung von Wertbeziehungen zwischen der Wasserwirtschaft und den von ihr versorgten Zweigen der Wirtschaft erforderlich ist. Das Mittel hierzu sehen sie in der Einbeziehung aller Aufwandsarten für die Wasserbereitstellung in die Produktionskosten der Betriebe.

Bis in jüngster Zeit spiegelten sich die Investitionen für wasserwirtschaftliche Bauten zur Wasserversorgung der Industrie höchst unvollkommen in den Berechnungen der Betriebe und wurden hauptsächlich als gesamtstaatliche Investitionen aufgewendet und aus dem Staatshaushalt finanziert. Die laufenden Kosten der Wasserwirtschaft gingen voll zu Lasten des Staatshaushalts.

Nicht nur die Ökonomen, sondern auch die Spezialisten der Wasserwirtschaft der DDR weisen mit Recht auf die Notwendigkeit hin, alle Aufwendungen der Produktion sowie alle Aufwendungen zur Wasserbereitstellung in den Nutzeffektsrechnungen von Investitionen neu zu errichtender Betriebe und in der Rentabilität der vorhandenen Betriebe zu berücksichtigen.

Das gibt die Möglichkeit, richtige ökonomische Berechnungen durchzuführen und die Effektivität bei der Nutzung von Investitionen und vorhandenen Grundfonds zu erhöhen und unmittelbar auf die Verminderung und die Regulierung des

*) 1975 war der Umfang der bewässerten Flächen auf mehr als 750000 ha gestiegen, der von Entwässerungsflächen auf mehr als 1,8 Mio ha (Anm. d. Bearb.).

Wasserverbrauchs einzuwirken. Es bietet die Möglichkeit, den Investitionsbedarf für die Entwicklung der Volkswirtschaft zu vermindern.

Damit wird unterstrichen, daß die Festsetzung solcher Tarife für Wasser und für die Einleitung von Abwässer, die im Preis nicht nur die Deckung der laufenden Kosten, sondern auch eines Teils der Investitionen vorsehen, es möglich macht, die Haushaltfinanzierung ausschließlich auf komplexe Schlüsselobjekte wasserwirtschaftlicher Investitionsbauten und damit auf eine erhebliche Steigerung ihres Nutzeffekts zu konzentrieren.

In der Volksrepublik Polen wird das Problem einer ökonomischen Bewertung von Wasserressourcen und ihre Nutzung mit dem Ziel, den Nutzeffekt von Investitionen zu steigern, bereits seit relativ langer Zeit diskutiert, und zwar im Rahmen allgemeiner Überlegungen einer Bewertung von Naturressourcen. Aktuell wird dieses Problem besonders durch die beträchtliche Steigerung des Wasserverbrauchs im Verlauf der vor uns liegenden Fünfjahrpläne (bis zum Jahre 1980 wächst der Wasserverbrauch auf 18,5 Milliarden m^3), vor allem in Verbindung mit der Entwicklung der Industrie und der Städte sowie der Intensivierung der landwirtschaftlichen Produktion. Gegenwärtig sind in Polen Tarife zur Versorgung mit Trinkwasser aus kommunalen Wasserleitungsnetzen und für die Einleitung von Abwässer in die kommunalen Kanalisationen festgesetzt, ferner Tarife für die Nutzung von Flußeis für Kühlzwecke. Für den Wasserverbrauch aus Quellen von Oberflächen- und Grundwasser sowie für die Einleitung von Abwässer in Gewässer wird keine Bezahlung verlangt.

Die gewaltigen Investitionssummen zur Entwicklung von Meliorationsbauten, die im Jahre 1967 3,9 Milliarden Zloty oder 15 Prozent der Gesamtinvestitionen in der Landwirtschaft betrugen[18]), ferner die nicht weniger bedeutsamen Investitionsaufwendungen zum Bau von Rückhaltebecken, Reinigungsanlagen usw. stimulieren die Ausarbeitung von Maßnahmen zur weiteren Entwicklung der ökonomischen Bewertung von Wasserressourcen als Faktor zur Steigerung des Nutzeffekts dieser Aufwendungen.

Die seit 1968 in der Ungarischen VR im Zusammenhang mit der Wirtschaftsreform im Rahmen eines breiten Programms durchgeführten Veränderungen, insbesondere auch auf dem Gebiet der Investitionstätigkeit, lösen auch eine Reihe von Fragen bei Investitionsobjekten im wasserwirtschaftlichen Bereich sowie zur Steigerung des Nutzeffekts dieser Aufwendungen.

Die staatlichen Investitionen in der Wasserwirtschaft im bestehenden System der Klassifikation beziehen sich hauptsächlich auf die sogenannte Gesamtgruppe, die ausschließlich eine indirekte Warenproduktion ermöglichen. Ausgenommen hiervon sind die großen individuellen Investitionsobjekte (für die Wasserwirtschaft nicht weniger als 100 Millionen Forint).[19]) Sowohl für diese wie auch für andere Objekte ist die Möglichkeit einer Finanzierung aus verschiedenen Quellen vorge-

18) Kleines Statistisches Jahrbuch der VRP, Warszawa 1969, S. 174 (poln.).

19) Die Reform des Wirtschaftsmechanismus in Ungarn, Budapest 1968, S. 32 (ung.)

sehen. Eine bestimmte Rolle spielt hierbei der Fonds der Wasserwirtschaft, der analog wie in der ČSSR gebildet wird.

In Ungarn sind Normen für eine zulässige Verschmutzung der Gewässer festgelegt, die nach Zweigen differenziert sind. In den 12 nach Territorien eingeteilten Wasserwirtschaftsdirektionen gibt es Laboratorien, die einem zentralen Organ zur Kontrolle der Wasserqualität unterstehen. Diese Laboratorien, die den Verschmutzungsgrad messen, sprechen im Falle einer Überschreitung der Norm Strafen für die Betriebe aus, deren Höhe vom Grad und von der Art der Verschmutzung abhängen, die durch die Einleitung von Abwässern hervorgerufen werden. Im ersten und zweiten Jahr der Normüberschreitung bezahlt der Betrieb 100 Prozent der Grundgebühr von Strafen, im dritten Jahr 200, im vierten Jahr 400 und im fünften und den darauffolgenden Jahren 500 Prozent des Grundtarifs. Beginnt der Betrieb dagegen sofort damit, Maßnahmen zur Veränderung der Technologie einzuleiten und den Verschmutzungsgrad bis zur Norm zu vermindern, so ist er von der Strafe befreit. Neue Betriebe, die die Produktion ohne die vorgesehenen Reinigungsanlagen beginnen, müssen bereits im zweiten Jahr 300 Prozent der Grundgebühr von Strafen für die Verschmutzung bezahlen, im dritten Jahr bereits 500 Prozent. Wenn bereits vorhandene Betriebe mit dem Bau von Reinigungsanlagen beginnen, so bezahlen sie bis zu deren Wirksamwerden jährlich 100 Prozent des Grundtarifs von Strafen.

Im Jahre 1968 hatten die Betriebe aus dem Gewinn 63 Millionen Forint für solche Strafen abzuführen. Dies führte dazu, daß die Betriebe stärker daran interessiert waren, die Technologien zu vervollständigen bzw. Reinigungsanlagen zu bauen als Strafen zu zahlen. Die Summen, die in Form dieser Strafen aufliefen, werden in einem zentralen Fonds der Wasserwirtschaft zur Unterstützung solcher Betriebe abgeführt, die beginnen, mit einem bestimmten Aufwand von Eigenmitteln Reinigungsanlagen zu bauen.

Ein zweiter Einkommensteil des Fonds der Wasserwirtschaft besteht aus Bezahlungen für die Bereitstellung von sauberem Wasser. Das System der Bezahlungen für Wasser erstreckt sich auf alle Betriebe und Organisationen, die Wasserressourcen nutzen: Kommunale Betriebe zur Wasserversorgung und Wasserableitung, aber auch Staatsbetriebe, landwirtschaftliche Genossenschaften (mit Ausnahme von Wasser für Bewässerungszwecke), haushaltfinanzierte und gesellschaftliche Organisationen. Die Höhe der Bezahlungen ist in Abhängigkeit von der Art der Wassernutzer sowie nach Gebieten differenziert, in denen Oberflächenwasser sowie Untergrundwasser genutzt wird.

Bezahlungen für den Verbrauch von Trinkwasser und technischem Wasser (Prozeßwasser), das aus kommunalen Wasserleitungen zur Verfügung gestellt wird, ist in Abhängigkeit von der Art der Wassernutzer differenziert. Trinkwasser, das von der Bevölkerung und landwirtschaftlichen Genossenschaften genutzt wird, wird nach Kategorie 6 bezahlt, technisches Wasser, das über keine Trinkwasserqualität verfügt, nach Kategorie 5 usw.

Die Höhe der Bezahlung für das zur Verfügung gestellte Wasser richtet sich nach den faktischen Aufwendungen der Wasserwirtschaft. Die Bezahlung für Wasser, das die Bevölkerung verwendet, wird insgesamt im Lande auf einem niedrigeren Niveau festgesetzt, als es den entsprechenden Aufwendungen der Wasserwirtschaft entspricht. Die Differenz wird aus Zuschüssen des Staatshaushalts abgedeckt. Eine zusätzliche Bezahlung für den Verbrauch von Trinkwasser wird von Industriebetrieben und landwirtschaftlichen Genossenschaften erhoben. Der Sinn dieser zusätzlichen Bezahlung besteht darin, die Einsparung des qualitativ wertvolleren Trinkwassers zu stimulieren. Die Höhe der Bezahlung ist nach Gebieten und vier Kategorien differenziert.

Die Industriebetriebe werden für den Wasserverbrauch, der die festgelegte Norm überschreitet, finanziell bestraft. Die Höhe der Strafe wächst in Abhängigkeit von der Normüberschreitung des Wasserverbrauchs.

Die Bezahlung für Wasser geht in die Selbstkosten der Produktion der Industriebetriebe ein. In der chemischen Industrie beträgt dieser Anteil 3 bis 4 Prozent der Selbstkosten der Erzeugnisse, bei der Förderung von Bauxit erreicht er 50 bis 60 Prozent. Die Wasserbereitstellung für Bewässerungszwecke wird mit 0,03 bis 0,06 Forint je m^3 bezahlt, was ungefähr 20 Prozent der Ausgaben der Wasserwirtschaft zur Unterhaltung und Nutzung der Bewässerungssysteme entspricht. Die Bezahlungen für Wasser sowie Zuführungen aus dem Staatshaushalt werden zur Entwicklung der Wasserwirtschaft verwendet.

Diese Wertbeziehungen zwischen der Wasserwirtschaft und den von ihr versorgten Wirtschaftszweigen sowie dem Staatshaushalt werden als Grundlage dafür betrachtet, die Wasserwirtschaft in das System ökonomischer Reformen einzubeziehen, die in Ungarn durchgeführt werden. Nach Ansicht der ungarischen Ökonomen ist es bisher noch zu früh, über den Grad der Wirksamkeit von Bezahlungen für Wasser, von Strafen für die Verschmutzung sowie anderer Maßnahmen zu sprechen, die auf den Nutzeffekt von Investitionen berechnet sind; jedoch ist unbestreitbar, daß es eine solche Wirksamkeit gibt.

In Ungarn wird das Problem einer ökonomischen Bewertung von Wasserressourcen vor allem unter dem Gesichtspunkt gesehen, in welchem Umfange sich der Nutzeffekt der bewässerten Bodenflächen, des Bewässerungswassers und der nicht unerheblichen Grundfonds im Bereich der Bewässerungssysteme erhöht, die in den letzten Jahren geschaffen wurden. Die Bewässerungsfläche beträgt mehr als 20 Prozent der gesamtbewirtschafteten Böden in Ungarn bzw. nahezu eine Million ha, von denen mehr als 950000 ha in den 23 Jahren der Volksmacht in Nutzung genommen wurden. Die Wasserressourcen des Landes werden zu 30 bis 35 Prozent für Bewässerungszwecke genutzt. In Bulgarien wurden 1745 kleine Rückhaltebecken und 1825 Pumpstationen errichtet. Die Gesamtinvestitionssumme zur Entwicklung der Bewässerung betrug bis zum Jahre 1968 433,1 Millionen Lewa.[20]) Die spezifischen Aufwendungen je Hektar Bewässerungsfläche wuchsen

[20]) Ikonomov, B., Der ökonomische Nutzeffekt der Grundfonds in der Bewässerung, in: Internationale Zeitschrift der Landwirtschaft, Moskau—Berlin, 5/1968, S. 497—501.

in diesem Zeitraum von 150 bis 160 auf 3300 bis 3500 Lewa. Das bereitet den Planungsorganen der Republik außerordentliche Sorgen. Bei einem solchen Wachstum der Investitionen je Hektar Bewässerungsfläche wächst die Bruttoproduktion pro Hektar nicht im gleichen Tempo, d. h. die Fondseffektivität vermindert sich.

Die Bezahlung für Bewässerungswasser erfolgt auf der Grundlage eines zweistufigen Wassertarifes, wobei der Wassernutzer je 100 m^3 Wasser, die den Bewässerungskanälen entnommen werden, 0,15 Lewa bezahlt, außerdem für jeden Hektar Bewässerungsfläche, unabhängig von der tatsächlichen Nutzung des Wassers, 10 Lewa, für jeden Hektar Reisfläche bis 40 Lewa, je Hektar Tomatenfläche 25 Lewa usw. Bei der Wasserentnahme außerhalb der Vegetationsperiode zur Auffüllung kleiner Gewässer der Wirtschaften werden für jeden Hektar nach dem bestehenden Tarif 0,5 Lewa bezahlt. Diese Beträge werden den Leitungen von Bewässerungssystemen zur Verfügung gestellt, die jedoch bisher nur 50 bis 54 Prozent der Betriebskosten abdecken. Ungeachtet dessen wird bereits anerkannt, daß die Bezahlung für Bewässerungswasser sowie für jeden Hektar Bewässerungsfläche eine effektivere Nutzung sowohl des Wassers und folglich auch der Grundfonds der Bewässerungssysteme wie auch der Bewässerungsflächen und der Grundfonds im landwirtschaftlichen Bereich ermöglichen. Der Preis für die Entwässerung (Wasserableitung) von einem Hektar Boden ist niedriger als die Selbstkosten, er beträgt 10 Lewa.

Die Bezahlung für den Wasserverbrauch aus kommunalen Wasserleitungen ist gegenwärtig nach einzelnen Gebieten und in Abhängigkeit von der Art der Wassernutzer differenziert. Die Bevölkerung zahlt einen niedrigeren Tarif als Betriebe und andere gesellschaftliche Organisationen. Der Wasserpreis für das den Wasserleitungen entnommene Wasser widerspiegelt bisher nicht die faktischen Selbstkosten.

Industriebetriebe, die Wasser aus Quellen bzw. aus dem System der zentralen Wasserversorgung entnehmen, bezahlen hierfür zwischen 3 und 0,1 Lewa je 100 m^3, d. h. im Durchschnitt 0,79 Lewa. Die Differenz erklärt sich aus den unterschiedlichen Selbstkosten des Wassers der einzelnen wasserbereitstellenden Systeme, da der Tarif auf der Grundlage der berechneten Selbstkosten zustande kommt, in die zusätzlich 4 Prozent Gewinn der Wasserwirtschaft eingerechnet werden.

Betriebe und Bevölkerung bezahlen ebenfalls für die Einleitung von Abwässern in die kommunale Kanalisation, und zwar auf der Grundlage differenzierter Tarife, 0,01 bis 0,07 Lewa je m^3 Abwasser (durchschnittlich 0,02 Lewa).

Schlußbemerkungen

Die Einwirkung des Menschen und der materiellen Produktion auf die Natur wird zu einem der wichtigsten Probleme des wissenschaftlich-technischen Fortschritts. Der prinzipielle Unterschied der Bewertungskriterien für den Nutzeffekt der Produktion, den Nutzeffekt des wissenschaftlichen Fortschritts und seine materielle Verkörperung, die neue Technik, bestimmt im Kapitalismus und im Sozialismus auch den Unterschied in der Bewertung von Einwirkungen dieser Technik auf die natürliche Umwelt. Die Kriterien der gesellschaftlichen Nützlichkeit in der sozialistischen Gesellschaft, die die Grundlage bilden für die Bewertung jeder Plan- und Projektentscheidung und sogar rein technischer Entscheidungen, sehen u. a. auch den Schutz der natürlichen Umwelt vor.

Die ökonomische Bewertung von Naturressourcen würde es bereits im Zuge von Plan- und Projektberechnungen ermöglichen, die Verluste zu minimieren, die der Natur zugefügt werden, sowie gleichzeitig den Nutzeffekt von neu in die Produktion eingeführten bzw. zwischen den einzelnen volkswirtschaftlichen Zweigen umverteilten Naturressourcen zu erhöhen. Grundätzlich ist bei der Ausarbeitung ökonomischer Bewertungen von Naturressourcen zu beachten, daß sie als Bestandteile des natürlichen Milieus über keinen Wert verfügen, der auf die Erzeugnisse zu übertragen wäre, da ihre Produktion im allgemeinen keinen Aufwand von Arbeit erforderte. Jedoch ermöglicht ihr Vorhandensein, lebendige und vergegenständlichte Arbeit einzusparen, d. h. sie stellen selbst „unentgeltliche" Produktivkraft dar. Der Wert der produzierten Erzeugnisse vermindert sich in dem Maße, wie lebendige und vergegenständlichte Arbeit durch Naturressourcen ersetzt wird. Außerdem werden Naturressourcen insoweit zum Träger von Wert, wie sie selbst Arbeitsaufwendungen erforderten, um in ausreichendem Maße zur Nutzung zur Verfügung gestellt zu werden.

Bei der Bestimmung des Umfangs von Naturressourcen, die in die Kategorie effektive Ressourcen unter konkreten Bedingungen einbezogen werden können, ist der Begriff ökonomische Grenzen von Aufwendungen von großer Bedeutung. die die Gesellschaft jeweils zur Einbeziehung bzw. zum Einsatz dieses oder jenes Teilbereichs bzw. dieser oder jener Teilmenge von Naturressourcen in die Produktion bereitstellen kann.

Die planmäßige Organisation der Wirtschaft im Rahmen eines Landes und nunmehr sogar im Rahmen des gesamten sozialistischen Lagers verfügt über den außerordentlich großen Vorzug, den Akkumulationsfonds zur Verwirklichung langfristiger Aufgaben zur Entwicklung der Produktion zentral umverteilen zu können. Gerade dies läßt unter sozialistischen Bedingungen Zweifel an dem Prinzip aufkommen, die Grenze von Aufwendungen zur Einbeziehung dieser oder jener Ressource in die Produktion aus einem einfachen Vergleich von Aufwand und Ergebnis abzuleiten. Das Kriterium ökonomische Grenzaufwendungen zur Erschließung und Nutzung von Naturressourcen in bezug auf einzelne Ressourcenarten darf nicht verabsolutiert werden. Das bedeutet, daß der sozialistische Staat, ausgehend von einem langfristigen Programm zur Entwicklung der Gesellschaft, die Möglichkeit hat, in einer Reihe von Fällen den Nutzeffekt beim Einsatz der erforderlichen Naturressourcen niedriger anzusetzen. Ein solches Herangehen an den Begriff ökonomische Grenzaufwendungen erweist sich als besonders dringlich im Hinblick auf Naturressourcen, wenn man die vielfältigen „Grenzen" von Erzeugnissen der Hauptzweige in Rechnung stellt, die mit der Nutzung von Naturressourcen verbunden sind.

Die planmäßige Entwicklung der Produktivkräfte der sozialistischen Gesellschaft schafft Voraussetzungen für eine solche Nutzung von Naturbedingungen und Naturressourcen, bei der die Leistungsfähigkeit und Reproduktion der Naturressourcen auch für die Zukunft gewährleistet ist und gleichzeitig den Anforderungen des ökonomischen Wachstums Genüge getan wird. Der Einfluß von Naturbedingungen als Faktor der ökonomischen Entwicklung ist vielfältig und erstreckt sich praktisch auf alle Zweige der Volkswirtschaft. Besonders stark ist dieser Einfluß in Zweigen spürbar, die unmittelbar mit der Nutzung von Naturressourcen verbunden sind. Als eine grundlegende Entwicklungstendenz muß für die gesamte Gruppe dieser Zweige der primären Produktion eine Tendenz angenommen werden, die dazu führt, daß die Erschließung und Ausbeute von Lagerstätten, Teilbereichen bzw. Teilmengen von Naturressourcen immer schwieriger wird. Letzten Endes führt diese Tendenz wie auch die Notwendigkeit, den Anteil und das Volumen von Investitionen zur Erhaltung der Natur zu erhöhen, zu einem spürbaren Einfluß auf die Fondsintensität des Nationaleinkommens sowie auf die Fondsintensität der verarbeitenden Zweige. Von hier aus ergibt sich ganz klar die Bedeutung von Maßnahmen, die auf eine Steigerung des Nutzeffekts beim Einsatz von Naturressourcen sowie auf Maßnahmen zur Erhaltung der natürlichen Umwelt berechnet sind.

Der gegenwärtige Stand bei der Ausarbeitung von Bewertungen von Naturressourcen rückt die Untersuchung eines breiten Kreises methodischer Fragen in den Vordergrund, die in bezug auf die Bewertung in drei miteinander verbundenen Richtungen gelöst werden müssen: Zum einen handelt es sich um Probleme der Erhaltung von Naturressourcen, zum anderen um die damit verbundenen Fragen der wirtschaftlichen Rechnungsführung und schließlich um den Investitionsaspekt dieses Problems. Letzteres ist von außerordentlicher Bedeutung, da im Stadium von Plan- und Projektentscheidungen auf der Grundlage von Investitionsberechnungen Entscheidungen zu treffen sind, die sich auf das Verhältnis von Natur und Produktion beziehen. Bei der ökonomischen Bewertung von Naturressourcen kann man zwei Momente unterscheiden: Die Bestimmung einer relativen, vergleichbaren ökonomischen Wertigkeit gleichartiger Naturfaktoren der Produktion, und eine absolute Bewertung dieser oder jener Naturressourcen, die an der Produktion beteiligt sind, im Wertausdruck.

Die methodologische Grundlage einer ökonomischen Bewertung von Naturressourcen muß für die verschiedenen Arten von Naturressourcen einheitlich sein, indem sie gleichsam das Kernstück der konkreten Methoden und Verfahren dieser ökonomischen Bewertung darstellt, die ihrerseits die Spezifik bei der Nutzung dieser oder jener konkreter Naturressource berücksichtigen. Einheitlich für alle Arten von Naturressourcen muß das Prinzip der Anfangsbewertung (Basisbewertung) der relativ schlechtesten, aber für die Gesellschaft im gegebenen Zeitabschnitt noch notwendigen gleichartigen Naturressourcen (Teilbereich bzw. Teilmenge von Ressourcen) beim gegenwärtigen Aufwandsniveau zu ihrer Erschließung (oder für ihren Einsatz) sein. Jeder nachfolgende Teilbereich bzw. jede Teilmenge von Naturressourcen wird unter Berücksichtigung jener Differentialrente bewertet, die bei der Nutzung dieser Naturressource im Vergleich zum Basisbereich bzw. zur Basisteilmenge der entsprechenden Naturressource gebildet wird. In diesem Falle stellt die Differentialrente jene eingesparte Menge an lebendiger und vergegenständlichter Arbeit dar, die mit der Nutzung eines gegebenen Teilbereichs bzw. einer Teilmenge von Naturressourcen verbunden ist.

Als eine Besonderheit der ökonomischen Bewertung von Naturressourcen sind die objektiven Unterschiede in der Qualität gleichartiger Ressourcen zu beachten, da die der Qualität nach unterschiedlichen Mengen gleichartiger Ressourcen, wie beispielsweise unterschiedlich fruchtbare Bodenstücke, Lagerstätten mit einem unterschiedlichen Gehalt an Hauptkomponenten, verschiedene Holzqualitäten usw., die Erzielung eines gleichartigen ökonomischen Effektes bei ihrer Nutzung nur ermöglichen, indem hierbei die Aufwendungen außerordentlich voneinander abweichen.

Als eine Ausgangsbedingung für die ökonomische Bewertung von Naturressourcen muß auch die Begrenztheit dieser Ressourcen anerkannt werden, die bei einem gegebenen Entwicklungsniveau der Produktivkräfte von der Gesellschaft genutzt werden können. Hierbei ist der dynamische Charakter des Begriffes Begrenztheit von Ressourcen unbedingt zu berücksichtigen, da mit dem Wachstum unserer Kenntnisse über die Ressourcen und mit der Entwicklung der Technik jene Bereiche des Bodens, der Wälder, der Wasserressourcen, des Erdinneren usw., die früher für eine Erschließung und Nutzung ungeeignet erschienen, nunmehr erschlossen und in die Bewirtschaftung einbezogen werden können. Auf die ökonomische Bewertung von Naturressourcen muß auch die territoriale Einbindung solcher Naturressourcen wie Boden, Wasser, Wald, Bodenschätze usw. Einfluß haben, wobei das auch Veränderungen im Grad der Einbindung dieser verschiedenen Ressourcen sowie Möglichkeiten ihrer territorialen Umverteilung betrifft. Die qualitativen und territorialen Besonderheiten, die unterschiedliche

Aufwendungen zur Erzielung dieses oder jenes Volumens gleichartiger Erzeugnisse bei Nutzung einer konkreten Teilmenge bzw. eines Teilbereichs von Naturressourcen zur Folge haben und die die gesellschaftliche Bewertung der Erzeugnisse regulieren (als Grenzerzeugnisse), die zur Bedürfnisbefriedigung in Form einer bestimmten Menge von Erzeugnissen innerhalb der Gesellschaft verwendet werden, sind Ursache für die Existenz der Differentialrente und bestimmen den Rententeil der ökonomischen Bewertung von Naturressourcen.

Bei den widersprüchlichen Aussagen über die Möglichkeit einer Anwendung der Differentialrente zur ökonomischen Bewertung von Naturressourcen, wie sie in der Literatur zu finden sind, ist auch zu beachten, daß die Interpretation dieser Kategorie selbst recht widersprüchlich ist. Der Bereich solcher Meinungen ist ziemlich breit, und er beginnt bei der unterschiedlichen Auffassung über den Aufwandsbegriff (einmal als tatsächliche und zum anderen als Grenzaufwendungen — reduzierte Aufwendungen) und reicht bis zu Unterschieden in den Auffassungen über Selbstkosten der Erzeugnisse bei Nutzung qualitativ unterschiedlicher Teilmengen bzw. Teilbereiche gleichartiger Naturressourcen.

Wenn man Naturressourcen bewertet und dabei von der Differentialrente ausgeht, dann ist ganz offensichtlich, daß die schlechtesten Teilmengen bzw. Teilbereiche von Naturressourcen, die keine Differentialrente abwerfen, mit Null zu bewerten sind. Jedoch wird bei der Erschließung auch der schlechtesten Teilmengen bzw. Teilbereiche von Naturressourcen Arbeit aufgewendet, und zwar nicht selten erheblich mehr als bei den relativ besten Ressourcen. Die relativ schlechteren Ressourcen sind aber notwendig, da sonst der gesellschaftliche Bedarf nicht befriedigt werden kann. Folglich muß in diesem Falle der Ausfall (solcher schlechtesten Ressourcen) durch einmalige Aufwendungen der Gesellschaft abgedeckt werden, um den Bedarf zu befriedigen, indem entweder neue Teilbereiche erschlossen, die Leistungsfähigkeit der bereits genutzten Teilbereiche erhöht oder aber die erforderliche Produktion durch andere Verfahren sichergestellt wird.

Eine unterschiedliche Bewertung auf der Grundlage der Differentialrente ist offensichtlich unzulänglich zur Bestimmung der Wertigkeit dieser oder jener Teilmenge bzw. dieses oder jenes Teilbereichs von Naturressourcen, da in jedem Falle bei einem Ersatz zusätzliche Aufwendungen und in der Mehrheit der Fälle auch Investitionen erforderlich sind.

Als ökonomische Bewertung von Naturressourcen hat daher die Fondsform einer solchen Bewertung zur Bestimmung des Nutzeffekts der Investitionen große Bedeutung. In diesem Zusammenhang ist die Berücksichtigung der Naturressourcen als Bestandteil des Nationalreichtums unstreitig von Interesse.

Bei gleicher Produktivkraft der Arbeit führen jener Teil, der der Qualifikation der Beschäftigten und der technischen Ausstattung geschuldet sind sowie günstigere Naturbedingungen und das Vorhandensein der notwendigen Naturressourcen zu höheren Zuwachstempi des Nationalreichtums. Zusätzliche Aufwendungen, die durch die Notwendigkeit hervorgerufen sind, fehlende günstige Naturbedingungen zu ersetzen, d. h. Aufwendungen zum Ersatz solcher Güter, stellen daher deren

Bewertung dar. In all diesen Fällen muß daher die Bewertung nicht nur Aufwendungen zur Erschließung, sondern auch Aufwendungen zur Erkundung der Naturressourcen einschließen (beispielsweise geologische Erkundungsarbeiten usw.).

Investitionen im Boden und Aufwendungen zur Verbesserung von Naturbedingungen wie Meliorationen aller Art, eine systematische Waldwirtschaft, einschließlich Aufforstung, die Schaffung fruchtbarer Bodenschichten, die Begradigung von Uferstreifen, die Vertiefung von Fahrrinnen sowie andere Maßnahmen zur Flußregulierung usw. müssen notwendigerweise berücksichtigt und bewertet werden, und zwar sogar in Übereinstimmung mit dem „reinen" Begriff der Kategorie Nationalreichtum. Die Summierung dieser Arbeitsaufwendungen in Wertform stellt den aktiven Teil der Bilanz von Naturressourcen dar, wobei die Berücksichtigung der Schäden aus der Verschlechterung von Naturbedingungen den passiven Teil bildet. Das Verhältnis beider Endgrößen bestimmt das Ergebnis der Einwirkung des Menschen auf die Natur, die sich im Nationalreichtum widerspiegelt.

Der Einsatz unterschiedlicher Arten von Naturressourcen in der Produktion, die Einbeziehung neuer Quellen und Arten von Bodenschätzen in die Produktion, der Übergang von bestimmten technologischen Förderverfahren und der Nutzung natürlicher Ressourcen zu anderen können einen ganz unterschiedlichen Bedarf an zusätzlichen Investitionen zur Folge haben bzw. können umgekehrt die Gesellschaft von einem bestimmten Teil dieser Investitionen befreien. Investitionen und Naturressourcen werden dem Wesen nach komplex genutzt, und sie sind bei unterschiedlichen Kombinationen in dieser oder jener Variante wechselseitig austauschbar.

Eine verbesserte Qualität der Projektierung, die ökonomisch begründete Festlegung der Baukosten für die zu errichtenden Objekte sind unerläßliche Bedingungen für einen steigenden Nutzeffekt von Investitionen. Von der Progressivität und der ökonomischen Begründung der Projektentscheidungen, die heute getroffen werden, hängen in vieler Hinsicht das technische Niveau und der Nutzeffekt der Produktion in der Zukunft ab. In den Begriff Progressivität muß als eine der wichtigsten konstituierenden Bedingungen die Beachtung all jener Forderungen einbezogen werden, die sich auf die Erhaltung des natürlichen Milieus und die rationelle Nutzung von Naturressourcen beziehen.

Zweige, die unmittelbar Naturressourcen nutzen, insbesondere Zweige der extraktiven Industrie, unterscheiden sich nicht nur in bezug auf eine erhöhte Investitionsintensität gegenüber den verarbeitenden Zweigen, sondern auch durch einen längeren Zyklus des Investitionsgeschehens und der Inbetriebnahme der Objekte. Gerade deshalb bildet eine verbesserte Qualität der ökonomischen Begründung für die zu treffenden Investitionsentscheidungen in diesen Zweigen eine der wichtigsten Voraussetzungen zur Verbesserung der Investitionsplanung, der Projektierung und zur Durchführung neuer Investitionsbauten und Rekonstruktionen.

Bei der Bestimmung des Nutzeffekts von Investitionen zur Entwicklung der primären Produktionszweige ist es von prinzipieller Bedeutung, in den Aufwendungen all jene Mittel zu berücksichtigen, die zur Schaffung der produzierenden und nichtproduzierenden Infrastruktur in einem Umfang erforderlich sind, die nicht nur einen normalen Ablauf der Grundproduktion sicherstellen, sondern auch die erforderlichen Bedingungen für eine soziale Betreuung der Bevölkerung. Charakteristisch für jene Zweige, die eng mit der Nutzung von Naturressourcen verbunden sind, ist die Tatsache, daß ihre Verteilung in schwach besiedelten Rayons erheblich höhere Gesamtinvestitionen gegenüber den verarbeitenden Zweigen notwendig machen, die nicht nur zur Schaffung des erforderlichen Wohnraumfonds, sondern auch für das gesamte Netz der Kommunikation, von Objekten der Kommunalwirtschaft usw. erforderlich sind.

Bei der ökonomischen Begründung großer Projekte zur Erschließung von Naturressourcen, die darauf berechnet sind, die Produktion auszudehnen, ermöglicht die Methode des relativen Nutzeffekts, die beste Variante für die Erschließung deutlich zu machen. Berechnungen des allgemeinen Nutzeffekts bestimmen dagegen die allgemeinen und spezifischen Größen des Nutzeffekts sowie die Rentabilität der zu projektierenden Betriebe. Was die Maßnahmen zur Erhaltung der natürlichen Umwelt und zur Nutzung von Naturressourcen für die Befriedigung des lebensnotwendigen Bedarfs der Menschen betrifft (Trinkwasser, reine Luft, Gesunderhaltung, Erholung usw.), so muß hier das Prinzip der Minimierung von Aufwendungen zur Erzielung der erforderlichen Ergebnisse dominierend sein.

In der gegenwärtigen Etappe der Entwicklung der sowjetischen Wirtschaft ist es nicht nur notwendig, sondern auch möglich, einen erheblichen Teil der Akkumulation für die Erhaltung der natürlichen Umwelt und für eine rationellere Nutzung der Naturressourcen bereitzustellen. Letzteres ist unter dem Investitionsaspekt besonders wichtig, da die Gesellschaft weder an der Verursachung von Schäden in der Natur noch an der Verteuerung des gesamten Investitionsgeschehens in Form unnützer*) Kosten im Namen der Erhaltung der Natur interessiert ist. Das Problem besteht hier in der Aufrechterhaltung eines vernünftigen Gleichgewichtes zwischen Produktion und Natur. Der soziale Charakter dieser Aufgaben und der in dieser Richtung zu treffenden Entscheidungen für die entsprechenden Aufwendungen sind offensichtlich. Hieraus ergibt sich die Schlußfolgerung, daß der Nutzeffekt von Investitionen, die für diese Zwecke verausgabt werden, schwerlich allein auf der Grundlage eines Vergleichs mit dem Produktionseffekt ermittelt werden kann, ebensowenig, wie wir bestrebt sein können, in diesem Produktionseffekt in Wertform die Verbesserung der natürlichen Umwelt oder, was das gleiche ist, die Verhütung von Schäden zum Ausdruck zu bringen, die dem natürlichen Milieu zugefügt werden können, wenn solche naturerhaltenden Maßnahmen nicht durchgeführt werden.

*) Vgl. Fußnoste auf S. 103. (d. Bearb.).

Die wichtigste methodologische Frage des Investitionsaspektes bei der ökonomischen Bewertung von Naturressourcen ist die Möglichkeit, wie letztere in Berechnungen des Nutzeffekts von Investitionen einbezogen werden können. Obgleich im Prinzip eine wechselseitige Austauschbarkeit von Naturressourcen und Investitionen zu unterstellen ist, darf man doch nicht die Augen davor verschließen, daß eine solche Austauschbarkeit in erheblichem Maße nicht nur durch Investitionen und Naturressourcen selbst begrenzt ist, sondern hauptsächlich auch durch das Niveau der wissenschaftlich-technischen Entwicklung. Hieraus ergibt sich als außerordentlich wichtige Schlußfolgerung, daß die Vergleichbarkeit von Investitionen, laufenden Aufwendungen und Naturressourcen bei ihrer ökonomischen Bewertung nur begrenzt möglich ist.

In jede beliebige Formel zur Ermittlung des Nutzeffekts von Investitionen, ganz gleich, ob es sich um den absoluten oder relativen Nutzeffekt handelt, können Größen einbezogen werden, soweit deren Bewertung auf den gleichen Prinzipien beruht, nach denen das Investitionsvolumen, die laufenden Aufwendungen und die Effekte bestimmt werden. Daher müssen auch der Bewertung von Naturressourcen nicht nur die gleichen Prinzipien der Arbeitswerttheorie zugrunde gelegt werden, sondern auch die gleichen Prinzipien der Preisbildung.

In die Berechnung des Nutzeffekts von Investitionen muß eine Bewertung von Naturressourcen einbezogen werden, die sich nicht nur einfach auf die Kategorie Aufwendungen stützt, sondern auf die Kategorie reale Aufwendungen. Das bedeutet insbesondere, daß die Berechnung der Differentialrente sich auf den gleichen Zeitraum beziehen muß, für den auch die Investitionen und die laufenden Kosten berechnet worden sind. Nur eine solche Art der Bewertung von Naturressourcen kann in Berechnungen des Nutzeffekts von Investitionen berücksichtigt werden.

Wie die Analyse zeigt, besteht bei der Einbeziehung von Bewertungen der Naturressourcen in die Berechnung des relativen Nutzeffekts von Investitionen das Problem in der richtigen Bestimmung der Basisvariante. Es darf sich dabei um keine hypothetische Variante für die Nutzung von Naturressourcen handeln, die außerhalb eines globalen optimalen Plans zur Entwicklung der Wirtschaft nicht vorstellbar ist, sondern um eine durchaus reale und technisch durchführbare Variante zur Nutzung einer konkreten Teilmenge bzw. eines Teilbereichs von Naturressourcen auf der Grundlage eines realen technisch-ökonomischen Potentials.

Die ökonomische Bewertung von Boden, der aus der landwirtschaftlichen Nutzung herausgenommen wird, ist in den Grundlagen der Bodengesetzgebung der UdSSR vorgesehen. Es ist dies eine spezielle Form der Bodenbewertung zur Lösung einer bestimmten volkswirtschaftlichen Aufgabe, nämlich der Ermittlung des Nutzeffektes von Investitionen beim Bau dieses oder jenes Objektes unter Berücksichtigung negativer Folgen, soweit diese mit dem Entzug landwirtschaftlich genutzter Bodenflächen verbunden sind.

Der Entzug von Boden für Bauzwecke bedeutet ja nicht, daß der Boden überhaupt aus dem gesellschaftlichen Produktionsprozeß ausscheidet. Die Effekte der Nutzung sind bei der neuen Verwendung sogar vielfältiger Art. Beispielsweise ermöglicht der Einsatz von Boden für Speicheranlagen von Wasserkraftwerken, billige Elektroenergie zu erzeugen, er sichert die Wasserbereitstellung für die Bevölkerung und die Industrie, die Bewässerung von Böden, die Entwicklung des Gartenbaus, der Holzflößerei, der Fischwirtschaft usw. Auf diese Weise steht den Verlusten aus dem Entzug landwirtschaftlicher Bodenflächen ein vielfältiger Effekt aus der Nutzung für die neuen Verwendungszwecke gegenüber. Daher könnte sich aus einem Vergleich des Nutzeffekts mit dem richtig bestimmten Verlust ein weitaus besserer wirtschaftlicher Einsatz der Böden ergeben. Jedoch zeigen die Berechnungen, daß ein Konzentrationsgrad der Produktion in der Landwirtschaft und in den mit ihr im Hinblick auf den Boden „konkurrierenden" Zweigen nur in den Fällen zum Vergleich berechtigt, wo der Boden für Wasserspeicheranlagen oder zur Torfgewinnung verwendet wird, d. h. die Flächenintensität ist nur in diesen beiden genannten Fällen in einem bestimmten Grade mit der Landwirtschaft vergleichbar.

Bei jedem Entzug landwirtschaftlich genutzter Flächen ist die Beeinträchtigung der Produktion von landwirtschaftlichen Erzeugnissen das hauptsächliche negative Ergebnis. Zur Wiederherstellung der Bilanz an landwirtschaftlichen Flächen ist es entweder erforderlich, neue Bodenflächen in die Produktion einzubeziehen oder die vorhandenen Nutzflächen in ihrer Qualität erheblich zu verbessern. Daher hat der Entzug landwirtschaftlicher Flächen zusätzliche Investitionen für Meliorationsmaßnahmen zur Folge. Im Staatsplan für Meliorationsmaßnahmen ist daher die Lösung von Aufgaben, vor denen die Landwirtschaft steht, und zwar von Meliorationsarbeiten als Folge des Entzugs landwirtschaftlich genutzter Bodenflächen, dadurch erheblich investitionsintensiver, d. h. es handelt sich hierbei um die Grenzmaßnahmen.

Man muß unbedingt unterstreichen, daß die feststehende Größe für den Variantenvergleich in diesem Falle nicht der Wert der Bruttoproduktion sein darf, sondern diese muß der Gebrauchswert sein, d. h. die landwirtschaftliche Produktion in ihrem Naturalausdruck. Diese Forderung geht von der These aus, daß die Bestimmung der landwirtschaftlichen Produktion, wie überhaupt jeglicher Produktion unter sozialistischen Bedingungen, eine Produktion darstellt, die für die Gesellschaft eine bestimmte Menge konkreter Erzeugnisse verkörpert. Die Verwendung von Wertkennziffern kann in diesem Falle dazu führen, daß Berechnungen zum Ausgleich für die der landwirtschaftlichen Produktion entzogenen Bodenflächen einer objektiven Grundlage entbehren.

Die Bewertung der aus der landwirtschaftlichen Produktion entnommenen Bodenflächen allein im Wertausdruck der Meliorationsmaßnahmen, die eine volle Wiederherstellung der Produktion landwirtschaftlicher Erzeugnisse gewährleisten, ist unvollständig, da die Gesellschaft nicht nur an einer bestimmten Menge produzierter materieller Güter interessiert ist, sondern auch an der Berücksichtigung der Aufwendungen zu ihrer Produktion. Die Differenz der Produktionskosten zur Erzielung der Erzeugnisse auf den relativ besten, für Bauzwecke genutzten Böden und den Produktionskosten auf den schlechtesten, als Ausgleich genutzten Bodenflächen bestimmt dabei die ständigen (jährlichen) Verluste aus dem Entzug von Bodenflächen für Bauzwecke, die ebenfalls ersetzt werden müssen.

In methodologischer Hinsicht kann der Boden„preis“ daher aus zwei Elementen bestehen. Das erste Element ist der „Preis“ von einem Hektar Boden mit der geringsten Produktivität, der aber zur Abdeckung des Bedarfes einer bestimmten Masse landwirtschaftlicher Erzeugnisse noch notwendig ist, d. h. es handelt sich um den „Preis“ des schlechtesten Bodens, der durch die Aufwendungen für seinen Ersatz bestimmt wird. Das zweite Preiselement jedes konkreten Bodenstückes stellt die kapitalisierte Differentialrente dar, d. h. jenes zusätzliche Einkommen, das bei Nutzung eines gegebenen Bodenstückes im Vergleich zum schlechtesten Bodenstück gebildet wird.

Die Investitionseffekte im wasserwirtschaftlichen Bereich äußern sich in all jenen Zweigen der Volkswirtschaft, zu deren Versorgung die Investitionen in diesen Objekten vorgesehen sind. Das volkswirtschaftliche Herangehen an die Bestimmung des Nutzeffekts von Investitionen berücksichtigt nicht nur jene Effekte, die unmittelbar in Wertform ausgedrückt werden können, d. h. ökonomische Effekte, sondern auch jene, die im Naturalausdruck ihren Niederschlag finden (d. h. Produktionseffekte).

So kann natürlich der Effekt aus der Wasserbereitstellung für Wohnsiedlungen nicht voll in Wertform widergespiegelt werden und muß in Form eines Produktionseffekts berücksichtigt werden, der ganz klar die soziale Bedeutung solcher Maßnahmen zum Ausdruck bringt.

Eine wie auch immer geartete Vervollkommnung von Projektberechnungen kann nicht die ökonomische Bewertung des Wassers als Naturressource ersetzen, die in die Produktion einbezogen und daher bestimmten Wasserverbrauchern und Wassernutzern nur in einer bestimmten Menge zugeteilt wird. Die bei dieser oder jener Maßnahme durchgeführten Projektberechnungen ausschließlich in Form direkter Aufwendungen sind offensichtlich für die volle Bewertung des Wassers als Ressource unzureichend. Die volle ökonomische Bewertung des Wassers muß aus zwei Formen bestehen:

1. Bewertung des Wassers als Naturressource;
2. ein Komplex unmittelbarer Aufwendungen zur Wasserbereitstellung, die sich über eine ganze Reihe von Finanzierungsarten vollziehen.

Die Nutzung von Wasserressourcen in einer Vielzahl von Zweigen erschwert die Aufgabe, eine einheitliche ökonomische Wasserbewertung vorzunehmen, da in jedem konkreten Flußgebiet bzw. in jedem Teilflußgebiet gleichzeitig eine recht große Anzahl von Wasserverbrauchern bzw. Wassernutzern anzutreffen ist. Die ökonomische Bewertung der Wasserressourcen muß differenziert nach einzelnen Rayons vorgenommen werden, und zwar in Abhängigkeit vom Ausstattungsgrad mit diesen Ressourcen wie auch nach Arten der Wassernutzung. Zu einer gewissen Differenzierung bei den Berechungen führt auch die Verwendung der Kennziffer spezifische Fondsintensität sowie spezifische laufende Aufwendungen je m^3 Wasser. Hierbei werden in den Kennziffern automatisch die Unterschiede in den Renten berücksichtigt, die durch natürliche und ökonomische Faktoren verursacht sind (Wassermangel, Schwierigkeiten der Wasserbereitstellung, Überwindung von Entfernungen durch Wasserüberleitung, erforderlicher Reinigungsgrad des Wassers usw.). Eine Differenzierung, die nur die tatsächlichen Bedingungen der Wasserbereitstellung, nicht jedoch die künftige Entwicklung der Wassernutzung im gegebenen Rayon berücksichtigt, ist offensichtlich unzureichend. Diese künftigen Bedingungen können präzisiert werden, indem die Grenzanlagen als Grundlage zur Berechnung des Rententeils von Bezahlungen genommen werden, die für die Nutzung von Wasserressourcen zu leisten sind.

Eine uneffektive Nutzung der Wasserressourcen ist in erheblichem Maße auch dadurch verursacht, daß Wasser in vielen Fällen noch immer als unentgeltliche und praktisch unbegrenzte Gabe der Natur betrachtet wird. Die Berücksichtigung der ökonomischen Bewertung von Wasserressourcen in Investitionsberechnungen sowie die auf dieser Grundlage vorgenommene Einführung von Bezahlungen für spezielle Wassernutzer wird diese Unzulänglichkeiten beseitigen.

In den rohstoffördernden Zweigen der Industrie sind das Niveau der Arbeitsproduktivität, die Größe des Mehrproduktes sowie die von den Betrieben erzielten Einkommen in der Regel durch Naturbedingungen bestimmt. Die natürlichen Bedingungen im Bergbau wirken sich auf die ökonomischen Kennziffern der Schächte, Gruben, Fabriken und der anderen Betriebe in der extraktiven Industrie außerordentlich vielfältig aus, beispielsweise über technische Faktoren und Arbeitsbedingungen, die von wertmäßigem Einfluß auf konkrete Kennziffern wie Fondsintensität und Höhe des Arbeitsaufwandes der Erzeugnisse sind, über die Selbstkosten usw.

Die in diesen Zweigen festgelegten Abführungen an den Staatshaushalt tragen Rentencharakter und sind je Erzeugniseinheit mit einem festen Satz festgelegt. Sie werden oft als erster Schritt eines Systems von Bezahlungen für Naturressourcen betrachtet (für Bodenschätze usw.). Um diese Rentenabführungen jedoch als Einnahmen des Staatshaushaltes betrachten zu können, die in bezug auf Naturressourcen berechnet werden und nicht auf den Wert der Erzeugnisse bzw. des Bruttoumsatzes, müssen sie je Flächeneinheit berechnet werden.

Als Kriterium zur relativen ökonomischen Bewertung von Lagerstätten dient die Höhe an Einsparungen, die durch die Nutzung einer konkreten Lagerstätte im Vergleich zu anderen Lagerstätten gleicher Bodenschätze (bei sonst gleichen Bedingungen) erzielt werden. Das Fehlen einer direkten Bewertung erkundeter Vorräte an Bodenschätzen in Wertform vermindert insbesondere die Möglichkeit, Arbeiten zur geologischen Erkundung und Schürfung in die wirtschaftliche Rechnungsführung einzubeziehen und erlaubt nicht, den ökonomischen Nutzeffekt von Aufwendungen sowohl für diese Arbeiten wie auch für Arbeiten zur Entwicklung der Förderung, Verarbeitung und Nutzung mineralischer Rohstoffe objektiv zu bewerten.

Grundlage zur ökonomischen Bewertung von Vorräten im Erdinnern muß jene Differenz ökonomischer Effekte sein, die bei Nutzung dieser Vorräte entstehen, das heißt die differentiale Bergbaurente. Die ökonomische Bewertung von Vorräten bereits in Ausbeutung befindlicher Lagerstätten, darunter auch der schlechtesten in den Produktionsplan von Erzeugnissen einbezogenen Lagerstätten, darf nicht nur in der Höhe der Rente, sondern muß auch durch Aufwendungen zur Erschließung dieser Lagerstätten einschließlich der Arbeiten zur geologischen Erkundung ausgedrückt werden.

Bei der Berechnung der Bergbaurente für jede Art von Bodenschätzen erweist es sich als zweckmäßig, als Basis von der Berechnung der „Bordselbstkosten" auszugehen, d. h. von der normativen Größe der Grenzselbstkosten. Bei allen Berechnungen zur Ermittlung des relativen und des allgemeinen Nutzeffekts von Investitionen muß die Spezifik des Zeitfaktors ausgedrückt werden, die einerseits die relativ lange Zeitdauer für die Erkundung und Schürfung, die Aufschlußarbeiten sowie die Nutzung von Lagerstätten und anderseits die Möglichkeit einer Bestimmung der voraussichtlichen Nutzungsdauer der Lagerstätte berücksichtigt.

In der UdSSR ist die Mehrzahl der Wälder durch Einsatz von Arbeit reproduzierbar. Sie verfügen daher über Wert. Die Bewertung der Wälder in Wertausdruck erlaubt es, den Nutzeffekt der forstwirtschaftlichen Bodennutzung mit anderen Arten der Bodennutzung zu vergleichen und auch den Nutzeffekt von Investitionen in der Forstwirtschaft und Maßnahmen zur Steigerung der Leistungsfähigkeit der Wälder in den verschiedenen Rayons bei einem unterschiedlichen Niveau der Intensität zu vergleichen.

Die Stockabgabe auf das eingeschlagene Holz wird als Preis für die Erzeugnisse der Forstwirtschaft betrachtet, die einen Zweig der materiellen Produktion darstellt. Die Höhe dieser Stockabgabe muß die Kosten der Aufforstung und der Unterhaltung der Wälder abdecken können, sie muß der Forstwirtschaft einen gewissen Gewinn garantieren und sie muß eine Differentialrente einschließen, die von den Betrieben eingezogen wird, die unter den günstigsten Bedingungen arbeiten.

In Berechnungen des Nutzeffekts von Investitionen zur Begründung von Projekten der holzgewinnenden Betriebe wird die ökonomische Bewertung von Holzressourcen nur in Form einer Stockabgabe (berechnet je Stamm) vorgenommen, die in die Selbstkosten eingehen. Das Fehlen einer Fondsbewertung der Wälder, die den Betrieben zur Nutzung übergeben wurden, macht es unmöglich, die ökonomische Bewertung einer der wichtigsten natürlichen Ressourcen zur Steigerung des Nutzeffekts von Investitionen bei der Holzgewinnung voll zu nutzen.

Eine effektivere Erschließung und Nutzung besonders großer Vorkommen an Naturressourcen wie Bodenflächen, Wasser- und Waldressourcen sowie großer Lagerstätten an Bodenschätzen, die für die Bildung eines Rayons von komplexer Bedeutung sind, ist in der Mehrheit der Fälle im Rahmen der mittelfristigen Planung nicht lösbar. Solche Aufgaben sind in Form spezieller, der Planung vorausgehender Ausarbeitungen zu formulieren und zu konkretisieren, und sie haben den Charakter ganzer volkswirtschaftlicher Programme: Regionale Programme, soweit es sich um die Erschließung natürlicher Ressourcen eines Rayons handelt, nationale Programme, soweit ihr Ziel die Nutzung von Naturressourcen auf dem

Territorium eines Landes ist, und internationale Programme, soweit die Erschließung und Ausbeutung dieser Ressourcen eine Reihe von Ländern, beispielsweise die RGW-Mitgliedsländer, umfaßt.

Investitionen, die darauf berechnet sind, früher nicht genutzte natürliche Ressourcen zu erkunden und zu erschließen bzw. die bereits erschlossenen Naturressourcen intensiver zu nutzen, sind darauf gerichtet, den vorhandenen Mangel und die Begrenzung natürlicher Ressourcen bei der Entwicklung der Wirtschaft zu überwinden. Eine Besonderheit bei der Berechnung von Investitionen zur Nutzung von Naturressourcen besteht in der Notwendigkeit, den Prognosecharakter für den Zugang selbstregenerierender Naturressourcen zu berücksichtigen. Ein hoher Versorgungsgrad (mit natürlichen Ressourcen) erfordert ganz beträchtliche Aufwendungen, die manchmal nicht durch den Effekt zu rechtfertigen sind, der dadurch entsteht, daß der „Mangel" an einer Ressource in einzelnen Jahren vermindert oder ganz beseitigt und damit bestimmte Verluste vermindert oder ausgeschaltet werden.

Die Notwendigkeit, für die extraktive Industrie im Rahmen der allgemeinen Prognose auch eine Prognose der Investitionen aufzustellen, wird in letzter Zeit durch die Notwendigkeit ergänzt, auch eine zweite Gruppe von Investitionen bereitzustellen, die praktisch zu allen Zweigen der Volkswirtschaft in Beziehung stehen, nämlich Investitionen zur Erhaltung und zur Reproduktion von Naturressourcen.

Die bestimmende Tendenz zur Veränderung der Fonds- und der Investitionsintensität, die für Zweige charakteristisch ist, die unmittelbar Naturressourcen nutzen, entsteht im Ergebnis zweier miteinander verbundener Entwicklungsrichtungen: Eine steigende Tendenz im Ergebnis des Übergangs zur Nutzung schlechterer Teilbereiche bzw. Teilmengen von Naturressourcen einerseits und eine sinkende Tendenz im Ergebnis des wissenschaftlich-technischen Fortschritts andererseits. In welchem Verhältnis beide Entwicklungsrichtungen wirksam werden, hängt von der Spezifik jedes Zweiges ab, konkret von der möglichen Einbeziehung neuer Teilbereiche bzw. Teilmengen von Naturressourcen in die Produktion sowie von der Intensität des wissenschaftlich-technischen Fortschritts im Prognosezeitraum. Methoden zur Bewertung von Naturressourcen wie auch Methoden zur Bewertung des Nutzeffekts von Investitionen können für den Perspektivzeitraum allein auf Vergleichen der prognostizierten Aufwendungen und Effekte beruhen. Es ist dabei auf die Notwendigkeit hinzuweisen, die allgemeine Regel für den Vergleich aller Prognoseberechnungen im Wertausdruck zu beachten, d. h. daß sich alle Kennziffern auf den gleichen Zeitraum beziehen (Preise, Koeffizient des Nutzeffekts usw.).

Von großer Bedeutung für Prognoseberechnungen ist das System von Grenzaufwendungen nach einzelnen Naturressourcenarten, insbesondere von Grenzaufwendungen für Brennstoffe und Elektroenergie auf der Basis von Wasserkraft. Die Grenzaufwendungen als ökonomische Kategorie, die die summarischen volkswirtschaftlichen Aufwendungen bei Nutzung der schlechtesten Naturressourcen widerspiegeln, können überhaupt nur ermittelt werden, wenn zuvor eine allgemeine Optimierung der Volkswirtschaft erfolgte. Bisher ist daher ihre Verwendung nur auf der Grundlage von Teiloptimierungen möglich.

Ungeachtet aller Schwierigkeiten, die mit der Prognostizierung von Investitionen und Zweigen verbunden sind, die unmittelbare Naturressourcen nutzen, bildet die Prognose dieser Investitionen einen untrennbaren Bestandteil sowohl der Gesamtprognose der Investitionen wie auch der Gesamtprognose zur Entwicklung der Volkswirtschaft eines Landes. Gleiches trifft auch für Aufwendungen zur Erhaltung der natürlichen Umwelt zu. Die Bedeutung einer solchen Prognose geht weit über den Rahmen eines einzelnen Landes hinaus, da die rationelle Nutzung von Naturressourcen auch die Ausnutzung der Vorzüge der internationalen Arbeitsteilung voraussetzt. Die Lösung der Brennstoff- und Rohstoffprobleme im Rahmen des Rates für gegenseitige Wirtschaftshilfe sowie Maßnahmen zur Erhaltung der Naturressourcen stellen daher eine erstrangige Aufgabe des Komplexprogramms zur weiteren Entwicklung der sozialistischen ökonomischen Integration dar, das auf der 25. RGW-Ratstagung beschlossen wurde und das eine schrittweise Verwirklichung im Verlauf von 15 bis 20 Jahren vorsieht.

Personenregister

Sachregister